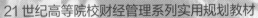 21世纪高等院校财经管理系列实用规划教材

National Finance

国家金融学 第2版

陈云贤 / 著

北京大学出版社
PEKING UNIVERSITY PRESS

图书在版编目(CIP)数据

国家金融学/陈云贤著. —2版. —北京：北京大学出版社，2021.4

ISBN 978 - 7 - 301 - 32190 - 4

Ⅰ. ①国…　Ⅱ. ①陈…　Ⅲ. ①金融学　Ⅳ. ①F830

中国版本图书馆 CIP 数据核字(2021)第 094238 号

书　　　名	国家金融学　（第 2 版）	
	GUOJIA JINRONGXUE　（DI-ER BAN）	
著作责任者	陈云贤　著	
策 划 编 辑	李　虎	
责 任 编 辑	李　虎　翟　源	
标 准 书 号	ISBN 978 - 7 - 301 - 32190 - 4	
出 版 发 行	北京大学出版社	
地　　　址	北京市海淀区成府路 205 号　　100871	
网　　　址	http://www.pup.cn　新浪微博：@北京大学出版社	
电 子 信 箱	pup_6@163.com	
电　　　话	邮购部 010 - 62752015　发行部 010 - 62750672　编辑部 010 - 62750667	
印 刷 者	三河市北燕印装有限公司	
经 销 者	新华书店	
	730 毫米 × 1020 毫米　16 开本　25.75 印张　480 千字	
	2018 年 7 月第 1 版	
	2021 年 4 月第 2 版　2023 年 4 月第 2 次印刷	
定　　　价	89.00 元	

第1版序言

　　"国家金融学"是一门新创设的金融学科，它有别于一般的"金融学"所涉及的一些国家金融事务方面的问题。"国家金融学"涉及一国金融发展最核心、最亟待解决的几大问题：一国对金融进行顶层布局并选择监管模式之后，面对纵向上的国家与地方关系问题、横向上的离岸与在岸金融发展难题，面对世界各国的金融崛起，如何引领本国金融实现超越发展？面对"人工智能＋区块链"等高科技在世界范围内突飞猛进的发展，一国的金融系统应如何应对？金融的永恒主题是安全、流动和赢利，如何防范和处置一国的系统性或区域性金融风险？面对国际金融群雄，一国如何构建并推动国际金融新体系、新秩序？这些问题都是国家金融在最高层面必须面对的课题。

　　西方各国，尤其是美国，一方面在理论界极力宣扬自由经济，另一方面又在国家层面频频出手，挥舞金融大棒。面对这样的矛盾现状，本书观点鲜明地提出，应从五个方面优化提升国家金融的顶层布局：第一，国家金融体系是定位为银行主导型发展，还是向资本市场主导型倾斜？在公说公有理、婆说婆有理，各方各执一词的情形下，国家金融系统应结合本国实际，作出一个方向性的选择，明确定位。第二，国家金融系统应从现代金融市场体系、组织体系、法治体系、监管体系、环境体系和基础设施等方面着手，构建完整的现代金融体系框架。第三，从"大金融"的视野出发，在确定了"锚"的定向后，国家货币政策的目标、政策工具的选择与运用，应根据国家产业政策的需要，与财政政策、汇率政策、监管政策有效配合，及时调整，发挥作用。第四，在研究制定国家的金融"国策"时，应做好强势货币国策的短期、中期、长期利弊分析，并抢占天时地利，适机推进。第五，以上四个方面的实现，需要在国家层面建立一个能主事的、协调国家金融事务的机构，它将左右国家金融系统的重大决策和未来发展。以上五个方面，第一、二方面是关于金融理念，第三、四方面是关于金融举措，第五方面是关于组织机构。

在本书讨论的以上问题中，我想在此着重强调现代金融监管体系的重要性。现在，世界各国的金融监管体系大致可分三类：一是单一监管体系；二是多元监管体系；三是双峰监管体系（该体系严格分开了功能监管与行为监管，有机融合了宏观审慎监管与微观审慎监管，并在央行原有的货币政策委员会的基础上，再建立一个金融政策委员会或金融稳定发展委员会，以有效协调国家金融监管与金融发展的各项事务）。如果一国在分析利弊之后，选择了"双峰监管体系"，那么这里至关重要的是：第一，金融稳定发展委员会要能够贯彻国家金融系统顶层的方针，做到责权分明；第二，要界定好金融稳定发展委员会与功能监管局和行为监管局的责权对应关系；第三，要界定好宏观审慎监管与微观审慎监管之间、功能监管与行为监管之间的责权关系、互动关系和协调关系。

从纵向看，对国家金融发展的监管中，有一个国家与地方的责权分界问题——"金融自由化"直接导致国家层面金融不稳；"金融压抑"又导致地方层面金融不活。要让金融服务好国家发展所处的阶段和经济、金融、科技、产业发展的实际，就既要有效、清晰地界定国家与地方的金融责权，又要充分发挥国家与地方的积极作用，形成统而不死、放而不乱的格局。为了这一目标，需针对国家与国家派驻地方的金融监管分支机构的关系，制定明细规则；在国家派驻地方的金融监管分支机构与地方金融监管部门间，制定明确的协调机制、协调内容和协调措施。唯有如此，才能既严控金融风险，又促进经济发展。

从横向看，对国家金融发展的监管中，有一个离岸金融与在岸金融的互动对接问题。20 世纪 80 年代初，美国联邦储备委员会为了解决这一问题，专门设置了一个名为国际银行业务机构（International Banking Facilities）的特殊账号，赋予使用这一特殊账号的国内外银行特殊权益，从而解决了美元离岸在岸的便利对接问题。日本在 1986 年设立了叫作离岸金融市场（Japan Offshore Market）的特别账号，并在东京划出一块地域，作为离岸市场的在岸交易结算中心，从而解决了日元的离岸在岸互动问题。一国货币要走向国际化，就要从支付结算货币变为储备货币，再变为锚货币，在这一过程中，与离岸在岸互联互通相关的法律法规、政策举措的作用是特别重要的。中国要加快人民币国际化步伐，就需要设置离岸在岸联通账号，并以香港作为人民币离岸中心的桥头堡，有效加强与新加坡、伦敦的连接，这有助于加快人民币成为国际储备货币的步伐。

世界金融市场中，群雄并立。一国要在金融领域实现弯道超车，需要有与之匹配的要素和能力。要素主要包括大宗商品交易、能源交易。能力主要是能抓住天时地利的机遇——18、19 世纪英国经济的崛起，就缘于其用"煤炭交易"捆绑"英镑结算"，一举击溃当时雄踞一方的荷兰盾，使英镑成为首屈一指的世界货币；第二次世界大战后，美国抢抓机遇，用"石油贸易"捆绑"美元结算"，一举击败英镑，使美元成为头号国际交易结算货币和国际储备货币，并维持至今。继煤炭、石油之后，碳排放权交易塑造了又一大宗能源交易领域。中国是世界最大的碳排放国之一，且排放量将在 2020—2030 年达至高峰。如果中国着手建设标准化碳交易市场，健全碳现货市场，发展碳期货市场，加速用"碳排放权交易"捆绑"人民币结算"的进程，那么人民币的结算范围将有望覆盖东南亚，乃至全亚洲，进而连接全球，这将是实现人民币国际化"弯道超车"的上佳路径。届时，著名的诺贝尔经济学奖得主罗伯特·蒙代尔教授提出的世界货币体系构想——美元、欧元、人民币成为国际"货币稳定三岛"——就有望实现。

目前的国际货币体系中，美元仍"一币独大"，人民币在国际储备货币中所占比例刚刚超过 2%，以美元主导的世界货币体系是否会动摇，取决于未来美元、欧元、人民币的发展方向和实力对比。国际货币体系的未来发展有三种可能：一是出现超主权的单一货币；二是以特别提款权（Special Drawing

Right，其价值由美元、欧元、人民币、日元、英镑这五种货币所构成的一篮子货币的当期汇率确定）作为国际货币；三是建立了全球标准化的新型数字货币取代主权货币，成为超主权货币。其中，由于缺乏一个"世界政府"来有效推动，第一种情况几乎不可能；因为当前主权货币国家存在巨大的利益牵制，特别提款权成为国际货币的概率也较小；只有第三种情况的可能性是存在的，即随着世界科技发展的突飞猛进，"人工智能＋区块链"技术有望催生全球标准化的新型数字货币，产生颠覆性的影响，从而成为法定数字货币。因此，面对网络金融的发展，一方面我们应加快建立行之有效的网络金融清算体系、法规体系和风险防控体系；另一方面我们应抢抓网络金融的知识产权保护和标准化发展机遇，推动"人工智能＋区块链"技术，助力法定数字货币的诞生、推广和应用。

建设国际货币体系的同时，防范金融风险也是各国面临的挑战。在一国和世界范围内，防范、化解和处置金融风险，永远是一国金融系统的头号主题。美国从多次处置国际金融危机的经验中，摸索出货币政策与财政政策、监管政策、法律法规和一揽子经济振兴计划相结合的方式，来处置危机、扶持行业、振兴产业，其经验值得各国借鉴。

最后，在当今经济全球一体化、金融市场国际化的客观趋势下，对更加健全、稳定的国际金融体系的呼唤变得更为迫切。要实现这一目标，需要金融市场、金融工具和金融参与者的国际化，也需要金融活动"游戏规则"和金融监管风险防控的国际化，等等。这些都是各国国家金融系统不可回避的课题。

基于上述考虑，我撰写了本书，旨在研究一国金融的监管与发展、国家与地方的责权关系、离岸与在岸的互动协调、一国在金融领域的弯道超车路径、高科技冲击带来的机遇与挑战、一国乃至国际金融的风险防范、国际金融体系与秩序的改革创新，等等。这些问题是各国金融发展过程中必然面对的课题，世界各国均应加强国家金融系统的顶层设计，更加关注金融业的现在和未来。

2018 年 3 月

目 录

第一章 概论 ·· 1

一、国家金融理论滞后于实践发展 ································ 4

二、国家金融人才短缺 ·· 7

三、金融学需要细分 ·· 13

四、国家金融学的研究对象 ·· 14

五、国家金融学的现在与未来 ······································ 19

附录：中国召开金融工作会议 ······································ 19

本章要点与思考题 ·· 23

阅读参考材料 ·· 24

第二章 国家金融顶层布局 ·· 25

一、国家金融定位 ·· 25

二、国家金融政策 ·· 32

三、国家金融发展 ·· 44

四、建立国家金融顶层管理机构 ···································· 48

附录：中国人民银行金融指标维度 ·································· 52

本章要点与思考题 ·· 56

阅读参考材料 ·· 56

第三章 国家金融监管协调 ·· 58

一、美国金融监管体系 ·· 58

二、英国金融监管体系 ·· 63

三、欧盟金融监管体系 ·· 69

四、中国金融监管体系 ·· 75

附录：金融行为监管局（FCA）（摘要） ················· 82

本章要点与思考题 ·························· 87

阅读参考材料 ··························· 88

第四章　国家金融层级发展 ···················· 89

一、国家与地方金融发展 ························ 90

二、"金融自由化"导致国家不稳 ··················· 95

三、"金融压抑"导致地方不活 ··················· 101

四、规则下促竞争，稳定中求发展 ·················· 108

附录一：《粤港澳大湾区发展规划纲要》（摘要） ············ 115

附录二：广东金融高新区崛起新型金融产业生态圈 ··········· 127

本章要点与思考题 ························· 131

阅读参考材料 ·························· 132

第五章　国家金融内外联动 ··················· 133

一、现代金融体系的国际化演进 ··················· 134

二、美日离岸、在岸对接模式 ··················· 141

三、国际离岸、在岸对接模式类型 ·················· 146

四、中国离岸与在岸对接模式选择 ·················· 153

附录：人民币跨境支付系统 CIPS ·················· 172

本章要点与思考题 ························· 174

阅读参考材料 ·························· 174

第六章　国家金融弯道超车 ··················· 175

一、一国货币成为国际货币的基本路径 ················ 176

二、案例 1：煤炭—英镑 ······················ 181

三、案例 2：石油—美元 ······················ 184

四、中国"碳排放权交易—人民币结算"路径探讨 ··········· 186

附录：《"十三五"现代金融体系规划》落地 ············· 208

本章要点与思考题 ························· 209

阅读参考材料 ·························· 210

第七章　国家金融科技创新 ··················· 211

一、网络金融发展概况 ······················· 213

二、数字货币发展概况 ·· 220

三、金融科技对现代金融体系的冲击 ···························· 234

四、中国金融科技发展的机遇与挑战 ·························· 243

附录：《金融科技（FinTech）发展规划（2019—2021 年）》（摘要） 254

本章要点与思考题 ·· 266

阅读参考材料 ·· 266

第八章　国家金融风险防范 ······································ 268

一、传统金融危机分类 ·· 269

二、重大金融危机回顾 ·· 278

三、金融危机防范处置 ·· 288

四、把国家金融建立在稳定发展的磐石上 ···················· 307

附录一：房利美与房地美 ·· 310

附录二：金融工程 ·· 311

本章要点与思考题 ·· 313

阅读参考资料 ·· 314

第九章　国家金融国际参与 ······································ 315

一、国家金融学体系 ·· 315

二、国际金融学体系 ·· 317

三、国际金融体系现状 ·· 320

四、国际金融体系的改革与发展 ·································· 341

附录：《金融业国际标准与准则摘编》（摘要） ················ 347

本章要点与思考题 ·· 354

阅读参考材料 ·· 355

第十章　结语：创设国家金融学，提升中国金融竞争力 ········ 356

附录一：战略思维与战略研究（节选） ························ 358

附录二：系统工程 ·· 365

本章要点与思考题 ·· 367

阅读参考材料 ·· 367

附件一　系统重要性金融项目开发案例："经营城市"

**　　　　是基础设施金融开发的重要载体** ……………………………………… 368

一、一国政府的三大经济职能 …………………………………………………… 368

二、一国经济中的三类资源 ……………………………………………………… 368

三、"经营城市"——把城市作为一种资源来管理 …………………………… 368

四、"经营城市"促城市基础设施金融发展 …………………………………… 371

思考讨论题 ………………………………………………………………………… 371

阅读参考材料 ……………………………………………………………………… 372

附件二　系统重要性金融机构管理案例——"风险收益对应论"

**　　　　是投资银行管理的轴心** ………………………………………………… 373

一、商业银行论 …………………………………………………………………… 373

二、投资银行论 …………………………………………………………………… 374

三、商业银行与投资银行的主要区别 …………………………………………… 375

四、"风险收益对应论"是投资银行管理的轴心 …………………………… 376

思考讨论题 ………………………………………………………………………… 379

阅读参考材料 ……………………………………………………………………… 379

本书主要概念 ………………………………………………………………………… 381

再版后记 ……………………………………………………………………………… 399

第 1 版后记 ………………………………………………………………………… 400

第一章

概　　论

　　国家金融与国家金融学的概念和范畴均需要清晰的界定。在现实中，当我们谈到金融时，大多是指国际金融或公司金融；国家金融（National Finance）的文章或书籍如果在国外发表，编辑提出的第一个问题往往是：它与公共财政（Public Finance）有什么区别？在理论上，现有的金融学科大致可划分为：以汇率和利率决定机制为主的国际金融学和货币金融学，以资产价格决定机制为主的公司金融学和投资学——还没有国家金融学。换句话说，现有的金融学研究大多聚焦于技术细节，即使有与国家金融相关的研究，也主要散见于对政策或市场的解读，理论性较弱且不成体系。而本书所探讨的国家金融，是聚焦于一国金融发展中最核心、最紧迫的问题，在此层面采取的政策措施事关一国金融的健康稳定和经济的繁荣发展。因此，本书提出的国家金融学，是以现代金融体系下国家金融的行为及其属性为研究对象，从金融市场的要素、组织、法制、监管、环境和基础设施六个方面来探讨国家金融行为、维护国家金融秩序、提升国家金融竞争力的。

　　是否存在国家金融行为，是一个有争议的话题。西方经济学的传统理论认为，政府只能在市场失灵的领域发挥作用，比如，需要提供公共物品时，或存在经济的外部性和信息不对称时。但我们回望历史又不难看到，现实中的西方国家，尤其一贯奉行自由主义经济的美国，每到关键时刻，政府屡屡出手。下面仅举几个事例进行说明。

　　第一是亚历山大·汉密尔顿对美国金融体系的构建。早在美国建国之初，作为第一任财政部长的汉密尔顿就着力建立国家信用，健全金融体系，完善财税制度，促进工商业发展，从而构建了美国财政金融体系的五大支柱——统一的国债市场、中央银行主导的银行体系、统一的铸币体系（金银复本位制）、以关税和消费税为主体的税收体系及鼓励制造业发展的金融贸易政策。这些举措为美国的现代金融体系奠定了扎实的前期基础。对此，我们需要思考的是，为什么 200 多年前汉密尔顿的"金融思维"中，如此强调"整体国家信用"，认为美国要成为一个繁荣富强的国家，"必须建立一个坚固的诸州联盟和一个强有力的中央政府"？

第二是 1933 年开始的罗斯福新政。其主旨是运用财政手段，结合金融举措，大力兴建基础设施项目，以增加就业、刺激消费和生产。其主要举措包括：第一，民间资源保护队计划，该计划侧重吸纳年龄在 18 岁至 25 岁、身强力壮、失业率偏高的青年人，从事植树护林、防治水患、水土保持、道路建筑、开辟森林防火线和设置森林瞭望塔等工程建设项目。到美国参与第二次世界大战（以下简称二战）前，先后有 200 多万青年人参与过项目，他们开辟了 740 多万英亩①国有林区和大量国有公园。第二，设立了以着眼长期目标的工程为主的公共工程署和民用工程署。民用工程方面，全国兴建了 18 万个小型工程项目，包括校舍、桥梁、堤坝、下水道系统、邮局和行政机关等公共建筑，先后吸引了 400 万人工作。后来又继续建立了几个新的工赈机构。其中最著名的是国会拨款 50 亿美元兴办的工程兴办署和针对青年人的全国青年总署，二者总计雇佣人员达 2300 万，占当时全国劳动力的一半以上。第三，至第二次世界大战前夕，美国联邦政府支出近 180 亿美元，修建了近 1000 座飞机场、12000 多个运动场、800 多座校舍与医院，创造了大量就业机会。其中，就包括美国的标志性建筑金门大桥和胡佛水电站。

第三是布雷顿森林会议构建的国际金融体系。1944 年 7 月，布雷顿森林会议在美国新罕布什尔州召开。时任英国代表团团长的凯恩斯在会前提出了世界金融体系的"三个一"方案——一个"世界货币"、一个"世界银行"、一个"世界清算体系"联盟。而以美国财政部首席经济学家怀特为会议主席的美国方面，运用政治力量优先于经济的逻辑，在会议关键时刻利用政治与外交手段最终达成以其政治目标为基础，设立三个工作委员会的目的——讨

---

① 1 英亩≈4046.86 平方米。

论国际稳定基金、国际复兴开发银行和其他国际金融合作事宜。即，日后正式成立的国际货币基金组织（International Monetary Fund，IMF），世界银行集团（World Bank，WB）和国际清算银行（Bank of International Settlements，BIS）等战后国际金融秩序组织。可以说，这次会议形成了以美国为主的国际金融体系，左右着国际经济的运行。

第四是马歇尔计划构建的美元国际化体系。该计划由美国于 1948 年 4 月主导启动。期间，西欧十几个国家成立了"欧洲经济合作组织"与马歇尔计划对接，并成立"对应基金"解决货币转换问题。即，美国对西欧国家的援助包括资金、技术、人员等方面，其中美国援助美元到欧洲各国，欧洲各国用美元作外汇购买美国的物资；援助资金（除德国）基本上都不用偿还；欧洲各国（除德国用于私有企业再投资）多数用于填补财政亏空；美元滞留欧洲形成"欧洲美元"。于是，世界货币体系在布雷顿森林会议和马歇尔计划的双重作用下，逐渐从"金银复本位制"发展到"金本位制""黄金·美元·他国货币"双挂钩（实施固定汇率：35 美元＝1 盎司黄金）、"美元与他国货币固定汇率制"（1971 年 8 月 15 日黄金与美元脱钩）、"美元与他国货币浮动汇率制"（由 1976 年的《牙买加协定》所确立），最终，美国运用"石油交易捆绑美元结算"等金融手段，形成了美元在国际货币体系中一家独大的局面，使其成为国际经济中的强势货币。

第五是美国对 2008 年次贷危机的应对。美国联邦储备系统（以下简称美联储）、美国财政部、联邦存款保险公司、美国证券交易委员会、美国国会和相关政府部门联手，全力以赴化解金融危机。其主要举措包括：（1）美联储作为独立于联邦政府和政党纷争的货币政策执行者，采取传统的激进货币政策和非常规、非传统的货币政策并行的策略，以市场化手段处置金融危机，稳定金融市场；（2）在美联储货币政策无法应对之际，美国财政部出台"不良资产救助计划"，以政府直接投资的方式，援助主要金融机构和部分大型企业；（3）美国政府还采取了大幅快速减税、扩大赤字化开支等财政政策，刺激经济增长；（4）美国国会参、众两院通过立法的方式，及时完善法律环境。如，美国政府协调美国国会分别签署通过了《2008 年紧急经济稳定法案》

《2008 年经济振兴法案》《2009 年美国复苏与再投资法案》，以及自 1929 年大萧条以后最重要的金融监管改革法案之一——《多德-弗兰克华尔街改革和消费者保护法案》等。可以说，美国采用货币政策、财政政策、监管政策、经济振兴计划及法制保障等多种措施，稳定了金融市场，刺激了经济发展。

第六是 2019 年的 2 万亿美元巨额基础设施建设计划。该计划以财政手段结合金融举措，目标是创造经济增长的新动力。其具体措施包括重建高速、桥梁、隧道、机场、学校、医院，计划打造世界上最好的高速公路和航空系统网，等等。

综上所述，美国政府在历史进程中采取的国家金融行为，不仅包括处置国内的产业经济危机、助力城市经济和民生经济以促进社会发展，还包括强势介入国际经济运行，在打造国际金融体系方面有所作为。其他发达国家的此类案例也比比皆是。历史和现实告诉我们，从国家金融学的角度探讨国家金融行为及其属性，研究国家金融战略，做好国家金融布局，维护国家金融稳定，推动国家经济发展，既是一国政府在当代经济发展中面临的客观要求，也是金融理论界需要重视并深入研究的课题。

一、国家金融理论滞后于实践发展

事实上，通过采取国家金融行为，维护国家金融秩序、提升国家金融竞争力的事例，在各国经济实践中已经广泛存在，但是对这些案例的理论总结与分析还远远不够。可以说，国家金融理论的发展是极大滞后于经济实践进程的，下面以两个案例进行说明。

案例一是美国资产重组托管公司（Resolution Trust Corporation，RTC）与中国四大资产管理公司。

RTC 是美国政府为解决 20 世纪 80 年代发生的储贷机构危机而专门成立的资产处置机构。1989 年 8 月，美国国会通过《金融机构改革、复兴与实施法案》（The Financial Institutions Reform，Recovery and Enforcement Act），创立 RTC 对国内出现问题的储贷机构进行重组处置。下面我们从六方面来介绍 RTC 的具体情况。

第一，RTC 设立的背景。20 世纪 70 年代中后期，美国经济受到经济停滞和通货膨胀的双重冲击。政府对当时主要为低收入家庭买房、建房提供贷款的非银行储蓄机构及其储贷协会放松管制，扩大其业务范围，期望以此刺激经济恢复生机。然而，沉没在投机性房地产贷款与垃圾债券上的大量资金和不良资产使储贷机构严重资不抵债，走向破产的边缘。在这一背景下，RTC 应运而生，对相关储贷机构进行资产重组。RTC 被赋予五大目标：一是重组储贷机构；二是尽量减少重组损失，争取净现值回报最大化；三是充分利用募得资金处置破产的储贷机构；四是尽量减小处置过程中对当地房地产市场和金融市场的影响；五是最大限度地保障中低收入者的住房供应。

第二，RTC 的组织架构。这里分两个阶段叙述：第一阶段是 1989 年 8 月至 1991 年 10 月，RTC 由美国联邦存款保险公司（Federal Deposit Insurance Corporation，简称 FDIC）负责管理，美国财政部部长、美联储主席、住房与城市发展部部长和总统指派的两名私营部门代表组成监察委员会，负责制定 RTC 的运营策略和政策、任命 RTC 的总裁（由 FDIC 总裁兼任）和首席执行官以开展日常工作。第二阶段是从 1991 年 11 月开始，美国国会通过《重组信托公司再融资、重构与增强法案》（Resolution Trust Corporation Refinancing Reconstructuring and Improvement Act），原监察委员会更名为储贷机构存款人保护监察委员会，在调整相关成员后，确定 RTC 总部设在华盛顿，在亚特兰大、达拉斯、丹佛和堪萨斯城设立 4 个地区办公室，在全国设立 14 个办事处和 14 个销售中心，RTC 不再受 FDIC 管理。直至 1995 年 12 月 RTC 关闭解散后，其余下工作被重新划归 FDIC 继续运作。

第三，RTC 的资金来源。在实际运营中，RTC 的资金来源由四个方面构成：财政部拨款、资产出售后的回收价值、托管储蓄机构中的存款及来自重组融资公司（Resolution Funding Corporation）和联邦融资银行（Federal Financing Bank）的借款。

第四，RTC 的运作方式，主要分为两类：对储贷机构实施援助和重组。援助主要是以现金注入方式帮助相关储贷机构摆脱困境，使其重获持续经营的能力。重组主要包括四个步骤：清算、托管、重组、资产管理与处置。其中，资产处置主要是采用一般拍卖、期权销售、资产证券化等手段。

第五，RTC 的资产定价方法。因为 RTC 处置的资产中，近一半是商业和居民住房抵押贷款，其他的是储贷机构自有房产、其他贷款及各类证券等，所以 RTC 在资产估价过程中，结合地理位置、资产规模、资产质量、资产期限、偿付标准等因素，主要采用传统的净现值折现方法，同时结合运用可得投资价值（Derived Investment Value）工具完善估值。为防止不良资产被贱卖，RTC 还会根据资产评估价格的一定比例设定保留价格作为投标底线。

第六，RTC 的运作成效。从 1989 年 8 月至 1995 年 12 月底，RTC 成功重组了 747 家问题储贷机构。其中，433 家被银行并购，222 家被其他储贷机构并购，92 家进行了存款偿付，共涉及资产约 4206 亿美元，重组成本约 875 亿美元。RTC 的实践为清理破产金融机构、消化不良资产和化解金融危机提供了较为成功的范例。

美国 RTC 的成功经验也为中国所借鉴。1999 年，中国政府在处置亚洲金融危机时，就参考美国 RTC 的方式，剥离工（中国工商银行）、农（中国农业银行）、中（中国银行）、建（中国建设银行）四大银行的不良资产，组建了华融资产管理公司、东方资产管理公司、长城资产管理公司和信达资产管理公司，来解决不良资产，参与资本市场运作。

可见，在美国、中国都存在这种典型的国家金融行为，但对于这类实践，理论界还缺乏系统性的探讨、总结，对这类问题的研究仍然是碎片化的、外在的，主要侧重于技术手段。在世界范围内，上述类型的不良资产处置公司应怎样定位？其功能和续存时间如何？这些都是亟待学界研究的课题。

案例二是沃尔克法则与金融风险防范。

为了避免 2008 年次贷危机重演，2010 年 7 月，美国颁布了《多德-弗兰克华尔街改革和消费者保护法案》，在政府监管机构设置、系统性风险防范、金融业及其产品细分、消费者保护、危机处置等方面设置了一系列监管措施。其中，由美联储前主席保罗·沃尔克提出的"沃尔克法则"（Volcker Rule）是最有影响的改革内容之一。

沃尔克法则的提出有着特殊背景。美国的金融监管模式是在历史进程中逐渐形成的，是一个以联邦政府和州政府为依托、以美联储为核心、由各金融行业监管机构共同组成的双层多头金融监管体系。这一体系的弊端在 2008 年金融危机的爆发和蔓延过程中暴露出来：一是监管体系无法跟上经济和金融发展的步伐；二是缺乏统一监管，难以防范系统性金融危机；三是监管职能重叠或缺位，造成监管死角；四是缺乏对金融控股公司的有效监管；五是分业监管体系与混业市场经营相背离……沃尔克对此尖锐地指出：金融机构的混业经营和分业监管的错配是金融危机爆发的一个重大根源。

在这一背景下，沃尔克法则应运而生。其核心是禁止银行从事自营性质的投资业务，同时禁止银行拥有、投资或发起对冲基金和私募基金。其具体措施包括：第一，限制银行的规模，规定单一金融机构在储蓄存款市场上所占份额不得超过 10%，从而限制银行过度举债进行投资的能力。第二，限制银行利用自身资本进行自营交易，规定银行只能在一级资本的 3% 以内进行自营投资。第三，限制银行拥有或资助对私募基金和对冲基金的投资，规定银行在每只基金中的投资比例不得超过该基金募集资本的 3%。第四，控制资产证券化风险，规定银行销售抵押贷款支持证券等产品至少留存 5% 的信用风险……

沃尔克法则的目标聚焦于金融市场"去杠杆化"。在该法则之下，国家可以将金融行业的风险进行隔离，简化风险管理的复杂度，提高风险管理和审慎监管的效率，这是一种典型的国家金融行为。在理论上，它涉及一国的商业银行资产负债管理和投资银行风险收益关系的深化研究；在实践中，它关乎一国金融监管模式的选择和金融经济发展的方向。然而，学界对沃尔克法则的研究或借鉴，多数仍然停留在防范金融风险的技术手段上。

二、国家金融人才短缺

国家金融理论滞后于实践发展的直接后果是国家金融人才短缺。其原因主要有三个：第一，金融学缺乏细分；第二，国内外金融学教研主要聚焦于微观金融领域与技术分析；第三，国内外金融学学生大多偏重于对微观金融技术手段的分析和操作。

关于国内金融学研究的现状，我们以两个国内高校的例子进行说明。

第一是以"金融"命名的某大学，其经济学科各专业人才培养方案如图1.1所示。

金融学专业 ⎰ 金融学
投资学专业 ⎱ 金融市场与金融机构
财政学专业 ⎰ 商业银行经营学
金融工程专业 ⎱ 信用担保
保险学专业 ⎰ 国际金融学
国际经济与贸易专业 ⎱ 投资学
经济学专业 ⎰ 公司金融学
金融工程学
金融风险管理

经济与金融专业 ⎰ 微观经济学
信用管理专业 ⎱ 宏观经济学
经济统计学专业 ⎰ 金融经济学
金融数学专业 ⎱ 投资经济学
互联网金融专业 ⎰ 区域经济学
产业经济学
计量经济学
金融工程学
商业银行经营学
银行会计学
国际金融学
金融市场学

图1.1　某金融大学经济学科各专业人才培养方案

第二是某综合性大学的金融学院，其金融学专业培养方案主要如图1.2所示。

专业核心课程 ⎰ 货币金融学
公司金融学
证券分析与实证分析
金融衍生工具
国际金融学
金融机构与市场
投资与资产组合管理

图1.2　某大学金融学院金融学专业培养方案

通过上述两例我们可知，国内的金融学教研基本上都没有涉及国家金融层面的理论，缺乏对国家金融行为取向的研究与教学。

那么国外金融学研究的情况如何呢？我们可以回顾一下 1991—2020 年诺贝尔经济学奖得主及其研究方向（表 1-1）。

表 1-1 1991—2020 年诺贝尔经济学奖得主及其研究方向

年份	获奖者	主要贡献
1991	罗纳德·科斯	揭示并澄清了经济制度结构和函数中交易费用和产权的重要性
1992	加里·贝克	将微观经济理论扩展到对人类相互行为的分析，包括市场行为
1993	道格拉斯·诺斯 罗伯特·福格尔	道格拉斯·诺斯建立了包括产权理论、国家理论和意识形态理论在内的"制度变迁理论"；罗伯特·福格尔用经济史的新理论及数理工具重新诠释了过去的经济发展过程
1994	约翰·纳什 约翰·海萨尼 莱因哈德·泽尔腾	在非合作博弈的均衡分析理论方面做出了开创性成果，对博弈论和经济学产生了重大影响
1995	罗伯特·卢卡斯	倡导和发展了理性预期与宏观经济学研究的运用理论，深化了人们对经济政策的理解，并对经济周期理论提出了独到的见解
1996	詹姆斯·莫里斯 威廉·维克瑞	詹姆斯·莫里斯在信息经济学理论领域做出了重大贡献，尤其是不对称信息条件下的经济激励理论；威廉·维克瑞在信息经济学、激励理论、博弈论等方面都做出了重大贡献

续表

年份	获奖者	主要贡献
1997	罗伯特·默顿 迈伦·斯科尔斯	罗伯特·默顿对布莱克－斯科尔斯公式所依赖的假设条件做了进一步减弱，在许多方面对其做了推广；迈伦·斯科尔斯给出了著名的布莱克－斯科尔斯期权定价公式，该法则已成为金融机构涉及金融新产品的思想方法
1998	阿马蒂亚·森	对福利经济学几个重大问题做出了卓越贡献，包括社会选择理论、对福利和贫穷标准的定义、对匮乏的研究等
1999	罗伯特·蒙代尔	对不同汇率体制下货币与财政政策以及最适宜的货币流通区域所做的分析使他获得这一殊荣
2000	詹姆斯·赫克曼 丹尼尔·麦克法登	发展广泛应用在经济学以及其他社会科学中对个人和住户的行为进行统计分析的理论和方法。尤其是，赫克曼对分析选择性样本的理论和方法的发展，麦克法登对分析离散抉择的理论和方法的发展
2001	迈克尔·斯彭斯 乔治·阿克尔洛夫 约瑟夫·斯蒂格利茨	在"对充满不对称信息市场进行分析"领域做出重要贡献
2002	丹尼尔·卡尼曼 弗农·史密斯	在心理和实验经济学研究方面所做的开创性工作
2003	罗伯特·恩格尔 克莱夫·格兰杰	在处理经济时间序列的两个关键性质：时变波动性和非平稳性时，所开创的统计分析方法
2004	芬恩·基德兰德 爱德华·普雷斯科特	在动态宏观经济学领域中做出重要贡献
2005	罗伯特·奥曼 托马斯·谢林	通过对博弈论的分析加深了对冲突与合作的理解
2006	埃德蒙·费尔普斯	在 20 世纪 60 年代后期对当时盛行的"菲利普斯曲线"理论提出了挑战

续表

年份	获奖者	主要贡献
2007	莱昂尼德·赫维奇 埃里克·马斯金 罗杰·迈尔森	在创立和发展"机制设计理论"方面做出卓越贡献
2008	保罗·克鲁格曼	整合了此前经济学界在国际贸易和地理经济学方面的研究，在自由贸易、全球化及推动世界范围内城市化进程的动因方面形成了一套理论
2009	埃莉诺·奥斯特罗姆 奥利弗·威廉森	奥斯特罗姆因为"在经济管理方面的分析，特别是对公共资源管理的分析"获奖；威廉森则因为"在经济管理方面的分析，特别是对公司边界问题的分析"获奖
2010	彼得·戴蒙德 戴尔·莫滕森 克里斯托弗·皮萨里季斯	对"经济政策如何影响失业率"理论进行了进一步分析
2011	克里斯托弗·西姆斯 托马斯·萨金特	研究政策变量在宏观经济运行中扮演的角色，在宏观经济学中对成因及其影响进行实证研究
2012	埃尔文·罗斯 罗伊德·沙普利	创建"稳定分配"理论，并进行"市场设计"的实践
2013	尤金·法马 拉尔斯·皮特·汉森 罗伯特·希勒	表彰他们对资产价格的经验分析
2014	让·梯若尔	对理解和监管行业中少数重要公司的理论研究尤其出色，即他对寡头垄断现象的研究
2015	安格斯·迪顿	对消费、贫困和福利的分析
2016	奥利弗·哈特 本特·霍姆斯特罗姆	在契约理论方面的卓越贡献，将相关理论用于公司，企业治理及金融危机期间流动性问题的研究
2017	理查德·泰勒	理查德·泰勒将心理上的现实假设纳入到经济决策分析中。通过探索有限理性、社会偏好和缺乏自我控制的后果，他展示了这些人格特质如何系统地影响个人决策及市场成果

续表

年份	获奖者	主要贡献
2018	保罗·罗默 威廉·诺德豪斯	在创新、气候和经济增长方面研究的杰出贡献，他们设计了一系列方法来解决我们时代最基本和最紧迫的问题——如何创造长期可持续的经济增长
2019	阿比吉特·班纳吉 埃斯特尔·杜弗洛 迈克尔·克雷默	为减轻全球贫困所采取的实验性方法
2020	保罗·米尔格罗姆 罗伯特·威尔逊	对拍卖理论的改进和新拍卖方式的发明

资料来源：新浪财经。

　　三十年的时间里，只有少数几位诺贝尔经济学奖得主的研究是关于金融问题的：1997 年获奖的罗伯特·默顿和迈伦·斯科尔斯研究了金融机构新产品的期权定价公式；1999 年获奖的罗伯特·蒙代尔讨论了不同汇率制度下的货币与财政政策及最优货币区；2003 年获奖的罗伯特·恩格尔三世和克莱夫·格兰杰在计量经济学领域的开拓性贡献，为金融分析提供了不可或缺的工具；2013 年获奖的尤金·法玛、拉尔斯·彼得·汉森和罗伯特·席勒的贡献主要是对资产价格进行了实证分析；其余的获奖者则基本上没有直接触及金融问题。而在上述涉及金融问题的诺贝尔经济学奖获奖人中，只有罗伯特·蒙代尔一人在理论上探讨了国际金融问题，其他人则主要侧重于研究金融资产定价或金融实践的成效。

　　由此可见，无论国内还是国外的金融学，都缺乏对国家金融的研究，相关人才也匮乏。与之相对的是，世界范围内重大的金融变革与发展，多是由不同国家的金融导向及其行为所推动。因此，国家金融学研究不但应该引起学界重视，还应该在一个更广阔的维度上获得深化和发展。

　　中国对此已有布局。2017 年，中国召开全国金融工作会议，提出遵循金融发展规律，紧紧围绕服务实体经济、防控金融风险、深化金融改革三项任务，创新和完善金融调控，健全现代金融企业制度，完善金融市场体系，推进构建现代金融监管框架，加快转变金融发展方式，健全金融法治，保障国家金融安全，促进经济和金融良性循环、健康发展。同时，中国成立国务院金融稳定发展委员会并强调：第一，回归本源，把更多金融资源配置到经济社会发展的重点领域和薄弱环节；第二，优化结构，完善金融市场、金融机构、金融产品体系；第三，强化监管，提高防范化解金融风险能力；第四，市场导向，发挥市场在金融资源配置中的决定性作用。

综上所述，中国与世界其他国家一样，都急需国家金融人才来构建现代金融体系、维护国家金融秩序、保障并提升国家金融竞争力。

三、金融学需要细分

要培养国家金融人才，就需要对现有的金融学研究和教学进行细分。以美国与中国高校金融学教学中使用的教材为例，美国高校使用的经典教材是弗雷德里克·S. 米什金的《货币金融学》，中国则是黄达编著的《金融学》。这两种教材的优点是全面、系统：从货币起源讲到金融中介、金融体系；从金融市场讲到金融机构、金融监管；从中央银行讲到货币政策、外汇市场和国际金融；从金融运行的微观机制讲到资产组合与定价、业务管理与发展；等等。然而，为了回应当今经济发展对国家金融理论研究、实践管理和人才培养的需求，十分有必要在此类金融学学科的基础上强化对国家金融学的研究与教学，因此笔者建议从国家层面将金融学科细分为三类（图 1.3）。

金融学科的分类 ｛金融学原理/金融学(基本原理)　国家金融学　公司金融学

图 1.3　金融学科的分类

其中，国家金融学属宏观金融管理范畴，研究并指导国家金融行为，即立足于一国金融发展中最核心、最紧迫的问题，要解决的是国家金融顶层布局、国家金融监管协调、国家金融层级发展、国家金融内外联动、国家金融弯道超车、国家金融科技创新、国家金融风险防范和国家金融国际参与等课题。

公司金融学属微观金融管理范畴，研究并指导公司金融行为，即立足于企业金融行为中急需探讨和解决的问题，如公司治理结构（企业管理）、财税管理（会计学、税法）、公司理财（投资学）、风险管理（审计、评估）、战略管理（决策运营）、公司融资（金融中介）、金融工程（产融开发）、法律责任（法学、信息经济学）和国际投资（兼并收购）等课题。

金融学各门学科从不同的定位出发，阐述其主要原理和应用这些原理的数理模型，并在演绎或归纳中探讨、解说案例，最终达到引导学生学习、思考的目标。金融学原理、国家金融学和公司金融学（当然也包括国际金融学）等各门学科定位不同，相互渗透，有机组成了完整的金融学科体系。

四、国家金融学的研究对象

国家金融学的研究对象是世界各国在现代金融体系下的国家金融行为及其属性，具体包括现代金融体系中的市场要素、市场组织、市场法制、市场监管、市场环境和市场基础设施六个方面。通过探讨各国国家金融行为，国家金融学将有助于维护金融稳定，提升国家金融竞争力。

关于现代金融体系，国内外理论界有"三体系论""四要素论"和"五构成论"的不同表述。"三体系论"认为，金融体系可大致划分为三个体系：一是金融的宏观调控和监管体系；二是金融的市场体系；三是金融机构体系。其中，金融的市场体系包括了交易对象、交易主体、交易工具和交易价格。"四要素论"认为，金融市场由四个要素构成：一是金融市场的参加者，包括政府部门、工商企业、金融机构和个人；二是金融工具，其特征有偿还性、流动性、风险性和盈利性；三是金融市场的组织形式，包括在固定场所内的集中交易方式、分散交易方式和场外交易方式；四是金融市场的管理，包括中央银行及有关监管当局的管理。"五构成论"认为，金融的构成要素有五点：一是金融对象，即货币（资金）；二是金融方式，有代表性的是以借贷为主的信用方式；三是金融机构，通常分为银行和非银行金融机构；四是金融场所，即金融市场，包括资本市场、货币市场、外汇市场、保险市场和衍生性金融工具市场等；五是制度和调控机制，即对金融活动进行监督和调控等。它们在金融体系中共同发挥着作用。

与上述的"三体系论""四要素论""五构成论"相比，本书更为强调现代金融体系功能结构的系统性，认为现代金融体系至少包括六个子体系（图 1.4），本书也是在此框架下探索国家金融行为对一国金融稳定和健康发展的影响。

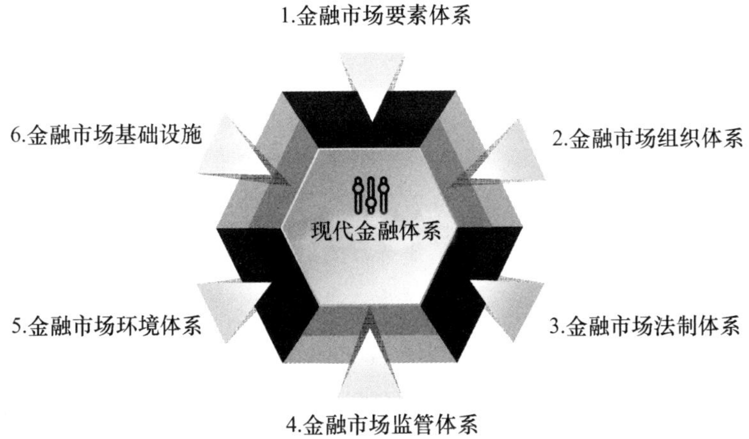

图 1.4　现代金融体系的六个子体系

现代金融体系的六个子体系有怎样的构成和特点？

第一，金融市场要素体系。它既由各类市场（货币市场、资本市场、保险市场、外汇市场和衍生性金融工具市场等）构成，又由各类市场的最基本元素（价格、供求和竞争等）构成。

第二，金融市场组织体系。它由金融市场要素与金融市场活动的主体或管理机构构成，包括各种类型的市场主体、各类市场中介机构及市场管理组织等。

第三，金融市场法制体系。金融市场具有产权经济、契约经济和规范经济的特点，因此，规范市场价值导向、交易行为、契约行为和产权行为等的法律法规的整体就构成了金融市场法制体系。它包括金融市场相关的立法、执法、司法和法制教育等。

第四，金融市场监管体系。它是建立在金融市场法律体系基础上的、符合金融市场需要的政策执行体系，包括对金融机构、业务、市场、政策法规执行等的监管。

第五，金融市场环境体系。它主要包括实体经济基础、企业治理结构和社会信用体系三大方面。对这一体系而言，重要的是建立健全金融市场信用体系，以法律制度规范和约束金融信托关系、信用工具、信用中介和其他相关信用要素，以及以完善金融市场信用保障机制为起点建立金融信用治理机制。

第六，金融市场基础设施。它是包含各类软硬件的完整的金融市场设施系统。其中，金融市场服务网络、配套设备及技术、各类市场支付清算体系、科技信息系统等，是成熟的金融市场必备的基础设施。

现代金融体系演进及其与国家金融行为的互动具有如下特点。

第一，现代金融体系的六个子体系的形成是个渐进的历史过程。以美国为例，在早期的市场经济发展中，美国主流认可自由放任的经济理念，金融市场要素体系与金融市场组织体系得到发展和提升，反对政府干预经济的理念盛行。1890 年，美国国会颁布美国历史上第一部反垄断法《保护贸易及商业免受非法限制及垄断法》（也称《谢尔曼法》），禁止垄断协议和独占行为。1913 年，美国联邦储备委员会正式成立。1914 年，美国颁布《联邦贸易委员会法》和《克莱顿法》，对《谢尔曼法》进行补充和完善。在世界经济危机之后的 1933 年，美国颁布《格拉斯-斯蒂格尔法案》。此后美国的反垄断制度和金融监管实践经历了近百年的演进与完善，整个金融市场形成了垄断与竞争、发展与监管动态并存的格局。20 世纪 90 年代开始，美国的信息通信、网络技术爆发式发展，金融市场创新驱动能力和基础设施升级换代成为市场竞争的主要表现。与此同时，美国政府反垄断的目标不再局限于简单防止金融市场独占、操纵价格等行为，金融市场的技术垄断和网络寡头垄断也被纳入打击范围。这一时期，通过完善金融市场登记、结算、托管和备份等基础设施，提高应对重大金融灾难与技术故障的能力，提升金融市场信息系统，完善金融信用体系建设，实施金融市场监管数据信息共享等，美国的金融市场环境体系和金融市场基础设施得到了进一步提高与发展。这一切将金融市场体系推向现代高度，金融市场竞争发展到了全要素推动和系统参与的飞跃阶段。

第二，现代金融体系的六个子体系是统一的。一方面，六个子体系相互联系、相互作用，有机结合为一个成熟的金融市场体系。在金融市场的实际运行中，缺少哪一个子体系，都会导致市场在那一方面产生缺陷，进而造成国家经济的损失。在世界各国金融市场的发展过程中，这样的典型案例比比皆是。另一方面，在现代金融体系的六个子体系内，各个要素之间也是相互联系、相互作用、有机统一的。比如，在金融市场要素体系中，除了各类货币市场、资本市场、保险市场、外汇市场等互相联系、互相作用外，规范和发展利率市场、汇率市场等，逐步建立离岸、在岸统一的国际化金融市场，积极发展一国金融产品和金融衍生产品市场，努力提升一国金融的国际话语权和竞争力，等等，都是相互促进、共同完善现代金融体系的重要举措。

第三，现代金融体系的六个子体系是有序的，有序的金融市场体系才有效率。比如，金融市场价格机制的有序，即在利率、汇率、债券、股票、期货、期权等投资价格的形成过程中，应充分发挥市场在资源配置中的基础性作用，根据市场反馈的供求状况形成市场定价，从而推动现代金融体系有序运转。又比如，金融市场竞争机制的有序。竞争是金融市场的必然产物，也是实现市场经济的必然要求。只有通过竞争，金融要素的价格才会产生市场波动，金融资源才能得到有效配置，从而实现市场主体的优胜劣汰。再比如，金融市场开放机制的有序。现代金融体系是开放的，但这种开放又必定是渐进的、安全的、稳定有序的。这又再次表明，现代金融体系的六个方面既相互独立又相互制约，它们是对立统一的完整系统。

第四，现代金融体系六个方面的功能是脆弱的，其原因主要有以下三点。首先，是认识上的不完整。由于金融市场主体（即货币市场、资本市场、外汇市场等的参与主体）有自己的利益要求，所以在实际的市场运行中，它们往往只讲自由、竞争和需求，避讲法治、监管和均衡，这导致现代金融体系六个方面的功能出现偏颇。其次，是政策上的不及时。金融市场的参与主要依靠各类投资者，金融市场的监管主要依靠世界各国政府。但在政府与市场既对立又统一的历史互动中，由于传统市场经济理论的影响，政府往往是无为的，或滞后的，或在面临世界金融大危机时采用"补丁填洞"的方式弥补，等等，这使得现代金融体系六个方面的功能无法全部发挥。最后，是金融全球化的冲击。在金融立法、联合执法、协同监管措施还不完善的全球金融体系中，存在大量金融监管真空、监管套利、金融投机、不同市场跨界发展，以及造假、诈骗等行为。因此现代金融体系的健全及六个子体系功能的有效发挥，还需要一个漫长的过程。

第五，现代金融体系六个子体系的功能，正在或即将逐渐作用于世界各国乃至国际金融市场的各个领域。也就是说，在历史进程中逐渐形成和完善的现代金融体系，不仅将在各国金融市场上发挥作用，而且伴随着 2009 年 G20 峰会设立的金融稳定委员会作用的发挥和国际金融监管协调机制的提升与完善，在国际金融体系中也将发挥作用。世界各国的金融领域，不仅需要微观层面投资主体的参与，而且需要宏观层面国家金融行为的引导。在世界各国的理论和实践中，这都是正在逐渐完善的现代金融体系的客观、必然的发展趋向。

在当代中国，要加强国家金融学研究，就需要围绕现代金融体系六个子体系的功能，探讨在国内如何建立、完善现代金融体系，在国际上如何定位中国金融的作用。这必然会从国家行为属性的角度，进一步厘清中国国家金融的目标和作用。其中涉及诸多重大课题：如何协调财政政策与货币政策？如何推进强势人民币政策？中国拥有现行世界金融体系中最优的金融监管架构，如何发挥其作用？中国在探讨国家与地方金融的层级发展时，如何避免要么"金融自由化"要么"金融压抑"的老路，在"规则下促竞争，稳定中求发展"的前提下闯出一条新路？如何确定粤港澳大湾区离岸与在岸金融对接的路径及切入点？如何发挥中国"碳金融"的作用，在国际金融体系中实现弯道超车？金融科技尤其是网络金融与数字货币在中国如何健康发展？如何坚持金融服务实体经济，并在金融产业链中有效防范系统性或区域性金融风险？在国际金融体系的变革中，如何提出、推动和实施"中国方案"？等等。可见，现代金融体系的建设与完善，在中国乃至世界各国的发展进程中，始终映射着一国国家金融行为的特征与取向。这些就是国家金融学需要深入研究的对象。

五、国家金融学的现在与未来

在现代金融体系下，国家金融学的研究与公司金融学、国际金融学和金融科技发展等密切相关、相互渗透。因此可以预言，国家金融学研究的现状与未来，取决于一国在金融理论和实践层面，对国家金融与公司金融、离岸金融与在岸金融、金融科技创新发展、金融监管与风险防范，以及国际金融体系改革创新的探研和实践。国家金融学学科的创设，为从理论上探讨国家金融行为对一国乃至国际现代金融体系的影响，拉开了一个序幕。

附录：中国召开金融工作会议[①]

新华社北京 7 月 15 日电　全国金融工作会议 14 日至 15 日在北京召开。中共中央总书记、国家主席、中央军委主席习近平出席会议并发表重要讲话。他强调，金融是国家重要的核心竞争力，金融安全是国家安全的重要组成部分，金融制度是经济社会发展中重要的基础性制度。**必须加强党对金融工作的领导，坚持稳中求进工作总基调**，遵循金融发展规律，紧紧围绕**服务实体经济、防控金融风险、深化金融改革**三项任务，创新和完善金融调控，健全现代金融企业制度，**完善金融市场体系**，推进构建现代金融监管框架，加快转变金融发展方式，**健全金融法治，保障国家金融安全，促进经济和金融良性循环、健康发展**。

中共中央政治局常委、国务院总理李克强在会上讲话。中共中央政治局

---

① 原标题为《服务实体经济防控金融风险深化金融改革，促进经济和金融良性循环健康发展》，载于《新华每日电讯》2017 年 7 月 16 日，第 1 版。

常委俞正声、王岐山、张高丽出席会议。

习近平在讲话中强调，党的十八大以来，我国金融改革发展取得新的重大成就。金融业保持快速发展，金融产品日益丰富，金融服务普惠性增强，金融改革有序推进，金融体系不断完善，人民币国际化和金融双向开放取得新进展，金融监管得到改进，守住不发生系统性金融风险底线的能力增强。

习近平指出，做好金融工作要把握好以下重要原则：**第一，回归本源，服从服务于经济社会发展。**金融要把为实体经济服务作为出发点和落脚点，全面提升服务效率和水平，把更多金融资源配置到经济社会发展的重点领域和薄弱环节，更好满足人民群众和实体经济多样化的金融需求。**第二，优化结构，完善金融市场、金融机构、金融产品体系。**要坚持质量优先，引导金融业发展同经济社会发展相协调，促进融资便利化、降低实体经济成本、提高资源配置效率、保障风险可控。**第三，强化监管，提高防范化解金融风险能力。**要以强化金融监管为重点，以防范系统性金融风险为底线，加快相关法律法规建设，完善金融机构法人治理结构，加强宏观审慎管理制度建设，加强功能监管，更加重视行为监管。**第四，市场导向，发挥市场在金融资源配置中的决定性作用。**坚持社会主义市场经济改革方向，处理好政府和市场关系，完善市场约束机制，提高金融资源配置效率。加强和改善政府宏观调控，健全市场规则，强化纪律性。

习近平强调，金融是实体经济的血脉，为实体经济服务是金融的天职，是金融的宗旨，也是防范金融风险的根本举措。要贯彻新发展理念，树立质量优先、效率至上的理念，更加注重供给侧的存量重组、增量优化、动能转换。要把发展直接融资放在重要位置，形成融资功能完备、基础制度扎实、市场监管有效、投资者合法权益得到有效保护的多层次资本市场体系。要改善间接融资结构，推动国有大银行战略转型，发展中小银行和民营金融机构。要促进保险业发挥长期稳健风险管理和保障的功能。要建设普惠金融体系，加强对小微企业、"三农"和偏远地区的金融服务，推进金融精准扶贫，鼓励发展绿色金融。要促进金融机构降低经营成本，清理规范中间业务环节，避免变相抬高实体经济融资成本。

习近平指出，防止发生系统性金融风险是金融工作的永恒主题。要把主动防范化解系统性金融风险放在更加重要的位置，科学防范，早识别、早预警、早发现、早处置，着力防范化解重点领域风险，着力完善金融安全防线和风险应急处置机制。要推动经济去杠杆，**坚定执行稳健的货币政策**，处理好稳增长、调结构、控总量的关系。要把国有企业降杠杆作为重中之重，抓好处置"僵尸企业"工作。各级地方党委和政府要树立正确政绩观，严控地方政府债务增量，终身问责，倒查责任。要坚决整治严重干扰金融市场秩序的行为，严格规范金融市场交易行为，规范金融综合经营和产融结合，**加强互联网金融监管**，强化金融机构防范风险主体责任。要加强社会信用体系建设，建立健全符合我国国情的金融法治体系。

习近平强调，**要坚定深化金融改革。要优化金融机构体系，完善国有金融资本管理，完善外汇市场体制机制。**要完善现代金融企业制度，完善公司法人治理结构，优化股权结构。建立有效的激励约束机制，避免短视化行为。完善风险管理框架，强化风险内控机制建设，推动金融机构真实披露和及时处置风险资产。加强外部市场约束，增强会计、审计等机构自律性、公正性和专业化水平。

习近平强调，**要加强金融监管协调、补齐监管短板。设立国务院金融稳定发展委员会，强化人民银行宏观审慎管理和系统性风险防范职责，落实金融监管部门监管职责，并强化监管问责。**坚持问题导向，针对突出问题加强协调，强化综合监管，突出功能监管和行为监管。地方政府要在坚持金融管理主要是中央事权的前提下，按照中央统一规则，强化属地风险处置责任。金融管理部门要努力培育恪尽职守、敢于监管、精于监管、严格问责的监管精神，形成有风险没有及时发现就是失职、发现风险没有及时提示和处置就是渎职的严肃监管氛围。健全风险监测预警和早期干预机制，加强金融基础设施的统筹监管和互联互通，推进金融业综合统计和监管信息共享。对深化金融改革的一些重大问题，要加强系统研究，完善实施方案。

习近平指出，**要扩大金融对外开放。深化人民币汇率形成机制改革，稳步推进人民币国际化，稳步实现资本项目可兑换。**积极稳妥推动金融业对外开放，合理安排开放顺序，加快建立完善有利于保护金融消费者权益、有利于增强金融有序竞争、有利于防范金融风险的机制。推进"一带一路"建设金融创新，搞好相关制度设计。

习近平指出，做好新形势下金融工作，必须加强党对金融工作的领导。要坚持党中央对金融工作集中统一领导，确保金融改革发展正确方向。要加强金融系统党的建设，国有金融机构领导人必须增强党的意识，党的领导要与国有金融机构公司法人治理相结合，促进形成良好的现代公司治理机制。要增强党领导金融工作的能力，各级领导干部特别是高级干部要加强金融知识学习，努力建设一支庞大的德才兼备的高素质金融人才队伍。

习近平指出，要从实现"两个一百年"奋斗目标、实现中华民族伟大复兴中国梦的历史高度，从推进国家治理体系和治理能力现代化的战略高度，以高度的责任心、使命感、紧迫感，齐心协力，勤勉尽责，坚定不移推进金融改革发展，以优异成绩迎接党的十九大胜利召开。

李克强在讲话中指出，要认真学习领会和贯彻落实习近平总书记在这次会上的重要讲话精神。金融是国之重器，是国民经济的血脉。要把握好服务实体经济、防控金融风险、深化金融改革"三位一体"的金融工作主题，把服务实体经济作为根本目的，把防范化解系统性风险作为核心目标，把深化金融改革作为根本动力，促进经济与金融良性循环，共生共荣。要创新金融调控思路和方式，继续实施稳健的货币政策，保持货币信贷适度增长和流动性基本稳定，不断改善对实体经济的金融服务。积极发展普惠金融，大力支持小微企业、"三农"和精准脱贫等经济社会发展薄弱环节，着力解决融资难融资贵问题。加强对创新驱动发展、新旧动能转换、促进"双创"支撑就业等的金融支持。做好对国家重大发展战略、重大改革举措、重大工程建设的金融服务。增强资本市场服务实体经济功能，积极有序发展股权融资，提高直接融资比重。拓展保险市场的风险保障功能。优化金融资源空间配置和金融机构布局，大力发展中小金融机构。不断增强金融服务实体经济的可持续性，着力强实抑虚。筑牢市场准入、早期干预和处置退出三道防线，把好风险防控的一道关，健全金融风险责任担当机制，切实保障金融市场稳健运行，积极稳妥推进去杠杆，深化国企改革，把降低国企杠杆率作为重中之重，有效处置金融风险点，防范道德风险，坚决守住不发生系统性风险的底线。坚持从我国国情出发推进金融监管体制改革，增强金融监管协调的权威性有效性，强化金融监管的专业性统一性穿透性，所有金融业务都要纳入监管，练就"火眼金睛"，及时有效识别和化解风险，整治金融乱象。坚持中央统一规则，压实地方监管责任，加强金融监管问责。坚持自主、有序、平等、安全的方针，稳步扩大金融业双向开放。加强对金融改革发展稳定的法治、信用、人才和政治保障，创造优良的金融生态环境，以优质高效的金融服务推动经济保持中高速增长、迈向中高端水平。

中共中央政治局委员、国务院副总理马凯在总结讲话中要求，各地区、各部门特别是金融系统要切实把思想统一到习近平总书记和李克强总理重要讲话精神上来，统一到党中央对金融工作的决策部署上来，进一步增强做好金融工作的责任感、使命感，紧紧围绕服务实体经济、防控金融风险和深化金融改革三项任务，结合各地区、各部门实际，确定工作重点，明确责任主体，强化制度建设，提高队伍素质，促进我国金融业健康发展，确保党的路线方针政策在金融领域切实得到落实。

北京市、福建省、中国人民银行、中国银监会、中国证监会、中国保监会、中国工商银行主要负责同志作大会发言。

中共中央政治局委员、中央书记处书记，全国人大常委会有关领导同志，国务委员，最高人民法院院长，最高人民检察院检察长，全国政协有关领导同志出席会议。

各省、自治区、直辖市和计划单列市、新疆生产建设兵团，中央和国家机关有关部门、有关人民团体，金融系统有关单位，中央军委机关有关部门、武警部队负责同志参加会议。

本章要点与思考题

1. 国家金融学的范畴如何界定？

2. 公司金融学的范畴如何界定？

3. 国际金融学的范畴如何界定？

4. 亚历山大·汉密尔顿构建的美国财政金融体系的五大支柱是什么？

5. 凯恩斯在布雷顿森林会议前提出的世界金融体系"三个一"方案是什么？

6. 美国"马歇尔计划"的内容是什么？

7. 美国资产重组托管公司（RTC）设立的背景、组织架构与运作方式是怎样的？

8. 沃尔克法则的核心内容及其意义是什么？

9. 国家金融理论滞后于实践发展的原因何在？

10. 为什么要培育国家金融人才？

11. 金融学为什么需要细分？

12. 现代金融体系的内涵、结构与特点是什么？

13. 从国家金融的角度，中国现阶段应进一步厘清或强化的金融发展举措有哪些？

阅读参考材料

1. 卡尔·马克思，2018. 资本论（三卷本，中央编译局编译）［M］. 北京：人民出版社.

2. 黄达，2012. 金融学［M］. 3 版. 北京：中国人民大学出版社.

3. 弗雷德里克·S. 米什金，2016. 货币金融学［M］. 11 版. 郑艳文，荆国勇，译. 北京：中国人民大学出版社.

4. CHERNOW R，2005. Alexander Hamilton［M］. New York：Penguin Books.

5. 保罗·沃尔克，行天丰雄，2018. 时运变迁：世界货币、美国地位与人民币的未来［M］. 于杰，译. 北京：中信出版集团.

6. 陈云贤，顾文静，2019. 中观经济学［M］. 2 版. 北京：北京大学出版社.

第二章

国家金融顶层布局

在第一章中，我们已论及现代金融体系至少包括六个子体系：第一，金融市场要素体系，主要包括货币市场、资本市场、保险市场、外汇市场和衍生性金融工具市场等；第二，金融市场组织体系，主要包括管理组织（如中国的"一行两会"）、商业组织（各金融机构）、政策性组织（各政策性银行）等；第三，金融市场法制体系，主要包括金融立法、执法、司法和法制教育等；第四，金融市场监管体系，主要包括对金融机构、业务、市场、政策性法规执行等的监管；第五，金融市场环境体系，主要包括实体经济基础、企业治理结构和社会信用体系等；第六，金融市场基础设施，主要包括支付清算体系、科技信息系统、金融市场服务网络、配套设备及技术，以及与之相应的会计、审计、评估程序和规则、标准的制定等。

构建与完善现代金融体系，对一国金融稳定和健康发展具有重要作用。在国家金融层面，一国首先应全面把握现代金融体系结构，推动其形成与完善；在此基础上，应从国家金融的定位、政策、发展和机构设置入手，进行国家金融顶层布局。其目的：一是建立尊重、遵循金融规律的原则；二是规划、指引国家金融的发展；三是提升国家的金融竞争力。

一、国家金融定位

金融，是现代经济的核心。金融在市场配置资源中的核心作用，对一国经济的稳定和发展有关键意义。金融在经济活动中的枢纽功能，通常在世界各国金融中心集中显现。

金融中心分为三类：一是世界金融中心，如纽约、伦敦和东京。这类金融中心拥有先进的结算和支付系统，是服务齐全的大型全球化中心，能支持国内庞大的经济活动和多元的国际资金顺畅流动，同时拥有健全的法律与监管体系，充分保护市场代理人的公平权益等。二是国际区域金融中心，如中国香港、新加坡和卢森堡。这类金融中心主要在区域间发挥作用，推动金融市场、基础设施、法律法规和监管体系建设。三是国家金融中心，如中国的上海、深圳和韩国的首尔。这类金融中心目前主要是在国内发展金融市场，对于国际金融市场的影响力还比较弱。

金融中心是一国商品经济和金融体系不断发展的产物。第一，金融中心是伴随世界各国经济中心发展而形成的。一方面，该国或区域在生产流通中游离出大量的货币资金需要寻求投资的场所；另一方面，该国或区域在生产流通中又需要不断补充大量的货币资金进行运转。因此，只有一国或区域经济实力雄厚，成为经济中心之后，才有基础产生、积聚和使用巨额资金，形成金融中心。第二，金融中心是依托广阔的经济腹地和资金市场网络形成的。现代商品经济发展既需要坚实有效的资源供给地，又需要与多样化融资手段相配套的、完善的资金市场体系。它们是金融中心的必备条件。第三，金融中心需要完备的金融法制体系、监管体系、市场环境和基础设施。构建现代金融体系，完善其功能作用，将推动金融中心的良性发展。

金融中心有四个主要特征：一是能集聚足够数量的金融机构，包括银行、证券公司（投资银行）、保险公司等各类的金融机构及与金融活动有关的服务业或支持性产业；二是有完备的金融基础设施、畅通的金融信息网络、优越的金融市场环境和便利的资金聚散通道；三是有良好的法律制度和金融监管体系；四是成为一国或区域现代金融体系的枢纽。这些特征与金融中心在国内乃至国际现代金融体系中发挥六个子体系的功能是一脉相承的。

金融中心是世界各国现代金融体系中的典型示范：它提供了一个基本框架，使一国或区域经济体中的金融要素得以在确定的体系和专门的机制下交易与运行；它是现代金融体系六个子体系的综合体，即金融市场要素体系、组织体系、法制体系、监管体系、环境体系和基础设施在其中有效融合、顺畅运行。

经济学家霍尔迪·卡纳尔斯（Jordi Canals）通过分析世界各国金融中心的类型与作用，第一次把工业化国家的金融体系分成两种类型：银行主导型和资本市场主导型。其中，主要以间接融资方式为企业募集外部资金（如由银行等金融中介机构主导融资）的金融体系，被定义为银行主导型金融体系，以德国、法国等为代表；而主要以直接融资方式为企业募集外部资金（如企业通过发行股票、债券等直接从资本市场获得资金）的金融体系，被定义为资本市场主导型金融体系，以美国、英国等为代表。从数量分布上看，目前除了美国、英国突出表现为资本市场主导型外，其他大多数国家是银行主导型或混合型的金融体系（表 2-1）。

表 2-1　现代金融体系分类

金融体系的要素	资本市场主导型	银行主导型
金融市场	规模大、高流动性	规模小、低流动性
在股票市场上市公司的股票	多	少
风险分担	市场：跨部门	银行：跨期
所有权和控制	分散	集中
影响的方式	退出	披露
公司控制市场	敌意接管频繁	敌意接管罕见
主要代理冲突	股东和管理层	执行层和少数股东
银行在外部融资中的作用	小	非常大
债务/股票比率	低	高

现实中，发达国家金融体系之间的一个显著区别在于资本市场与金融中介的重要性不同。这里存在两个典型的国家：一个是美国，资本市场作用很大，而银行的集中程度小；另一个是德国，几家大银行起主要支配作用，而资本市场的作用则相对不明显。这两个典型之间是其他大多数国家，比如：日本、法国传统上是银行为主的体制，但是近年来资本市场发展很快，而且作用也越来越大；英国与加拿大的资本市场比德国发达，但是银行部门的集中程度却高于美国。下面以典型国家为例，来具体谈一谈这两种金融体系类型。

第一种是以美国为代表的资本市场主导型金融体系。

在美国，直接融资是企业的主要融资方式，资本市场在为实体经济提供金融服务方面起到非常重要的作用。美国能够形成资本市场主导型金融体系，与其奉行自由主义的经济政策有紧密关系。在市场层面，美国政府鼓励经济主体相互竞争，政府在决定资本和劳动的相互作用方式上起有限作用，资本积累的决策权主要在私人公司，它们可以最大限度地追求短期利润目标，通过金融市场获得资本。企业自由发展、优胜劣汰、追逐利润，企业间激烈的市场竞争和利润最大化的股东资本形成了弹性很大的劳动力和产品市场。政府对经济的干预主要是间接调控市场，防止企业垄断造成市场价格扭曲，保证市场充分发挥功能。

正是由于美国在市场层面奉行自由主义经济模式，企业为了在激烈的市场竞争中占据优势地位，就必须通过多渠道融资扩大经营规模，保持竞争力。1933年，美国通过《格拉斯-斯蒂格尔法案》（Glass-Steagall Act），禁止商业银行从事投资银行业务，同时，银行的跨区域经营和存款利率也受到严格限制。这个法案与自由主义的经济模式相结合，推动资本市场迅速发展，使银行机构遭遇了挑战和危机。1999年，美国颁布了《金融服务现代化法案》，2010年，美国又颁布了《多德-弗兰克华尔街改革和消费者保护法案》，虽然金融业重新回到混业经营模式，但资本市场主导型金融体系已经形成。品种丰富的债券市场和多层次的股票市场构成了多样化的美国资本市场体系，为投资者提供了多种选择，大多数居民手中都握有公司的股票或债券。与之相比，美国商业银行的主要业务则是提供短期工商企业贷款、住宅贷款、农业贷款及同业拆借，对经济影响相对较小。

第二种是以德国为代表的银行主导型金融体系。

在德国，银行贷款在公司负债中占较大比例，是德国公司最重要的融资手段。特别是德国的三大全能银行——德意志银行、德国商业银行和德累斯顿银行，更在银行体系中占有举足轻重的地位。德国的银行体系是以全能银行为基础，以专业银行为补充。全能银行包括商业银行、储蓄银行和合作银行；其中商业银行是核心，可以全面参与各种金融活动，包括吸收存款、发放贷款、承销证券、直接投资包括股票在内的各种证券，既从事传统商业银行业务，又开展投资银行业务，还可以通过代理股东投票、获得企业监事会席位等方式，进一步对上市公司施加影响，是一种多功能、全方位的银行。德国的专业银行提供的金融服务少于全能银行，如有的专业银行只从事抵押贷款、农业信贷或中小企业信贷等。德国的股票市场相对不太活跃，尽管国内债券市场发展良好，但政府和银行是其参与主体，一般工商企业很少发行债券，企业外部融资主要依赖银行贷款，贷款证券化程度也比较低。可以说，相对银行体系，德国资本市场规模较小，流动性不高。

德国金融体系的形成及演变与其工业化进程和所处的经济发展环境有密切关联。因为德国产业化、工业化进程晚于英国和美国，所以必须加速发展本国产业，才能赢得发展空间。为此，德国采取了国家调节下的市场经济模式，政府用控制价格形成、参与企业投资等直接和间接的干预手段调节经济运行。同时，德国的经济发展路径更着重于解决就业，更依赖实体产业，因此政府施行积极的劳动力市场和福利政策。德国这种银行主导型金融体系比资本市场主导型金融体系简单，特别是对法律体系的要求相对较低，中小投资者利益容易受到全能银行的有效保护，不像美国的小股东利益必须由十分健全的法律体系来保障。而且德国的银行全力发展与企业的关系，不仅给企业提供长期资金，还为企业经营提供其他援助。从历史进程看，银行主导型金融体系为德国发展经济、赶上英美做出重要贡献。

由此可见，世界各国在构建现代金融体系和金融中心的进程中，在国家金融层面选择何种适合自身的金融体系，该体系及其金融中心的定位又经历了怎样的内在结构演变，是与该国历史和经济的发展路径、产业经济基础和现实的国情约束分不开的。而对一国金融体系的评判，则是考察其能否在特定的时空条件下实现"效率"和"稳定性"的平衡。在效率机制的安排上，须有完善的传导和实现机制，确保满足诸如信息披露、公司治理、透明度等要求；在稳定性机制的安排上，应确保诸如存款保险、风险管理、破产等机制在金融体系内部不同单元之间顺畅运行，从而使金融体系作为一个整体形成多层次、多维度的抗冲击能力。同时，良好的社会信用体系和基础设施建设，也是现代金融体系和金融中心必不可少的组成部分。

在分析了两种类型的金融体系后，我们有必要指出，银行主导型金融体系仍是当今世界各国发展的主流。

在市场层面，尽管发展资本市场主导型金融体系的呼声不断高涨，但不容忽视的是，近百年来发生的历次全球性国际金融危机无不源自资本市场，或与资本市场有着直接且重要的关系。这使世界各国在确立国家金融定位和国家金融行为取向时，不得不认真审视银行主导型与资本市场主导型金融体系的得与失、长与短、功与过。因此，银行主导型金融体系成为当今世界各国金融体系的主流模式，并非偶然，而是有其内在原因及合理性的。

第一，观察现代金融体系演变的内在规律可以发现，在相当长时期内银行在金融体系中占主导地位。根据耶鲁大学经济学家雷蒙德·戈德史密斯对金融发展规律的描述，现代金融增长以银行制度的发展为开端，经历了三个阶段：第一阶段，一个国家或地区金融相关比率较低，金融工具比较单一，债务凭证远远高于股权凭证，商业银行在金融机构中的主导地位比较突出；第二阶段，一些国家或地区的债权资产在金融资产总额中依然占据绝大部分，银行在金融机构中仍然发挥主导作用，而且出现了不少大型股份公司；第三阶段，股权资产占金融总资产的比例不断提高，金融机构的多元化发展趋势日益明显，银行在市场中的地位有所下降但仍占大头，证券、保险等非银机构的市场地位逐渐上升。

第二，银行主导型金融体系有利于工业化、产业化加速发展。一般而言，银行主导型金融体系具有明显的规模经济效应，容易解决投资过程中所面临的信息不对称问题；同时，银行和企业之间存在着一种互相依赖的长期合作关系，能为产业发展特别是快速工业化提供强有力、可持续的资金支持。从世界各国的工业化进程来看，德国、日本等国工业的大规模发展，普遍与其银行业在金融体系中占据主导地位密切相关，其工业发展所需的巨量资金主要由银行系统提供，资本市场只起辅助作用。而诸如巴西、印度尼西亚等国，虽然资本市场发展较快，近年直接融资比例达到 70％以上，但其工业化进程一直相对滞后，经济始终没有从"泥潭"中走出来。

　　第三，相比资本市场主导型金融体系，银行主导型金融体系更有利于风险管理与金融稳定。在资本市场主导型的金融体系中，市场动荡的起因是资产价格的剧烈波动，市场危机源于资产价格与基本面的偏离和持续性的资产泡沫。美国的几次经济危机，如 1987 年股灾、2000 年网络泡沫和 2008 年金融危机，其诱发因素都是资产价格泡沫。诸如泰国、墨西哥等资本市场主导型金融体系的国家，在金融危机中受到的冲击也远远大于银行主导型金融体系的国家。值得注意的是，资本市场主导型金融体系下，各项金融业务的界限模糊，不同种类的金融机构组成了金融风险链条的各个环节，杠杆操纵和过度交易等给资本市场带来的风险，自然地转移并分散到银行市场中，演化为整个金融体系的风险。尤其是在金融创新和信息技术革命的推动下，国际金融市场更加一体化，市场范围和影响不断外扩，金融风险不断积聚、转移并分散。如 2008 年美国次贷市场出现问题后，危机迅速蔓延至整个住房抵押贷款市场和中介机构（投资银行、抵押贷款担保机构等），进而冲击持有抵押贷款证券化产品的金融机构（商业银行、保险公司、共同基金等），最后升级演化为全面金融危机。而以银行为主导的金融体系中，银行系统承受了主要的金融风险，主要表现为经济不景气带来的大量企业违约风险，短时间内使银行坏账急速增加。这时，如果银行能及时获得资金注入，就可能避免更大的危机。比如，次贷危机发生后，德国成立了 5000 亿欧元的金融稳定基金，主要为金融业的拆借提供担保、强化银行自有资本、帮助银行处理不良资产等，有效缓解了大银行的流动性危机，金融风险明显降低。

　　综上所述，世界各国在确定国家金融定位和国家金融行为取向、构建现代金融体系和金融中心的进程中，应从顶层布局的角度，谨慎考虑如下因素：首先，由于金融市场的不确定性风险，资本市场主导型金融体系及其金融中心面临更高的风险控制要求，也可能带来更大的系统性危机。由于健全完善的资本市场及其金融中心不是一朝一夕就能发展起来的，未来一段时间，银行主导型金融体系及其金融中心仍将占据主流地位。其次，要充分认识到加快发展和完善资本市场的重要性。资本市场不仅是政府、企业、个人筹措长期资金的市场，而且是培育现代产权制度和企业治理结构的市场，更是现代金融体系中服务实体经济、健全社会信用体系和完善金融基础设施的现代金融市场。它将在一国金融体系和金融中心中发挥越来越重要的作用。再次，在选择构建何种类型的金融体系和金融中心时，应充分考虑本国的经济发展水平、金融市场深度、风险管理能力和监督管理能力等现实情况，选择建设适合本国国情的金融体系和金融中心。最后，对金融体系和金融中心进行适时的改革、创新、发展是极为必要的。不管是银行主导型还是资本市场主导型的金融体系及其金融中心，及时建设目标明确、手段有效、信息充分的监管体系是不可或缺的环节，及时完善法律法规、建立健全金融监管和风险防范处置机制更是作用重大。

二、国家金融政策

国家金融的顶层布局，不仅涉及国家金融的定位，还涉及国家金融的政策。世界各国在构建现代金融体系时，与国家金融行为相关的政策不仅包括货币、汇率和监管政策，还有财政政策，以及产业政策等。各项具体政策中又有政策主体、内容、目标、手段、效应和对可能出现的政策"时滞"的应对方式等。这就是说，国家金融不只局限在一国金融领域的某些活动，还包括关联领域的活动，它是一个"大金融"的概念。国家金融政策是一个"大金融"政策体系，始终贯穿于构建现代金融体系、服务实体经济、防范金融风险的进程之中，为促进经济良性循环、健康发展服务。下面我们具体论述其中四个主要的政策领域。

（一）财政政策

财政政策是国家通过调节税收和政府支出以影响企业和项目等，进而影响社会总需求和国民收入的政策。调节税收是指改变税率和税收结构。调节政府支出是指改变政府对产品和劳务的购买支出与转移支出。财政政策主要有两种表现形式：一是扩张性财政政策，比如，经济低迷时，政府采用减税、免税等措施，留给企业更多可支配收入，来增加投资和消费，从而促进企业生产和就业；又比如，政府扩大对产品和劳务的购买，加大建设公共投资项目，从而扩大企业的产品销售、增加就业，进而刺激社会总需求，增加国民收入。二是紧缩性财政政策，比如，在经济高涨、通货膨胀率上升过快时，政府采取增税、减少政府支出等措施，以减少社会总需求，控制物价上涨。

财政政策的实施主体是政府，主要目标是刺激或缩减社会总需求，进而增加或稳定国民收入，确保经济可持续发展。这里重点讲述财政政策的主要内容（政府的主要工具或手段）：一是改变税率和税收结构，包括实施累退税（税率随征税客体总量增加而递减的一种税）、累进税（税率随征税客体总量增加而增加的一种税）和比例税（税率不随征税客体总量变动而变动的一种税），也包括调整财产税（主要指对不动产，即土地和土地上的建筑物等征收的税，遗产税一般含在财产税中）、所得税（主要指对企业和个人的所得征税，一般来说，该税占比大，其税率变动对经济活动会产生重大影响）和流转税（主要指对流通中的产品和劳务交易的总额征税，增值税是流转税的主要税种之一）等来改变课税结构；二是改变政府购买和政府转移支付，包括政府对产品和劳务（如军需品、机关办公用品、政府雇员报酬、公共项目工程支出等）的购买，政府对社会福利保险、贫困救济、补助等的转移支出。

财政政策实施的效果主要包括：第一，直接影响企业的投资力度与项目的数量和进度，这些决定着企业的生产状况和吸纳就业的能力；第二，影响社会总需求和国民收入增长。至于在实施财政政策时是否会产生政策"时滞"及如何应对，那是另一个问题。

（二）货币政策

在"大金融"政策体系中阐述财政政策，必然涉及一国的货币政策。具体地说，货币政策是国家货币当局即中央银行，通过银行体系增减货币供给量，来调节社会总需求，以刺激或抑制经济增长的政策。货币政策主要包括两种形式：一是扩张性货币政策，比如，在经济低迷时增加货币供给，这可以降低利率，刺激私人投资和扩大企业投资，进而增加生产，扩大就业，促进社会总需求，推动经济增长；二是紧缩性货币政策，即在经济过热、通货膨胀率过高时，通过紧缩货币供应量来提高利率，以抑制投资和消费，减轻生产扩张与就业增长的压力，缓和经济过热增长的局面。这里特别需要指出的是，货币政策的效应，第一步是直接作用于市场，即影响利率高低和市场上货币供应量的大小，第二步才涉及对企业和项目的投资或消费的影响。

在"大金融"政策体系中考虑财政政策与货币政策的组合，或国家金融政策行为的取向，理论上有四种配对方式：第一，扩张性财政政策与扩张性货币政策组合（双松政策）；第二，紧缩性财政政策与紧缩性货币政策组合（双紧政策）；第三，扩张性财政政策与紧缩性货币政策组合（一松一紧）；第四，紧缩性财政政策与扩张性货币政策组合（一紧一松）。

但在实际经济运行过程中，可行且常见的只有双松政策组合和双紧政策组合两种方式。这是因为，财政政策会直接影响企业的投资状况、项目数量及进程，货币政策会直接影响利率与市场货币供应量。在同一阶段，国家金融行为的目标要么是促进经济增长，要么是抑制经济过热，因此，紧缩性的财政政策与扩张性的货币政策，或是扩张性的财政政策与紧缩性的货币政策在同一时期是相冲突的。

在世界各国的历史上，扩张性财政政策搭配紧缩性货币政策的组合，也只在 20 世纪 80 年代西方国家应对经济"滞胀"时出现过，当时以美国为首的相关国家不得已实施了一松一紧的政策组合，也只有在那个特殊时期，该政策组合才有实施的可能性。

在中国特色社会主义市场经济的实践中，因为政府尊重市场决定资源配置的经济规律，同时注重更好地发挥政府作用，所以既有积极财政政策与稳健中性的货币政策的组合，也有稳健中性的财政政策与积极货币政策的组合，这些组合为中国经济在改革开放进程中的稳定、可持续发展提供了成功的基础。

要使国家金融政策在"大金融"政策体系中发挥作用，带动经济稳定增长，需要把握好国家金融政策的适度性，这要求我们着重关注财政政策与货币政策组合中的三种相互作用关系。一是国债利息与银行利率。当国家通过调节税收和政府支出来实施扩张性财政政策时，税收的降低将减少财政收入，政府支出的增长将增加财政开支。这一减一增，钱从何来？第一条途径是发行国债，第二条途径是发行货币。按第一条途径，发行的不管是建设公债还是赤字公债，都将在市场上形成国债利息与银行基准利率间的浮动利差，进而影响和调节市场各类投资者的经济行为。二是最优税赋与铸币税。按第二条途径增发货币时，还有一个增发量多少的问题，即要研判如何制定最优的税收结构和税率，再在既定财政收入的基础上决定货币发行量。三是财政赤字与通货膨胀。要弥补财政赤字，可从增加税收、发行国债、调节基础货币等路径来思考。如果选择调节基础货币作为主导的财政政策工具，则将形成铸币税，影响货币供给量。此时，如何防范和处置通货膨胀，又成为一个需要关注的问题。

综上所述，财政政策与货币政策这两大国家金融政策的有效组合与运行，将在一国经济发展，尤其是处置重大经济事件如金融危机的过程中，发挥至关重要的"稳舱石"作用。因此，在论述过货币政策的相关内容和作用后，有必要进一步从国家金融导向的层面，深究货币政策的目标和工具选择、货币供给量及对货币政策时滞的应对之策。

首先，是货币政策目标。总结世界各国货币政策的目标，主要有：单目标，即稳定物价（控制通货膨胀）；双目标，即充分就业和稳定物价，或发展经济和稳定物价；多目标，即充分就业，经济增长，稳定物价，国际收支均衡。一国在国家金融层面确立货币政策目标时，应以本国所处经济发展阶段的实际情况为依据。目前，美国实施的是单目标制，中国实施的是多目标制。

其次，是货币政策工具。世界各国在选择和运用货币政策工具时，应先从国家金融层面确定本国货币的政策准则，即货币政策的"锚"放在哪里，这一关键问题往往被大多数发展中国家所忽略。现实中，世界各国金融在发展过程中已经形成了三种类型的"锚"：一是以某种货币总量（或它的变化率）为目标准则，即让汇率和价格水平适应货币供给量；二是以某种价格水平（通胀或通缩水平）为目标准则，即让汇率和货币供给量适应价格水平；三是以汇率为目标准则，即让货币供给量和价格水平适应汇率目标。

也就是说，国家金融行为中蕴含着对货币政策三大要素——货币供给、利率和汇率的选择。一国在选择货币政策工具时，首先要结合本国经济尤其是金融发展的客观实际，比较、分析上述三大要素，确定其中一个要素作为本国货币政策的"锚"，并根据这个要素选择相关的货币政策工具。比如，美国就是将严控通货膨胀率作为其货币准则，并通过有效调节利率来稳定经济。具体来说，美联储在单一货币政策目标（稳定物价、控制通胀）的指引下，确定货币政策的"锚"，即根据基础货币确定市场基准利率，并有效运用"公开市场操作""贴现与再贴现""存款准备金率"等调节工具，来维护其经济的稳定和增长。当然，其他国家也可以选择多元的货币政策目标，关键是要在切合本国的经济发展水平、市场成熟度、对外开放状况的前提下，有效选择货币政策的"锚"；而货币政策三大要素的调节工具可以是混合的、重叠的，最重要的是货币政策的效果。

在中国，中国人民银行（央行）采用的货币政策工具与手段主要包括：第一，再贷款，即央行对各商业银行（专业银行）发放贷款；第二，公开市场操作，即央行在金融市场上出售或购入政府债券，特别是短期国库券，用以影响基础货币；第三，贴现政策，即央行通过改变对商业银行所持票据再贴现的再贴现率来调节贷款数量和基础货币量；第四，存款准备金制度，即各专业银行将吸收的存款按一定比例缴存中央银行；第五，利率政策，即央行根据资金松紧情况调高或调低利率。

再次，是货币供给量。如上所述，货币供给量作为一个重要的货币政策要素，在世界许多国家或地区均占有重要地位。由于各国（地区）的经济发展程度、市场成熟度和对外开放度不一，多数国家（地区）的央行仍然把货币供给总量这个通行要素作为重中之重，如以其为货币政策的"锚"，即货币政策的目标准则。

传统的货币供给量受三大因素影响：基础货币、存款准备金率和商业银行通货存款比率。各国央行发行基础货币主要有四个渠道：一是在二级市场上购买国债（美国通常用此方法）；二是向金融机构发放再贷款（包括再贴现和向货币市场拆入资金）；三是购买黄金，增加黄金储备；四是通过外部盈余创造外汇占款。各国央行调节货币供给总量时，应明确是调控 M0（流通中现金）、M1［M0＋企业存款（除单位定期存款和自筹基建存款）＋机关团体部队存款＋农村存款＋个人信用卡类存款］、M2（M1＋个人存款＋企业定期存款＋外币存款＋信托类存款）、M3（M2＋金融债券＋商业票据＋大额可转让定期存单等）中的哪一层次的货币，并充分关注其相互影响的问题。各国央行在具体调控货币供给总量时，实际存在两个环节：一是对基础货币的调控；二是对货币乘数的调控，即在货币政策三大工具中，用通货发行还是用储蓄存款来购售债券，产生的乘数效应是不同的。此时，除了传统的公开市场操作、再贴现率和法定准备金率等三大货币政策工具外，还可根据实际情况结合使用其他可选择的工具，如消费者信用控制、证券市场信用控制、不动产信用控制、定向降准、预缴进口保证金等。

最后，值得注意的是货币政策的时滞问题。在运用货币政策工具的过程中，既存在内部时滞（Inside Lags），即启动货币政策的时间（Time to Initiate the Policy）；又存在外部时滞（Outside Lags），即货币政策显效于经济的时间（Time for the Policy to Work on the Economy）。而内部时滞又包括：认知时滞（Recognition Lag—See the Problem），即从形势变化需要货币当局采取行动到它认识到这种需要的时间距离；决策时滞（Decision Lag—Decide to Act），即货币当局从认识到采取政策行动的必要性到制定对策的时间距离；行动时滞（Action Lag—Undertake the Action），即货币当局从作出决策到实际采取行动的时间距离。外部时滞也称影响时滞，即从货币当局采取行动开始，到对货币政策目标产生影响为止的这一段过程，其主要受客观的环境因素（如一国的经济，尤其是金融条件）影响。

因此，在国家金融的顶层设计中，"自动"启动应对货币政策时滞（图 2.1）的举措很重要，它被包含在包括货币政策在内的"逆周期调节"措施中。针对不同的时滞问题，采取不同的应对措施，能使货币政策效应较快显现，从而使一国能根据预测值，在国家金融层面不断调整货币政策的方向和力度，最终实现货币政策目标的期望值。

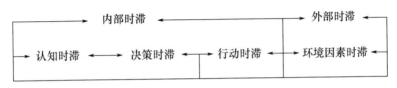

图 2.1　货币政策时滞示意图

（三）汇率政策

汇率是一个国家的货币折算成另一个国家货币的比率，它表示两个国家货币间的互换关系。汇率制度主要分为固定汇率制与浮动汇率制两种。固定汇率制指一国货币同他国货币的汇率基本固定，其波动限于一定的幅度之内。浮动汇率制指一国不规定本国货币与他国货币的官方汇率，听任汇率由外汇市场的供求关系决定。浮动汇率制又分为自然浮动与管理浮动：前者指汇率完全由外汇市场的供求力量决定；后者指一国货币当局根据外汇市场供求状况，通过售出或购入外汇等方式来影响汇率变化。

2017 年以来，国际货币基金组织（IMF）对世界各国的汇率制度做如下分类：第一，无独立法定货币（No Separate Legal Tender）的汇率制度；第二，货币局（Currency Board）制度；第三，传统钉住（Conventional Fixed Peg）制度；第四，稳定化安排（Stabilized Arrangement）；第五，爬行钉住（Crawling Pegs）制度；第六，类似爬行安排（Crawl-like Arrangement）；第七，水平区间内的钉住汇率（Pegged Exchange Rates within Horizontal Bands）；第八，其他管理型安排（Other Managed Arrangement）；第九，浮动（Floating）制度；第十，自由浮动（Free Floating）制度。

汇率政策，是指一国政府运用本国货币汇率的升降来控制进出口及资本流动，以达到国际收支均衡的宏观政策。要实现汇率政策的国际协调，可以通过国际融资合作、外汇市场联合干预及调整一国宏观经济政策等方式。汇率政策的目标包括：第一，保持出口竞争力，实现国际收支均衡与经济增长；第二，稳定物价，控制通货膨胀；第三，防止汇率过度波动，稳定国家金融体系。汇率政策的工具主要包括：一是汇率制度的选择；二是汇率水平的确定；三是汇率水平的调整。

值得注意的是，在开放型经济条件下，汇率和利率存在着紧密的联系。当两个对外开放的市场经济国家利率水平不同时，货币资本就会从利率水平偏低的国家流向利率水平偏高的国家，这将引起大量资本的国际流动。外国资本流入的国家，外汇供过于求，本币会升值；相反，本国资本流出的国家，外汇供不应求，本币会贬值。而汇率波动将直接影响一国经济，因此，在国家金融层面把握、协调好货币政策与汇率政策的关系是至为重要的。美国经济学家保罗·克鲁格曼在 1999 年就开放型经济条件下的一国汇率政策选择问题提出了"三元悖论"（The Impossible Trinity），或称三难选择。他指出，一国货币政策的独立性、汇率的稳定性和资本的完全流动性不可能同时实现，最多只能同时满足两个目标，而放弃另外一个目标（图 2.2）。

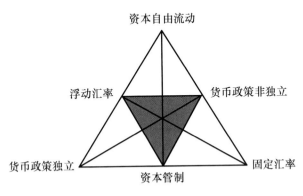

图 2.2　"三元悖论"示意图

如图 2.2 所示，在资本完全流动的情况下，如果实行严格的固定汇率制度，则货币政策无法完全独立；如果要维护货币政策的完全独立，则必须放弃固定汇率制度；如果要使得固定汇率制度和货币政策独立性同时兼得，则必须实行资本管制。也就是说，在灰色三角形中，三个角点只能三选二。

因此，在世界各国的国家金融顶层布局中，就存在一个政策组合的选择问题，一般有三种政策组合供选择：第一，保持本国货币政策的独立性和资本的完全流动性，牺牲汇率的稳定性，实行浮动汇率制。这是由于在资本完全流动的条件下，频繁出入的国内外资金将导致国际收支状况不稳定，本国货币当局可以保持货币政策的独立性，同时将汇率调整到真实反映经济现实的水平，由此改善进出口收支，影响国际资本流动。虽然汇率调节本身具有缺陷，但实行浮动汇率制确实较好地解决了此问题。当然，当一国发生金融危机、汇率调节不能奏效时，为了稳定局势，政府的最后选择还是资本管制。第二，保持本国货币政策的独立性和汇率稳定，牺牲资本的完全流动性，实行资本管制。其实质是一国政府以牺牲资本的完全流动性，来维护汇率的稳定性和货币政策的独立性。大多数经济不发达国家就在实行这种政策组合：一方面，它们需要相对稳定的汇率制度来维护对外经济的稳定；另一方面，较弱的监管能力也使其无法对自由流动的资本进行有效管理。第三，维持资本的完全流动性和汇率的稳定性，放弃本国货币政策的独立性。这一组合能够实现的前提是一国外汇储备无上限，但现实中，一国的外汇储备不可能无上限，其总量再巨大，相对规模庞大的国际游资也是力量薄弱的。一旦中央银行耗尽外汇储备仍无力扭转国际投资者的贬值预期，则其在外汇市场上将无法继续托市，固定汇率制也将彻底崩溃。因此，一国即使放弃货币政策的独立性，在巨大的国际游资压力下，往往也很难保持固定汇率制。这在 20 世纪末泰国的金融危机中也得到了充分验证。

在开放型经济体系中，从国家金融层面有效制定并运用汇率政策，对维护经济稳定、推动经济发展有着至关重要的作用。很多西方发达国家，如美国、英国、日本等，选择维持独立货币政策和货币自由兑换制，而放弃对汇率的控制权。但需要注意的是，这是建立在国际主流结算货币是美元、欧元、英镑与日元的基础上的。在中国，香港特别行政区放弃了独立货币政策，保留了稳定的汇率和货币自由兑换制；内地则保留了独立货币政策和稳定的汇率，放弃了人民币自由兑换制。

目前，中国内地还没有完全开放资本项目，因此选择稳定的汇率和独立的货币政策是比较适宜的。稳定的汇率是一国国际贸易和国际资本跨境流动的基石，而经济的基本面又是一国维持汇率稳定的根本保障。当然，这种"稳定汇率"不是完全"固定"的，而是结合中国国情和资本项目逐渐开放的进程，具有上下浮动空间的"稳定汇率"，即居于固定汇率和浮动汇率之间的一种"管理浮动汇率"。至于上下浮动的空间有多大，则取决于国家金融顶层布局的要求与中国资本项目不断开放的进程。

在人民币国际化的进程中，中国也需要不断提升、完善内部金融市场和金融制度。在开放进程中，国家需要制定政策应对国际资本流动问题，促进宏观经济发展，维护金融稳定。但一国的货币政策与宏观审慎政策（Macro-prudential Policies，关注整个金融系统稳定）很难进行国际协调，因此中国在运用宏观审慎政策与资本流动管理（Capital Flow Management）工具时，主要有三种选择：一是实施宏观审慎政策；二是实施资本流动管理；三是实施外汇相关审慎措施（FX-related Prudential Measures），即按币种区别对待资本流动，这一措施主要作用于受监管的金融机构，尤其是银行。从中国的实际情况分析，以外汇相关审慎措施为主的政策应该是现阶段的明智选择。随着中国经济的进一步开放和金融改革的深化发展，在国家金融层面采取的人民币汇率政策与相关措施，必将进一步完善。

（四）监管政策

金融监管是金融监督和金融管理的集合。金融监管政策是指国家金融主管单位依据国家法律法规的授权，对金融业（包括金融机构、业务、市场等）实施监督、约束、管制的相关规范章程。在世界范围内，金融监管的政策措施普遍涉及银行、非银行金融机构、短期货币市场、资本市场、外汇市场、衍生金融工具市场和保险市场等。

2008 年的美国金融危机及随后的欧洲债务危机在世界范围内引发了金融监管政策之争。为了应对金融稳定遭受的挑战，金融监管领域产生了"打压派"与"清理派"的论争（the "lean" versus "clean" debate），这里还涉及前文提到的"宏观审慎政策"，论争焦点主要在于：金融监管需要哪类配套政策工具？怎样平衡这些工具之间的关系？谁来管理？谁来负责？等等。2008 年金融危机之后，"打压派"在金融监管领域占据了主导地位。持"打压"观点者认为，货币稳定和金融稳定之间的关系要比先前想象得还要密切。价格稳定是必要条件，但必须在稳定价格的同时，佐之以强健的、审慎的宏观监管框架，并以此影响货币政策的实施。如果审慎的宏观工具不足以实现金融稳定的话，货币政策就难以在灵活性和可信性之间作出选择。

在实践中，美国当时提出了压力测试（Stress Testing）的方法。2008 年金融危机之后，美联储在 2009 年年初选择了 19 家最大的金融企业，进行全面分析和回顾，并于 2010 年年底至 2011 年年初首次进行了压力测试。压力测试包括 29 项内容，如压力情景（Stress Scenario）变量、分析框架、定价模型、宏观情景与市场情景的比较（Macro Scenario Versus Market Scenario）、资本计划规则、连贯压力测试（Coherent Stress Testing）、反向压力测试（Reverse Stress Testing）等。压力测试补充了风险价值管理（VaR）所缺少的信息，为金融风险管理增加了新的元素。2014 年，《多德-弗兰克法案压力测试 2014：监督性压力测试与结果》《全面资本分析与回顾 2014：评估框架与结果》的公布，为美联储进行监督性资本评估与金融危机管理发挥了作用。

与此同时，欧盟也在金融监管领域有所行动，通过发布《巴塞尔协议 3》与《巴塞尔协议 4》来加强对金融风险的管理。相对于《巴塞尔协议 2》，《巴塞尔协议 3》的第一支柱（Pillar 1）强化了最低资本和流动性要求；第二支柱（Pillar 2）强化了监督审查流程，用于全公司风险管理和资本规划；第三支柱（Pillar 3）强化了风险披露和市场纪律性。此外，《巴塞尔协议 3》还提出了更高的资本要求并提高了资本比率；提出了新的流动性和杠杆比率；强化了针对交易账簿组合中的对手方信用风险和市场风险的监督制约机制。而《巴塞尔协议 4》则力图全面改善市场风险框架，在 2015 年出台终稿后，《巴塞尔协议 4》所推动的监管理念与措施，已在业界产生了广泛、深入的影响。

美国和欧盟的实践都是基于本国国情的探索，那么一般而言，世界各国在金融监管领域有什么普遍的研究和举措呢？首先，是在确定国家金融的监管政策和监管目标后，把典型的国家金融风险或冲击分为四类：国内风险与国外风险（Domestic/Internal Versus Foreign/External），需求冲击与供给冲击（Demand Shocks Versus Supply Shocks）。其次，是对四类金融风险或冲击作单独及组合分析，提出国家金融风险管理的五种工具：货币政策、汇率政策、稳定性（紧缩）财政政策、促进性（积极）财政政策和监管控制（即监管政策）。最后，基于以上工具，各国可从单一机构的角度加强微观审慎监管，从整体金融市场的角度进行宏观审慎监管。

需要说明的是，宏观审慎监管与微观审慎监管既相互联系，互为补充，同时又存在三点主要差异：第一，监管对象不同，宏观审慎监管主要侧重于整体金融市场，微观审慎监管主要侧重于单一金融机构；第二，监管目标不同，宏观审慎监管高度关注系统性金融风险，微观审慎监管侧重防范和处置个体风险；第三，监管机理不同，宏观审慎监管聚焦于市场的资产价格、信贷总量、机构杠杆率，微观审慎监管聚焦于金融企业的资本充足率、流动性、不良贷款率等，以资本留存缓冲、逆周期资本缓冲等方法控制风险。宏观审慎监管与微观审慎监管相结合，成为世界各国国家金融行为中加强顶层布局、防范金融风险、强化金融监管的有效手段。

我们可以以加拿大的金融监管框架为例做具体说明。加拿大实施两级（联邦和省级）平行金融监管体系。联邦层面对银行体系的金融监管主要集中在金融风险体系，省级层面的金融监管主要集中在金融服务体系。这里仅以联邦层面为例，财政部、央行、存款保险公司、金融机构监管办公室、金融消费者管理局五个部门构成了一个宏观监管框架，并直接向内阁二把手兼财政部长汇报工作。该框架下诞生了诸多高效有力的监管举措，这很大程度上得益于在五个部门之间成立的三个金融监管委员会：一是高级顾问委员会，由财政部常务副部长主持，侧重金融战略制定和金融立法等事项；二是金融机构监管委员会，由金融机构监管办公室主持，侧重微观审慎金融监管；三是在 2008 年金融危机后，针对资本市场与衍生产品发展而成立的机构首脑委员会，由央行主持，四大省证监会参加，侧重宏观审慎资本市场监管等事宜。三个金融监管委员会之间既相互独立、职责清晰，又高度协调，其高效的运作机制维护了加拿大的金融稳定和发展。

当然，我们也不难发现，不管是加拿大还是其他国家，仍然存在诸多需要进一步解决的问题。比如，影子银行（Shadow Banking）的界定、发展与监管问题：它是否有广义与狭义之分？对影子银行的后备支持是否应该既包括业务促进，又包括风险防范？如何加强对影子银行的监督和管理，尤其是协调好其后备支持与沃尔克法则（Volcker Rule）的关系？又如，世界各国央行宏观审慎政策的确定与政策工具的有效选择问题：现在西方主要发达国家的企业基本上采取了混业经营、混业管理、内外经营、跨国管理的金融业态。国家原有的以传统银行业务为主体的宏观审慎政策及其工具、资本流动管理及其工具，就明显存在难以全覆盖的问题。再如，世界各国金融发展与金融监管的模式目标确立问题：金融发展是以银行业为主体兼容资本市场发展为佳，还是二者齐头并进，甚至资本市场超越银行业发展为宜？金融集团是以国内业务为主体兼容国际业务发展为佳，还是二者齐头并进，甚至国际业务超越国内金融业务发展为宜？金融监管是以国家地方双层监管、各监管主体协调运作为佳，还是单一的国家监管为宜？所有这些问题，都应在国家金融层面纳入考虑，在国家金融顶层布局中予以厘清和解决。

综上所述，在国家"大金融"政策体系中，存在着财政政策、货币政策、汇率政策及监管政策的最佳政策组合问题。何种政策组合将实现一国经济的内部均衡，何种政策搭配将促进一国经济的外部均衡，这是在现代金融体系发展进程中，国家金融学需要深化研究的问题，我们称之为"政策搭配理论"。

三、国家金融发展

国家金融发展与马拉松赛跑类似，各个国家就是参加国际金融马拉松赛的选手。在这个长程竞争中，比拼的更多是耐力：跑在前面的总是力图保持领先地位，跟在后面的总是想方设法弯道超车。国家金融发展涉及方方面面的话题，这里主要以货币国际化为例展开论述。

（一）货币区

国家金融的发展，乃至现代金融体系的发展，都必然从国内走向国际。诺贝尔经济学奖得主、美国著名国际金融专家罗伯特·蒙代尔（Robert A. Mundell）就现代金融体系发展、国际货币体系改革提出了著名的"创建美元、欧元、人民币三位一体'货币区'"的构想：维持欧元兑美元汇率的稳定，将其固定在一定区间内，如 1 欧元兑 1.2～1.4 美元；随着人民币逐步可兑换，将人民币纳入美元、欧元的固定汇率机制中，创建美元、欧元、人民币三位一体的"货币区"；其他各国货币与此货币区形成浮动汇率。

如上所述，蒙代尔教授提出了货币联盟区的概念，即由不同国家或区域组成，在内部实行单一货币制度，或虽有几种货币但相互之间汇率永久固定、对外统一浮动。货币区是货币一体化的高级表现方式。货币一体化是一种在特定区域内的国家或地区之间进行货币合作的趋势，根据货币合作的程度，可分为区域货币合作（Regional Monetary Cooperation）、区域货币联盟（Regional Monetary Union）和货币区（Currency Areas）三个层次。

货币区的特点是：第一，成员货币之间的名义比价相对固定；第二，成员货币中某种货币占主导地位，并作为该区域货币汇率的共同基础；第三，主导货币与成员货币之间可相互自由兑换，甚至统一为单一货币，而对其他国家则采用联合浮动汇率形式；第四，有一个适当的协调和管理机构；第五，成员的货币主权受到一定的削弱。可以说，货币区概念的提出，尤其是创建美元、欧元、人民币三位一体"货币区"的设想，既为世界各国的货币国际化探讨了路径，又为探索现代金融体系发展和国际货币体系改革做出了积极的贡献。

（二）强势美元国策

货币国际化的另一个重要概念是锚货币。我们以美元为例，来考察它在国际货币体系中是如何成为一枝独秀的锚货币的。1944 年 7 月的"布雷顿森林会议"、1948 年 4 月的"马歇尔计划"，以及其后美国政府的一系列措施，使得美元成为公认的世界货币，至今左右着国际货币体系。当前国际金融秩序的基本架构总体上仍然延续了第二次世界大战后建立的布雷顿森林体系，该体系的主要内容有：以美元为主导的国际货币体系，以国际货币基金组织、世界银行为两大支柱。在该体系下，美国在现代金融体系发展和国际货币体系改革中拥有绝对的领导权和话语权，在国际货币基金组织及世界银行等机构的运行中拥有决策权或重大事项的否决权。

1993 年开始，美国将强势美元战略列为"国策"，其主要原因有三点。第一，要使美国经济"服务化"，即提升服务业在美国经济中的重要性。第二，旨在维持华尔街股市繁荣和美国的全球经济领先地位。美国储蓄率很低，强势美元预期可以吸纳大量外资流进美国资本市场，便于美国企业和政府低成本融资，巩固与提升美国国际金融中心的地位。第三，获取铸币税收益，它带给美国的利益远远大于成本。出于以上原因，尽管近年来美元持续走低，但美国"坚持强势美元政策"的声音一直未变，这一国策使建立在布雷顿森林会议和美元主导体系基石上的世界金融体系和国际货币体系得以延续和发展。经济增长的大趋势遮盖了强势美元国策天然存在的缺陷和实际运行中遭到的诟病，使美元及其相关机构仍然主导并维系着世界金融秩序。

综上所述，一国货币的强势，表现在该国维持币值不贬值，稳中有升，汇率强势。这有两个影响：一是持续吸引外资流入，便于本国低成本筹资，促进金融繁荣，支持实体经济发展；二是提升外国投资者对该国货币的持有，实质性地推动其向国际主要货币演进。当然，强势货币也会带来出口困难、贸易逆差等问题，但"两利相权取其重，两害相权取其轻"，比较强势货币政策带来的利弊，国家的收益应该远远大于成本。

（三）强势人民币国策

在构建国际货币体系的马拉松比赛中，处于领先地位的美国的国家金融行为是如此强势有为，那么发展中国家的国家金融行为又应该采取何种取向呢？尤其是对于蒙代尔在"货币区""货币稳定三岛"理论中提及的人民币，中国应该采取怎样的国家金融行为来提升其地位呢？

由于存在克鲁格曼所说的一国开放型经济的"三元悖论"问题，随着中国经济的不断壮大和世界经济全球化的不断发展，中国需要从国家金融层面，在汇率政策和人民币政策走向上作出抉择。虽然从根本上讲，一国货币走势的强弱取决于该国经济基本面的走向，国家金融行为不可能在较长时间内使货币走向大幅偏离基本面。但是，一国仍然应该从国家金融层面权衡政策取向的利弊，并作出选择。美国、日本、欧盟等都围绕经济发展的不同目标做出不同的国家金融政策选择：日本想借日元贬值促进出口，解决国内需求疲弱的问题；欧盟紧盯物价稳定目标，控制通货膨胀率；美国为获取国际货币体系和国际金融体系的巨大利益，坚持强势美元政策……那么，中国要实现改革开放的深化发展，下一步主要目标是什么？

在全面推进现代金融体系建设的过程中，中国进行了国家金融顶层布局，明确了国家金融定位，并有效运用财政政策、货币政策、汇率政策、监管政策等国家金融政策体系，促进本国经济和现代金融体系的可持续发展。在此前提下，我们必须进一步思考本国货币的现状与发展趋势，尤其是其在国际经济事务中的地位和作用。在明确趋势之后，如何制定具体措施呢？笔者认为，中国应该加快人民币国际化进程，在资本项目开放之后，采取一种"稳中求强"的人民币汇率政策，最终走向强势人民币国策。

中国改革开放深化发展的主要挑战之一，或者说制约经济强国的普遍瓶颈之一，是金融深化改革和货币国际化。按照世界银行的定义，经济大国的判定有四项指标：GDP 总量占世界 GDP 总额的 5% 以上；进出口贸易总量占世界贸易总额的 5% 以上；该国的世界 500 强企业占世界总额的 5% 以上；该国货币作为国际储备货币占世界总额的 5% 以上。现在，中国前三项指标早已实现，唯有人民币作为国际储备货币距离上述指标差距较大。

因此，要促进中国的金融发展，应加强国家金融顶层设计，除应进一步推进现代金融体系建设外，还应建立协调统一的财政政策、货币政策、汇率政策和宏观审慎监管政策的管理体系。要实现这一目标，除了加强现代金融体系管理与法律法规制度建设等，最重要的就是要加快推进人民币国际化发展，探寻强势人民币国策的可行路径，其具体措施如下所述。

第一，应有规划和举措，研究并推进蒙代尔教授提出的关于创建美元、欧元、人民币三位一体"货币区"的设想，探讨强势人民币国策的利弊，使人民币作为"可自由使用的国际货币"真正发挥作用，并借此逐步推进资本账户开放，发展有深度和流动性的金融市场，逐步放开利率和汇率，加强监督并完善监管框架，从而使人民币与美、欧、日、英四大币种一样，发挥国际货币的作用。

第二，应建立人民币离岸与在岸的互动机制，借助自贸区"试验田"建立人民币离岸业务在岸交易结算中心，具体措施包括以下几点。（1）设立自贸区特别账户（如 China International Banking Facilities），逐步实现贸易便利、投融资便利、资本项目可兑换；逐步促使离岸在岸互动、本币外币互换、内企外企参与、经常项目向资本项目深度开放。（2）建立与完善离岸人民币支付清算系统（类似美国 Chips 系统）。应逐步改革目前通过代理行进行人民币离岸业务支付清算的方式，让独立完善的离岸人民币支付清算系统真正发挥作用，使清算结算体系、规划标准体系和法律监管体系等与各离岸区域、市场对接。（3）国家自贸区应加强与中国香港离岸中心对接，共建全球性人民币离岸金融市场，逐步形成一个掌握离岸人民币定价权、开展双向投融资汇兑、监管联动，以及离岸在岸有序输出、健康回流和体外循环的人民币离岸业务国际管理中心。

第三，应借助国际金融发展新业态实现"弯道超车"，加快人民币国际化进程。比如，借助网络金融的发展，或者建立标准化的碳现货与期货交易所，捆绑人民币作为结算货币，通过 21 世纪海上丝绸之路使人民币的影响辐射到东南亚乃至亚洲。有 19 世纪煤炭捆绑英镑、20 世纪石油捆绑美元成为国际结算货币的成功先例，在 21 世纪通过碳排放权交易捆绑人民币作为国际结算货币，将是使人民币国际化实现"弯道超车"的一条现实路径。

四、建立国家金融顶层管理机构

此前，我们已经讨论过加拿大的国家金融管理体系。美国则是在 2010 年根据《多德-弗兰克华尔街改革和消费者保护法案》建立了金融稳定监督委员会（Financial Stability Oversight Council），负责美国金融业跨部门、跨系统的风险监测与政策协调工作。金融稳定监督委员会的前身是 20 世纪 80 年代里根政府时期成立的"总统财政金融特别顾问小组"，该小组在近几十年均发挥着作用。这也就是美国金融监管体系在双层（联邦与州）多头（银行、证券、保险、衍生产品等）、复杂交错、补丁填洞式的运作中仍然保持有序的重要原因——国家金融顶层管理机构一直在发挥着作用。

因此，世界各国在明确国家金融定位、构建现代金融体系、有效组合国家金融政策、推动国家金融发展的进程中，应考虑建立国家顶层金融管理机构，以有效应对国内国际的重大金融事务，形成国家金融顶层设计、金融重大事务调剂、金融重大事项决策和金融系统性风险防范的领导、议事、协调机构，促进一国金融业健康、稳定、可持续地发展。

国家金融顶层管理机构是国家制定重大金融政策、举措的咨询、议事、决策机构，在国内国际金融宏观调控、金融政策制定和金融突发事件应对中发挥着重要作用。国家金融顶层管理机构的组织结构应包括国家分管财政、金融的领导，财政部、中央银行、证监会、保监会等中央部门，银行、证券公司、保险公司等金融机构，金融专家及其他相关人员；其中，国家分管财政、金融的领导是主要的主席人选。国家金融顶层管理机构应设立秘书处作为常设办公室。国家金融顶层管理机构的工作职责包括综合分析国内外宏观金融形势，依据国家宏观金融战略和调控目标，讨论重大金融政策的制定、调整及与之相关的金融政策目标、工具和举措，做好国家金融顶层布局、重大金融事务调剂、重大金融事项决策与重大金融风险防范的领导、议事、协调和决策。国家金融顶层管理机构的工作程序方面，可实行例会制度，在每季度的第一个月召开例会，主席或 1/3 以上成员联名可提议召开临时会议。会议由主席主持，主席因故不能履行职责时，由副主席代为主持。成员提出的议案，经出席会议的 2/3 以上成员表决通过，形成建议书。报请国家批准有关金融政策重要事项的方案时，应将建议书或者会议纪要作为附件，一并报送备案。金融政策与措施一旦报经国家批准，该机构则立即领导、组织、协调、督促相关金融组织予以实施。

国家金融顶层管理机构应重点关注和解决哪些问题呢？在这里用几个例子予以说明。

第一，美国的量化宽松货币政策直接影响着其他国家庞大的美元储备和出口贸易状况，进而影响世界各国经济的稳定与可持续增长。各国不仅需要改善本国的外汇储备结构，更需要在推动本国货币国际化的进程中，抓紧确立本国货币作为国际主要结算币种之一的地位，并发挥其作用，从而赢得在国际金融事务上的话语权和主动权。

第二，在美国金融危机和混业经营监管的嘈杂声中，其他国家是否继续坚持分业经营、分业管理？对于这一金融政策取向问题，各国应该根据自身的客观实际作出选择。从经验上看，一些国家建立分业经营、分业管理体系的时间尚短，尚待总结经验，提高管理能力；从业务上说，商业银行已有较为成熟的监管标准，即以《巴塞尔协议》提出的资产负债比率及资本充足率作为参照，但证券业、保险业及其衍生品种尚缺监管标准，需要在实践中进一步探讨建立；从防范金融风险的角度，发展中国家的金融市场也需要更有效的金融"防火墙"。因此，对各个国家目前已存在的金融混业集团，应从内部监管，在制度和技术上实施分业经营、分业管理；对新产生的金融业务，应迅速界定其性质，有效归属到分业经营、分业管理的监管框架内。各国金融发展的路径应该是规则下促竞争，稳定中求发展。

第三，是否应该扩大、提升与完善世界各国中央银行的职能？各国央行不仅应履行货币供给、流动性调剂、外汇事务管理等专项职能，还应对银行、证券及保险市场履行一定的调剂与监管职能，例如，将证券、保险投资基金纳入货币发行、调剂的基础因素予以考虑，运用货币市场基金有效调剂证券、保险市场，将证券、保险投资信用风险比率列入货币政策工具，等等。另外，各国央行的职责还应延伸到对本国金融机构海外业务的调节与监管，以此建立其在现代金融体系中的主导、核心地位。

第四，世界各国中央银行是否应该加速建立辅助金融监管机构，以完善金融监管体系？比如，成立储蓄保险公司，像美国的联邦存款保险公司一样保护投资者与消费者权益；又如，成立央行掌控的货币市场共同基金，有效促进银行、证券、保险投资市场的稳定发展等。

第五，世界各国是否应该更加注重金融法制建设与组织完善，构建市场化的金融风险承担和损失弥补机制？这一课题包括诸多可能的举措，如各国央行和金融监管部门需要制定有效的货币政策，维护金融稳定，加强金融监管；各国应构建包括差别准备金、逆周期资本要求、前瞻性拨备要求等在内的逆周期金融宏观审慎管理制度；应制定更加严格的监管标准，如实施额外资本要求，强化对流动性和大额风险暴露等的要求，从而加强对系统重要性金融机构的监管；等等。

除此之外，是否还要建立其他组织形式和长效机制？例如，除了国家财政部和央行以外，还可以建立类似于美国联邦存款保险公司的组织。它可以对金融机构实施有效的监督，并对系统重要性金融机构开展有序的清算；科学的存款保险制度将使其成为政府应对金融危机的综合处置平台，以维护公众信心，维持金融体系的总体稳定。另外，市场化处置方式也是降低金融风险处置成本、提高处置效率的可选途径。市场化处置方式包括：建立股东和债权人的风险共担机制（损失首先是由股东承担，其次是由债权人承担）；高管层要承担经营失败的责任；建立存款保险制度，减少对公共救助资金的依赖；对系统重要性金融机构预设恢复和处置计划；等等。其目标都是建立和完善金融风险的市场化处置机制。同时，各国还应加强金融风险监测、评估和预警，真正有效地保护中小投资者利益，及时处置金融风险。

第六，世界各国参与国际事务的途径之一是进出口贸易，但除了互为贸易伙伴，更具发展前景的是互为低碳经济伙伴（如交通系统管理、水资源管理、区域公共资源管理等）；再进一步，从更长远、更广阔的视角来看，各国更应成为国际金融事务的积极参与者。以亚洲为例，其资金储备占全球的60％，亚洲各国应该及时进入国际金融领域，如组建"亚洲货币基金组织"（框架可参考国际货币基金组织）；以此为切入口，亚洲各国既可充分地循环利用亚洲庞大的外汇储备，在贸易流通市场发生波动时有效调节资金需求，又可以此为平台，聚集、稳定亚洲各国经济体，互助合作，共同发展，从而真正提升亚洲在国际金融事务中的话语权。

世界各国要建设并发展现代金融体系，发挥其在国内外金融事务中的作用，必须加强国家金融顶层布局，规范国家金融行为。要实现这一目标，建立国家金融顶层管理机构是必不可少的。

在中国，第三产业占 GDP 比重目前是 50％ 左右，距世界平均水平的 55％～60％，尤其距发达国家、地区的 70％ 以上，还有 20％ 左右的增长空间。现代金融体系将在中国弥合这一差距的过程中扮演重要角色。中国改革开放已有 40 多年，1983 年，中国确定中国人民银行作为中央银行行使职能；1995 年，中国颁布《中华人民共和国商业银行法》，确定中国金融监管体系实施分业经营、分业管理；2003 年，中国完成银行、证券、保险业务的分业监督组织模式；2017 年 7 月，国务院金融稳定发展委员会（Financial Stability and Development Committee）成立——至此，"一委一行两会一局"构成了中国的金融监管格局，它们作为中国金融顶层管理机构，将在组织监管协调、政策监管协调、中央地方监管协调、离岸在岸监管协调、系统重要性项目监管协调及加强与国际金融监管机构协调合作方面，发挥出重大作用。当前中国面临着跨国金融迅猛发展、促增长类金融事务繁多、助转型类金融任务艰巨等问题，建立相关管理机构，加强金融顶层布局，将对这些问题的实质性解决起到关键作用。

附录：中国人民银行金融指标维度[①]

（一）货币供应

1. 货币发行与基础货币（亦称央行储备货币）

（1）货币发行量＝商业银行的库存现金＋M0。

（2）基础货币（央行储备货币）＝货币发行量＋法定存款准备金＋超额存款准备金＝商业银行的库存现金＋流通中的 M0＋法定存款准备金＋超额存款准备金。

（3）银行间市场的可交易资金的总量＝所有金融机构超额存款准备金合计。

因此，只有影响至超额存款准备金的货币政策才能影响到银行体系的流动性，例如，降准政策只能使得法定存准率和超额存准率此消彼长，对流动性几乎没有影响。

2. M0、M1（狭义货币）与 M2（广义货币）

（1）M0＝流通中现金。

（2）M1＝M0＋企业存款（除单位定期存款和自筹基建存款）＋机关团体部队存款＋农村存款＋个人信用卡类存款。

（3）M2＝M1＋个人存款＋企业定期存款＋外币存款＋信托类存款。其中，（M2－M1）即为准货币。

第一，2001 年 6 月，由于股票市场大发展，央行将证券公司客户保证金计入 M2。

---

① 选自博瞻智库发布的《中国金融体系主要指标大全》第一节，原标题为《央行体系金融指标维度》。

第二，2002 年，受加入 WTO 影响，央行将在中国的外资、合资金融机构的人民币存款分别计入不同层次的货币供应量。

第三，2011 年 10 月，央行将非存款类金融机构在存款类金融机构的存款和住房公积金存款规模纳入 M2。

第四，2018 年 1 月，央行用非存款机构部门持有的货币市场基金取代货币市场基金存款（含存单）。

3. 存款准备金率与超额备付金率：法定与超额

根据规定，商业银行需要将其存款的一定百分比缴存到央行，法定存款准备金率与超额存款准备金率合称为存款准备金率，后者体现出银行体系的流动性水平。目前，央行已经取消了对商业银行备付金率的要求，将其与存准率合二为一。

其中，超额备付金＝商业银行在中央银行的超额准备金存款＋库存现金。

（二）货币政策工具

1. OMO（公开市场操作）

（1）公开市场操作始于 1994 年的外汇公开市场操作，1998 年建立公开市场业务一级交易商制度、恢复人民币公开市场操作。

（2）公开市场操作又分为逆回购和正回购，前者为央行向一级交易商购买有价证券、投放流动性，后者反则反之。

（3）目前央行公开市场操作的期限主要有 7 天、14 天、28 天和 63 天等几种类型。

2. 再贴现与再贷款

（1）这两类工具是央行最早进行基础货币投放的主要方式。

（2）再贴现政策是指央行通过商业银行持有的已贴现但尚未到期的商业汇票，向商业银行提供融资支持的行为。

（3）再贷款政策是指央行为实现货币政策目标而对金融机构发放的贷款。1984 年央行专门行使中央银行职能后，再贷款成为调控基础货币的基础，并在后续的较长时间提供了基础货币供应总量的 70％～90％。

3. SLO（短期流动性便利）与 SLF（亦称酸辣粉、常备借贷便利）

（1）2013 年 1 月央行创设 SLO（Short-term Liquidity Operations），主要为了解决突出的市场资金供求大幅波动，主要期限为 7 天以内，抵押品为政府支持机构债券和商业银行债券。

（2）2013 年初创设 SLF（Standing Lending Facility），主要为了满足金融机构期限较长的大额流动性需求，主要期限为 1～3 个月，面向政策性银行和全国性商业银行，抵押品为高信用评级的债券类资产及优质信贷资产等。

4. MLF（亦称麻辣粉、中期借代便利）与 TMLF（定向中期借贷便利、亦称麻辣粉）

（1）两个工具均主要面向"三农"、小微和民营企业贷款（新增），期限为 3 个月、6 个月、1 年（居多）。

（2）央行分别于 2014 年 9 月创设 MLF、于 2018 年 12 月 19 日创设 TM-LF，前者以支持小微企业和债转股为主，后者则用以定向支持金融机构向小微企业和民营企业发放贷款。

5. PSL（亦称披萨、抵押补充贷款）

2014 年 4 月 25 日央行创设 PSL（Pledged Supplementary），为特定政策或项目建设提供资金（主要针对棚户区改造），期限通常为 3～5 年，主要面向政策性银行，抵押资产为高等级债券资产和优质信贷资产等。

6. CRA（临时准备金动用安排）与 TLF（亦称特辣粉、临时流动性便利）

（1）2017 年 1 月 20 日，央行建立了临时流动性便利（TLF，Temporary Lending Facility），为现金投放量较大的几家大型商业银行提供了 28 天临时流动性支持。

（2）2017 年 12 月 29 日，为应对春节期间现金支出的扰动，央行建立了临时准备金动用安排，允许现金投放中占比较高的全国性商业银行在春节期间存在临时流动性缺口时，临时使用不超过两个百分点的法定存款准备金，使用期限为 30 天。

（三）社会融资规模

社会融资规模于 2010 年提出来，这是一个中国独有的指标。所谓社会融资规模，即一定时期内（月度、季度和年度）实体经济从金融体系所获得的资金总额，既有存量概念，又有流量内涵，可兼顾绝对规模，又可衍生相对指标。

谈及社会融资规模，离不开相生的兄弟 M2，社会融资规模与 M2 类似于一张表的两端，即资产和负债，一个表示资产的运用（社会融资规模），一个表示资金的来源（M2）。通俗来讲，货币当局发行货币（以广义货币 M2 来表示），金融机构拿到货币来满足实体经济的融资需求，货币则通过银行金融机构（本外币贷款）、非银行金融机构（委托贷款、信托贷款及未贴现票据）、资本市场（股票市场和债券市场）及其他渠道进入实体经济。从理论上来讲，资产的运用和资金的来源应存在一定的对应关系，特别是在只有资本市场的情况下，而间接融资中介的存在，使得这一对应变得比较复杂，因此严格的对应关系并不会存在。简而言之，社会融资规模可理解为金融体系的资产、实体经济的负债；而 M2 则可理解为金融体系的负债、央行的资产（央行对国家的负债）。

1. 发展历程

（1）人民银行于 2010 年 11 月开始研究、编制社会融资规模指标。

（2）2010 年 12 月，中央经济工作会议首次提出"保持合理的社会融资规模"这一概念。

（3）2011 年年初，人民银行正式建立社会融资规模增量统计制度，并开始按季向社会公布社会融资规模增量季度数据；2012 年起改为按月公布。

（4）2014 年起，按季公布各地区（省、自治区、直辖市）社会融资规模增量统计数据。

（5）2015 年起，开始编制并按季发布社会融资规模存量数据，2016 年起改为按月发布。

2. 口径和范围

（1）金融机构表内贷款：人民币贷款和外币贷款。

（2）金融机构表外贷款：委托贷款、信托贷款和银行承兑汇票。

（3）直接融资：企业债券和非金融企业境内股票融资。

（4）其他：存款类金融机构资产支持证券、贷款核销与地方政府专项债券。

第一，2018 年 8 月 13 日，央行表示，自 2018 年 7 月起，人民银行完善社会融资规模统计方法，将"存款类金融机构资产支持证券"和"贷款核销"纳入社会融资规模统计，在"其他融资"项下反映。

第二，2018 年 10 月 17 日，央行表示，自 2018 年 9 月起，将"地方政府专项债券"纳入社会融资规模统计。

本章要点与思考题

1. 国家金融顶层布局的功能与作用是什么？

2. 三类金融中心有怎样的联系与区别？

3. 如何界定世界金融体系的类型？中国应如何选择适合本国的金融体系？

4. 如何界定财政政策与货币政策？两者如何互动影响？

5. 中国货币政策的"锚"应放在哪里？

6. 面对保罗·克鲁格曼提出的"三元悖论"，中国应如何选择其政策目标？这一选择的发展趋势如何？

7. 宏观审慎监管与微观审慎监管有怎样的联系与区别？

8. "政策搭配理论"是否有可行性？其现实意义是什么？

9. 罗伯特·蒙代尔所提出的"货币区"的具体内容是什么？

10. 强势货币政策有何利弊？

11. 中国强势人民币国策的内容是什么？

12. 建立国家金融顶层管理机构有怎样的重要性？

阅读参考材料

1. 黄达，2012. 金融学 [M].3 版. 北京：中国人民大学出版社.

2. 弗雷德里克·S. 米什金，2016. 货币金融学 [M].11 版. 郑艳文，荆国勇，译. 北京：中国人民大学出版社.

3. 高鸿业，2018. 西方经济学（宏观部分）[M].7 版. 北京：中国人民大学出版社.

4. 陈云贤，2017. 中国金融改革发展探索 [M]. 北京：中国金融出版社.

　　5．王文荣，2008.战略学［M］.北京：国防大学出版社.

　　6．Treasury Dept，2008. The Department of the Treasury Blueprint for a Modernized Financial Regulatory ［M］.Washington D.C.：Government Printing Office.

第三章

国家金融监管协调

在一国层面，国家金融顶层布局的核心目标是国家金融稳定、健康发展；在公司层面，金融市场运作的主要宗旨是安全、流动、产生效益。可见，从宏观和微观两个不同角度，金融监管的首要任务都是防范金融风险。

在现代金融体系中，国家建立金融法制体系、实施金融监管的主要理论依据有两点：第一，金融风险论。因为金融业属高风险行业，存在利率风险、汇率风险、流动性风险和信用风险等，且金融风险可能引发支付危机等连锁反应，所以会直接影响货币制度和宏观经济稳定。第二，投资者利益保护论。因为存在市场信息不对称，而投资者需要公平、公正的投资环境，所以要保护投资者利益，就需要进行金融监管。世界各国的金融市场法制体系与金融市场监管体系，都是在经济发展的历史进程中逐渐完善的。下面我们重点介绍四个有代表性的金融监管体系。

一、美国金融监管体系

1776 年建国的美国，是目前现代金融体系较为完善，但金融监管体系又较为错综复杂的一个国家。19 世纪初，美国开始发展州际信用银行。彼时古典自由主义经济学思想盛行，因此美国早期对金融业完全持放任自由的态度，自由竞争与单一州原则是美国银行业早期的发展特征。直到 1913 年，《联邦储备法》才宣告美国联邦储备体系的建立，各方同意设立由美国联邦储备委员会（简称美联储）和若干地区联邦储备银行构成的双层管理体系，并赋予了美联储四大职能：实施统一的货币政策、建立全国清算支付系统、承担最后贷款人角色及对银行业实行监管。但监管的缺失导致了 1929—1933 年的世界经济大危机，给美国经济和金融体系造成了致命性打击。

1933 年，美国颁布《格拉斯-斯蒂格尔法案》（Glass-Steagall Act），确定金融监管的四大原则：第一，实行商业银行与投资银行分业经营、分业管理；第二，禁止银行直接从事证券和国债的承销与自营交易业务；第三，禁止投资银行开展吸收存款业务；第四，禁止美联储的附属机构及其关联银行开展证券业务。与此同时，美国还成立了联邦存款保险公司等相关金融监管辅助机构。

1999 年，美国颁布《格雷姆-里奇-比利雷法案》（Gramm-Leach-Bliley Act），正式以法律形式废除了《格拉斯-斯蒂格尔法案》这一严格限制了金融业几十年，当然也引发了几十年争议的银行业与证券业分业经营、分业管理的法案。新法案允许建立金融控股公司（Financial Holding Company），此类公司可全方位参与银行业务、证券承销与自营业务及保险业务。

2010 年，美国颁布《多德-弗兰克华尔街改革和消费者保护法案》，从政府监管机构设置、系统性风险防范、金融业及其产品细分、消费者保护、危机处置等方面全面加强金融监管。这是美国在 1929—1933 年世界经济大危机之后通过的最大程度兼容各类监管变革的法案。

图 3.1～图 3.3 显示了美国 2008 年金融危机前和 2010 年后的金融监管体系。

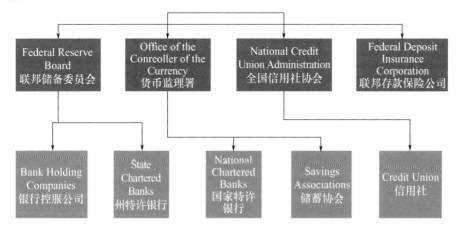

图 3.1　美国金融监管体系—存款机构（2008 年金融危机前）

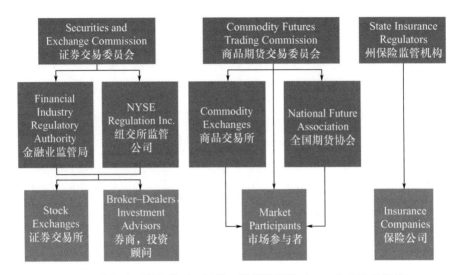

图3.2　美国金融监管体系—证券、期货及保险（2008年金融危机前）

　　美国金融监管体系在2008年金融危机之前存在的主要问题包括：第一，各个监管机构之间关系复杂，没有协调性；第二，同一机构受好几个监管机构监管（低效能）；第三，证券交易委员会曾经是主要的金融行为监管机构，但它实际上缺乏对投资银行（如贝尔斯登、雷曼兄弟等）进行审慎监管所需的能力和专业知识；第四，州级别的保险监管机构缺乏监管复杂产品的专业知识；第五，有太多的监管机构而几乎没有问责制。

　　由图3.3可见，2008年金融危机后的美国金融监管体系同样交错复杂。金融危机后，美国于2010年7月颁布了《多德-弗兰克华尔街改革和消费者保护法案》并生效。法案最大的变革在于重组了金融监管体系，改革和修正了整体的金融监管框架，使美国金融业长期以来缺乏全国性、全面性监管体系和法律制度框架的问题得到了解决，防范了系统性金融风险。此后，美国金融监管体系的主要变化如下所述。

　　第一，设立了金融稳定监督委员会。围绕促进金融稳定的三个核心要素——防范系统性风险、消费者保护、改善问责制和提高透明度，该委员会被赋予了三项职能：一是识别危及美国金融稳定的各类风险；二是促进金融市场的自我约束，降低对政府救助的期待和道德风险；三是有效应对危及美

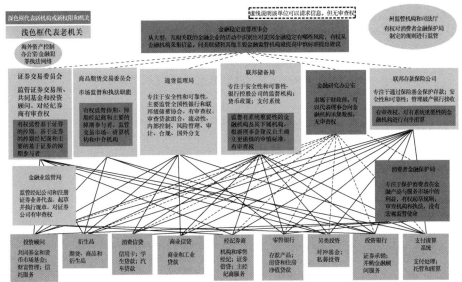

图 3.3 美国金融监管体系（2010 年后）

国金融体系稳定的各类新风险。

金融稳定监督委员会的权力有三项。一是推进信息的收集与共享，并以此促进监管协调。二是从美国金融市场实际出发，全面加强系统性金融风险的识别与防范——在金融机构层面，有权认证具有系统重要性的非银行金融机构，并将其纳入美联储监管范围；在金融市场层面，有权认证具有系统重要性的金融市场设施和支付、清算与结算系统；在金融监管标准方面，有权建议对规模大、关联性强的机构实施更为严格的审慎监管标准；在金融风险控制层面，有权强制分拆对美国金融稳定形成严重威胁的机构。三是有权建议美国国会修改法律，减少监管空白。

第二，理顺、重组了原有监管机构并加强了各监管机构间的协调：一是在财政部内新设了联邦保险办公室，试图扩大联邦政府对保险机构的监管权力；二是在美联储内设立了消费者金融保护局（Consumer Financial Protection Bureau），它将原本分散在联邦储备委员会、证券交易委员会等机构的金融保护职能集中起来，对包括银行、信用社、证券公司、抵押贷款服务机构等在内的金融机构进行监管，保护金融消费者利益免遭不公平或欺诈性金融交易的损害；三是撤销了储贷监理署，并将其大部分职责归并到货币监理署。

第三，扩大了美联储权限，强化其在伞形金融监管体系中的核心地位，使其成为全面监管者，尤其是系统风险监管者，对金融机构、金融产品、金融市场实施稳健和全面的监管。

综观美国金融监管体系的建立与演变过程，以下特征值得我们注意。

第一，美国金融监管体系是在历史进程中逐渐形成的。建国初期，经济自由放任主义在美国占据主流，反对政府干预的金融理念盛行。如前文所述，直到 1890 年，美国才颁布本国第一部反垄断法《谢尔曼法》；1913 年，美国联邦储备委员会成立；1933 年，美国颁布《格拉斯-斯蒂格尔法案》。可以说，美国的金融监管体系经历了近百年的演进与完善。

第二，美国金融监管体系是在应对危机的立法变革中不断完善的。比如，上文提到的金融分业经营、分业管理的根本大法——《格拉斯-斯蒂格尔法案》就是在 1929—1933 年世界经济大危机后颁布的；面对 20 世纪八九十年代国际金融业的激烈竞争，美国又颁布了重新允许混业经营管理的《格雷姆-里奇-比利雷法案》；面对 2007—2008 年世界"金融海啸"，美国又颁布了严格监管限制的《多德-弗兰克华尔街改革和消费者保护法案》；等等。

第三，美国金融监管体系的格局是双层多头、交错复杂的。正如图 3.1～图 3.3 所示，在 2008 年金融危机前后，美国的金融监管都由联邦与州两个层面负责，对银行、证券、保险、期货等金融机构的业务、产品及金融市场实施交叉监管。比如，在银行业中，联邦银行适用联邦银行法，州立银行适用各州的银行法；联邦监管机构可以同时监管联邦银行和州立银行，州立监管机构专门监管州立银行。又如，创新性的金融产品既需要各个行业监管部门协调，又需要州与联邦的监管机构共同监管。在这种架构中，既存在监管真空，又存在监管重叠现象。

第四，美国金融监管体系是采取"补丁填洞"方式加强监管措施的。这方面有很多典型事例：在 2008 年金融危机之后，财政部新设联邦保险办公室，试图弥补各州对保险市场监管的不足；在美联储内增设消费者金融保护局，以加强监管不公平或欺诈性金融交易问题；在联邦层面设立金融稳定监督委员会，以弥补缺乏全国性、全面性金融监管协调机构的缺陷；等等。

第五，美国金融监管体系是在机构与功能重叠中有效运行的。一方面，机构与功能的重叠使美国的金融监管缺乏有序性，缺乏全国性、全面性的金融监管协调；另一方面，它的监管机制运行又是有效的。解开此谜团的关键在于一个被人们长期忽视的"总统特别顾问小组"（Senior Advisor to the President），它代表美国的国家金融行为取向，发挥了实质性作用。

这一形式始于20世纪30年代，富兰克林·罗斯福当选总统后，任命乔治·皮克（George Peek）做他的特别顾问，分管经济外贸工作。此后，总统任命特别顾问获得法律许可，总统在此事上拥有很大的权力及弹性。20世纪80年代，里根政府为刺激经济增长，实施积极的财政政策。美联储为控制通货膨胀，实行紧缩的货币政策。为了协调政策，以财政部长为首的总统首席经济顾问组织美联储等"总统财政金融特别顾问小组"成员，专门就处理经济尤其是金融问题提出建议，并就美国的财政、金融等事项作出关键的协调处置决定。此机制一直延续到2010年。

为更有效地防范和处置金融危机、明确法定职能、完善监管协调和确立管理权责，2010年，依照《多德-弗兰克华尔街改革和消费者保护法案》，总统财政金融特别顾问小组改组为金融稳定监督委员会。政府从国家金融顶层设计的角度赋予该委员会多项职能，并以法律形式确保其职能的发挥。这个委员会在实际经济事务，尤其是金融事务中发挥了关键的作用，使美国国家金融的取向得以贯彻。这就是美国的金融监管体系一方面呈现双层多头、交错复杂的态势，另一方面又仍然能有效运行的主要原因。

二、英国金融监管体系

英国金融监管体系也经历了历史演变：由完全的自我管制到央行干预、混业经营，再到分业经营、分业监管。

1694年，作为私营机构的英格兰银行成立，开始管理政府债务，给政府提供贷款并开展商业银行活动。在此后漫长的历史进程中，英国金融发展完全由市场自我管制，也就是说，英国的金融体系中一直没有正式的法定监管体系。直至 1973—1974 年间，英国爆发"次级银行"（Secondary Banking）危机，暴露出市场完全实行自我管制的弊端。于是，1979 年，英国颁布了第一部《银行法》，规定英格兰银行作为法定的监管机构，开始给银行机构颁发执照并对其进行监管。由此，法定的监管体系开始建立。

1987 年，英国颁布了新的《银行法》，增加了英格兰银行监管条款，包括有权审查银行股东，有权对银行高管开展调查等。1998 年颁布的《英格兰银行法》赋予了英格兰银行货币政策的决策权：一是围绕政府的通胀目标设定利率，二是监管储蓄资金流向。2000 年颁布的《金融服务与市场法》确定了混业经营、混业监管规则，并将担保和保险业务也纳入了监管范围，以确保金融系统稳定，保护投资者利益和打击金融犯罪等。

2012 年，经历了 2008 年金融危机的冲击，英国颁布了《金融服务法案》（Financial Services Act 2012）。其主要内容包括：第一，在 2019 年完成银行业与证券业的分业管理；第二，确保储蓄人在银行破产时获取优先赔偿；第三，政府有权保护银行、处置亏损；第四，建议对分业后的银行设置更高的资本充足率标准。

这一法案下的监管体系主要由英格兰银行、金融政策委员会、审慎监管局和金融行为监管局四个主体组成。首先是英格兰银行（Bank of England）。英国议会通过法律形式赋予其央行的权力；该行实行理事会制度，负责制定和实施央行货币政策，进行微观审慎和宏观审慎监管及金融市场基础设施监管等。

其次是金融政策委员会（Financial Policy Committee）。该委员会设在央行内，由 13 人组成（6 人来自央行，5 人为独立专家，1 人来自金融行为监管局，1 人来自财政部）。其初始目标是负责审视金融系统可能发生的风险，并为专职监管机构提供策略方向；次级目标是拥有使用宏观审慎工具（如限制银行杠杆率、限制不同类型资产的资本需求等）的权力，来抵冲金融系统风险，支撑政府经济政策；终极目标是对区别、监控、防范系统性金融风险的行动负总责。金融政策委员会的职权包括：引导并责成审慎监管局和金融行为监管局采取措施减轻风险；对央行的流动性事项提出建议，并有权查视支付系统、结算系统和清算公司；对财政部提出调整行业资本需求等建议。金融政策委员会的工作重点是解决两大问题——威胁金融稳定性的关键问题和实施宏观审慎政策时的潜在障碍问题。

再次是审慎监管局（Prudential Regulation Authority）。该局由央行下属法人机构组成。其工作重点是对银行业和保险业审慎政策的实施情况进行监督管理，判断其是否健康运行，评估其现在和未来可能存在的风险，尤其对涉及金融系统性稳定、对客户可能造成较大风险的银行、保险机构或事项采取防范措施。

最后是金融行为监管局（Financial Conduct Authority）。该局属独立监管机构，主管由财政部任命，向财政部和议会负责，主要负责监管资本市场，也监管各类金融机构（包括咨询公司）的经营行为。其工作重点是：有效监管资本市场活动；调节利益冲突；有序处置客户资产；维护市场信用，反对市场欺诈，防范系统风险和金融犯罪；客户利益至上；防止倾销，保护零售消费者利益。其主要措施有：审批或取消公司执照；个人禁入；暂停公司或个人承销资格；对公司或个人实施罚款；对违反竞争法律的公司进行惩处；规则执行前提示公众知情；向法院申请破产；惩罚金融犯罪、内幕交易；对有网络违规等情况的公司或个人发出警告。其目的在于保护投资者权益，维护金融稳定，促进有效竞争。

可见，2008 年金融危机后，英国的金融监管体系产生了很大变革。通过图 3.4、图 3.5、表 3-1，我们能更清晰地看到这种变化。

如图 3.4 所示，英国的金融监管体系在 2008 年金融危机之前有如下问题：第一，三方协调弱，没有一家机构担负着对金融系统的整体监管责任；第二，1998 年和 2000 年两次对金融监管体系的整合不彻底、不完整，金融服务管理局只起到内部组织的作用；第三，众多监管工作使金融服务管埋局没有足够精力进行深入的审慎监管，只能用勾选方法（类似抽签，属于有限选定的方法）进行审慎监管；第四，在推动伦敦成为全球金融中心的背景下，忽视了对金融稳定性问题的关注；第五，1997 年，当时执政的工党宣告要成

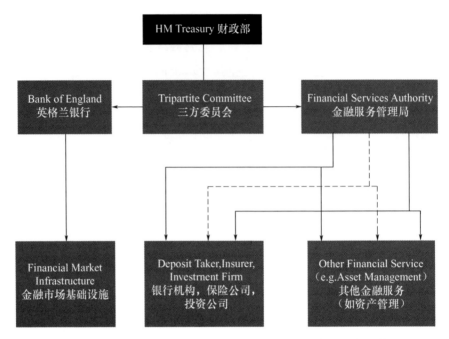

图 3.4　英国金融监管体系—三足鼎立模式（2008 年金融危机前）

立金融服务管理局，由于没有通过咨询程序而缺乏合法性，公告的发布引起了很大的震动与争议。

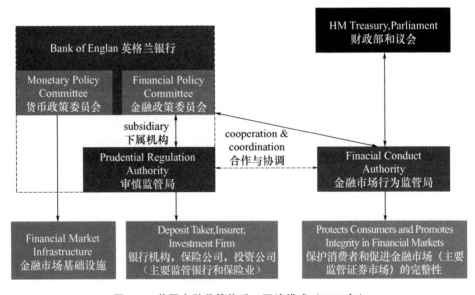

图 3.5　英国金融监管体系—双峰模式（2012 年）

从图 3.5 可见，英国的金融监管在 2008 年金融危机之后发生了较大转变——从软弱无力的三足鼎立模式发展为双峰监管模式。这种双峰监管模式有如下优点：第一，将审慎监管与行为监管有效分离，解决了监管目标冲突的问题；第二，有助于强化问责制；第三，形成了政策协调与信息共享机制；第四，利于货币政策与审慎监管相互协同；第五，利于宏观审慎监管与微观审慎监管互动；第六，有助于证券市场行为监管与消费者利益保护有机统一。当然，英国现有的监管模式也存在严重缺陷，即国家顶层缺乏相应的协调机制来处理审慎监管与行为监管产生的冲突和重大的金融危机。

表 3-1 梳理了英国金融监管经历的主要历史阶段，表明其监管方式是随着金融业经营模式的转变而转变的，呈现出一条从自我管制到央行干预监管、混业经营再到双峰监管的演变路径。

表 3-1　英国金融监管经历的主要历史阶段

时　期	经营模式	监管模式	监管变更的背景	结　果
1987 年前	分业	自我管制	1986 年，"金融大爆炸"，金融服务自由化	银行业和证券业通过金融集团实现混业
1987—2000 年	混业	央行干预监管	对银行集团监管薄弱，监管漏洞频出；1991 年，国际商业信贷银行倒闭；1995 年，巴林银行倒闭	1998 年，金融服务管理局成立；2000 年，《金融服务与市场法》颁布，确立了统一监管框架；2004 年，统一监管实现
2012 年后	分业	双峰监管	2007 年，次贷危机冲击英国金融业，北岩银行、苏格兰皇家银行等陷入危机；2008 年，雷曼兄弟公司危机后英国金融业雪上加霜	2011 年，《金融监管新方法：改革蓝图》白皮书颁布；2012 年，《金融服务法案》颁布；2013 年，审慎监管局和金融市场行为监管局开始运作，双峰监管模式确立

综观英国金融监管体系的建立与演变过程，以下特征值得我们注意。

第一，英国金融体系历史悠久，一直以市场自我管制为主。如前文所述，从 1694 年作为私营机构的英格兰银行成立，在相当长的时间内，英国金融发展完全由市场自我管制。直至 1979 年英国颁布了第一部《银行法》，法定的监管体系才开始建立。

第二，英国金融监管体系经历了从非正式向正式、从分散向集中的变革过程，但这种变革是被动式的。1979 年《银行法》出台后，英国并没有规定相对刚性的资本和流动性要求，也没有建立替代市场约束的国家监管职能部门。1987 年，英国修订《银行法》，废除了"双层银行体系"，所有银行都接受英格兰银行的统一监管，但其监管方式没有实质性的变化。1998 年《英格兰银行法》出台后，中央银行剥离了监管职能，将其移交给了金融服务管理局。2000 年的《金融服务与市场法》，把分散监管统一为单一监管模式，即将原先的九个金融监管机构合并为一个机构——金融服务管理局，集中监管跨行业的金融机构。

从中可以看出，英国金融监管体系的变革，一是跟着金融市场的发展而被动变革，二是仿照其他国家的改革而变革。尤其是英国 1998 年与 2000 年的金融监管法案变革，与美国 1999 年颁布的《格雷姆-里奇-比利雷法案》是直接相关的。

第三，2012 年英国的金融监管体系变革是理性的，且较为成功。这是因为 2008 年的全球性金融危机迫使英国对其金融监管体系做出根本性变革。此次变革涉及监管方式的转化，要求监管机构将更多的管理性资源投入到系统重要性银行的监管中；银行体系由全能银行模式转为有效隔离投资银行与商业银行的分业模式；监管体系中，原有的金融服务管理局被拆分为审慎监管局和金融市场行为监管局两个机构，并且英格兰银行内部还设立了金融政策委员会，以协调几个监管机构的行动。2012 年的金融监管体系变革取得了成功，也进一步提高了英格兰银行在金融市场中的地位。

第四，与美国从分业经营、分业管理走向混业经营、混业管理的模式相反，英国从统一银行模式走向了分业模式。现阶段英国选择的分业监管，实质上是按金融业务的性质，即直接融资与间接融资功能来分业监管。这种把银行与保险业务纳入间接融资类机构实施功能监管，把证券与资本市场纳入直接融资类平台实施行为监管的模式，即理论界所总结的双峰监管模式。此监管模式有利于问责，能够促进金融稳定，保护金融消费者利益。

但是我们也应该看到，英国的双峰监管模式仍然存在问题，将使其优势难以有效发挥。这个问题就是在国家金融层面缺乏一个高于央行和财政部的监管协调机构，协调前两者下属的审慎监管局和金融市场行为监管局的工作，以便更好地监管金融市场，提高危机处置效率。但由于2008年金融危机后的政治压力，英国政府把此协调职能赋予了英格兰银行内部成立的金融政策委员会，这就难以在国家金融层面有效发挥监管协调的作用。

三、欧盟金融监管体系

欧盟金融监管体系是全球首个带有超国家性质的金融监管体系。在每个成员国承认其他成员国的法律、规定和标准的前提下，欧盟制定的金融监管法规是各成员国必须遵守的最低标准。

欧盟金融监管体系（European System of Financial Supervisors，ESFS）的重要变革发生在2012年，根据《欧盟运行条约》（Treaty on the Functioning of the European Union），其被正式分为宏观审慎监管与微观审慎监管两部分。由此，欧盟的金融监管由各国的混业监管走上了统一协调、分业监管之路。

宏观审慎监管由欧盟系统性风险理事会（European Systemic Risk Board）负责。该理事会由成员单位欧洲中央银行（European Central Bank）、欧盟各国央行、欧盟监管局（European Supervisory Authorities）和欧盟委员会（European Commission）组成，欧洲中央银行行长担任理事会主席，其宏观审慎监管职能主要由欧盟中央银行执行。除实施央行货币政策等常规职能外，欧洲中央银行还在2015年建立了专一监管机构，即根据欧盟127家大商业银行的状况，专门成立了127支联合监管队伍，各自专一监管一家大商业银行；

这127支联合监管队伍对欧盟中央银行负责。此外，欧盟系统性风险理事会还负责防范和减轻系统性金融风险，对内监管其他机构，对外与其他国际机构（如国际货币基金组织）对接、协调与合作。

微观审慎监管由欧盟监管局负责，该局主席由欧盟系统性风险理事会副主席担任。欧盟监管局下设证券及市场局、银行管理局及保险和职业养老金管理局三部分：欧盟证券及市场局（European Securities and Markets Authority）负责监管证券市场业务；欧盟银行业监管局（European Banking Authority）通过欧盟各国监管主体对各国中小商业银行实施监管；欧盟保险和职业养老金管理局（European Insurance and Occupational Pensions Authority）负责监管保险业务和退休养老基金投资管理业务。图3.6以直观形式表明了欧盟金融监管体系的框架。

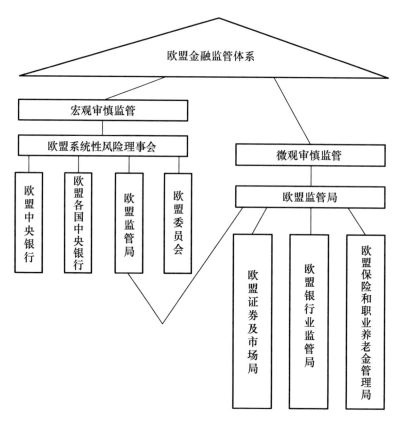

图3.6 欧盟金融监管体系

欧盟对金融监管体系的这一改革是有其刻不容缓的现实背景的。在欧盟债务危机前，其金融监管体系中的缺陷和不足就已经充分暴露出来，即各成员国在金融监管方面各行其是，缺乏统一的宏观监管手段，难以综合评估并处置系统性风险。欧盟债务危机后，面对成员国主权债务危机蔓延、欧盟国际货币话语权走弱、欧盟经济一体化深入等客观现实，欧盟加快了推动建立统一金融监管体系的步伐。

欧盟 2012 年金融监管体系改革的核心，是在深化微观审慎监管的基础上提倡构建宏观审慎监管框架。根据宏观审慎监管与微观审慎监管在监管对象、监管目标和监管机理上的差别，欧盟形成了这种宏观、微观审慎监管有机结合的安排，这也成为后危机时代国际金融监管立法变革的主旋律。但是在现实中，因为欧盟各国都不愿意让渡监管权力，所以统一的金融监管体系仍然难以有效发挥作用。

综上，我们可以简要概括欧盟金融体系及其监管特征：第一，欧盟各国，尤其是欧盟成员国中的典型代表——德国与法国，长期以来实施的是以银行业为主导的金融体系，即以全能银行为基础、以专业银行作为补充的金融体系。在这一体系下，金融机构可以全面参与各种金融活动，既可从事传统的商业银行业务，又可开展投资银行业务，还可通过代理股东投票等方式对上市公司产生影响，等等。第二，在 20 世纪 90 年代和 21 世纪开始的 10 年，混业经营的跨行业金融集团与外资金融机构涌入了一些欧盟主要成员国的金融市场，这些国家基本都发生了以投资银行业务为主的金融风险。其防范、抵御创新型金融产品风险与系统性金融风险的压力增大。第三，针对 2008 年以来的世界性金融危机，欧盟金融监管体系由欧盟成员国各自的混业经营、混业监管模式，变革为欧盟统一协调、分业监管的模式。后者是按照银行、证券、保险的行业性质来实施管理的。

比较美国、英国、欧盟金融监管体系的演变与发展现状，其共同点主要有以下几项。

第一，通过立法推动金融监管变革成为主旋律。美国 1933 年颁布了金融分业经营、分业管理的《格拉斯-斯蒂格尔法案》；1999 年颁布了重新混业经营、混业管理的《格雷姆-里奇-比利雷法案》；2010 年又颁布了严格监管限制的《多德-弗兰克华尔街改革和消费者保护法案》。始终贯穿自我管制理念的英国，于 1979 年颁布了第一部对吸存公众存款机构实施非常有限的监管的法案；1987 年颁布了新《银行法》，增加了英格兰银行参与监管的条款；1998 年与 2000 年先后颁布了《英格兰银行法》和《金融服务与市场法》；2012 年在经历了世界"金融海啸"后颁布了《金融服务法案》。欧盟也于 2012 年、2015 年通过立法不断完善金融监管规则，形成统一协调、分业监管的模式。可以说，英国、美国、欧盟均通过立法形式不断推进金融监管体系的改革和完善。

第二，构建宏观、微观审慎监管并重的协调机制。微观审慎监管关注的是单个金融机构，考查的是资本充足率、流动性、不良贷款率等微观指标，防范的是个体风险；宏观审慎监管关注的是整个金融体系及其与实体经济的关联度，考查的是资产价格、信贷总量及机构杠杆率等宏观指标，监管重心在于整个金融市场及系统重要性金融机构和"影子银行"体系，防范的是系统性风险。

2008 年金融危机后，英国、美国、欧盟的法案都在深化微观审慎监管的基础上，力倡宏观审慎监管，并促进二者有机结合。2010 年，美国设立了金融稳定监督委员会，其有权向金融机构采集信息，对美联储和其他主要金融监管机构就提高审慎标准提出建议。2013 年，英国设立了金融政策委员会，该委员会有权对审慎监管和行为监管提出意见和采取措施。同时，英国还专项设置了审慎监管局，着手实施宏微观审慎监管。而欧盟金融监管体系则直接分为宏观审慎监管和微观审慎监管两大部分，推动宏观、微观审慎监管并重。

第三，加强对金融消费者权益的保护。2008 年国际金融危机使金融监管部门饱受对消费者保护不足的批评，因此，各国政府深刻汲取此次金融危机的经验教训，采取了一系列措施加强对消费者的保护。美国成立了专门保护消费者权益的消费金融保护机构——消费者金融保护局，该局有权制定规则、进行检查、实施罚款等。此后，美国又推出了《金融消费者保护机构法案》

(Financial Consumer Protection Agency Act)。英国的《金融服务法案》则对英国金融监管体系进行了彻底改革，设立了专门机构——金融行为监管局负责金融消费者权益保护工作。国际金融危机后，欧盟也建立了一系列新的监管机构，如欧盟系统性风险理事会、欧盟证券及市场局、欧盟银行业监管局、欧盟保险和职业养老金管理局。这些机构均把金融消费者保护列为工作的重点。

美国、英国、欧盟金融监管体系的主要区别在于以下几方面。

第一，美国的金融监管由分业走向混业，英国与欧盟的金融监管则是从混业走向分业。美国金融业从 1933 年开始实行分业经营、分业管理；20 世纪 90 年代重新回归混业经营的状态，监管体系呈现"双层多头"状况，出现监管重叠与监管真空的问题；2010 年的《多德-弗兰克华尔街改革和消费者保护法案》赋予新成立的金融稳定监督委员会以特别权限，来协调和促进监管机构的信息共享等，但这一举措并未能实质性地整合各监管机构，解决各机构作用重合或推诿责任的问题。总之，美国的金融监管改革过程呈现出"危机导向""补丁填洞"的特征，引发了理论界的质疑：现有的监管体系能在多长时间内确保美国不再出现类似 1929—1933 年或 2007—2008 年那样的系统性金融危机？与美国不同，英国 2012 年的《金融服务法案》明确规定，2019 年完成银行业与证券业的分业管理，且其监管框架已做出相应调整，形成了审慎监管局和金融市场行为监管局，以分别监管银行、保险业和证券业。可以说，英国从几次危机处置中走出了自己的金融风险防范之路。与之类似，欧盟 2012 年也开始真正实施分业监管。

第二，对"影子银行"监管措施各异。"影子银行"是美国金融跨业创新产生的衍生产品。在 2008 年金融危机之前，专项投资银行公司（Special Purpose Vehicle）、资产抵押证券化（Asset-Backed Securitization）、住房抵押贷款证券化（Mortgage-Backed Securitization）、美国存托凭证（American Depository Receipt）等金融衍生品已经产生；金融危机爆发前期，居民住房抵押证券（Residential Mortgage-Backed Securities）、商业不动产抵押证券（Commercial Mortgage-Backed Securities）、信贷违约掉期（Credit Default

Swap）、债务担保证券（Collateralized Debt Obligation）等大量涌现，商业银行、投资银行、保险公司等金融机构纷纷参与其中。金融危机爆发后，美国根据沃尔克法则（Volcker Rule），制定了严格的跨业投资限定，建立了严格的现场监管与非现场监管相结合的检查制度，控制金融产品的杠杆率，及时披露包括衍生产品设计、销售、交易等在内的信息。针对同类问题，英国实施的政策是将审慎监管与行为监管相分离。欧盟则实施混业经营、分业监管。

然而实践表明，要解决"影子银行"给金融系统带来的风险，以上措施还不够，更重要的是，各国应该在法律规范及账户、清算结算等基础设施上对银行业与证券业实施分业管理。只有真正建立金融监管的技术"防火墙"，才能实质性地解决围绕分业监管和混业监管的争论。也就是说，在财会账户和清算结算技术上，各国应始终在银行业与证券业之间设立"防火墙"，从根本上有效防范系统性金融风险；银行、证券、保险三大行业对应的监管机构可以并存，也可以合并，如银行、保险归央行监管，证券单独监管，选择何种模式可根据实际需要来确定，都不影响金融"防火墙"的作用。其中，技术屏障是关键，机构变动只是个成本与效率的问题。

在当前各国金融市场中，证券业及其衍生产品尚欠缺宏观与微观审慎监管的标准，需要在实践中进一步探讨与完善，因此，先在技术上建立行之有效的金融"防火墙"就特别关键。对各国已经存在的金融混业集团，应运用监管措施，促使其从内部的制度和技术上实施分业经营、分业管理；对新产生的金融业务，应迅速界定其性质，将其纳入分业经营、分业管理的技术框架（即账户、清算结算体系等）上来。总之，各国金融发展和监管的方向应该是在规划下促竞争，稳定中求发展。

第三，金融监管框架存在差异。2012 年，英国《金融服务法案》出台后，英国的金融监管框架已经较为明晰。英国由一个金融市场自我管制的国家，逐步变为法制监管健全的国家。在 20 世纪 90 年代经历了国际商业信贷银行和巴林银行倒闭事件，又在 2008 年"金融海啸"中经历了苏格兰皇家银行危机等事件后，英国最终把加强宏观审慎监管与分业监管摆在了防范金融风险的首要位置，并用明晰的金融监管框架，即双峰监管体系将其确定下来，这为英国进一步巩固与提升其在全球金融市场中的地位奠定了法律基础。与英国类似，欧盟的金融监管框架也随着相关法案的出台逐渐明晰。而美国的金融监管体系则一直呈现"双层多头"的复杂特征，体现出一种"危机导向""补丁填洞"的发展取向。

四、中国金融监管体系

为了深入理解中国金融监管体系，有必要先梳理一下中国金融体系的各个组成部分。

中国主要的商业银行包括：中国银行（1912 年成立）、交通银行（1908 年成立）、中国农业银行（1951 年成立）、中国建设银行（1954 年成立）、中国工商银行（1984 年成立）。

中国主要的金融监管机构包括：中国人民银行（1948 年成立）、中国证券监督管理委员会（简称证监会）（1992 年成立）、中国保险监督管理委员会（简称保监会）（1998 年成立）、中国银行业监督管理委员会（简称银监会）（2003 年成立），2018 年 3 月，银监会、保监会合并为中国银行保险监督管理委员会。

中国主要的政策性银行包括：国家开发银行（1994 年成立）、中国农业发展银行（1994 年成立）、中国进出口银行（1994 年成立）。

以上构成了中国金融体系的主体结构，完整的结构见图 3.7。

中国金融监管体系的确立来之不易，而且也在实践中逐步完善。1948 年 12 月，中国人民银行成立。1983 年 9 月 17 日，国务院做出决定，由中国人民银行专门行使中央银行的职能，并具体规定了中国人民银行的 10 项职责。从 1984 年 1 月 1 日起，中国人民银行开始专门行使中央银行的职能。1995 年，中国颁布了《中华人民共和国商业银行法》。2017 年，中国确立了金融监管的双峰模式（中国金融监管体系详情见图 3.8）。

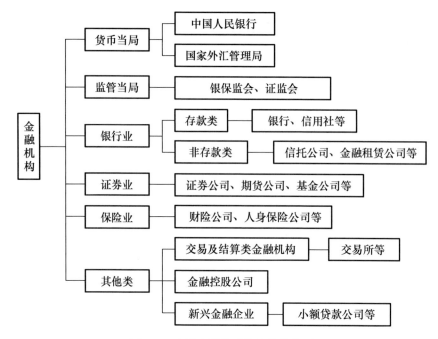

图 3.7　中国金融体系的主体结构图

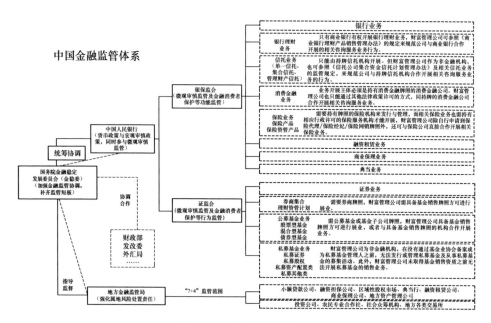

图 3.8　中国金融监管体系

（一）中国已确立最优的金融监管框架

概括来说，世界金融监管体系存在以下三种模式。

第一，单一监管体制（Single Regulatory Regime），即由一家金融监管机构对金融业实施高度集中监管。英国1998年之前是这样，现在世界上大多数的中小国家也是如此。

第二，多元监管体制（Multiple Regulatory Regime），即不同机构主体监管不同金融业务，美国是典型代表。

第三，双峰监管体制（Twin Peaks Regulatory Regime），即把审慎监管与行为监管区分开来：前者主要监管银行业与保险业市场，后者主要监管证券业市场；该国的金融机构既可分业经营、分业监管，又可混业经营、分业监管。现在的英国、加拿大、澳大利亚都采用此种模式。

衡量某一监管模式成功与否的关键在于该监管模式的实际效率，这又取决于专业技术、协调性与合法性，以及问责制。首先，效率来自协调（Coordination）。法律应规定各个监管机构之间要有效共享信息和分析；跨部门的各级工作人员应经常一起工作，达成共识和信任——这在紧急处置金融危机的时刻尤为关键；同时，金融监管部门还应有畅通的机制保持与金融机构间良好的对话等。其次，效率来自专业技术（Competence/Expertise）。有效的金融监管机制应有利于吸引和培养人才，发挥专业人才的作用，并有利于各监管机构之间专业人才的交流。最后，效率来自问责（Accountability）。金融监管机构对内应向委员会或理事会负责；对外应向议会/国会、社会公众负责。金融监管机构成员，尤其是委员会决策成员，也应避免从众思维，要不断扩大视野，增长多样化的见识。可以说，协调性与合法性、专业技术、问责制成为决定监管效率的关键，而监管效率（尤其在紧急处置突发性重大金融危机时）又是衡量某一金融监管模式成功与否的关键。

那么哪种监管模式更有效呢？通过前面的分析，已知2008年金融危机前英国、美国和欧盟的监管框架存在问题，那么考察与美国毗邻并在金融危机中应对良好的加拿大，以及与英国关系密切的澳大利亚的经验，则有助于我们总结出有效的金融监管模式。

首先是加拿大。由于加拿大的银行业在 20 世纪 80 年代经历了本国的金融危机，所以，1987 年加拿大政府成立了新的审慎监管机构——金融机构监管办公室，并赋予其比以往的监管机构更大的权力（如抢先行动权）和资源。该办公室设定了更高的资本标准，并推行了强有力的监管合作。历经改革后，加拿大形成了金融监管的双峰模式（图 3.9）。

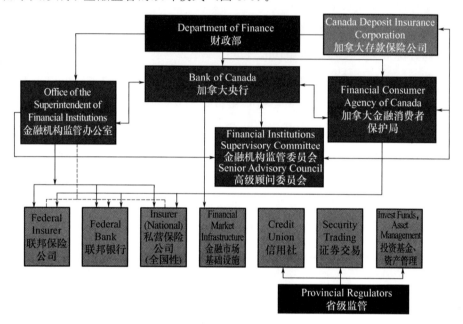

图 3.9　加拿大金融监管体系—双峰模式

其次是澳大利亚。澳大利亚金融监管体系也实行双峰模式（图 3.10）。它使每个监管主体都有明确的使命、重点及工具，能够有效推动监管。

有鉴于双峰模式的优越性和成功实践，2012 年英国的金融监管体系改革就选择了该模式（图 3.5），把审慎监管和行为监管分离开，并以行业为依据把对商业银行、保险业与资本市场的监管分离开。这种模式简单明了，既有分工，又有协调，更有问责，是一种更具效率的监管模式。

2017 年 7 月，中国召开金融工作会议，将双峰模式确立为中国金融监管体系的主要框架。一方面，会议决定把中国银监会和保监会合并组成中国银保监会行使功能监管，中国证监会行使行为监管；另一方面，决定在中国人民银行、银保监会、证监会和外汇管理局（简称"一行两会一局"）等部门之

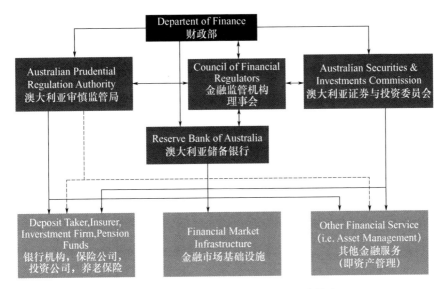

图 3.10　澳大利亚金融监管体系—双峰模式

上设立国务院金融稳定发展委员会（简称"金稳委"），以加强金融监管协调，促进国家金融稳定健康发展。

　　在世界金融监管体系中横向比较单一监管模式、多元监管模式和双峰监管模式，从协调性与合法性、专业技术、问责制等影响监管效率的维度考查，应该说，双峰模式是目前为止最有效的监管模式。而中国已经将这一金融监管体系中最优的监管框架纳入国家金融的顶层设计。

（二）金稳委应加强五个方面的监管协调

　　各国在设计了金融监管模式、构建了金融监管体系之后，在国家金融层面建立金融监管的协调、处置和决策机制是至关重要的。为应对可能再次发生的系统性金融危机，美国于 2010 年成立了金融稳定监督委员会，英国于 2012 年成立了金融政策委员会，欧盟于 2010 年成立了欧盟系统性风险理事会，这些机构主要负责统筹协调金融监管机构、制定政策措施、共享信息、处置危机等。要有效解决金融监管相关的一系列重大问题，设立此类机构是必不可少的，同时各国政府还需要确定其功能定位和委员会成员的组成结构，后者决定了此类机构的行为导向。

金稳委也在中国国家金融顶层决策、布局和监管协调中发挥着重要作用。结合中国当前的国情，金稳委要发挥实质性作用，需要重视并加强五大方面的监管协调工作：第一，完善组织监管协调，包括金稳委与货币政策委员会，金稳委与银保监会（功能监管）、证监会（行为监管），银保监会与证监会，以及宏观审慎监管与微观审慎监管之间的协调工作。第二，强化政策监管协调，包括货币政策、财政政策、汇率政策、产业政策和监管政策之间的协调工作。第三，健全中央地方监管协调。这既需要成立省市金融监管局，界定中央与省市金融监管的权责；又需要明晰中央派驻地方机构的监管职责，厘定与地方监管的关系。第四，对接离岸、在岸监管协调，包括建立离岸、在岸金融市场交易结算平台，设置离岸、在岸金融市场对接特殊账号，以及开设"沙盒监管"试验区域等工作。第五，推进系统重要性项目监管协调。比如，弯道超车的金融实践问题，"人工智能＋区块链"构建法定数字货币问题，"一带一路"金融配套项目的推动问题，粤港澳大湾区金融发展问题及防范化解系统性金融风险问题，等等。只有在国家金融顶层布局中强化金融监管的相互协调，才能实质性地发挥双峰模式这一最佳金融监管框架的优势和作用。

（三）金融政策要有效搭配、组合互动

我们提倡"大金融"的概念。一国应在金融领域加强宏观审慎监管和行为监管，这既需要开发监管工具，制定监管规则，推出监管措施，防范和处置各类金融风险，也需要财政政策、货币政策、汇率政策与监管政策相互协调、相互补充、共同发挥作用。这在处置国家重大金融事务之时尤为重要。例如，货币政策和宏观审慎监管有不同的政策目标和政策工具，而且两者难以相互替代，因此加强货币政策与宏观审慎监管之间的配合就尤为必要。事实上，世界各国中央银行所面临的核心问题不是在物价稳定与金融稳定之间如何取舍，而是在当前的经济稳定与未来的经济稳定之间如何抉择，也就是说，必须从稳定物价和平衡金融的双重视角来全面评估经济状况，才能合理地制定和实施政策。

当一国出现经济过热迹象时，如果货币政策仍然是宽松的，则任何后续的宏观审慎工具都难以奏效。换言之，宏观审慎监管的结构性调节优势必须

以适当的货币总量调节为基础。因此，中国应在制度设计上就注重维护金融环境的稳定。比如，在国家顶层金融决策机构的金融监管联席会议上，及时磋商金融运行或金融监管中的重大问题，相互通报财政政策、货币政策、汇率政策与金融监管政策的执行情况及取向；加强信息共享，防止金融机构规避金融监管，随意转移金融资产，进行违规操作；提高透明度、引导公众预期，如定期公布相关金融政策和金融监管机构的运行情况，向公众表明国家和金融监管当局对当前金融运行状况的态度和看法，以便有效处置各类重大金融事件，防止或减弱金融市场因金融政策预期而产生震动，保持国家金融市场的稳健运行。

（四）应加强对系统重要性金融机构的监管力度

很多国家已开始对系统重要性大型金融机构进行"一对一"监管。例如，欧盟在排查、确定 127 家重要金融机构后，专门成立了 127 支联合监管工作队，实施"一对一"专责监管，贯彻问责制，对上级监管主体负责。中国应加大力度，不断完善相关措施，对系统重要性大型金融机构进行"一对一"监管，这将有利于相关监管规则的实施，并能够把金融行业风险尤其是系统性风险遏止在萌芽状态。

（五）应加强国际金融监管合作

无论在一国之内，还是跨国之间，金融发展与金融风险都是并存的。中国既应构建国家金融监管体系，又应加强国际金融监管合作。在国际金融监管合作领域，有几大协调组织值得我们关注：一是 1974 年成立的巴塞尔银行监管委员会（简称巴塞尔委员会）（Basel Committee on Banking Supervision），主要协调银行业监管；二是 1983 年成立的国际证监会组织（International Organization of Securities Commissions），主要协调证券业监管；三是 1994 年成立的国际保险监管官联合会（International Association of Insurance Supervisors），主要协调保险业监管；四是 2009 年成立的全球系统重要性金融监管协调机构——20 国集团发起的金融稳定理事会（Financial Stability Board），它致力于实质性地推动维护金融稳定的监管政策措施的制定和实施，以解决金融脆弱性问题。

总而言之，中国的金融监管体系既应注重内部的革新与强化，又应在外部的国际金融监管合作中不断调整与完善。

附录：金融行为监管局（FCA）（摘要）[①]
沙盒监管 2015 年 11 月

目　　录

前言

1. 概述

2. 为什么引入沙盒制度

3. 沙盒制度的实施

4. 行业建议

5. 需要立法变革的条款

6. 后续措施

附录

1. FCA 沙盒选择权的主要优势、风险和劣势

2. 企业能够实现选择的主要优势、风险及限制条件

3. 需要立法变动的企业选择的主要优势、风险及限制条件

4. 消费者保护方式

（略）

沙盒制度的实施

3.1 本章我们开始介绍沙盒制度的实施计划——准备适用的标准，所拥有的选择，制定保障措施的方法，以及"公司旅行"。

3.2 对于受到双重规制的公司，我们将协同审慎监管机关就合适的沙盒制度的选择达成一致。在必要的时候，必须遵照 PRA 在当前的合作理解备忘录

---

①　节选自《金融行为监管局（FCA）》（方颖、方宇菲等译），引自李爱君主编：《金融创新法律评论》（总第 2 辑），法律出版社，2017 年，第 180—197 页。

条款中做出的咨询建议，或者是《金融服务和市场法案（2000）》的规定。比如，FCA 会在应用于双边规制公司的弃权规则限制方面，向 PRA 进行咨询。

沙盒使用标准

3.3 引进可使用的公共标准，应当作为建设沙盒制度的先决条件。这有利于保障我们公平透明地对待所有的商业行为，也有助于聚焦于真正有利于消费者的主张。

3.4 我们建议沙盒标准应当与 FCA 的创新中心的要求相近。

·公司在范围内吗：新的计划解决方式是不是为支持金融服务工业而设计的？

·创新的真实性：新的解决方式是否新奇或者是不是不同于现存的制度？

·消费者利益：创新点是否为消费者利益保护提供了很好的保护方式？在沙盒制度测试阶段，应当始终贯彻这一标准。

·沙盒制度的需要：测试的目的是什么？商业活动真的对沙盒制度的构建有真正需求吗？

·调查背景：商业活动是否在开发新的解决方案、理解可适用规则及缓和风险时投入了合适的资源？

金融行为监管局对沙盒监管制度的选择权

3.5 我们和公司、贸易机构及其他股东合作，试图弄懂沙盒作为一种有用的工具，能够给商业活动带来什么。我们发现，创新者面临的不同挑战是由很大范围的因素所造成的，包括他们是否经过授权，以及他们想要测试的是何种产品或服务。

3.6 经授权的公司及向这些公司提供外包服务的技术型公司，都密切关注 FCA 对于新的解决方法的反应。在早期的对话、如何运用规则的声明及 FCA 在今后实施的具体行为这些方面，他们很感兴趣。未经授权的公司在它们对消费者对产品或者服务的欲望进行有意义的探索之前，必须承担可能的一次性成本费用并且申请授权。

3.7 我们已经识别出，当公司测试的范围超过沙盒规定的范畴时，FCA 所能够采取的一些处理方式。

未经授权公司的选择

3.8 我们将会建立一种和银行动员授权处理过程相似的特定授权过程，来让公司获得授权测试新的产品或服务。沙盒公司将是第一批获得限制性授权的公司，使得他们只能测试他们在授权范围内的想法（限制性授权）。一旦公司满足所有的条件，限制将会被取消。

3.9 这种限制性授权的选择使得公司在仅满足和测试活动相称的授权要求时，能够获得权利范围内的授权。此过程同样比获得全部授权更加快捷。当进行一项完整的商业活动时，公司在进行受到相关规制的活动时，必须取消限制性条件而不需要另外授权。

3.10 这种选择有一些限制。在测试之前，公司仍然需要满足授权及相关要求，这些都是需要时间和资源的。而且，欧洲立法限制了 FCA 在设置某些授权要求上的自由度。这些要求对某些公司来说相当繁重（尤其是对初创公司）。对于这些公司，我们建议，在他们向市场推行创新型产品或服务过程中，沙盒保护伞也许是应对挑战的更合理方式。

3.11 限制性授权及保护伞制度不能应用于进行《金融服务和市场法案》（Financial Services Markets Act，FSMA）授权范围之外的活动，如支付服务及电子货币的活动。支付服务条例及电子货币条例中，规定了适用于小型支付公司，以及电子货币公司更加宽松的登记注册机制，也规定了这些条例不能得以适用的一些例外情况（如限制性广播网）。

3.12 为避免怀疑，在沙盒制度框架内的这些限制性授权选择，将不会代替银行动员授权处理，也不会拓展到其他公司。对于所有公司来说，这种选择并不是一种可替代性的授权路径。只有当公司的新产品或服务活动满足沙盒机制标准时，才能够得以适用。

授权公司的选择和外包安排

3.13 授权公司和向这些公司提供外包服务的技术公司主要关注 FCA 对新的解决方案的反应。以下选项有助于管理此风险，确保 FCA 以后不会对测试活动采取执法行动，前提是公司遵守沙盒单元同意的条件。当技术公司找到对测试其产品或服务感兴趣的授权公司时，这些选项也可以使用。

·无执行措施信函（NALs）：如果我们有理由确信这些活动没有违反我们的要求或损害我们的目标，则我们可以发布无执行措施信函，声明 FCA 不会针对测试活动采取执行措施。我们认为，FCA 保留关闭测试的权利是适当的。FCA 有关不采取执行措施的承诺适用于从发布无执行措施信函到测试完成或者被 FCA 关闭的期间。美国消费者金融保护局正在实施类似的政策。值得注意的是，这只解决 FCA 采取执行措施的风险的问题，并不限制企业对其客户的责任。

·个别指导（IG）：除了无执行措施信函，FCA 可以向公司发布关于公司可能正在进行的测试活动的适用规则的解释的个别指导。如果公司按照本指导进行活动，将确保 FCA 不会对他们采取措施。

·豁免：如果测试活动显然不符合我们的规则，但公司可以满足豁免测试，且规则在 FCA 的豁免权范围内，FCA 可以豁免或修改针对沙盒公司的特定规则。豁免或修改反而将会允许暂时违反我们的规则。FCA 在可以豁免的规则方面受到欧盟立法要求的限制。对于不受《金融服务和市场法案》监管的公司（如支付机构）而言，这不是一个选项。

保护措施

3.14 我们认为，沙盒能为企业带来的好处应该为消费者带来更好的结果，比如，产品和服务范围的扩大、成本的降低及金融服务获得途径的改善。然而，当在现实生活场景中测试创新的金融产品或服务时，存在滞后的客户损失。这种风险需要谨慎管理。

3.15 FCA 可以采取多种方法来保护参与沙盒测试的客户。

·方法 1：在临床试验中，沙盒公司只能针对已经知情且同意被纳入测试的客户测试他们的新解决方案。客户被告知潜在风险和可得补偿。

·方法 2：FCA 同意在个案基础上将披露、保护和赔偿适用于测试活动。

·方法 3：客户与同其他授权公司接触的客户享有相同的权利〔例如，向公司投诉，然后向金融监察员服务机构（Financial Ombudsman Service，FOS）投诉，且如果公司失败，客户则可以享受金融服务补偿计划（Financial Services Compensation Scheme，FSCS）〕。

·方法 4：进行沙盒测试的企业需要赔偿客户的任何损失（包括投资损失），并且必须证明他们具有这样做的资源（资本）。

3.16 重要的是，客户的保护措施应适合沙盒活动。因此，我们更倾向于方法 2——FCA 同意个案基础上的保护措施提案（例如，这些可能是单独的方法 1、方法 3 或方法 4，或者伴随一些其他保护措施）。这种方法能够灵活地为测试活动设置适当的客户保护。

案例研究 2

为了测试基于区块链的交易工具，适当的保护措施可能被限制用于仅针对高端客户的测试。例如，方法 1 的使用及对交易是否正确和按时执行的日常监测。

3.17 利用被提议的沙盒工具，消费者将受到 FOS 和 FSCC 的保护，前提是所测试的解决方案在其管辖范围内。

3.18 沙盒活动的参数必须考虑到测试不应对金融系统造成风险（即测试规模必须受到限制）。

FCA 各选项对应的公司流程

3.19 确切的流程和金融行为监管局的参与将取决于所使用的具体选项、公司的监管状况、被测试的解决方案和消费者的参与程度。

下表 1 是 FCA 可实施选项对应的"公司流程"的概要。

表 1　公司流程

引入标准作为沙盒的前提条件，以确保公司的一致对待和 FCA 目标的提高。

使用沙盒的标准：公司范围/实质创新/消费者权益/沙盒需求/背景研究。

第一步，公司使用沙盒的提案：公司向 FCA 提交测试提案，提出新解决方案及它将如何满足标准。

第二步，FCA 评估：FCA 审查提案。如果符合资格标准，则接受该提案。案例官员被分配为公司的联系人。

第三步，公司和 FCA 合作并同意测试方法：如果提案被接受，FCA 将与公司合作建立最佳沙盒选项、测试参数、测量结果、报告要求和保护措施。

第四步，正式交付沙盒选项：FCA 允许公司开始进行测试。

第五步，测试及监测：公司开始测试，并根据第三步所达成的一致意见与 FCA 进行磋商。

第六步，公司递交最终报告、FCA 审查最终报告：公司递交有关测试结果的最终报告，FCA 审查最终报告。

第七步，公司决定是否将会提供解决方案：在 FCA 收到并审查最终报告之后，公司决定是否将在沙盒之外提供解决方案。

本章要点与思考题

1. 一国政府在国家金融层面建设金融法制体系、实施金融监管的主要理论依据是什么？

2. 美国金融监管体系的特征是什么？

3. 试比较《格拉斯-斯蒂格尔法案》《格雷姆-里奇-比利雷法案》和《多德-弗兰克华尔街改革和消费者保护法案》的优缺点。

4. 英国金融监管体系是如何从自我管制走向加强监管的？

5. 描述英国 1998 年颁布的《英格兰银行法》、2000 年颁布的《金融服务与市场法》和 2012 年颁布的《金融服务法案》的特点及相应的金融监管框架特征。

6. 简述现阶段英国金融监管体系的利弊。

7. 简述宏观审慎监管和微观审慎监管的联系与区别。

8. 简述美国、英国、欧盟金融监管体系的异同。

9. 简述中国金融监管体系的演变。

10. 为什么说中国已经建立了最优的金融监管框架？

11. 试比较世界金融监管体系的三种模式。

12. 中国国务院金融稳定发展委员会应加强哪几个方面的金融监管协调？

13. 中国可以通过哪些途径在金融监管领域进行国际合作？

阅读参考材料

1. Glass-Steagall Act 1933.

2. Gramm-Leach-Bliley Act 1999.

3. Dodd-Frank Wall street Reform and Consumer Protection Act 2010.

4. Bank of England Act 1998.

5. Financial Services and Markets Act 2000.

6. Financial Services Act 2012.

7. Treaty on the Functioning of the European Union 2012.

8.《中华人民共和国商业银行法》，2015 年修正。

9.《中共中央、国务院关于服务实体经济防控金融风险深化金融改革的若干意见》，2017 年。

10. 黄达，2012. 金融学 [M].3 版 . 北京：中国人民大学出版社.

11. 陈云贤，1997. 证券投资论 [M].2 版 . 北京：北京大学出版社 .

12. 陈云贤，1995. 投资银行论：兼谈证券业与银行业分业管理模式选择 [M]. 北京：北京大学出版社 .

13. 陈云贤，1998. 风险收益对应论：《投资银行论》续 [M]. 北京：北京大学出版社 .

14. 陈云贤，张孟友，2001. 美国金融体系考察研究 [M]. 北京：中国金融出版社 .

15. 陈云贤，孔维成，王烜，2011. 证券业资本监管研究 [M]. 北京：中国金融出版社 .

16. 陈云贤，何荣天，潘峰，2012. 投资银行风险收益对应运营论：雷曼兄弟经营失败案例分析 [M]. 北京：中国金融出版社 .

17. 陈云贤，孔维成，郑涛，2013. 证券公司风险管理与经济资本计量研究 [M]. 北京：中国金融出版社 .

18. 陈云贤，2013. 美国金融危机处置与监管演变：耶鲁大学学习考察报告 [M]. 北京：中国金融出版社 .

第四章

国家金融层级发展

一国确定了国家金融的定位，制定了相关法律、政策，建立了相应的监管体系之后，国家金融层级发展、国家金融内外联动布局必然会成为下一阶段发展的重点。本章将详细阐述国家金融层级发展问题，这主要涉及一国金融发展的路径选择，我们在世界主要大国的金融发展中能明显看到这一点。国家金融内外联动的布局将在下一章重点阐述，这主要涉及一国金融发展的趋势、进程。

金融发展是个专业术语，专指金融体系结构的变化。金融发展有广义和狭义之分。现代金融体系包括金融市场要素体系、组织体系、法制体系、监管体系、环境体系和基础设施六大方面。广义的金融发展是指现代金融体系结构六大方面的变化；狭义的金融发展专指现代金融体系结构中金融市场要素体系和组织体系（即市场要素与市场机构）的变化。

衡量金融发展的基本指标有两点：一是金融体系结构状态的数量指标；二是与经济增长相关的指标。指标有质与量两个方面，质的变化主要反映金融体系结构的优化、金融风险的降低和金融效率的提高等。本章暂不涉及金融体系结构变化的质与量的具体指标。

金融发展对一国经济增长有不可或缺的作用。一般来说，国家有三条金融发展路径可选择：第一，"金融自由化"（Financial Liberalization），其关键词是"放松"，即对于金融发展涉及的利率、汇率、货币市场、资本市场、机构、工具、衍生产品、制度规则等，在国家金融层面，金融当局以"放松"管制、"放松"限制、"放松"审批、"放松"惩罚、放任自由为行为导向。这类政策、举措将在一定时间内产生储蓄效应、投资效应、就业效应和发展效应等，但从长远看更可能导致通货膨胀、金融危机、经济衰退。第二，"金融压抑"（Financial Repression），主要表现为金融资产单一、金融机构形式单

一、金融环境条件不配套、存在过多管制、金融基础设施落后、金融效率低下等，这也将抑制创新和经济发展。第三，在规则下促竞争，在稳定中求发展（Competing Under Regulation，Growing with Stability）。对于一国的金融发展，最主要的行为选择是：竞争优先还是规则优先？金融利益至上还是金融稳定、可持续发展至上？当然最理想的情况是二者兼顾，那么为了做到这一点，国家和地方该如何制定金融发展的政策、措施与规则？这些都是政府在国家金融层面构建现代金融体系时不可回避的课题。

一、国家与地方金融发展

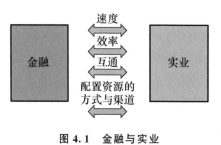

图 4.1 金融与实业

金融发展能够促进经济发展，而实体经济基础与结构又决定了金融发展的方向与前景。反之，金融总量失控和管理失控将危害经济发展。因此，对世界各国来说，让金融服务于实体经济是关键（图 4.1、图 4.2）。

实体经济与金融发展的关系在世界各知名湾区体现得尤为明显，如纽约湾区是典型的资本金融、旧金山湾区是科技金融、东京湾区则是产业金融。目前，中国也正在将粤港澳大湾区打造为国际金融枢纽，应如何选择其发展路径？下面我们就以中国粤港澳大湾区为例，来讨论其实体经济情况与金融发展路径（几大湾区的位置及基本情况对比见表 4-1）。

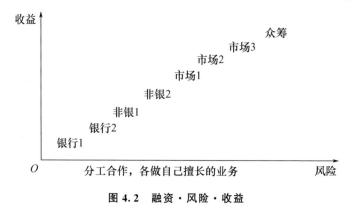

图 4.2 融资·风险·收益

表 4－1　粤港澳大湾区与其他湾区发展情况对比

指　　　　标	粤港澳大湾区	东京湾区	纽约湾区	旧金山湾区
常住人口（万人）	6958	4347	2340	715
土地面积（万平方千米）	5.65	3.67	2.14	1.80
GDP（万亿美元）	1.38	1.86	1.45	0.82
第三产业占比（％）	62	80	89.5	82
港口吞吐量（万标准集装箱）	6520	766	465	227
GDP 增速（％）	7.9	3.6	3.5	2.7
单位面积产出（万美元/平方千米）	2696.43	4891.30	6511.63	4469.27
世界 500 强企业总部数（家）	17	28	22	60
高校总数（所）/世界 100 强（家）	160/5	100/2	95/3	80/9

　　粤港澳大湾区包括九市两区，九市即广州、深圳、珠海、佛山、中山、惠州、东莞、肇庆、江门，两区是香港、澳门特别行政区。它是中国经济最活跃的地区之一，也是中国建设世界级城市群、参与全球竞争的重要空间载体。到 2018 年，粤港澳大湾区的土地面积约为 5.6 万平方千米，人口为 6958 万人，区域生产总值为 10.867 万亿元人民币，第三产业占区域生产总值比重为 62％（2017 年），出口 1.09 万亿美元，实际利用外商直接投资 1407 亿美元，机场旅客吞吐量 2.02 亿人次，货邮吞吐量 793.58 万吨。

　　粤港澳大湾区产业结构互补。在港澳地区，现代服务业占主导，金融、医疗、旅游、贸易等行业发达。珠三角九市则产业体系完备，制造业基础雄厚，且不断向先进制造业升级，产业科技含量不断提升，被誉为"世界工厂"。该区域正逐步形成先进制造业和现代服务业双轮驱动的产业体系（图 4.3，图 4.4）。

　　粤港澳大湾区的发展实施"三步走"计划：第一，2020 年，粤港澳大湾区建设打下坚实基础，构建起协调联运、运作高效的粤港澳大湾区建设工作机制，在规则相互衔接和资源要素便捷有序流动等方面取得重大突破。第二，到 2022 年，粤港澳大湾区基本形成发展活力充沛、创新能力突出、产业结构优化、要素流动顺畅、生态环境优美的国际一流湾区和世界级城市群框架。第三，到

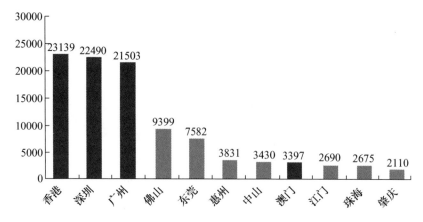

图 4.3　粤港澳大湾区各地区域生产总值（2017 年）（单位：亿元）

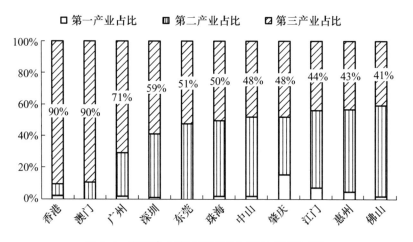

图 4.4　粤港澳大湾区城市产业结构（2017 年）

2035 年，粤港澳大湾区全面建成宜居、宜业、宜游的国际一流湾区。

粤港澳大湾区实体经济的发展定位是：建设国际一流湾区和世界级城市群。这主要包括六大目标：一是推进基础设施互联互通，建设世界级城市群；二是加快物流航运发展，建立世界级航运群；三是促进科技创新、资源共享，打造国际科技创新中心；四是推动制造业一体化发展，构建具有国际竞争力的现代产业体系；五是提升金融业创新发展，建设国际金融枢纽；六是强化湾区一体化水平，建设宜居、宜业、宜游的优质生活圈。

为了服务好实体经济的这六大目标，粤港澳大湾区配套了相应的金融政策措施。

第一，为推进基础设施互联互通，建设世界级城市群，粤港澳大湾区的配套基础设施建设的金融措施如图 4.5 所示。

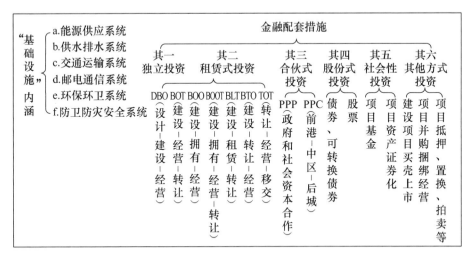

图 4.5 粤港澳大湾区的配套基础设施建设的金融措施

第二，为了加快物流航运发展，建立世界级航运群，粤港澳大湾区的配套物流航运发展的金融措施如图 4.6 所示。

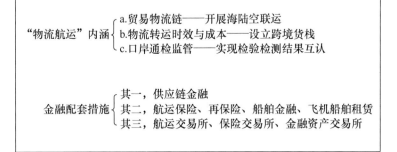

图 4.6 粤港澳大湾区的配套物流航运发展的金融措施

第三，为了促进科技创新、资源共享，打造国际科技创新中心，粤港澳大湾区的配套科技创新的金融措施如图 4.7 所示。

第四，为了推动制造业一体化发展，构建具有国际竞争力的现代产业体系，粤港澳大湾区的配套产业发展的金融措施如图 4.8 所示。

图 4.7　粤港澳大湾区的配套科技创新的金融措施

"科技创新"内涵
- a.集聚国际创新资源
- b.加快创新平台建设
- c.促进科技成果对接转化
- d.科技金融融合发展

金融配套措施
- 其一，PE（私募股权投资）、VC（风险投资）
- 其二，企业在银行间市场发行超短期融资券、中期票据、项目收益债等
- 其三，推动知识产权质押贷款业务创新
- 其四，创新专项基金
- 其五，科创板上市
- 其六，建立风险补偿机制，完善融资担保体系

图 4.7　粤港澳大湾区的配套科技创新的金融措施

"现代产业体系"内涵
- a.改造提升传统产业
- b.加快发展先进制造业
- c.培育壮大战略性新兴产业
- d.加快发展现代服务业
- e.大力发展海洋经济

金融配套措施
- 其一，大力发展绿色金融（如绿色信贷、绿色债券、绿色金融标准、碳排放交易所）
- 其二，有序推动产业基金发展
- 其三，引导港澳资金投向湾区内地九市
- 其四，建设提升股权交易市场
- 其五，发展完善证券交易所
- 其六，全方位推进资本市场发展

图 4.8　粤港澳大湾区的配套产业发展的金融措施

第五，为了提升金融业创新发展，建设国际金融枢纽，粤港澳大湾区的支撑国际金融枢纽建设的金融措施如图 4.9 所示。

"国际金融枢纽"内涵
- a.国际金融中心
- b.投融资平台
- c.现代金融产业体系
- d.金融市场互联互通
- e.金融监管协调发展

金融政策措施
- 其一，巩固提升香港国际金融中心地位（包括金融总部集聚）
- 其二，金融服务实体经济——跨境投融资便利化
- 其三，设立本外币合一跨境资金池，推进金融市场互联互通
- 其四，金融市场开放发展——机构、业务、市场、规则、金融基础设施（包括金融标准）
- 其五，金融服务创新发展——基础设施建设、产业金融、绿色金融、科技金融、民生金融等
- 其六，金融监管合作协调——金融风险预警、防范和化解，反洗钱，反恐怖融资，反逃税，金融消费者权益保护

图 4.9　粤港澳大湾区的支撑国际金融枢纽建设的金融措施

第六，为了强化湾区一体化水平，建设宜居、宜业、宜游的优质生活圈，粤港澳大湾区的促进民生事业发展的金融措施如图 4.10 所示。

“宜居、宜业、宜游”内涵
- a.教育
- b.文化
- c.休闲
- d.就业、创业
- e.健康
- f.社会保障、社会治理

金融配套措施
- 其一，设立民生项目基金
- 其二，推动跨境支付、境外消费、自然人移动、商业存在等金融服务便利化
- 其三，拓展旅游、文化创意、电子商务、海洋经济、职业教育、生命健康等领域金融合作与创新
- 其四，促进粤港澳金融市场互联互通便利化
- 其五，开发创新型跨境保险和保险产品，为跨境保险客户提供便利化承保、查勘、理赔等服务
- 其六，推进金融消费纠纷调解合作

图 4.10　粤港澳大湾区的促进民生事业发展的金融措施

综上可见，粤港澳大湾区的金融发展既对标国际一流湾区，又力求发展出自身独有的特色；既体现出国家金融的行为导向，又符合地方金融的客观需求。可以说，粤港澳大湾区的金融发展是以兼顾规则与竞争、稳定与发展为目标的：一方面，它需要灵活多样、切实可行的金融政策、举措，需要更多元的资源和更灵活的市场来支撑经济发展；另一方面，它需要严守的金融发展底线是不发生区域性或系统性金融风险。这说明，要实现以金融服务实体经济发展的目标，粤港澳大湾区需要探索一条“金融自由化”与“金融压抑”之外的路径。为了理解这一点，我们有必要先来论述一下“金融自由化”与“金融压抑”的内涵及相关实践。

二、“金融自由化”导致国家不稳

“金融自由化”作为国家与地方金融发展的路径之一，一直是个有争议的话题。

1973 年，罗纳德·麦金农（Ronald McKinnon）和爱德华·肖（Edward Shaw）研究后得出结论，认为发达国家的金融自由化促进了金融发展，金融发展又促进了经济增长。而发展中国家存在过多的金融管制、利率限制、信

贷配额及金融资产单调等现象，使金融市场发展不够、直接融资少、金融商品少、居民储蓄率高、经济发展效果差。

针对 20 世纪 80 年代末世界经济衰退、经济增长动力不足、需求不振、人口增长率下降、经济全球化波折、金融市场动荡，以及国际贸易和投资持续低迷等状况，1989 年，美国国际经济研究所组织研讨会，位于华盛顿的三大机构——国际货币基金组织、世界银行和美国财政部均参与了会议，由此形成了著名的"华盛顿共识"（Washington Consensus），旨在为陷入债务危机的拉美国家提供经济改革方案和对策，并为东欧国家转轨提供政治经济理论依据。

"华盛顿共识"包括十条政策措施：第一，加强财政纪律，压缩财政赤字，降低通货膨胀率，稳定宏观经济形势；第二，把政府开支的重点转向经济效益高的领域和有利于改善收入分配的领域（如文教卫生和基础设施）；第三，开展税制改革，降低边际税率，扩大税基；第四，实施利率市场化；第五，采用一种具有竞争力的汇率制度；第六，实施贸易自由化，开放市场；第七，放松对外资的限制；第八，对国有企业实施私有化；第九，放松政府的管制；第十，保护私人财产权。

"华盛顿共识"的核心是"主张政府的角色最小化，快速私有化和金融自由化"。在理论上，其主张实行完全的自由市场经济模式，最大限度地减少政府作用；认为只要市场能够自由配置资源，就能够实现经济增长。在政策上，其主要包括以下内容：第一，市场和内外贸易的快速自由化；第二，国有企业的快速私有化；第三，金融自由化、利率市场化。

应该说，"华盛顿共识"的十项政策措施在特定阶段有其合理性，对刺激一国经济发展有一定的作用。但它忽视了建立完善市场体系尤其是现代金融体系六大系统的重要作用，在这种情况下，政府基本上无法发挥调控经济尤其是调控金融的作用。这导致金融市场发育不健全，金融法制欠缺，金融秩序混乱，金融市场竞争机制受阻。因此，这种理论主张，以及由此演化出的发展模式和政策措施，是没有持久生命力的，最终会导致一国陷入经济困境。

我们可以以阿根廷这个典型案例来剖析拉美国家发展停滞的"病灶"。首先，现实经济增长率起伏大。阿根廷在 1963—2008 年的 45 年间，人均 GDP 年均增长率仅为 1.4%，其中，有 16 年的人均 GDP 负增长。1963 年，阿根廷人均 GDP 为 842 美元，已达到当时的中高收入国家水平，但 45 年后的 2008 年，其人均 GDP 仅增长到 8326 美元，仍为中高收入国家水平。其次，科技引擎薄弱。从研发费用支出占 GDP 的比重来看，2003 年阿根廷为 0.41%，在世界排名 40 位以后；从研发人才来看，2006 年阿根廷每千人中的研发人员只有 1.1 人；从劳动力素质来看，2007 年阿根廷劳动力中具有大学以上教育程度的占比为 29.5%，优势不明显。再次，贫富分化严重，社会矛盾突出。从基尼系数上看，阿根廷在 20 世纪 80 年代中期就是 0.45 左右，到 90 年代末接近 0.5，2007 年达到 0.51。分配不公问题不仅体现在财产性收入中，而且也体现在工资档次上。再加上城市基础设施和公共服务设施建设滞后，治安恶化，因此社会矛盾非常突出。最后，政府管理不得法。阿根廷宏观经济长期不稳定，金融市场混乱，汇率大起大落，通货膨胀率居高不下，财政逆差司空见惯，供给侧问题成堆，宏观管理的法律手段、经济手段软弱，造成了"头痛医头，脚痛医脚"、经济失调、社会失衡的普遍现象。

2006 年，世界银行提出"中等收入陷阱"（Middle Income Trap）的概念：那些中等收入经济体在跻身高收入国家的进程中，突破人均 GDP1000 美元的"贫困陷阱"后，很快会奔向人均 GDP 1000～3000 美元的"起飞阶段"；但当人均 GDP 达到 3000 美元左右时，快速发展中积聚的矛盾会集中爆发，导致自身体制与机制的更新陷入瓶颈，难以克服矛盾，陷入经济增长的回落或停滞期，即"中等收入陷阱"阶段。

"中等收入陷阱"的典型特征是：一方面，资源、原材料、劳动力、资金和管理成本等居高不下；另一方面，这些国家又缺乏核心的尖端技术，难以创新，处于产业链条的中低端，缺乏竞争力。由此而来的经济增长回落或停滞进一步导致就业困难、社会公共服务短缺、金融体系脆弱、贫富分化、腐败多发、信仰缺失、社会动荡等。于是这些国家长期在中等收入阶段徘徊，迟迟不能进入高收入国家行列。

遵循"华盛顿共识"推进经济尤其是金融改革的拉美国家成为陷入

"中等收入陷阱"的典型代表。阿根廷 1964 年的人均 GDP 就已超过 1000 美元，在 20 世纪 90 年代末上升到了 8000 多美元，但 2002 年又下降到了 2000 多美元，2014 年又回升到了 12873 美元，2017 年回升到 14590 美元，2018 年又降到 11600 美元。墨西哥 1973 年人均 GDP 已达到 1000 美元，2014 年上升到 10718 美元，2018 又降到 9811 美元，45 年后仍属于中等偏上收入国家。拉美地区许多国家都与之类似，虽然经过二三十年的努力，几经反复，但一直没能跨过人均 GDP20000 美元的发达国家门槛。

可以说，"华盛顿共识"主张的政府角色最小化、快速私有化、金融自由化等，都被证明是一种失败的战略，其提倡的"休克疗法"是一种失败的政策，主要原因如下所述。

首先，现代市场体系，尤其是现代金融体系，是市场充分竞争、法制监管有序、社会信用健全的体系。"华盛顿共识"只侧重各国市场基本功能（即市场要素体系和市场组织体系）的竞争与提升，却忽略了其基本秩序（即市场法制体系和市场监管体系）的健全，以及市场环境基础（包括社会信用体系和市场基础设施）的发展与完善。因此，"华盛顿共识"中的市场经济是自由市场经济，而非系统完备、功能健全的现代市场经济，其金融体系更非现代金融体系。

其次，对于市场体系，尤其是金融市场体系，各国政府应遵守其规则，维护其秩序，参与其管理。"华盛顿共识"只承认各国政府有保障社会公共产品供给的责任，而完全忽视了各国政府还有调节、监督、管理产业资源和企业竞争的职责。"华盛顿共识"中的"放松政府管制""快速私有化""金融自由化"，实质上是一种"无政府主义"。面对现代市场经济体系，尤其是现代金融体系发展的客观要求，"华盛顿共识"已经是一种落后和贫乏的理论。

最后，各国要实现经济增长，除了要完善现代市场体系尤其是现代金融体系外，重中之重是要加强政府能力建设，包括制度环境建设和发展模式转换，而这在"华盛顿共识"中是空白的。政府能力建设既包括遵循市场经济（包括金融发展）规则，又包括驾驭市场经济发展，对其进行调节、监督和管理。其中，制度环境建设既包括完善市场体系（包括金融体系）中的立法、执法、司法和法制教育等，又包括构建市场的监管主体、监督内容和监管方式，对机构、业务、政策法规执行情况等实施监管。发展模式转换则是指，应当从亚当·斯密的市场（"看不见的手"）理论，或者凯恩斯的"政府干预"理论，转换到现代市场经济体系（包括现代金融体系）上来，即将现代市场体系建设与政府的调节、监督、管理结合起来。

"放松政府管制""快速私有化""金融自由化"，虽然能够在一定时间内带来投资、就业和发展效应，但最终却将引起经济波动、通货膨胀、金融风险、国家不稳，使经济难以可持续发展。这种以"危机导向""补丁升级""休克疗法"为特征的经济学理论是不值得提倡的，我们可以从 20 世纪末泰国金融危机、21 世纪初阿根廷经济危机的表现中看到金融自由化是如何影响一国经济的（图 4.11～图 4.14）。

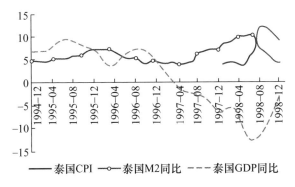

图 4.11　危机前后泰国 CPI、M2 与 GDP 增速

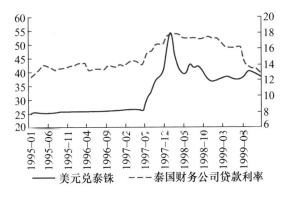

图 4.12　危机前后泰国汇率及利率走势

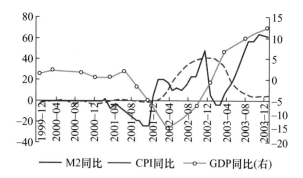

图 4.13　危机前后阿根廷 M2、CPI 与 GDP 增速

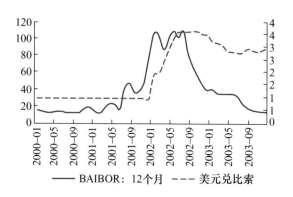

图 4.14　危机前后阿根廷汇率及利率走势

2008 年美国次贷危机引发的世界金融危机也告诉我们，金融自由化容易破坏一国的金融生态环境，引发社会信用恶化、市场秩序混乱、信息不对称、道德风险等一系列问题。可以说，从短期来看，金融发展遇到的问题是流动性问题。金融危机是流动性危机，典型表现为恐慌、挤兑、抛售、踩踏。流动性丧失导致大面积的债务违约，由此信贷循环遭到破坏，恐慌与资产抛售加剧，这些又进一步抽干流动性，市场陷入下降螺旋。从中期来看，金融发展遇到的问题是债务问题。金融发展表现为信贷或债务的扩张与收缩。债务扩张刺激经济增长，债务收缩抑制经济增长。当债务扩张增加未来债务风险时，债务的不可持续最终导致危机爆发。从长期来看，金融发展遇到的问题是制度问题。每一轮波澜壮阔的金融发展往往始于金融自由化——金融监管与货币政策放松，金融衍生品创新活跃，这使得金融扩张远远超越实体经

济的需求，金融"脱实向虚"，金融泡沫陡涨。综上所述，金融自由化背后是金融发展的路径选择与制度安排出了错，按照这条路走下去，终归会影响国家的稳定。

三、"金融压抑"导致地方不活

"金融压抑"作为一种金融管制方式，也是世界各国金融发展路径的一个选项。

采用"金融压抑"管制方式的国家，多数处在计划经济时代或改革开放的初始阶段。在这一阶段，整体来说，国家的金融市场环境单一，金融机构种类单一，金融产品稀少，金融管理高度行政化，金融政策措施也以行政化手段为主，金融基础设施落后，金融服务实体经济、促进经济增长的效率低下，等等。当前，世界经济正处于全球一体化发展阶段，大多数发展中国家也到了经济转轨、社会转型的阶段或探索跨越"中等收入陷阱"的关键阶段。此时，以金融发展促进区域产业转型升级，已成为世界各国发展经济的主要路径之一。显然，"金融压抑"的管制方式已不合时宜。

那么，如何通过金融发展促进区域产业转型升级呢？下面就以2010年前后笔者在广东省佛山市任市委书记、市长的经历为例，具体论述佛山市如何运用五种金融举措促进产业转型升级。

2009年，佛山市面积3797.72平方千米、常住人口687.47万人，地区生产总值为4852.88亿元人民币，在中国大中城市中排名第11位，人均GDP为72167元人民币（当年约1.1万美元），产业发展进入工业化后期和后工业化初期。在产业转型、城市化加速、国际化程度提升的新形势下，如何加快产业转型和城市升级，对佛山市来说是十分迫切的问题。佛山市政府结合实际，深入调研，先行先试，探索出运用金融政策措施等促进产业转型、城市升级的五种路径。

第一，"双转移"和"腾笼换鸟"。佛山市政府积极实施"双转移"（即产业转移和劳动力转移）战略，运用银行贷款、政府贴息、金融担保等政策措施，推进"三个一批"政策，实现"腾笼换鸟"，引领产业加快转型。所谓"三个一批"，具体举措如下所述。

一是关转一批，即政府加快淘汰落后产能，关停或整治了污染大、能耗高的陶瓷、水泥、漂染、铝型材熔铸、玻璃等行业累计 1200 多家企业，其中直接关停高能耗、高污染企业 649 家。同时，政府引导劳动密集型企业向后发地区转移，近年，佛山市约有 460 个项目转移到广东省一些山区市的产业园区，既为佛山的产业转型升级腾出了发展空间，又为转入地的经济发展注入了动力。

二是提升一批，即政府促进信息化与工业化融合，服务业与制造业配套，推动传统产业向重型化、创新化、高端化转型。以陶瓷产业为例，2007 年佛山全市有 400 多家生产企业，经过 3 年改造提升，保留的 50 家企业全部实现清洁生产和生产工艺再造，从生产基地发展为多功能基地，包含总部和会展、研发、物流及信息中心等。这 3 年期间，佛山市陶瓷产量减少 40%，但产值、税收增长 33%，能耗下降 25%，二氧化硫排放量减少 20%。

三是培植一批，即政府通过招商选资，主攻光电、新材料产业和现代服务业，培育了新医药、环保、电动汽车产业，促进了新能源（太阳能光伏）、新光源（液晶显示器）等一批新兴产业的迅速成型。这些举措有效降低了传统产业的比重，佛山市也成为国家新型工业化产业示范基地和国家级电子信息（光电显示）产业示范基地。同时，借助"三旧"（旧城镇、旧厂房、旧村居）改造，佛山市发展新城市、新产业、新社区，既提高了土地利用效率，又促进了产业转型、城市转型和环境再造。

第二，引进大项目、促进产业升级。佛山市政府在推进产业转型、城市升级的过程中，注重招商引资，采用政策措施推动金融投资（如私募股权投资、风险投资等），重点瞄准战略性新兴产业、先进制造业、现代服务业的龙头项目，通过投资、引进具备国际水平的大项目，迅速培育新的产业集群，抢占产业发展的战略制高点。如通过引进奇美电子平板显示模组项目，吸引芯片、面板、模具、塑料等上游配套厂商以及下游的电视整机厂商前来投资，形成液晶平板显示器的完整产业链，带动佛山市家电产业升级；通过引进彩虹有机液晶显示屏项目，带动第三代显示器产业发展；通过引进一汽大众项目，带动整个汽车配件制造业向产业集群和完整的产业链条发展。

这一时期，佛山市引进了世界 500 强企业中 47 家的投资项目 87 个，国内 500 强企业中 99 家的投资项目 167 个，形成了一批在国内同行业中具备龙头地位的骨干企业，在技术、标准和品牌上均有引领示范作用，这有效提升了佛山市的产业结构和城市发展水平。

第三，推动科技进步、自主创新。这一时期，佛山市有工商登记注册企业 34.7 万多家，其中工业企业超过 10 万家，但亿元以上产值企业只有 2200 多家，亿元以下产值的中小企业占了 99% 以上。鉴于这种产业结构状况，佛山市政府促进金融、科技、产业融合发展，不断创新，制定了夯实基础、创造品牌、注册专利、制定标准、输出品牌的引导和激励政策，鼓励和支持企业自主打造行业标准、国家标准乃至国际标准，形成自己的核心技术，以自身的品牌、专利、标准为依托，委托其他企业为佛山市企业做贴牌生产。

这一时期，佛山市政府每年拿出 10 亿元资金，通过直接奖励的方式引导企业加强科技投入、自主创新。2008 年，这一举措带动企业投入 220 多亿元，增长 47%；2009 年，在国际金融危机的影响下，仍然带动企业投资 308 多亿元，增长 39%。通过这类政策措施，佛山市政府推动科技进步、自主创新，引领产业转型、城市升级，使佛山市成为"建设创新型国家十强市""中国品牌经济城市"和"中国品牌之都"。2010 年前后，佛山市累计专利申请量达到 13 万件，专利授权量 8.6 万件，均位居中国地级市第一，拥有中国驰名商标 42 件、中国名牌产品 65 个，在中国大中城市中排名第四位。

第四，运用金融政策，建设产业高地。佛山市政府借助资本力量和金融政策手段，促进企业与资本市场有效结合，做大做强。对内，佛山市实施了三项金融发展计划：一是通过推动企业上市的"463"计划①，使佛山市的上市企业从 2007 年的 13 家增加到 2010 年的 26 家，并形成了由 102 家企业组成的上市梯队。同时，政府支持企业并购也促进了产业转型升级。二是通过培育

---

① "463"计划指从 2008 年开始，4 年内至少推动佛山 100 家企业实施股份制改造或正式启动上市程序，推动其中 60 家企业在境内外成功上市，融资总额力争达到 300 亿元。

股权投资基金、中小企业担保基金、人才基金等，推动实业与金融的有效对接。这一时期，佛山市共有各类基金 15 只，股权投资基金规模约 12 亿元，其中地方政府投入的引导资金为 1.26 亿元，带动民间资本约 11 亿元，加快了企业在中小板、创业板的上市步伐，准备申报的企业有 45 家，辅导改制或拟改制的企业有 30 多家。三是通过金融创新，如发展村镇银行、小额贷款公司等，为产业转型、升级发展提供金融支撑。

对外，借助联合国工业发展组织将佛山市确立为中国唯一的产业集群与资本市场有效运作示范城市的契机，佛山市积极引入外来银行进驻位于佛山市的广东省金融高新技术服务区。这一时期有 28 个项目签约进驻，总投资 65.79 亿元。仅 2009 年 10 月开始实施《〈内地与香港关于建立更紧密经贸关系的安排〉补充协议六》[①] 以来，就有四家港资银行进驻佛山市。这些举措使企业的转型升级获得资本市场的有力支持，同时帮助企业建立起与国际接轨的管理机制，尤其使民营企业建立起现代企业制度，实现转型发展，形成新的活力。民营经济对全市经济增长的贡献率达到 61.8%。

第五，推动"四化融合，智慧佛山"建设。佛山市政府紧跟全球信息技术革命和建设智慧城市的浪潮，通过金融政策手段，推动"四化融合，智慧佛山"建设，引领城市未来发展，这成为贯穿佛山市"十二五"时期产业转型升级的战略突破口。其具体举措如下所述。

一是促进信息化与工业化融合，大力培育与信息化相关联的光电显示、射频识别技术，以及物联网、工业设计、服务外包等新兴产业，改造、提升传统产业。例如，顺德区龙江镇有 1700 多家家具企业，产值超亿元的企业才几家，而维尚集团采用三维视觉效果技术，提供个性化定制，改变传统家具企业"以货待购"的销售模式，变买方市场为卖方市场，仅两三年销售规模

---

① 《〈内地与香港关于建立更紧密经贸关系的安排〉补充协议六》于 2009 年 5 月 9 日签署，并于当年 10 月 1 日正式启动，旨在进一步提高内地与香港的经贸交流与合作水平。根据协议，内地在法律、建筑、医疗、研究和开发、房地产、人员提供与安排、印刷、会展、公用事业、电信、视听、分销、银行、证券、旅游、文娱、海运、航空运输、铁路运输、个体工商户 20 个领域进一步放宽市场准入的条件。其中有很多具体措施在广东省"先试先行"。

就超过了 3 亿元。又如，美的集团用物联网技术将家用电器改造提升为智能家电，取代了传统家电，带来了家电产业的新革命。

二是促进信息化与城镇化融合，积极探索推进电信网、电视网、互联网三网融合，发展智能交通、智能治安、智能城管、智能教育、智能医疗、智能文化、智能商务、智能政务等智能服务和管理体系，形成无处不在的"智慧佛山"，促进城市实现从管理到服务、从治理到运营、从局部应用到一体化服务的三大跨越，使佛山市成为宜居、宜商、宜发展的智慧家园。

三是促进信息化与国际化融合。在微观层面，政府引导企业以物联网、互联网和射频识别等信息技术为依托，建立国际化的研发、生产、销售和服务体系，提高开拓国际市场的能力，如依托物联网把佛山市打造成为陶瓷、家电的国际采购中心。在宏观层面，政府通过建设跨部门、跨行业、跨地区的"电子口岸"即大通关信息平台，为企业提供电子支付、物流配送、电子报关、电子报检等"一站式"通关服务，为企业进入国际市场铺就了"高速公路"。

2010 年上半年，佛山市地区生产总值达 2651 亿元，增速 13.8%，且先进制造业、高新技术产业和现代服务业比重不断提高，逐渐具备现代产业体系的优良结构，形成向先进城市发展的趋势。佛山市的实践证明，政府有效运用金融政策手段，以金融发展促进地方经济发展方式转型，能够有力促进区域经济的科学、可持续发展。

现阶段，不管是为了产业转型升级还是地方经济竞争，全球充满活力的地区都在为经济发展寻求金融支撑，由此推动了地方金融的发展，而后者又进一步促进了地方经济的发展。在全球范围内，地方金融发展的现状及作用主要表现在以下四个方面。第一，地方金融发展服务地方经济的作用越来越大。如前述的佛山市，其地方金融机构在服务"三农"和支持中小微企业方面的信贷投放已经占到总额的 90% 以上。第二，地方金融在各国（地区）整体金融系统中的占比越来越大。比如中国的区域性股份制商业银行（包括城商银行、农商银行）和其他金融机构等地方金融，在中国银行业金融资产中的占比就达到了 57%。第三，地方金融发展成长性好、发展速度快、市场化程度高。比如中国的地方金融机构的增长速度普遍比全国性大型银行快，它们往往更贴近市场，机制灵活，竞争意识强。第四，地方金融发展为创业和民生保障提供了多样化、差异化的服务。比如中国各地方性民营银行推出的小额信用贷款、小企业银团贷款、小企业融资租赁等业务，就有效地帮助了个人创业和小微企业融资。这种情景在美国、加拿大、德国等国也比比皆是。

地方金融的这种蓬勃发展是植根于现实需求的。首先，世界各地的大量民间资本越来越倾向于投资金融领域，例如设立地方民营银行、小额贷款公司、融资担保公司、典当行、资金互助社、货币经纪公司等。其次，实体企业正在寻求金融配置。世界各国的实体企业都在通过各类与实业经济密切相关的金融机构设立财务公司、融资租赁公司、汽车金融公司等，以促进资金有效配置，提升企业经营水平。再次，地方经济发展需要金融支撑。金融机构和金融市场能够提高资源配置效率，促进地方经济可持续发展。如各种地方性的城市银行、农村银行、村镇银行、农村信用社、小微保险公司、信托投资公司、信用评级机构、产业投资基金、股权投资基金等金融机构，都在促进地方经济发展中发挥着重要作用。最后，新的经济发展形式也正在创造新的金融业态。以中国、美国为主体的互联网经济等新经济形式突破了惯有的发展模式，这些创新对旧有业态造成了强劲的冲击。它们与金融结合，不断催生出新的金融业态，比如互联网 P2P 借贷平台及持牌运营中心、第三方支付机构、网络支付及理财等。这些新的金融业态从不同角度推动着地方经济的发展。

可见，地方金融发展的动力源自地方经济的发展，这要求世界各国抛弃"金融压抑"的管制方式，促进地方金融发展，以便在新时期更好地服务地方经济发展。反之，如果地方政府缺乏相应的金融职能和金融手段，使地方金融服务的有效供给不足，则实体经济多层次的发展需要就不能被充分满足。特别是在小微金融、农村金融、民生金融等领域，国家金融相关部门必须因地制宜、贴近市场、适应地方经济差异化的发展实际和不同层次的金融需求，才能使地方经济与地方金融互相促进，良性发展。

要达到上述目标，金融监管制度至关重要，它很大程度上决定了一国中央与地方政府所能调用的金融手段，这又进一步影响了一国金融体系和金融市场的活力与竞争力。不同的金融监管制度决定了不同的金融资源配置水平。完善的金融监管制度一方面要处理好政府与市场的关系，使市场在资源配置中起决定性作用，同时更好地发挥政府作用；另一方面要处理好国家与地方的关系，界定好国家与地方的金融监管和发展职责，以及风险处置责任。过度管制、金融压抑，将会造成金融机构种类单一、金融资产类型单一、金融环境恶劣、金融基础设施落后、金融效率低下等后果，抑制创新和地方经济发展。

因此，我们应科学地厘清国家与地方金融的事权，建立分级监管、"激励相容"的金融监管体制，其具体举措如下所述。

第一，世界各国应鼓励创新，有序竞争，建立创新包容型金融监管制度，更多地调动市场主体的创新活力和地方经济的主动性。当前，美英等金融强国更多实行创新包容型金融监管，推行"非禁即入"原则和"负面清单"制。另外一些处于金融发展早期的国家，因其市场主体和地方经济还不具备风险管理能力，所以大多采用了创新管制型金融监管制度。还有一些国家，虽然其市场经济和治理能力在日益成熟，但管制过严导致金融创新不足，仍然不利于经济转型和提升金融竞争力。另有一些国家，金融创新主要源自地方，如消费金融公司、科技银行、社区银行、网络金融等，因此地方促进金融创新的主动性、敏锐性和紧迫感更强。

可见，在推动国家与地方金融层级发展的过程中，世界各国都需要思考如何促进金融监管从创新管制型向创新包容型转变，达到既还权于市场，激发市场主体的创新活力，又放权于地方，调动地方发展金融的主动性、创造性的效果。可以说，对地方金融发展进行差异化监管，既有利于促进金融创新实践，又有利于防范国家系统性金融风险。英国的监管沙盒试验就是一个好的范例。

第二，世界各国应明确地方金融负有防范风险、维护稳定的重要责任，同时赋予地方与之相匹配的金融监管和金融处置权限。在各国地方金融的发展过程中，尤其是地方性的小微金融企业、准金融机构、网络金融等不断涌现的情况下，很容易产生风险隐患，以及形形色色的新情况和新问题。地方应拥有相应的金融监管处置权，规范、监管和处置这些问题，扫除监管盲区。金融压抑、管制过严，容易导致国家和地方的金融监管权限不清、监管缺失、创新不足、效率不高，也可能造成金融资源配置的"马太效应"，即落后地区、农村基层、小微经济获得的金融资源日益不足。

从世界各国的发展趋势来看，每一次金融危机都在倒逼各国完善金融监管体制，总体趋势是监管范围不断扩大，监管模式日益趋同，分层级监管逐渐成为较常见的监管模式。这种模式能够调动国家与地方的积极性，平衡金融创新与金融稳定两个基本点，科学界定并扩大地方金融事权，是适应实体经济和现代金融体系发展需要的、"激励相容"的金融监管体制。它有助于世界各国更好地解决当前金融发展中的矛盾，促进地方金融发展和金融稳定，建立发展有序、监管有责的现代金融体系。

四、规则下促竞争，稳定中求发展

"规则下促竞争，稳定中求发展"的提法，源自笔者，在理论界的探讨中，这一思路目前已成为国家与地方金融发展的可能路径之一。

2012 年，笔者赴美国耶鲁大学学习，专门调研了自 2008 年以来美国处置金融危机的政策举措及金融监管体系的演变进程。其间，我还专程赴美国首都华盛顿，拜访了 2010 年《多德-弗兰克华尔街改革和消费者保护法案》最主要的制定者之一——曾任参议院银行、住房和城市事务委员会主席的克里斯·多德（Chris Dodd），以及相关高层人士。我们围绕 2008 年金融危机以来产生的问题进行了深入讨论，主要包括：第一，2008 年金融危机是各类金融衍生产品过度开发引起的？还是金融监管不严或原有法律制度设计中存在缺陷导致的？第二，比较美国 1933 年的《格拉斯-斯蒂格尔法案》、1999 年的《格雷姆-里奇-比利雷法案》和 2010 年的《多德-弗兰克华尔街改革和消费者保护法案》，哪一个可以算是美国金融监管体系的根本大法？《多德-弗兰克华尔街改革和消费者保护法案》能确保美国在多长时间内不再出现类似 1929—
1933 年或者 2007—2008 年的系统性金融危机？第三，一国金融发展，应该是
竞争优先还是规则优先？是金融利益至上还是金融稳定、可持续发展至上？
如果二者可以同时兼顾，其发展模式应该是怎样的？等等。在此番探研的基
础上，笔者撰写了三篇论文：《规则下促竞争，稳定中求发展》《美国应对金
融危机的处置方式、监管办法与下一步举措》《中国应更加注重金融法制建设
和组织完善，构建市场化的金融风险承担和损失弥补机制》，后来都收录进
《美国金融危机处置与监管演变——耶鲁大学学习考察报告》一书中。

　　通过这次调研，笔者进一步厘清了国家与地方、稳定与发展、规则与竞
争之间既相互联系又相互制约的关系（图 4.15）。

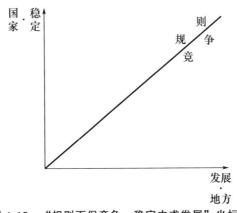

图 4.15　"规则下促竞争，稳定中求发展"坐标图

　　在此基础上，笔者提出了"规则下促竞争，稳定中求发展"的金融发展
思路，主要包括如下内容。

（一）国家与地方金融发展应界定权责

　　从总体思路来说，世界各国应紧紧围绕市场在金融资源配置中起决定性
作用这一核心，通过科学划分、合理界定国家与地方金融监管的职责、权限，
构建符合多层次实体经济和金融体系发展需要的，"有效协调、责权明晰、高
效运行"的分层级金融监管体制。这将更好地推动一国金融体系现代化和金
融治理能力现代化，提升金融资源配置效率和水平，增强一国金融体系的活

力和竞争力。

具体来说，为国家与地方金融发展界定权责有如下基本原则：第一，应坚持市场导向，更充分地发挥市场配置资源的决定性作用；第二，应坚持有效协调，对全国性、系统性、跨区域、风险较高的金融事务，由国家统一、垂直、审慎监管；对地方性、局部性、细分性金融事务，进行分层级监管，赋予地方在区域范围内的监管职权；第三，应坚持平衡发展，致力于实现金融创新和金融稳定的平衡、国家风控和地方发展的平衡、国家统一宏观监管和地方差异化监管的平衡；第四，应坚持权责对等，即科学划分国家与地方权责边界，确保地方金融监管权与其促进金融发展、参与风险处置的责任相对应，实现"激励相容"；第五，应坚持依法监管，通过法律法规明确国家与地方的监管职权，各级金融监管部门必须严格依法履职；第六，应坚持分类指导、分步推进。各国可给不同地方、不同领域的金融管理能力和风险控制水平分级分类，逐步界定相关的金融监管权。

在这些原则的指导下，确定国家金融监管权责应包括如下内容。

第一，制定规则。出台国家金融工作的方针、政策、重大举措，推动金融法制建设，制定金融行业负面清单以及各类金融机构、业务的准入、监管规则，对地方金融监管作出法律界定。

第二，机构准入和监管。对全国性、系统性、跨区域的重要金融机构，以及涉及广泛的公众利益、可能引发重大金融风险的金融机构，国家应在设立、变更、终止、业务范围审核等方面做好审批、备案和监管工作。

第三，金融业务和金融市场监管。对经国家审批、备案的金融机构的各项业务，以及全国性、跨区域、牵涉面广、功能复杂、风险容易外溢的金融业务，应做好审批、备案和监管；对各类交易所和银行间债券市场等全国性金融交易市场，应做好审批和监管；应加强全国性重要金融基础设施和市场机制建设。

第四，协调、督查、指导地方金融发展。一是应加强对地方金融工作的宏观指导和监督，对地方贯彻落实国家金融政策情况进行检查督促。二是应加强对地方金融监管的具体指导、业务培训等，促进地方提高金融监管水平。

三是应对国家赋予地方审批与监管权限的金融机构、业务等，进行资格审核或备案、督查。四是应对地方监管范围内可能出现的金融风险进行预警，监督地方予以处置。五是应建立国家与地方金融发展监管会商制度。首先，是制定规则，即按照有无"法定存款准备金"或"法定存款准备金率大小"给金融机构分类，再在"机构准入""业务审批"等方面界定好国家和地方的责权（包括风控和监管），从而形成一个发展有序、监管有则的健康金融体系，以便适应地方差异，满足不同层次的金融需求。其次，是应充分发挥国家派出机构与地方的会商制度的作用。如针对"金融监管"与"危机救助"问题，在对金融机构的操作层面的监管，或对股东、董事层面的监管，对金融机构的局部风险监控、救助和处置，或对系统性风险的监控、救助和处置，乃至派出机构的组织队伍建设等方面，都应明确国家与地方的责权，使其各守其职、各尽其责。

第五，维护国家金融稳定与安全。世界各国应加强宏观管理，防范、处置系统性、全国性金融风险；对国家审批、备案的金融机构及其业务可能出现的风险进行管理；监测、防范国际金融风险，确保国家金融安全。

相应地，确定地方金融监管权责应包括如下内容。

第一，细化规则。应根据地方经济发展的实际情况，制定地方金融发展规划和政策，出台贯彻落实国家金融政策的实施细则和操作办法；应根据国家法规，制定地方金融监管的具体规则、规范。

第二，机构准入和监管。一是原来就归地方审批的金融、准金融机构（包括小额贷款公司、担保公司、典当行、资金互助社、民间借贷中介机构等），在设立、变更、终止、业务范围审核等方面，地方应该继续拥有审批和监管权力。二是原来准入审批权限不明确的金融机构（主要是地方金融发展出的新业态，包括地方性的互联网 P2P 借贷平台、持牌运营中心等），可由地方审批、备案和监管。三是原来归国家审批的地方性中小微金融机构，尤其是与推动地方金融发展密切相关且不涉及广泛的公众利益的金融机构（包括各类地方中小民营银行、村镇银行、科技银行、社区银行、财务公司、融资租赁公司、消费金融公司、汽车金融公司、小微保险公司、货币经纪公司、信托投资公司、保理公司、信用评级机构、第三方支付机构、大型产业投资基金等），国家可制定准入规则，赋权地方进行审批和监管，报国家金融监管部门或其派出机构审核资格、备案即可；有的也可以考虑取消审批，实行备案制。

第三，地方金融业务和金融市场平台监管。这包括对经地方审批的各类金融机构的存款、贷款、投资、信托、股权管理等业务，以及其他地方性的、风险不容易外溢的金融业务（含市政债券、中小微企业集合债券等）进行审批和监管；对地方金融市场平台（包括场外股权交易市场、产权交易市场、中小微企业贷款转让平台、地方政府融资平台等）进行审批和监管。

第四，地方金融风险防范和处置。对地方审批、监管的金融机构、业务、市场平台所引发的风险，地方具有防范和处置职责，应与国家监管部门及其派出机构等相关部门加强合作，打击地方性非法金融活动，建立地方金融稳定机制，提高应对地方金融领域群体性事件的能力。

第五，地方金融基础设施建设。应加强地方金融信用体系建设，对失信行为进行非金融性行政处罚；推进地方金融法制建设，优化地方金融运行环境；建立金融信息发布、交流等平台；等等。

（二）国家与地方金融监管应健全组织架构

首先，国家金融监管组织架构包括三类。第一，中央银行。各国中央银行应执行国家货币政策、审慎政策和汇率政策等，对金融机构和企业的支付清算、外汇、流动性及货币市场等进行功能监管，并承担最后贷款人的职责。第二，国家银行、证券、保险业务监管机构。各国应根据自身实际情况来妥善安排。第三，国家金融监管部门派出机构。这类机构能够代表国家，在派出区域行使国家金融监管责权，履行国家对地方金融发展的督查、指导、监管等职责，促进地方金融稳定发展。其具体职能包括监管全国性金融机构在该区域的分支机构和业务，审核国家赋予地方审批监管权限的机构及其业务等的资格，并进行备案、督查。

其次，地方金融监管主要由地方金融监管局承担，其主要职能包括：第一，负责地方的金融稳定、发展及监管，协助国家加强对地方金融的监管和服务，维护地方金融稳定，处置金融风险；第二，对国家赋予地方审批监管权限的金融机构、业务、市场平台等，按照规定审批监管，并报送国家监管部门或其派出机构进行资格审核、备案；第三，监管地方金融资产。例如，可设立地方金融资产运营公司（如金融控股公司），进行市场化投资运营，实现地方金融资产保值增值。

最后，国家与地方金融监管组织的关系是：国家金融监管组织与地方金融监管局按照法律规则和会商制度，明确权责，协调合作，共同促进国家和地方金融发展，维护稳定。

（三）应有序建立国家与地方金融的法制体系

为了金融稳定与发展，世界各国应根据本国实际，有序建立国家与地方金融的法制体系，主要措施包括以下几项。

第一，在国家金融层面制定总体方案，有序改革，稳中求进。首先，各国应制定分层级金融监管体系的总体方案、实施意见等，明确国家与地方金融监管的各项机制与责权；在此基础上，选择试点，分步推进。其次，各国可制定国家和地方金融监管部门机构方案，明确金融监管体制、职能、内设机构和人员等。最后，在国家总体方案和布局出台后，地方应及时推进地方金融监管体系的改革与完善。

第二，完善地方金融相关法律法规体系建设。首先，各国应出台地方金融监管指导意见和地方金融监督管理条例，明确各地方金融监管部门的职能定位、职责范围、监管对象、授权内容、工作程序、保障机制等，以此为依据设立地方金融监管局并进行各项改革。其次，对已存在的《中华人民共和国商业银行法》《中华人民共和国证券法》《中华人民共和国保险法》等相关法律进行必要的修订。最后，细化、完善地方金融监管规范，制定地方金融监管规章、实施细则、操作办法等。比如，针对地方吸收存款的金融机构，要建立严格的准入和退出机制，不仅要审查其注册资金、经营场所等硬性约束指标，更要审查其主要股东资质、法人代表及机构风险控制能力、从业人员素质等软性约束指标。可在现行法律框架内或国家立法的前提下，进行地方立法。

第三，防控地方金融风险。

首先，构建三大金融监管安全网。一是设立地方存款保险公司，保障地方性、社区性存款类金融机构安全，在国家统一的存款保险制度约束下根据地方实际进行运作。二是设立地方金融资产管理体系，处置可能出现的不良金融资产，避免流动性危机和信用危机。三是设立金融控股和再担保体系，使地方金融控股公司可以并购可能出现不稳定的金融机构。

其次，建立三种地方金融风险管理机制。一是金融风险监测预警机制。可专门设立金融风险管理委员会，开展地方金融风险监测、评估、预警，通过创新、敏捷的监管，确保地方金融体系安全、稳健、有活力。二是金融风险应急处置机制。可制定健全的应急预案，强化各部门协调联动机制，完善地方金融风险储备金制度。紧急情况时，允许地方金融监管局迅速与地方金融机构双向沟通，随时掌握金融机构的运行状况。三是金融投资者、消费者保护机制。可参照世界先进的证券行业做法，建立投资者保护基金，作为地方性产权交易市场的风险储备金，用于重大风险事故救助和补偿，加强金融消费者权益保护。

最后，建立相应金融管理机制，约束地方政府过度的行政干预和透支信用。

第四，优化地方金融环境。

首先，各国可结合实际，建立地方金融行业自律组织，为地方金融机构提供服务、反映诉求，同时也规范其行为，促进同业合作交流及自我监督，使金融行业遵循市场规范、有效防范风险、健康成长。

其次，各国也可发展第三方社会性小微金融评级机构，积极推动各类小微金融机构的评级，促进其改善经营管理、积累信用、有序竞争。这也有利于投资者有效评估金融风险、降低交易成本。

再次，各国还应健全地方金融信息统计制度和联网系统，可建立地方小微金融信息中心，与区域内小微金融机构联网，推动小微金融机构核心业务信息入网。

最后，各国还应完善国家与地方金融监管部门的会商机制，促进沟通协作、协调联动。这包括建立国家与地方重要金融信息通报、交流、共享制度，建立国家金融监管派出机构与地方金融监管局联动监管、联合检查、联席会议机制，完善地方金融发展和金融风险协同管理处置机制等。

综上所述，"金融自由化"导致国家不稳，"金融压抑"导致地方不活，因此，"规则下促竞争，稳定中求发展"成为我们在国家金融层级发展中可以遵循的路径。要达到这种平衡发展的效果，我们必须科学地厘清国家与地方金融的事权，建立分级监管、"激励相容"的金融监管体制。

附录一：《粤港澳大湾区发展规划纲要》（摘要）[①]

目　录

前言

第一章　规划背景

　　第一节　发展基础

　　第二节　机遇挑战

　　第三节　重大意义

第二章　总体要求

　　第一节　指导思想

　　第二节　基本原则

　　第三节　战略定位

　　第四节　发展目标

第三章　空间布局

　　第一节　构建极点带动、轴带支撑网络化空间格局

　　第二节　完善城市群和城镇发展体系

　　第三节　辐射带动泛珠三角区域发展

第四章　建设国际科技创新中心

[①]　节选自《中共中央　国务院印发〈粤港澳大湾区发展规划纲要〉》，《新华每日电讯》，2019年2月19日。

第一节　构建开放型区域协同创新共同体

第二节　打造高水平科技创新载体和平台

第三节　优化区域创新环境

第五章　加快基础设施互联互通

第一节　构建现代化的综合交通运输体系

第二节　优化提升信息基础设施

第三节　建设能源安全保障体系

第四节　强化水资源安全保障

第六章　构建具有国际竞争力的现代产业体系

第一节　加快发展先进制造业

第二节　培育壮大战略性新兴产业

第三节　加快发展现代服务业

第四节　大力发展海洋经济

第七章　推进生态文明建设

第一节　打造生态防护屏障

第二节　加强环境保护和治理

第三节　创新绿色低碳发展模式

第八章　建设宜居宜业宜游的优质生活圈

第一节　打造教育和人才高地

第二节　共建人文湾区

第三节　构筑休闲湾区

第四节　拓展就业创业空间

第五节　塑造健康湾区

第六节　促进社会保障和社会治理合作

第九章　紧密合作共同参与"一带一路"建设

第一节　打造具有全球竞争力的营商环境

第二节　提升市场一体化水平

第三节　携手扩大对外开放

第十章　共建粤港澳合作发展平台

　　第一节　优化提升深圳前海深港现代服务业合作区功能

　　第二节　打造广州南沙粤港澳全面合作示范区

　　第三节　推进珠海横琴粤港澳深度合作示范

　　第四节　发展特色合作平台

第十一章　规划实施

　　第一节　加强组织领导

　　第二节　推动重点工作

　　第三节　防范化解风险

　　第四节　扩大社会参与

（略）

第六章　构建具有国际竞争力的现代产业体系

深化供给侧结构性改革，着力培育发展新产业、新业态、新模式，支持传统产业改造升级，加快发展先进制造业和现代服务业，瞄准国际先进标准提高产业发展水平，促进产业优势互补、紧密协作、联动发展，培育若干世界级产业集群。

第一节　加快发展先进制造业

增强制造业核心竞争力。围绕加快建设制造强国，完善珠三角制造业创新发展生态体系。推动互联网、大数据、人工智能和实体经济深度融合，大力推进制造业转型升级和优化发展，加强产业分工协作，促进产业链上下游深度合作，建设具有国际竞争力的先进制造业基地。

优化制造业布局。提升国家新型工业化产业示范基地发展水平，以珠海、佛山为龙头建设珠江西岸先进装备制造产业带，以深圳、东莞为核心在珠江东岸打造具有全球影响力和竞争力的电子信息等世界级先进制造业产业集群。发挥香港、澳门、广州、深圳创新研发能力强、运营总部密集以及珠海、佛山、惠州、东莞、中山、江门、肇庆等地产业链齐全的优势，加强大湾区产业对接，提高协作发展水平。支持东莞等市推动传统产业转型升级，支持佛山深入开展制造业转型升级综合改革试点，支持香港在优势领域探索"再工业化"。

加快制造业结构调整。推动制造业智能化发展，以机器人及其关键零部件、高速高精加工装备和智能成套装备为重点，大力发展智能制造装备和产品，培育一批具有系统集成能力、智能装备开发能力和关键部件研发生产能力的智能制造骨干企业。支持装备制造、汽车、石化、家用电器、电子信息等优势产业做强做精，推动制造业从加工生产环节向研发、设计、品牌、营销、再制造等环节延伸。加快制造业绿色改造升级，重点推进传统制造业绿色改造、开发绿色产品，打造绿色供应链。大力发展再制造产业。

第二节　培育壮大战略性新兴产业

依托香港、澳门、广州、深圳等中心城市的科研资源优势和高新技术产业基础，充分发挥国家级新区、国家自主创新示范区、国家高新区等高端要素集聚平台作用，联合打造一批产业链条完善、辐射带动力强、具有国际竞争力的战略性新兴产业集群，增强经济发展新动能。推动新一代信息技术、生物技术、高端装备制造、新材料等发展壮大为新支柱产业，在新型显示、新一代通信技术、5G和移动互联网、蛋白类等生物医药、高端医学诊疗设备、基因检测、现代中药、智能机器人、3D打印、北斗卫星应用等重点领域培育一批重大产业项目。围绕信息消费、新型健康技术、海洋工程装备、高技术服务业、高性能集成电路等重点领域及其关键环节，实施一批战略性新兴产业重大工程。培育壮大新能源、节能环保、新能源汽车等产业，形成以节能环保技术研发和总部基地为核心的产业集聚带。发挥龙头企业带动作用，积极发展数字经济和共享经济，促进经济转型升级和社会发展。促进地区间动漫游戏、网络文化、数字文化装备、数字艺术展示等数字创意产业合作，推动数字创意在会展、电子商务、医疗卫生、教育服务、旅游休闲等领域应用。

第三节　加快发展现代服务业

建设国际金融枢纽。发挥香港在金融领域的引领带动作用，巩固和提升香港国际金融中心地位，打造服务"一带一路"建设的投融资平台。支持广州完善现代金融服务体系，建设区域性私募股权交易市场，建设产权、大宗商品区域交易中心，提升国际化水平。支持深圳依规发展以深圳证券交易所为核心的资本市场，加快推进金融开放创新。支持澳门打造中国－葡语国家金融服务平台，建立出口信用保险制度，建设成为葡语国家人民币清算中心，发挥中葡基金总部落户澳门的优势，承接中国与葡语国家金融合作服务。研究探索建设澳门－珠海跨境金融合作示范区。

大力发展特色金融产业。支持香港打造大湾区绿色金融中心，建设国际认可的绿色债券认证机构。支持广州建设绿色金融改革创新试验区，研究设立以碳排放为首个品种的创新型期货交易所。支持澳门发展租赁等特色金融业务，探索与邻近地区错位发展，研究在澳门建立以人民币计价结算的证券市场、绿色金融平台、中葡金融服务平台。支持深圳建设保险创新发展试验区，推进深港金融市场互联互通和深澳特色金融合作，开展科技金融试点，加强金融科技载体建设。支持珠海等市发挥各自优势，发展特色金融服务业。在符合法律法规及监管要求的前提下，支持粤港澳保险机构合作开发创新型跨境机动车保险和跨境医疗保险产品，为跨境保险客户提供便利化承保、查勘、理赔等服务。

有序推进金融市场互联互通。逐步扩大大湾区内人民币跨境使用规模和范围。大湾区内的银行机构可按照相关规定开展跨境人民币拆借、人民币即远期外汇交易业务以及与人民币相关衍生品业务、理财产品交叉代理销售业务。大湾区内的企业可按规定跨境发行人民币债券。扩大香港与内地居民和机构进行跨境投资的空间，稳步扩大两地居民投资对方金融产品的渠道。在依法合规前提下，有序推动大湾区内基金、保险等金融产品跨境交易，不断丰富投资产品类别和投资渠道，建立资金和产品互通机制。支持香港机构投资者按规定在大湾区募集人民币资金投资香港资本市场，参与投资境内私募股权投资基金和创业投资基金。支持香港开发更多离岸人民币、大宗商品及其他风险管理工具。支持内地与香港、澳门保险机构开展跨境人民币再保险业务。不断完善"沪港通""深港通"和"债券通"。支持符合条件的港澳银行、保险机构在深圳前海、广州南沙、珠海横琴设立经营机构。建立粤港澳大湾区金融监管协调沟通机制，加强跨境金融机构监管和资金流动监测分析合作。完善粤港澳反洗钱、反恐怖融资、反逃税监管合作和信息交流机制。建立和完善系统性风险预警、防范和化解体系，共同维护金融系统安全。

构建现代服务业体系。聚焦服务业重点领域和发展短板，促进商务服务、流通服务等生产性服务业向专业化和价值链高端延伸发展，健康服务、家庭服务等生活性服务业向精细和高品质转变，以航运物流、旅游服务、文化创意、人力资源服务、会议展览及其他专业服务等为重点，构建错位发展、优势互补、协作配套的现代服务业体系。推进粤港澳物流合作发展，大力发展第三方物流和冷链物流，提高供应链管理水平，建设国际物流枢纽。支持澳门加快建设葡语国家食品集散中心。推动粤港澳深化工业设计合作，促进工业设计成果产业化。深化粤港澳文化创意产业合作，有序推进市场开放。充分发挥香港影视人才优势，推动粤港澳影视合作，加强电影投资合作和人才交流，支持香港成为电影电视博览枢纽。巩固提升香港作为国际高端会议展览及采购中心的地位，支持澳门培育一批具有国际影响力的会议展览品牌。深化落实内地与香港、澳门关于建立更紧密经贸关系的安排（CEPA）对港澳服务业开放措施，鼓励粤港澳共建专业服务机构，促进会计审计、法律及争议解决服务、管理咨询、检验检测认证、知识产权、建筑及相关工程等专业服务发展，支持大湾区企业使用香港的检验检测认证等服务。

第四节 大力发展海洋经济

坚持陆海统筹、科学开发，加强粤港澳合作，拓展蓝色经济空间，共同建设现代海洋产业基地。强化海洋观测、监测、预报和防灾减灾能力，提升海洋资源开发利用水平。优化海洋开发空间布局，与海洋功能区划、土地利用总体规划相衔接，科学统筹海岸带（含海岛地区）、近海海域、深海海域利用。构建现代海洋产业体系，优化提升海洋渔业、海洋交通运输、海洋船舶等传统优势产业，培育壮大海洋生物医药、海洋工程装备制造、海水综合利用等新兴产业，集中集约发展临海石化、能源等产业，加快发展港口物流、滨海旅游、海洋信息服务等海洋服务业，加强海洋科技创新平台建设，促进海洋科技创新和成果高效转化。支持香港发挥海洋经济基础领域创新研究优势。在保障珠江河口水域泄洪纳潮安全的前提下，支持澳门科学编制实施海域中长期发展规划，进一步发展海上旅游、海洋科技、海洋生物等产业。支持深圳建设全球海洋中心城市。支持粤港澳通过加强金融合作推进海洋经济发展，探索在境内外发行企业海洋开发债券，鼓励产业（股权）投资基金投资海洋综合开发企业和项目，依托香港高增值海运和金融服务的优势，发展海上保险、再保险及船舶金融等特色金融业。

（略）

第九章　紧密合作共同参与"一带一路"建设

深化粤港澳合作，进一步优化珠三角九市投资和营商环境，提升大湾区市场一体化水平，全面对接国际高标准市场规则体系，加快构建开放型经济新体制，形成全方位开放格局，共创国际经济贸易合作新优势，为"一带一路"建设提供有力支撑。

第一节　打造具有全球竞争力的营商环境

发挥香港、澳门的开放平台与示范作用，支持珠三角九市加快建立与国际高标准投资和贸易规则相适应的制度规则，发挥市场在资源配置中的决定性作用，减少行政干预，加强市场综合监管，形成稳定、公平、透明、可预期的一流营商环境。加快转变政府职能，深化"放管服"改革，完善对外资实行准入前国民待遇加负面清单管理模式，深化商事制度改革，加强事中事后监管。加强粤港澳司法交流与协作，推动建立共商、共建、共享的多元化纠纷解决机制，为粤港澳大湾区建设提供优质、高效、便捷的司法服务和保障，着力打造法治化营商环境。完善国际商事纠纷解决机制，建设国际仲裁中心，支持粤港澳仲裁及调解机构交流合作，为粤港澳经济贸易提供仲裁及调解服务。创新"互联网＋政务服务"模式，加快清理整合分散、独立的政务信息系统，打破"信息孤岛"，提高行政服务效率。探索把具备条件的行业服务管理职能适当交由社会组织承担，建立健全行业协会法人治理结构。充分发挥行业协会商会在制定技术标准、规范行业秩序、开拓国际市场、应对贸易摩擦等方面的积极作用。加快珠三角九市社会信用体系建设，借鉴港澳信用建设经验成果，探索依法对区域内企业联动实施信用激励和失信惩戒措施。

第二节　提升市场一体化水平

推进投资便利化。落实内地与香港、澳门 CEPA 系列协议，推动对港澳在金融、教育、法律及争议解决、航运、物流、铁路运输、电信、中医药、建筑及相关工程等领域实施特别开放措施，研究进一步取消或放宽对港澳投资者的资质要求、持股比例、行业准入等限制，在广东为港澳投资者和相关从业人员提供"一站式"服务，更好落实 CEPA 框架下对港澳开放措施。提升投资便利化水平。在 CEPA 框架下研究推出进一步开放措施，使港澳专业人士与企业在内地更多领域从业投资营商享受国民待遇。

推动贸易自由化。加快国际贸易单一窗口建设，推进口岸监管部门间信息互换、监管互认、执法互助。研究优化相关管理措施，进一步便利港澳企业拓展内地市场。支持广州南沙建设全球进出口商品质量溯源中心。加快推进市场采购贸易方式试点。落实内地与香港、澳门 CEPA 服务贸易协议，进一步减少限制条件，不断提升内地与港澳服务贸易自由化水平。有序推进制定与国际接轨的服务业标准化体系，促进粤港澳在与服务贸易相关的人才培养、资格互认、标准制定等方面加强合作。扩大内地与港澳专业资格互认范围，拓展"一试三证"（一次考试可获得国家职业资格认证、港澳认证及国际认证）范围，推动内地与港澳人员跨境便利执业。

促进人员、货物往来便利化。通过电子化、信息化等手段，不断提高港澳居民来往内地通行证使用便利化水平。研究为符合条件的珠三角九市人员赴港澳开展商务、科研、专业服务等提供更加便利的签注安排。统筹研究外国人在粤港澳大湾区内的便利通行政策和优化管理措施。加强内地与港澳口岸部门协作，扩展和完善口岸功能，依法推动在粤港澳口岸实施更便利的通关模式，研究在条件允许的情况下主要陆路口岸增加旅客出入境自助查验通道，进一步便利港澳与内地居民往来。研究制定港澳与内地车辆通行政策和配套交通管理措施，促进交通物流发展。进一步完善澳门单牌机动车便利进出横琴的政策措施，研究扩大澳门单牌机动车在内地行驶范围；研究制定香港单牌机动车进入内地行驶的政策措施；完善粤港、粤澳两地牌机动车管理政策措施，允许两地牌机动车通过多个口岸出入境。

第三节　携手扩大对外开放

打造"一带一路"建设重要支撑区。支持粤港澳加强合作，共同参与"一带一路"建设，深化与相关国家和地区基础设施互联互通、经贸合作及人文交流。签署实施支持香港、澳门全面参与和助力"一带一路"建设安排，建立长效协调机制，推动落实重点任务。强化香港全球离岸人民币业务枢纽地位，支持澳门以适当方式与丝路基金、中拉产能合作投资基金、中非产能合作基金和亚洲基础设施投资银行（以下简称亚投行）开展合作。支持香港成为解决"一带一路"建设项目投资和商业争议的服务中心。支持香港、澳门举办与"一带一路"建设主题相关的各类论坛或博览会，打造港澳共同参与"一带一路"建设的重要平台。

全面参与国际经济合作。依托港澳的海外商业网络和海外运营经验优势，推动大湾区企业联手走出去，在国际产能合作中发挥重要引领作用。积极引导华侨华人参与大湾区建设，更好发挥华侨华人、归侨侨眷以及港澳居民的纽带作用，增进与相关国家和地区的人文交流。加强与世界主要经济体联系，吸引发达国家先进制造业、现代服务业和战略性新兴产业投资，吸引跨国公司总部和国际组织总部落户大湾区。加快引进国际先进技术、管理经验和高素质人才，支持跨国公司在大湾区内设立全球研发中心、实验室和开放式创新平台，提升大湾区对全球资源的配置能力。加强粤港澳港口国际合作，与相关国家和地区共建港口产业园区，建设区域性港口联盟。充分发挥港澳在国家对外开放中的特殊地位与作用，支持香港、澳门依法以"中国香港""中国澳门"名义或者其他适当形式，对外签署自由贸易协定和参加有关国际组织，支持香港在亚投行运作中发挥积极作用，支持澳门在符合条件的情况下加入亚投行，支持丝路基金及相关金融机构在香港、澳门设立分支机构。

携手开拓国际市场。充分发挥港澳对外贸易联系广泛的作用，探索粤港澳共同拓展国际发展空间新模式。鼓励粤港澳三地企业合作开展绿地投资、实施跨国兼并收购和共建产业园区，支持港澳企业与境外经贸合作区对接，共同开拓国际市场，带动大湾区产品、设备、技术、标准、检验检测认证和管理服务等走出去。发挥港澳在财务、设计、法律及争议解决、管理咨询、项目策划、人才培训、海运服务、建筑及相关工程等方面国际化专业服务优势，扩展和优化国际服务网络，为企业提供咨询和信息支持。发挥香港国际金融中心作用，为内地企业走出去提供投融资和咨询等服务。支持内地企业在香港设立资本运作中心及企业财资中心，开展融资、财务管理等业务，提升风险管控水平。支持香港与佛山开展离岸贸易合作。支持搭建"一带一路"共用项目库。加强内地与港澳驻海外机构的信息交流，联合开展投资贸易环境推介和项目服务，助力三地联合开展引进来和走出去工作。发挥澳门与葡语国家的联系优势，依托中国与葡语国家商贸合作服务平台，办好中国—葡语国家经贸合作论坛（澳门），更好地发挥中葡合作发展基金作用，为内地和香港企业与葡语国家之间的贸易投资、产业及区域合作、人文及科技交流等活动提供金融、法律、信息等专业服务，联手开拓葡语国家和其他地区市场。

第十章　共建粤港澳合作发展平台

加快推进深圳前海、广州南沙、珠海横琴等重大平台开发建设，充分发挥其在进一步深化改革、扩大开放、促进合作中的试验示范作用，拓展港澳发展空间，推动公共服务合作共享，引领带动粤港澳全面合作。

第一节　优化提升深圳前海深港现代服务业合作区功能

强化前海合作发展引擎作用。适时修编前海深港现代服务业合作区总体发展规划，研究进一步扩展前海发展空间，并在新增范围内实施前海有关支持政策。联动香港构建开放型、创新型产业体系，加快迈向全球价值链高端。推进金融开放创新，拓展离岸账户（OSA）功能，借鉴上海自贸试验区自由贸易账户体系（FTA），积极探索资本项目可兑换的有效路径。支持香港交易所前海联合交易中心建成服务境内外客户的大宗商品现货交易平台，探索服务实体经济的新模式。加强深港绿色金融和金融科技合作。建设跨境经贸合作网络服务平台，助力企业走出去开拓国际市场。建设新型国际贸易中心，发展离岸贸易，打造货权交割地。建设国际高端航运服务中心，发展航运金融等现代航运服务业。建设离岸创新创业平台，允许科技企业区内注册、国际经营。支持在有条件的海关特殊监管区域开展保税研发业务。建设国际文化创意基地，探索深港文化创意合作新模式。

加强法律事务合作。合理运用经济特区立法权，加快构建适应开放型经济发展的法律体系，加强深港司法合作交流。加快法律服务业发展，鼓励支持法律服务机构为"一带一路"建设和内地企业走出去提供服务，深化粤港澳合伙联营律师事务所试点，研究港澳律师在珠三角九市执业资质和业务范围问题，构建多元化争议解决机制，联动香港打造国际法律服务中心和国际商事争议解决中心。实行严格的知识产权保护，强化知识产权行政保护，更好地发挥知识产权法庭作用。

建设国际化城市新中心。支持在深圳前海设立口岸，研究加强与香港基础设施高效联通。扩大香港工程建设模式实施范围，推出更多对香港建筑及相关工程业界的开放措施。借鉴香港经验提升城市建设和营运管理水平，建设国际一流的森林城市，突出水城共融城市特色，打造可持续发展的绿色智慧生态城区。引进境内外高端教育、医疗资源，提供国际化高品质社会服务。支持国际金融机构在深圳前海设立分支机构。

第二节　打造广州南沙粤港澳全面合作示范区

携手港澳建设高水平对外开放门户。充分发挥国家级新区和自贸试验区优势，加强与港澳全面合作，加快建设大湾区国际航运、金融和科技创新功能的承载区，成为高水平对外开放门户。合理统筹解决广州南沙新增建设用地规模，调整优化城市布局和空间结构，强化与周边地区在城市规划、综合交通、公共服务设施等方面的一体化衔接，构建"半小时交通圈"。支持广州南沙与港澳合作建设中国企业走出去综合服务基地和国际交流平台，建设我国南方重要的对外开放窗口。

共建创新发展示范区。强化粤港澳联合科技创新，共同将广州南沙打造为华南科技创新成果转化高地，积极布局新一代信息技术、人工智能、生命健康、海洋科技、新材料等科技前沿领域，培育发展平台经济、共享经济、体验经济等新业态。支持粤港澳三地按共建共享原则，在广州南沙规划建设粤港产业深度合作园，探索建设粤澳合作葡语国家产业园，合作推进园区规划、建设、开发等重大事宜。在内地管辖权和法律框架下，营造高标准的国际化市场化法治化营商环境，提供与港澳相衔接的公共服务和社会管理环境，为港澳产业转型升级、居民就业生活提供新空间。

建设金融服务重要平台。强化金融服务实体经济的本源，着力发展航运金融、科技金融、飞机船舶租赁等特色金融。支持与港澳金融机构合作，按规定共同发展离岸金融业务，探索建设国际航运保险等创新型保险要素交易平台。研究探索在广东自贸试验区内设立粤港澳大湾区国际商业银行，服务大湾区建设发展。探索建立与粤港澳大湾区发展相适应的账户管理体系，在跨境资金管理、人民币跨境使用、资本项目可兑换等方面先行先试，促进跨境贸易、投融资结算便利化。

打造优质生活圈。高标准推进广州南沙城市规划建设，强化生态核心竞争力，彰显岭南文化、水乡文化和海洋文化特色，建设国际化城市。积极探索有利于人才发展的政策和机制，加快创建国际化人才特区。提升社会服务水平，为区内居民提供更加便利的条件。

第三节 推进珠海横琴粤港澳深度合作示范

建设粤港澳深度合作示范区。配合澳门建设世界旅游休闲中心，高水平建设珠海横琴国际休闲旅游岛，统筹研究旅客往来横琴和澳门的便利措施，允许澳门旅游从业人员到横琴提供相关服务。支持横琴与珠海保税区、洪湾片区联动发展，建设粤港澳物流园。加快推进横琴澳门青年创业谷和粤澳合作产业园等重大合作项目建设，研究建设粤澳信息港。支持粤澳合作中医药科技产业园发展，探索加强与国家中医药现代化科技产业创新联盟的合作，在符合相关法律法规前提下，为园区内的企业新药研发、审批等提供指导。探索符合条件的港澳和外籍医务人员直接在横琴执业。

加强民生合作。支持珠海和澳门在横琴合作建设集养老、居住、教育、医疗等功能于一体的综合民生项目，探索澳门医疗体系及社会保险直接适用并延伸覆盖至该项目。在符合横琴城市规划建设基本要求的基础上，探索实行澳门的规划及工程监管机制，由澳门专业人士和企业参与民生项目开发和管理。研究设立为澳门居民在横琴治病就医提供保障的医疗基金。研究在横琴设立澳门子弟学校。

　　加强对外开放合作。支持横琴与澳门联手打造中拉经贸合作平台，搭建内地与"一带一路"相关国家和地区的国际贸易通道，推动跨境交付、境外消费、自然人移动、商业存在等服务贸易模式创新。支持横琴为澳门发展跨境电商产业提供支撑，推动葡语国家产品经澳门更加便捷地进入内地市场。研究将外国人签证居留证件签发权限下放至横琴。

第四节　发展特色合作平台

　　支持珠三角九市发挥各自优势，与港澳共建各类合作园区，拓展经济合作空间，实现互利共赢。支持落马洲河套港深创新及科技园和毗邻的深方科创园区建设，共同打造科技创新合作区，建立有利于科技产业创新的国际化营商环境，实现创新要素便捷有效流动。支持江门与港澳合作建设大广海湾经济区，拓展在金融、旅游、文化创意、电子商务、海洋经济、职业教育、生命健康等领域合作。加快江门银湖湾滨海地区开发，形成国际节能环保产业集聚地以及面向港澳居民和世界华侨华人的引资引智创业创新平台。推进澳门和中山在经济、社会、文化等方面深度合作，拓展澳门经济适度多元发展新空间。支持东莞与香港合作开发建设东莞滨海湾地区，集聚高端制造业总部、发展现代服务业，建设战略性新兴产业研发基地。支持佛山南海推动粤港澳高端服务合作，搭建粤港澳市场互联、人才信息技术等经济要素互通的桥梁。

　　（略）

附录二：广东金融高新区崛起新型金融产业生态圈[①]

　　引入"区块链"，做强"金科创"，1 月 10 日广东金融高新区再次登上《人民日报》。从 2019 年至今，运用金融科技手段服务实体经济，广东金融高

---

① 蓝志凌，林琪瑜，2020. 广东金融高新区崛起新型金融产业生态圈［N］. 南方日报，1 月 13 日，A09.

新区在产业金融方面的探索已经连续四次受到《人民日报》关注。

作为广东建设金融强省战略七大基础平台之首，自 2007 年设立以来，广东金融高新区就以金融后台基地为起点，逐步向产业金融、创新金融延伸，成为佛山乃至广东探索"金融科技产业融合创新"的重要平台。

在这里，各类银行、证券、保险、服务外包、私募创投等金融与类金融业态的集聚，为珠三角制造业与全球资本、技术、人才、项目合作提供对接平台。截至 2019 年年底，广东金融高新区核心区已吸引 791 家金融机构及知名企业落户，总投资约 1238 亿元。

如今，依托佛山乃至珠三角强大的制造业基础和地理优势，以千灯湖创投小镇和"区块链＋"金融科技产业集聚为两大抓手，佛山南海千灯湖畔，一个立足佛山、服务珠江西岸、辐射全省的新型产业金融中心正在崛起。

为制造业"赋能" ▶▷ "区块链＋"金融科技产业率先孵化

岭南风格的门楼、美式学院风的展示服务中心、蜿蜒的小河、葱郁的树木……位于广东金融高新区内，2019 年 8 月开园的千灯湖创投小镇越来越热闹。随着 IDG 资本、深创投、粤科集团等知名创投机构入驻，截至 2019 年年底，千灯湖创投小镇已集聚私募基金类机构 602 家，募集与投资资金规模超 726 亿元。

其中，小镇范围内的基金机构实际投资额累计 100.34 亿元，涵盖了互联网、信息服务业、生物医药、环保类、新材料、半导体、高端制造业等国家重点支持产业，为轻资产、科技型、服务型企业提供了多样化的直接融资渠道。

如果说千灯湖创投小镇的加速建设，推动了广东金融高新区构建以基金机构为核心的风险投资产业生态圈，那么引入区块链则为这个生态圈注入了金融科技的力量。在距离小镇核心园区不到 600 米的地方，佛山民间金融街正在迎来第三次迭代升级，"区块链＋"金融科技产业率先在此孵化。

一个月前，第七届"灯湖论剑"广东金融高新区"区块链＋"金融科技创新大赛刚在这里落下帷幕，来自全国 11 支团队现场比拼，献上了一场高规格、高水平的区块链思维盛宴。借助这一平台，广东金融高新区也整合了国内零散的"区块链＋"金融科技资源，推动产业、资本、创新团队深度链接，"将使区块链技术更好地与佛山乃至珠三角的实体经济相结合。"广东金融高新区管委会副主任、佛山市南海区副区长乔吉飞说。

一组数据显示，截至 2019 年年底，广东金融高新区已吸引了 40 余家金融科技创新团队进驻，涵盖智能零售、供应链管理、供应链金融、区块链安全监测、绿色环保、知识产权保护等应用场景。

以服务实体经济为根本，近年来，广东金融高新区积极探索以"产业金融"为核心的金融、科技、产业融合发展新路径，重点引进私募创投、融资租赁、创新型金融机构前台等金融业态，加强场外交易市场的建设。

同样位于佛山民间金融街内，广东省股权交易中心佛山分中心大厅的电子屏内快速滚动着已挂牌的企业信息。该中心在全国首创的"科技板""人才板""华侨板"均获得一定成效。在 2017 年，"科技板"已累计为 65 家高企实现融资 6.11 亿元，并在佛山全市及周边区域推动科技型企业规范化股份制改造。从这里出发，佛山制造企业正走向更广阔的资本市场。

"双定位"发展 ▶▷ 率先布局集聚多种金融业态

如今的千灯湖畔，一个产业金融生态圈正在壮大。金融科技为制造业"赋能"，私募创投的集聚和场外交易市场的建设为中小微企业搭建起产业与资本对接的"桥梁"。

事实上，作为广东建设金融强省战略七大基础平台之首，广东金融高新区自 2007 年设立以来，就以金融后台基地为起点，逐步向产业金融、创新金融延伸。

2010 年，广东金融高新区提出要建设"产业金融中心"，探索金融、科技、产业深度融合；2018 年，广东金融高新区总结十年来的发展经验，明确提出在巩固国际化金融后台基地的基础上，进一步强化和打造现代产业金融中心，形成国际化金融后台基地和现代产业金融中心的"双定位"发展战略。

清晰定位，让广东金融高新区在建设现代产业金融中心上能抢先一步。

2018 年年初，广东金融高新区便提出了以区块链技术为切入点大力发展金融科技产业，多措并举科学布局发展"区块链＋"金融科技产业，出台了一份产业扶持政策，打造了一个产业集聚基地，搭建了一个产业孵化中心，设立了一支产业发展基金，引进了一批"区块链＋"金融科技企业。

目前，广东金融高新区"区块链＋"金融科技产业孵化中心综合竞争力位列全国主流区块链园区第七位；规模两亿元的区块链产业基金已通过备案，成为佛山首支区块链产业基金；广东金融高新区"区块链＋"金融科技产业已初具规模。

而当国内股权投资尚属起步阶段时，广东金融高新区已开始着手打造千灯湖创投小镇，并曾到美国、英国等创投行业活跃的地方取经，引进行业发展成熟经验。

广东凯鼎投资有限公司（以下简称凯鼎投资）是第一批入驻千灯湖创投小镇的企业。2014 年，凯鼎投资将办公地点迁往距离如今创投小镇核心园区不远处的承业大厦，"当时政府以租金补贴等一系列优惠政策吸引创投机构入驻，进一步加速了佛山创投机构的集聚，承业大厦也可以说是如今千灯湖创投小镇的雏形。"凯鼎投资总监张聪宇说。

创投机构的逐步集聚，广东金融高新区的产业积累和城市发展，为小镇的发展打下了基础。即使 2019 年上半年被业界普遍认为股权投资"寒冬"，从数据来看，小镇仍保持平均每月新增 20 家基金类机构注册的速度，即每个工作日就有一家金融类机构入驻，快速推动着技术、资本、创意、人才与珠三角制造业实现全方位合作。

千亿产业集聚 ▶▷打造金融科技创新与应用高地

一份由广东股权交易中心和广东高成长企业发展服务中心出具的《广东金融高新区现代产业金融研究》（以下简称《研究报告》）指出，一个现代产业金融中心，是要以服务实体经济为根本，以金融科技产业三融合为基础，以实现实体经济、科技创新、现代金融、人力资源协同发展为目标。对于广东金融高新区而言，打造现代产业金融中心更要立足佛山、服务珠江西岸、辐射全省、带动泛珠三角。

"这就要把握未来金融科技发展的大趋势，强调为制造业服务、为中小微企业服务，加强金融、科技、产业三者的深入融合，抓住大数据、云计算、区块链、人工智能技术推动金融科技发展的机遇，引导民间资本转化为产业资本，建立适合企业全生命周期发展的综合金融服务体系。"撰写《研究报告》的相关负责人表示，围绕现代产业金融中心定位，广东金融高新区要建设成为佛山金科产融合核心区、粤港澳大湾区产业协同发展示范区和广东金融科技先行区。

广东金融高新区正向着这一目标快速迈进。经过 12 年的发展，如今的广东金融高新区已经集聚了地区金融总部以及各类金融机构和类金融机构，并引进融资租赁、供应链金融、区块链金融等金融新业态。

英国汇丰环球、法国凯捷、英国欧时、美国聚盟、德国德迅，截至 2019 年年底，金融高新区核心区已吸引 791 家金融机构及知名企业落户，项目涵盖银行、证券、保险、服务外包、私募创投、融资租赁、金融科技等金融与类金融业态，总投资约 1238 亿元，吸引金融白领人才数量超 6 万名。

每年，千灯湖畔，广东金融高新区内，中国股权投资论坛、金融科技产业融合创新洽谈会、广东金融高新区资本市场发展大会及中国并购高峰论坛等重磅活动轮番举办，加速制造业与金融的对接。

随着千灯湖创投小镇打出品牌影响力，"区块链＋"金融科技产业快速发展，广东金融高新区从金融产业优势出发，瞄准世界科技前沿，面向佛山、广东乃至粤港澳大湾区的重大战略需求，积极吸纳和集聚创新要素资源，"我们希望将广东金融高新区打造成为金融科技创新与应用高地，为粤港澳大湾区金融新业态布局提供战略支撑。"广东金融高新区相关负责人表示。

本章要点与思考题

1. 狭义与广义的金融发展各指什么？

2. 金融发展的三条路径选择及其内涵是什么？

3. 简述"华盛顿共识"的内容与问题所在。

4. "中等收入陷阱"的提出背景与表现特征是什么？

5. 简述"金融自由化"的利弊。

6. 简述"金融压抑"的利弊。

7. 地方经济发展提出了怎样的金融需求？

8. 国家与地方的金融权责如何界定？

9. 怎么理解"规则下促竞争、稳定中求发展"？

10. 如何将粤港澳大湾区建设为国际金融枢纽？

11. 试探讨地方存款保险公司的职能作用。

12. 试探讨世界范围内，何种地方金融发展模式具有借鉴意义？

阅读参考材料

1. 《中共中央 国务院印发〈粤港澳大湾区发展规划纲要〉》，《新华每日电讯》，2019 年 2 月 19 日。

2. Washington Consensus，1989.

3. 黄达，2012. 金融学 ［M］. 3 版. 北京：中国人民大学出版社.

4. 高鸿业，2018. 西方经济学（宏观部分）［M］. 7 版. 北京：中国人民大学出版社.

5. 高洪深，2019. 区域经济学（第五版）［M］. 北京：中国人民大学出版社.

6. 陈云贤，2011. 超前引领——对中国区域经济发展的实践与思考［M］. 北京：北京大学出版社.

7. 陈云贤，邱建伟，2013. 论政府超前引领——对世界区域经济发展的理论与探索［M］. 北京：北京大学出版社.

8. 陈云贤，顾文静，2015. 中观经济学——对经济学理论体系的创新与发展［M］. 北京：北京大学出版社.

9. 陈云贤，顾文静，2017. 区域政府竞争［M］. 北京：北京大学出版社.

10. 陈云贤，2013. 美国金融危机处置与监管演变：耶鲁大学学习考察报告［M］. 北京：中国金融出版社.

11. 陈云贤，2017. 中国金融改革发展探索［M］. 北京：中国金融出版社.

第五章

国家金融内外联动

在上一章我们详细阐述了国家金融层级发展问题，本章将重点论述国家金融内外联动问题。为了更好地理解这个问题，我们有必要先厘清几个重要概念。

首先，是离岸金融市场（Offshore Financial Market），即存在于某国，却独立于该国的货币与金融制度，且不受该国金融法规管制的金融活动场所。其特点包括：境外货币；境外银行；境外市场；法规管制少，简便；低税或免税，效率高。从另一个角度而言，它是一种在境外提供本币金融交易和业务的国际金融市场。

其次，是结算货币、支付货币（Settlement Currency & Payment Currency），即世界上认可度高的货币。从国际贸易等结算、支付的角度看，它主要包括两大类：可以自由兑换货币和有限度自由兑换货币。它是国际货物贸易、服务贸易及投融资等结算、支付中实际使用的货币。

再次，是储备货币（Reserve Currency），即一国政府持有的可直接用于国际支付的国际通用货币资金。在国际经济事务往来中，它既可作为交易货币（作为周转资金使用）、资产货币（用于持有私人资产），还可以作为干预货币（中央银行用以进行干预活动）、标价货币（用于国际市场上商品、服务贸易的标价）和钉住货币（Pegged Currency）（用以联系其他货币的汇率）。

最后，是锚货币（Anchor Currency），即在货币局制度中，本国的货币钉住一种强势货币，与之建立固定汇率。这种强势货币被称为锚货币，也称为钉住货币。

在厘清这几个重要概念之后，为了从理论上了解国家金融内外联动的背景与机制，我们首先来讨论现代金融体系的国际化演进过程。

一、现代金融体系的国际化演进

现代金融体系由六个子系统组成：第一，金融市场要素体系；第二，金融市场组织体系；第三，金融市场法制体系；第四，金融市场监管体系；第五，金融市场环境体系；第六，金融市场基础设施。在一国国家金融运行中，它们互相制约，相互联动，形成了一个完整的金融体系结构。

（一）现代金融体系国际化演进的原因

现代金融体系从一国向国际演进，主要源自全球实体经济的一体化发展。它表现为生产服务贸易的全球化、各国对外直接投资的大规模增长、科学技术的迅速发展、跨国公司（Transnational Corporation）的不断形成等。

我们仅以跨国公司为例来一窥全球经济一体化的情况。跨国公司，又称多国公司（Multinational Enterprise）、国际公司（international firm）、超国家公司（Supranational Enterprise）等，它以本国为基地，通过对外直接投资，在世界各国设立分支机构或子公司，从事国际化的生产和经营活动。其战略目标以国际市场为导向，实现全球利润最大化；其组织方式是通过控股形式控制国外的分支机构或子公司；其业务内容包括世界范围内的各个领域，全面进行资本、商品、人才、技术、管理和信息等交易活动，并且这种"一揽子""一体化"活动始终在其母公司的控制下，围绕公司的总体战略目标进行。

按照经营方式，跨国公司可分为三种：一是横向型（水平型）多种经营，即母子公司主要从事单一产品的生产经营，很少有专业化分工。二是纵向型（垂直型）多种经营，即母子公司生产经营同一行业不同工艺阶段的产品，或母子公司生产经营不同行业但却相互有关的产品。三是综合型（混合型）多种经营，即母子公司生产不同产品，经营不同业务，互不衔接。按经营项目，跨国公司可分为资源开发型、加工制造型和服务提供型三类。经营项目或经营方式的多样化，能帮助跨国公司迅速扩大全球性业务。

跨国公司的作用主要包括以下四点。

第一，跨国公司因影响力日益扩大，实际上充当了经济全球一体化的主要动力和先锋。从 20 世纪 90 年代初期开始，许多跨国公司把过去的多国发展战略调整为全球发展战略，全球经营已经成为常态。许多跨国公司的海外资产、海外收入和海外雇员在总资产、总收入和总雇员中的占比均已超过 50%，它们通过全球一体化战略及管理架构、文化理念的调整，成功地吸纳整合了全球资源，大大提高了全球竞争力和盈利能力。

第二，跨国公司在全球一体化舞台上扮演了世界生产组织者的角色，并伴随全球一体化进程迅速壮大。据统计，全球跨国公司母公司约有 6.5 万家，拥有约 85 万家的国外分支机构。其中，全球 500 强企业的产值已占全世界总产值的 45%，其内部贸易和相互贸易已占世界贸易总额的 60% 以上，投资已占全球累计直接投资的 90%。在经济全球一体化大潮中，跨国公司得以跨国兼并收购，调整产业结构，优化资源配置，从而加速了生产全球化、产业链全球化的进程。

第三，跨国公司的发展促进了国际贸易和世界经济的增长。首先，跨国公司对第二次世界大战后发达国家的对外贸易起了极大的推动作用。它使发达国家的产品能够通过对外直接投资等方式在东道国直接生产和销售，并获取商业信息、情报，从而绕过了贸易壁垒，提高了其产品的竞争力。其次，跨国公司加速了发展中国家对外贸易商品结构的变化。跨国公司控制了许多重要的原材料和制成品贸易，控制了国际技术贸易。跨国公司的进入，促进了发展中国家工业化模式及与其相适应的贸易模式的发展，即从初级产品出口工业化，向进口替代工业化，再向工业制成品出口替代工业化转化，带动了发展中国家工业体系的建立和贸易的可持续增长。

第四，跨国公司的全球一体化经营，促进了资金、技术、先进管理方式等在全球范围内流动。跨国公司以追逐利润最大化为导向，充分利用发展中国家廉价的资源、劳动力和广阔的市场，双方各取所需，相互补充，又互有矛盾冲击。这种互动也在客观上推动了相对落后国家和地区的产业结构调整，促进了世界经济一体化的持续发展。

（二）现代金融体系国际化演进的表现

生产、服务、贸易、投资等实体经济的全球一体化，以及科技的发展、跨国公司的形成等，无不推动着服务实体经济的金融业走上国际化发展道路。一方面，全球实体经济一体化发展需要国际化的金融配套、服务和支撑；另一方面，金融发展也有其特有的规律，在这种规律的支配下，现代金融体系的六个子系统都沿着国际化路线不断演进（图 5.1）。

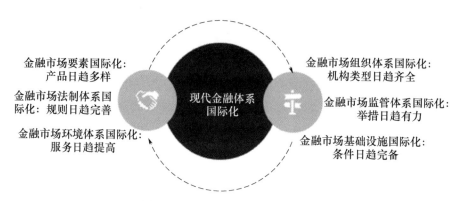

图 5.1　现代金融体系的国际化演进

具体来说，现代金融体系国际化演进的表现包括以下几方面。

第一，金融市场要素体系国际化主要表现在产品日趋多样。比如，货币市场、资本市场、外汇市场等发育良好。就外汇市场而言，针对世界各国外汇管制、货币自由兑换情况不一的情况，20 世纪 90 年代，无本金交割远期外汇交易（Non-Deliverable Forwards）市场被创造性地发明出来。在该市场上，银行充当中介机构，供求双方基于对汇率看法（或目的）的不同，签订非交割远期交易合约；该合约确定远期汇率，到期时将该远期汇率与实际汇率差额进行交割清算，结算货币为自由兑换货币；这类合约的期限在数月至数年之间，主要的交易活跃品种多属一年期或一年以下的品种。对世界各新兴市场国家来说，有了这一安排，它们就能在拓展国际实体经济的同时，给为其提供配套服务的本国货币套期保值，即通过无本金交割远期外汇交易为企业或在海外设有分支机构的企业集团的贸易往来进行套期保值，规避汇率风险。

第二，金融市场组织体系国际化主要表现在机构类型日趋齐全。伴随着全球实体经济活动的一体化和跨国公司的出现，实体经济的综合化、高科技化、国际化步伐加快了金融机构的全能银行、跨国金融集团、网上银行、金融寡头等的发展。此类案例在欧美国家比比皆是，其数量多，属市场主体，以追逐利润为目的；它的国际化进程既有力助推着实体经济全球化的发展，又给实体经济与金融市场带来极大的冲击和波动，同时也推动了国际金融监管协调机构等的建设和功能作用的发挥。

第三，金融市场法制体系国际化主要表现在规则日趋完善。金融法制既包括立法、执法、司法，还包括法制教育。实体企业和金融机构的跨国纳税规范和税收优惠政策的国际协调就是一例。国际货币基金组织认为，一个较好的税收制度应符合以下三个条件：一是税收少而精，一般包括进口税、货物税、一般销售税、个人所得税和财产税；二是税率档次不宜多，边际税率不宜过高；三是税收优惠和税收减免尽量少。

跨国实体企业和金融机构都十分关注收益来源国与居住国政府能否签订完善且明晰的税收饶让协议，一般在这种协议中，纳税人在收益来源国取得的税收优惠被视为已纳税收，在向居住国政府申报纳税时，这部分被视为已纳税收入，允许从应税收入中抵免。按照国际货币基金组织的规范，税收优惠政策的国际协调包括税种协调、税率协调、减免协调三大类；协调程度按其高低分为协商模式、趋同模式和一体化模式三种；协调途径有国际税收协定、区域税收同盟和世界贸易组织三种。跨国纳税和税收优惠政策的国际协调已成为实体经济全球一体化和金融市场国际化发展中的重要环节，有助于更好地维护世界金融秩序，促进世界经济发展。当然，金融市场法制体系国际化还包括其他法制建设，它们也日益被提上世界各国的议事日程。

第四，金融市场监管体系国际化主要表现在举措日趋有力。金融监管国际化包括机构监管、业务监管和市场监管的国际化。世界各国在逐渐推动资本项目可兑换的过程中，既获得了益处，如加强了金融服务专业化、增进了金融部门的活力、提升了全球性中介活动的效率、促使了全球资产多样化、为海内外投资者提供了更多机会；也面临着风险，如货币替代、资本外逃、金融不稳、国家货币政策和汇率政策波动等。比如，破坏金融管理秩序的洗钱活动，常借助金融开放、资本项目可兑换之机，广泛发生在银行、证券、保险和房地产等领域，并与走私、贩毒、贪污腐败、偷税漏税、恐怖活动等严重刑事犯罪相联系，破坏市场秩序、损害金融机构的正常运行及声誉、威胁各国金融体系的安全和稳定。针对此种状况，世界各国金融当局都在加强监管，完善组织机构、制度建设等，动用立法、司法力量，促进有关监管组织和商业金融机构识别可能的洗钱活动，处置相关款项，惩罚相关机构和人员，从而有效阻止和打击犯罪活动。在金融监管国际化的过程中，其手段日益多样化，技术日益先进，这都极大提高了实际监管工作的有效性。

第五，金融市场环境体系国际化主要表现在服务日趋提高。比如，金融产品、金融投资交易、融资、结算、汇率风险管理等领域的金融服务方式在不断完善。以跨国公司与国际银行联手开发的"资金池"（Cash Pooling）管理模式为例，其业务已经包括跨国公司成员企业账户余额的上划、成员企业的日间透支、主动拨付与收款、成员企业之间的委托借贷，以及成员企业向集团总部的上存、下借分别计息等。这种模式既能使跨国公司统一调拨集团的全球资金，最大限度地降低集团持有的净头寸，又能使跨国公司与国际银行形成紧密的战略联盟关系，形成独特的管理功效，促使集团资金管理制度和流程更具效率。日益完善的金融市场环境体系的国际化反过来也提升了实体经济的竞争力。

第六，金融市场基础设施国际化主要表现在条件日趋完备，包括跨国企业与银行、金融机构间的国际支付、清算、结算体系的日趋便利，会计、法律、审计、评估等国际金融服务体系的日益提升，以及确保信息技术体系的安全，确立其规则、标准并获得国际认可。金融市场基础设施的国际化使金融基础设施的软硬件日趋完备，给实体经济的国际化提供了便利。

全球实体经济的一体化与金融市场的国际化，推动世界各国成为全球经济制度（包括金融制度）的重要参与者、改革者、协调者和组织者。建立健全全球现代金融体系的新格局，已成为世界各国面对的重要课题和努力方向。

（三）离岸金融市场的形成与发展

现代金融体系国际化演进中最典型的事件就是离岸金融市场的形成。现

代金融体系的国际化演进是个渐进的历史过程，离岸金融市场的形成与发展
也是一个渐进的历史过程。

第一次世界大战前，伦敦率先成为国际金融市场；第二次世界大战后，
纽约又成为一个重要的国际金融市场；与此同时，瑞士苏黎世、德国法兰克
福、卢森堡等地的国际金融市场也发展起来。

20 世纪 50 年代，美国马歇尔计划的实施使大量美元流入西欧，同时，
美国连续发生国际收支逆差，大量美元流往境外。在此背景下，离岸金融
市场在欧洲美元市场发端了。20 世纪 60 年代后，欧洲联邦德国的马克、法
国的法郎、荷兰的荷兰盾及其他境外货币也出现在这个市场，从而使欧洲
美元市场发展成为欧洲货币市场。1968 年，新加坡建立了亚洲货币市场。
1978 年，中国香港地区放松限制，形成亚洲另一个国际金融中心。1986
年，日本东京离岸金融市场正式开张并迅速发展……目前，离岸金融市场
已经数量可观，表 5 - 1 统计了截至 2019 年的全球离岸金融市场分布情况，
至此全球已有近 70 个国家或地区建立了离岸金融市场。

表 5 - 1　全球离岸金融市场分布情况（2019 年，国际清算银行）

非洲	亚太地区	欧洲	中东地区	美洲
吉布提	澳大利亚	奥地利	巴林	阿鲁巴岛
塞舌尔	库克群岛	安道尔	迪拜	巴哈马
摩洛哥丹吉尔	瑙鲁	卢森堡	以色列	巴巴多斯
利比里亚	纽埃	马耳他	科威特	伯利兹
毛里求斯	菲律宾	摩纳哥	黎巴嫩	开曼群岛
	新加坡	荷兰		百慕大
	关岛	俄罗斯		波多黎各
	中国澳门	瑞士		乌拉圭
	瓦努阿图	塞浦路斯		格林纳达
	萨摩亚	直布罗陀		巴拿马
	日本东京	匈牙利		安提瓜岛

续表

非洲	亚太地区	欧洲	中东地区	美洲
	中国香港	格维纳维亚		安圭拉岛
	马来西亚纳闽岛	列支敦士登		哥斯达黎加
	马里亚纳群岛	马德拉群岛		多米尼加
	马绍尔群岛	英国伦敦		凯科斯群岛
	密克罗尼西亚	爱尔兰都柏林		英属维尔京群岛
	印度新德里（泰国离岸中心所在地）	海峡群岛（含泽西岛、根西岛）		蒙特塞拉特岛
		法国巴黎		荷属安地列斯群岛
		德国法兰克福		美国国际银行设施
				美属萨摩亚群岛

20 世纪 80 年代，全球离岸金融市场得到迅猛发展，资产规模从 20 世纪 70 年代末的不足万亿美元猛增到 1985 年的 29 840 亿美元。而从 21 世纪开始，全球主要离岸金融市场呈现趋缓稳定的发展态势（见表 5-2）。

表 5-2 全球主要离岸金融中心存贷款和全球存贷款规模比较（国际清算银行）

单位：10 亿美元

	年　份	2000	2001	2002	2003	2004	2005	2006
存款	离岸中心	1 642	2 003	2 163	2 655	3 143	3 254	3 799
	所有国家	9 457	10 023	11 444	13 486	15 854	17 213	20 084
	离岸中心/所有国家	17.36%	19.98%	18.90%	19.69%	19.82%	18.90%	18.92%
贷款	离岸中心	1 085	1 237	1 276	1 525	1 857	2 042	2 411
	所有国家	8 318	8 872	10 059	11 869	13 820	15 202	17 876
	离岸中心/所有国家	13.05%	13.94%	12.69%	12.85%	13.44%	13.43%	13.49%

（四）离岸市场与在岸市场有序对接

离岸市场与在岸市场有序对接是个重要课题。离岸金融市场的典型特征是：第一，业务活动很少受法规管制，手续简便，低税或免税，效率较高；第二，离岸金融市场由"境外银行"即经营境外货币业务的全球性银行网络构成；第三，离岸金融市场借贷的货币属境外货币，借款人可以自由挑选货币种类（该市场上的借贷关系发生在外国放款人与外国借款人之间，范围几乎覆盖世界各国）；第四，离岸金融市场利率以伦敦银行同业拆借利率为标准，一般来说，其存款利率略高于国内金融市场，而放款利率略低于国内金融市场，利差很小，富有吸引力和竞争力。

对于致力于建设现代金融体系并推动其国际化演进的世界各国来说，离岸金融市场首先关涉本国货币国际化的问题，其次是本国金融机构业务和布局国际化发展的问题，最后才是国家金融法制、监管、基础设施建设等与国际接轨、互联互通的问题。当一国的货币和金融机构等通过离岸金融市场迈出了实质性的国际化步伐，该国在国家金融层面应该如何应对？

一国货币的国际化，是该国跻身世界经济强国、建立全球经济事务影响力和话语权的重要标志。随着一国经济的崛起，推进本国货币国际化，不但是该国全面融入全球经济一体化和金融市场国际化的必由之路，也是该国走向大国经济、提升国际经济地位和竞争力的必要举措，更是在后金融危机时代健全国际货币体系、加强全球金融体系治理的必然选择。

因此，在现代金融体系的国际化演进过程中，一国在国家金融层面需要思考与解决如下问题：第一，如何解决离岸市场与在岸市场中一种货币、两种市场、两种利率的问题？第二，一国货币在国际化演进过程中，如何实现从支付货币到储备货币再到锚货币的转变？第三，在技术层面，离岸市场与在岸市场如何具体对接？如何设置其互动模式？如何设置对接通道或特殊账号？如何推动法制监管、金融基础设施和金融标准化建设等？诸如此类的问题还有很多。可见，对世界各国而言，在国家金融层面做好离岸金融市场与在岸金融市场的有序对接，都是一个亟待深化解决的重要课题。

二、美日离岸、在岸对接模式

如何做好离岸、在岸金融市场的有序对接呢？世界主要的发达国家大都建立了本国本币的离岸金融市场，其多元化的市场模式可以给我们一些启发。

对于这些国家，发达的离岸市场能够推动本国货币的国际化进程，使其在主要国际货币的竞争中赢得有利地位。这是因为：第一，主要国际货币必须24小时交易；第二，主要国际货币一定有大量的第三方交易；第三，大量非居民要求在发行国境外持有该货币资产；第四，国际货币的"体外循环"可以减少对发行国货币政策的冲击；第五，离岸市场的体制优势有助于提高该国货币的国际化程度。国际经验表明，离岸金融市场的建立对一国货币的国际化具有重要推动作用。目前，世界各种主要储备货币的国际使用主要是通过离岸市场实现的。离岸金融中心是财富的集中地和金融活动的交易地，世界货币存量的50%～70%通过离岸金融中心周转，世界所有银行资产的1/3、私人财富的30%～40%都投资于离岸金融市场。一国货币要走向国际化，首先应培育和发展本币离岸市场。

而离岸市场与在岸市场的有序对接，既源于本国货币国际化的内在需求，又源于世界实体经济一体化和金融市场国际化的外在压力。一方面，本国货币国际化的内在需求表现在：第一，在全球经济一体化和金融市场国际化的背景下，一国货币离岸与在岸对接、国际化发展和该国提高国际经济事务话语权的需求增强了；第二，在岸管制的有效性受到挑战；第三，在岸管制的成本难以承受。另一方面，离岸与在岸对接的外在压力主要来自世界贸易组织等相关国际组织的推动，这类组织要求一国按照"经常项目可兑换→资本项目可兑换→完全可兑换"的路线开放本国金融。因此，一国货币要施行国际化战略，就需要一个全球性的、离岸与在岸有序对接的本币金融市场。

在内外需求的刺激下，离岸金融市场不断发展，又使其突破了原有的概念和模式。美国和日本就是两个典型案例。美国于1981年开设的美国国际银行设施（International Banking Facilities，IBFs）和日本于1986年建立的日本离岸金融市场（Japan Offshore Market，JOM），彻底改变了人们对离岸金融市场的地域观念，此后离岸金融市场可以出现在本土了。

（一）美国国际银行设施

美国国际银行设施指美国联邦储备委员会于1981年12月3日批准在美

国本土设立的离岸金融特殊账号。根据相关法规，该账号业务与国内业务分开，分属不同账目，专门供美国境内的国内外银行使用，这些银行通过该离岸金融账号向美国非居民客户提供存款和放款等金融服务。

美国国际银行设施的具体规定如下所述。

首先，在成员资格方面，凡获准吸收存款的美国银行和外国银行，只要在规定时间内通知美联储，表示同意遵守有关规定，设立专门账户以区分境外美元和国内美元，均可申请加入美国国际银行设施，成为其成员。

其次，在业务方面，美国国际银行设施成员只能吸收定期存款，最低存款额为10万美元。属于银行机构的客户可隔夜存款；非银行客户的存款期限至少两天，或提款前有两天的通知期。成员不能接受活期存款和储蓄存款，不能发行可转让存单、银行承兑票据或其他可自由转让的信用工具；但可以从事信用证及美国政府债券业务，还可以从事有限的几种二级市场交易，如经营贷款，参与放款及有价证券、存单的转让等。

再次，在存贷款规定上，美国国际银行设施的交易严格限于会员机构与非居民之间，即一家美国国际银行设施只能向非美国居民、其他美国国际银行设施和自己的总行借贷资金，不能向美国居民借贷。存放在美国国际银行设施账户上的美元视同境外美元，与国内美元账户严格分开。美国总行从美国国际银行设施分行获得的资金视同从海外分行获得的融资，要交纳与后者比率相同的准备金。

美国国际银行设施的主要特点包括：第一，该机构允许美国的银行或在美国境内的外国分支银行为外国的存款和借款提供便利，不需要按中央银行规定交纳存款准备金，也不必按美国联邦保险公司的规定参加保险；第二，开设了该机构的银行免交州和地方所得税，享有税收优惠；第三，该机构业务范围受到美国银行和联邦储备银行的限制。

其中，税收优惠是美国国际银行设施特别有吸引力的原因之一。按照美国的税法，联邦税是不能给予优惠的，但各州政府和地方税收则有减免的空间。1981年美国国际银行设施被批准成立以来，纽约州、加利福尼亚州、伊利诺伊州、佛罗里达州等十几个州都不同程度地采取了税收优惠政策。计算税收减免的公式比较复杂，各州也不尽相同，其中减免力度最大的是佛罗里达州，它甚至全部减免了美国国际银行设施的地方税。另外，美国多数州税法规定，美国银行的海外分支机构的盈利须纳入应税收入，因此各州就美国国际银行设施推出的税收优惠政策有助于美国本土银行将欧洲货币市场业务由海外分支机构转入美国本土。

在美国国际银行设施制度问世后两年，就有超过 500 家该类机构成立，这些机构主要位于美国金融服务发达的城市，如纽约、洛杉矶和芝加哥等，其中在纽约的该类机构就占了机构总量的一半以上、总负债的 77%。另外，部分州由于税收特别优惠，因而聚集了较多的该类机构。例如，上文提到的佛罗里达州因为全部免除了该类机构经营活动的地方税，所以拥有的机构数仅次于纽约州和加利福尼亚州，达到 79 家，机构负债占全美的 16.5%，仅次于纽约州。除上述地区外，得克萨斯州、华盛顿特区和宾夕法尼亚州等总共 18 个州（特区）也分布着该类机构。

这两年里，美国国际银行设施的资产总量迅速发展到 1800 亿美元，占全球当时离岸金融总资产的 7%。美国的离岸金融取得了迅速的发展。到了 20 世纪 90 年代之后，随着新型金融工具的发展，美元的在岸和离岸市场的融合度大大增加，美国国际银行设施的功能开始慢慢淡化。到了 2004 年，其数量下降到了 1983 年的一半，仅为 263 家，其资产总额也下降到 1500 亿美元，其在国际离岸金融中的地位开始可以忽略不计了。

可以说，美国国际银行设施属于分离型离岸金融市场类型，即境内和境外金融市场业务严格分离，外资银行和金融机构与本国居民之间的金融业务活动受到限制，只准许非居民参与离岸金融业务，其目的在于防止离岸金融交易活动影响或冲击本国货币政策的实施。

（二）日本离岸金融市场

日本离岸金融市场是 1986 年 12 月模仿美国国际银行设施在东京设立的离岸金融特殊账号。其参与者限于获得大藏省批准的授权外汇银行。该市场建立不久，即有 187 家银行获准从事离岸金融业务，其中有 73 家是外国银行，它们主要通过外汇经纪人来完成交易。

日本离岸金融市场是日本金融市场国际化的一个重要象征，其主要特点有以下几点。

第一，该市场无法定准备金要求和存款保险金要求，没有利息预扣税，不受利率管制。此外，该市场不进行债券业务和期货交易。

第二，该离岸账户的设立主体是在日本获得许可、经营外汇业务的银行。这些银行必须设立专门的离岸账户，与已存在的国内账户分开，进行"外-外"型的金融交易。

第三，该离岸账户只限于面向非居民的贷款，汇向离岸账户、海外金融机构及其总行的存款。

第四，该离岸账户仅限从非居民、其他离岸账户及其总行存入或借入的非结算性存款筹措资金。筹措的货币币种则较为自由，可以是日元，也可以是其他货币。

第五，在税制方面，日本政府对离岸账户的存款实施适当减免政策，地方税和增值税（印花税）仍需缴纳，但也可适当减免。

（三）分离型离岸金融市场的特征

美国的国际银行设施和日本的离岸金融市场，都属于境内金融市场与境外业务严格分离的分离型离岸金融市场。其离岸金融业务和传统业务必须分别设立账户；经营离岸业务的本国银行和外国银行必须向金融当局申请批准；经营离岸业务可免交存款准备金、存款保险金，并可在利息预扣税和地方税上享受优惠。

分离型离岸金融市场创设的目的，既是保障离岸金融业务的发展，又是适当分隔离岸金融市场和国内金融市场，以防范金融风险、避免金融机构轻而易举地逃避监管。

目前世界上多数的离岸金融市场都属于这种人为创设、政府推动的内外业务分离型市场，是专门服务于非居民之间的金融交易的。也就是说，国家金融管理当局给非居民间的金融交易以优惠待遇，不以国内金融市场规定限制境外资金的流入；但是管理当局通常要求这类交易必须与国内账户严格分离，并禁止非居民从事在岸业务。

美国国际银行设施和日本离岸金融市场的海外特别账户就采用了严格的内外业务分离型市场模式。例如，美国规定美国国际银行设施可以接受外国居民、外国银行和公司、美国境外公司的存款，也可以向这些外国居民和其他国际银行设施提供贷款；但不得接受美国居民存款或向美国居民贷款，不得向居民发行可转让的定期存款单，也不得做银行承兑业务或其他可转让票据业务。

而日本在分离离岸业务与在岸业务方面做得比美国还要严格。按照日本法律的规定，市场的当事者中的非居民只限于在日本的外汇银行，交易对象中的非居民也只限于在境外的法人以及外汇银行的海外分行。从事境外业务的银行或机构要确保交易对象确实是非居民，所贷款项确实用于境外的营业活动。可以进入日本离岸金融市场的机构仅包括外汇专业银行、外汇指定银行和外国银行在日本的分行，也就是说，日本离岸金融市场的交易对象仅仅指法律限定下的部分非居民（包括外国法人、外国政府、国际机构、外汇银行的海外分行），即便同样具有非居民身份的本国企业的海外分支机构以及个人，由于本国控股以及个人非居民身份难以确认等原因，也都被日本法律排除在交易对象之外。市场上的离岸业务都是由经过大藏省批准后设立的"离岸金融特别账户"进行的。

美国、日本作为发达国家，在国际金融领域具有广泛优势。它们严格执行离岸业务与在岸业务分离政策，从国家金融层面看，其主要目的在于既推进本国金融的内外联动发展，又保障金融秩序、防范金融风险。

三、国际离岸、在岸对接模式类型

现代金融体系的国际化演进，推动着世界各国离岸金融市场的形成。根据市场运作和监管模式的差异，世界各国离岸金融市场可分为四种模式（表 5 - 3）：一是内外混合型（Internal & External Body Type），以伦敦、中国香港为代表，由市场自发形成，离岸和在岸金融业务高度融合、相互渗透，直接利用境内在岸现有金融系统开展离岸金融活动，但境内在岸金融法律法规和监管规则基本上不约束离岸金融活动；二是内外分离型（Internal & External Separation Type），以美国国际银行设施和日本离岸金融市场等为代表，其中美国国际银行设施是全球第一个内外分离型离岸金融市场，由政策推动形成，离岸和在岸业务严格分离、账户隔离，离岸业务为非居民交易创设；三是渗透型（Osmotic Type），以雅加达、曼谷、新加坡为代表，介于内外混合型与内外分离型之间，以分离型为基础，离岸和在岸业务相对分开、账户分立，允许适度渗透、有条件联通；四是避税港型（Tax Haven Type），以开曼、巴哈马、百慕大为代表，仅为记账中心，只提供交易场所，不提供金融服务，以极低税收吸引交易。

表 5-3　国际离岸金融市场的四种模式

模式	典型市场	交易主体	形成方式	业务范围	特　点
内外混合型	伦敦、中国香港	非居民、居民、离岸金融机构	自然形成	中长期资金借贷	离岸机构无严格申请程序，不设单独离岸账户，与在岸账户并账运作，资金出入无限制
内外分离型	美国国际银行设施、日本离岸金融市场	非居民、离岸金融机构	人为创设	中长期资金借贷	离岸机构设立须经当局审核，离岸业务只能在专门账户中进行，离岸交易与在岸交易分开，严禁离岸与在岸资金渗透
渗透型	雅加达、曼谷、新加坡	非居民、居民、离岸金融机构	人为创设	中长期资金借贷	三种情况：OUT→IN 型、IN→OUT 型、IN↔OUT 型
避税港型	开曼、巴哈马、百慕大	非居民、离岸金融机构	人为创设	只处理账务，无实际交易	簿记型（paper company, shell branch）、英美法系、税赋低、基本无金融管制

为了深入理解并选择适合本国的发展道路，我们有必要具体探讨这四种

离岸、在岸对接模式在内涵、特点、作用等方面有怎样的差异。

（一）内外混合型离岸金融市场

内外混合型离岸金融市场是指该市场的业务和国内金融市场的业务不分离，目的在于使两个市场的资金和业务相互补充、相互促进。内外混合型离岸金融市场是最早出现的离岸金融市场，其特点有：市场的主体包括居民和非居民；交易的币种是除东道国货币以外的可自由兑换货币；该市场的业务经营非常自由，不受东道国国内金融法规的约束，国际和国内市场一体化。

从纯理论的角度分析其利弊可以发现，这种市场模式的优点是可以便利离岸业务与在岸业务的相互转换，使两者能够彼此补充和促进。其弊端是离岸业务与在岸业务不分，不仅可能促使有关金融机构利用两种业务的混合逃避监管，而且可能使离岸金融与在岸金融体系之间本来的间接联系升格为直接联系，增加在岸金融体系的不稳定性。当时的离岸金融市场之所以采用内外业务混合的形式，主要是为了方便当事人在两种业务之间转换，这在经济稳定增长、金融危机不频繁、全球金融市场彼此分隔的年代是可以接受的；但在如今这个金融危机频发、全球金融市场"牵一发而动全身"的时代则是比较危险的。

目前，只有为数不多的、金融发达的国家和地区，由于历史原因而沿用了内外业务混合型离岸金融市场模式。但在实践中，采用此模式的国家或地区在运作其离岸金融市场时，也都采取了种种措施以使离岸业务与在岸业务区别开来。

内外混合型离岸金融市场的典型代表是伦敦和中国香港，为了深入理解这种模式，我们有必要进一步了解这两个市场的具体情况。

1. 伦敦的内外混合型离岸金融市场

伦敦的离岸金融市场就是伦敦欧洲货币市场，其特点如下所述。第一，离岸金融交易的币种是市场所在地的国家以外的货币（英镑以外的欧洲货币）。到 1979 年，在伦敦的银行也可以经营欧洲英镑的存款业务了，只是这种交易只能通过英属海峡群岛的离岸金融中心达成——银行在那里设立机构，通过电信设备进行交易。所以，从法律上来说，在伦敦是不能直接经营欧洲英镑业务的。第二，除离岸金融业务以外，该市场还允许非居民经营在岸业务和国内业务，但必须缴纳存款准备金和有关税款，而且严格控制"全面业务"执照的发放量。所以在这类市场上，在岸业务的规模远远小于离岸业务。第三，国际特征非常明显。伦敦离岸金融市场是国内金融市场和国际金融市场的一体化。无论在货币市场、证券市场或外汇市场，都有这种现象。欧洲货币市场发展之后，不同市场的界限就被打破，银行业的英镑业务和外国通货业务很快连成一体。伦敦证券交易所改组成国际证券交易所之后，便成为世界上最国际化的交易所之一。

2. 中国香港的内外混合型离岸金融市场

在这个市场上，有众多金融机构发挥着作用。该市场特点如下所述。第一，金融机构丰富多样。除了银行这种传统金融机构外，市场上还有为数众多的非银行机构，例如保险公司（人寿保险和非人寿保险）、证券商、单位信托、养老基金和信用合作社等。长期以来，这些非银行金融机构一直为中小型企业和私人服务，包括一些特定的海外华资商业集团和低收入阶层。第二，银行体制完备。香港目前采用了三级银行体制，分为执照银行、限制性执照银行和存款公司三类，由政府审批，其他机构不准在香港接受存款。这些机构在香港本地和离岸金融交易中都发挥着至关重要的作用。其中，执照银行是从事全能银行业务的商业银行，这些银行除从事存放款业务外，还从事外汇业务、信托业务、证券和离岸银行业务。限制性执照银行和存款公司通常被称为财务公司，它们具有商人银行的职能，可以承担银团贷款业务和认购小型信贷公司；在很多情况下，它们是执照银行的附属机构。第三，各国各地区银行云集。香港的银行可分为六大集团，即英资集团（包括汇丰银行集团及其在香港的英资银行）、中资集团（包括中银集团及其在香港的中资银行）、日资集团、美资集团、欧洲银行集团、中国香港华资集团。第四，金融业务品种多样。香港银行界不断学习、创新，其业务品种多样。世界各大国际金融中心银行业所经营的业务品种，香港的银行业一般都有经营，能够满足各种客户需求。客户不仅可以办理种类繁多的汇款、存款，兑换货币兑换，买卖外汇，而且可以投资黄金、股票、债券、基金，办理信托、租赁及各种借贷，等等。

（二）内外分离型离岸金融市场

内外分离型离岸金融市场是指境内金融市场业务和境外业务严格分离，限制外资银行、金融机构与本国居民之间的金融业务活动，只准许非居民参与离岸金融业务，其目的在于防止离岸金融交易活动影响或冲击本国货币政策的实施。

内外分离型离岸金融市场的特点包括：第一，其离岸业务所经营的货币可以是境外货币，也可以是本国货币，但是离岸金融业务和传统业务必须分别设立账户；第二，经营离岸业务的本国银行和外国银行，必须向金融当局申请批准；第三，经营离岸业务可获得豁免交纳存款准备金、存款保险金的优惠，并享有利息预扣税和地方税的豁免权。

这一市场建制是最近发展起来的，创设它的目的无非是既保障离岸金融业务的发展，又适当分隔离岸金融市场和国内金融市场，以防范金融风险、避免金融机构轻而易举地逃避监管。目前世界上多数的离岸金融市场属于这种人为创设、政府推动的内外业务分离型市场。前面详述过的美国国际银行设施与日本离岸金融市场就是此类型的典型代表。

（三）渗透型离岸金融市场

渗透型离岸金融市场是指离岸业务与在岸业务分立，居民的存款业务与非居民的分开，但离岸账户上的资金可以贷给居民。这种类型的离岸金融市场兼有内外分离型和内外混合型市场的特点，最突出的特征是离岸资金可贷放给居民，即国内企业可以直接在离岸金融市场上融资。

渗透型离岸金融市场主要起源于发展中国家。这是因为发展中国家金融实力较薄弱，抗冲击能力较低，所以其金融政策需要保持较高的独立性，通常实施外汇管制，这就决定了发展中国家的离岸市场中离岸业务与在岸业务需要相互分离，从而排除了一体型离岸市场的可能性。然而，外汇短缺是发展中国家普遍存在的问题，因此，它们又需要建立离岸市场，在一定程度上缓解这一问题。

渗透型离岸金融市场的优点有：第一，便于保持本国货币政策的独立性；

第二，便于金融管理当局分别实施管理；第三，能够搞活外汇市场，扩大利用外资规模；第四，放开离岸市场非居民外汇交易可以为本国取消外汇管制提供经验；第五，外资金融机构带来的管理经验、先进技术和竞争，有助于本国金融机构成长并走向国际化。其缺点是，因为离岸账户上的资金可投放于国内企业，居民可投资于离岸账户，离岸与在岸账户可双向渗透，这会对汇兑市场所在国的信用规模产生影响；所以其外债管理难度增加了，稍有不慎或监管不力，便很可能对本国的国际形象乃至本国经济活动尤其是金融活动造成巨大的损害。

（四）避税港型离岸金融市场

避税港型离岸金融市场是指没有实际的离岸资金交易，只是办理其他市场交易的记账业务而形成的一种离岸金融市场。这种离岸市场的特点是：市场所在地政局稳定，税赋低，没有金融管理制度，可以使国际金融机构达到逃避资金监管和减免租税的目的。典型的避税港型离岸金融市场有美洲的开曼群岛、巴哈马和百慕大及欧洲的海峡群岛等。

以加勒比海地区的离岸金融市场为例。20 世纪 60 年代后期，美联储允许美国银行在巴哈马和开曼建立"贝壳"分行，这是促进避税港离岸金融市场发展的部分原因。美联储的目的在于为那些没有能力在欧洲货币市场建立分支机构的小银行参与欧洲美元市场提供机会。要从事这一业务，银行只需在加勒比海地区拥有一个邮箱，而实际业务是在国内总行进行的。因此，20 世纪 70 年代，加勒比海地区形成了避税港型离岸金融中心。加勒比海地区以中小发展中岛国为主，虽然政治经济不甚发达，但却有很多适合建立离岸金融市场的优势：一是远离政局动荡和战乱地区，具有"世外桃源"的优势；二是不征收或极少征收税费；三是在该地区，银行享有保密权，当地法院实施的避税港法则往往阻止银行向政府等调查部门提供客户资料。这些条件都吸引了大量境外资产。又由于缺乏伦敦和纽约这类大型市场的基本设施和条件，加勒比海地区离岸金融市场一般只作为记账中心，而不进行实际交易业务。

与加勒比海地区的情况类似，在 20 世纪 60 年代各国政府纷纷提高税率的背景下，70 年代开始，大量私人企业和巨额收入者为了减轻税收负担，都在寻求可以合法避税的地方。与此同时，若干小国或海岛为了繁荣经济，多用减免所得税及其他税收优惠方式吸引国际资金，于是逐渐形成了避税港型离岸金融中心。这类离岸金融中心分布很广，但因不具备构成国际金融与外汇市场的条件，所以多为簿记型中心，国家间资金交换的功能仍然依赖于伦敦、纽约、法兰克福等功能型中心。

在了解了四种离岸金融市场的内涵、特征与优缺点之后，世界各国，尤其是发展中国家，应该在国家金融层面选择哪种离岸市场？又应该用哪种模式去对接离岸在岸市场？我们可以比照图 5.2 进行分析。

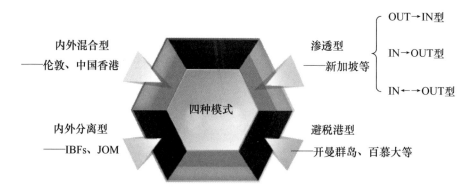

图 5.2　离岸、在岸市场四种对接模式

对于世界大多数发展中国家而言，内外混合型和避税港型离岸金融市场显然是不切实际、不可行的。那么，其货币要国际化，要解决国际化进程中离岸、在岸有序对接的问题，就只有两条路径可以选择：一是内外分离型离岸金融市场，即将境内金融市场业务与境外业务严格分离，以防止离岸金融交易活动影响和冲击本国货币政策的实施；二是渗透型离岸金融市场，即将离岸金融业务与在岸金融业务分立，但其或者允许将离岸账户上的资金贷放给居民，使国内企业可以直接在离岸金融市场上融资，比如泰国曼谷国际银行设施（BIBF）、马来西亚纳闽岛离岸金融市场和印度尼西亚雅加达离岸金融市场；或者为了限制外资内流，仅允许在岸账户向离岸账户渗透，但禁止离岸账户向境内放贷；或者允许两者之间的双向渗透，即居民既可以用离岸账户投资也可以用离岸账户获得贷款，如新加坡亚洲货币单位就是如此。

世界各国采取哪一种模式，是由本国金融市场的开放程度、风险监控水平、经济发展状况等因素决定的。从国家金融的角度分析，一国离岸在岸金融市场的有序对接，有三个主要目的：一是本国币种的国际化。世界各国要参与全球经济一体化与金融市场国际化的进程，首先面临的就是一国货币如何实现从贸易和服务的支付结算货币到储备货币再到锚货币的转变，这一使命要靠离岸与在岸市场的有序对接来完成。二是稳定货币价格，防范金融风险。一国货币在离岸与在岸市场同时运作，必然产生同一货币、两个市场、两种利率的问题。利差引起的投机行为和国内国际市场的波动，容易对国内货币政策产生冲击，导致金融危机，这个问题也需要离岸与在岸市场的有序对接来解决。三是掌握国家金融的主导权。离岸在岸金融市场的互动发展，不仅涉及二者对接的模式选择问题，而且涉及国家金融的话语权与主导权问题，如一国货币离岸价格的定价权、离岸与在岸对接的通道或特殊账号的设置、金融基础设施的健全、金融法制监管作用的发挥，以及离岸与在岸对接中的金融业标准制定问题等。这些都是国家金融发展不可回避的现实问题。为什么美国选择国际银行设施这一特殊账号作为美元离岸与在岸市场的对接通道？为什么日本在设立了日本离岸金融市场这一特殊账号连接离岸与在岸两个市场之后，又在东京专门建立了日元离岸业务的在岸交易结算中心？美日在国家金融层面的这些安排值得我们深思。

四、中国离岸与在岸对接模式选择

中国应该选择怎样的离岸与在岸对接模式呢？现阶段，中国离岸与在岸市场的对接方式是存在一定渗透性的。中国人民银行1997年颁布的《离岸银行业务管理办法》第十九条和第二十条规定，银行对离岸银行业务应当与在岸银行业务实行分离型管理，设立独立的离岸银行业务部门，配备专职业务人员，设立单独的离岸银行业务账户，离岸业务与在岸业务分账管理；第二十六条第一款规定，非居民资金汇往离岸账户和离岸账户资金汇往境外账户以及离岸账户之间的资金可以自由进出。由此可见，《离岸银行业务管理办法》类似渗透型离岸与在岸对接模式。

在现行模式下，离岸人民币业务是容易受市场波动影响的。一个问题是内地在岸人民币利率尚未完全市场化，与香港离岸人民币利率之间很可能出现大的利差，这容易导致大范围的套利风波（2014 年上半年已发生过），并动摇人民币的稳定。另一个问题是货币政策的调控效应可能受影响。按照克鲁格曼的国际金融市场"三元悖论"理论，离岸金融市场可能造成货币流动无管制、离岸货币助长通胀或产生非法洗钱等问题，进而影响国家货币政策目标的实现，乃至影响整个宏观经济。因此对于中国来说，在人民币国际化、离岸与在岸市场有序对接的进程中，第一选项就是稳中求进，既掌握主导权，又有效防范金融风险。

中国的离岸与在岸对接模式下一步应该如何发展？笔者认为一个可能的路径是设立人民币离岸业务在岸交易结算中心，这个中心应该包括如下要素：第一，以内外分离型离岸金融市场为主要蓝本；第二，设立中国国际银行设施作为特殊账号和通道；第三，在广东或上海设立人民币离岸业务的在岸交易结算中心，落实沙盒游戏和沙盒监管；第四，掌控主导权，主动、积极地与国际金融市场对接，推动国内金融市场改革与开放。

下面我们就具体讨论其意义、制度框架和对接规则。

（一）设立人民币离岸业务在岸交易结算中心的意义

目前，世界上已初步形成了中国香港、新加坡、英国伦敦三个人民币离岸业务中心，中国的上海、深圳、珠海等地也开展了人民币离岸业务。作为货币发行国，关键是应引导离岸市场有序发展，防止离岸本币对国内货币政策和金融稳定造成冲击，同时完善离岸与在岸对接的通道和机制，促进离岸市场发展，推动在岸市场开放。设立离岸业务在岸交易结算中心，正是实现这一目标的有效手段，它有利于中国加快离岸金融市场发展的进程，其具体意义如下所述。

第一，设立人民币离岸业务在岸交易结算中心，既能推动香港人民币离岸市场的发展，又能促进内地在岸金融市场的建设。近年来，随着中国综合国力的不断增强，非居民对中国金融资产的需求不断增多。香港作为最重要的人民币离岸中心，拥有超过 1 万亿元人民币资金（加上以债券、票据等形态存在的人民币资产，总资产预计远超 1 万亿元），然而它目前处在人民币离岸业务的瓶颈期，出现了人民币存量的增速放缓、流动性弱等情况。究其原因，主要是香港实行瞄准美元的联系汇率制度，人民币货币区的构建预期不明确，人民币投融资渠道不畅、金融产品少、资金池小、回流管道和机制不健全等。如何活跃并有效利用巨量的人民币资金，成为香港人民币离岸市场发展的迫切问题。如果利用得好，则香港将成为全球人民币离岸交易中心，为内地资本市场建设提供有力支持；利用不好，则离岸人民币将成为"一潭死水"，或成为地下金融交易与套利交易的工具，对内地在岸金融稳定造成冲击。

因此，在内地设立人民币离岸业务在岸交易结算中心，一方面能够吸引大量国内外金融机构、跨国公司、中介服务机构集聚，改变在香港市场上国内银行与国外银行少对多的局面，实现国内外金融机构同平台、多对多的竞争，更好地提供多样化的人民币金融服务；另一方面能够实现人民币在岸与离岸市场的良好对接，以良好的实体经济基础和企业现实需求，以足够的金融市场深度和广度，容纳离岸人民币资金，为香港及其他人民币离岸市场提供充足的流动性，提升人民币的国际持有意愿。

对香港而言，这一举措可以拓宽离岸人民币投融资渠道，畅通回流管道，完善调控机制，活跃离岸人民币交易，形成一个拥有良性循环的离岸人民币中心；对内地而言，这种方式也可以充分利用和有效管理离岸人民币资金，掌握离岸人民币定价主导权，促进内地在岸金融市场建设。可以说，离岸市场有意愿，在岸市场有需求，设立人民币离岸业务在岸交易结算中心是推动人民币国际化的双赢之举。

第二，设立人民币离岸业务在岸交易结算中心，既能增强人民币汇率的定价权，又能提高国家宏观经济政策的独立性和有效性。目前，中国在岸人民币定价主要发生在上海的银行间外汇交易市场，受政策意图影响较明显，交易时间短且不连续。境外离岸人民币定价（如无本金交割远期外汇交易市场）也有缺陷：一是缺乏相对集中的离岸交易市场；二是各国法规对外汇市场有不同要求；三是人民币与贸易或投资对象国货币之间缺乏直接定价机制；四是容易遭遇做市商的恶意做多或做空。针对这些缺陷，一个解决办法就是在境内建立离岸人民币业务的在岸交易结算中心，通过市场化机制进行人民币定价，这既有利于国家掌握离岸人民币的定价主导权，又保证了定价的公信力和稳定性。同时，随着人民币国际化进程的推进，资本流动势必更加频繁、规模更大，而中国作为经济大国，为保证有效的宏观调控，必然需要独立而灵活的货币政策。在此背景下，根据汇率理论及成熟市场经济经验，汇率不再适宜成为央行的主要政策目标，中国需要建设一个以市场供求为基础的外汇市场，以实现汇率形成的市场化。考虑到中国金融改革已步入深水区，政府需要有效识别和管理汇率风险和外部冲击，建立人民币离岸业务在岸交易结算中心有利于国家的监控和管理，从而屏蔽外部冲击，确保国家宏观经济政策独立有效，稳步形成人民币的市场化定价机制。

第三，设立人民币离岸业务在岸交易结算中心，既能有效服务实体经济，又能促进在岸金融机构加快国际化步伐。2018 年中国吸收 FDI（外商直接投资）共 1390 亿美元，位居全球第二；但人民币与港币、新加坡元等货币的交易却依然不是中国外汇交易的主体，这表明外商直接投资中必然存在双重货币交易——首先是各经济体本币与美元的交易，然后是美元与人民币的交易，这无形中加大了交易成本，且在美元汇率高度波动时期加大了交易双方的汇率风险。

作为银行间外汇交易市场的有益补充，建立人民币离岸业务在岸交易结算中心，侧重与实体经济需要相关联的多币种交易，有利于发现人民币与各种不同货币的真正交易价格，降低贸易商和投资商的交易成本及汇率风险，更好地为实体经济服务。同时，无论中资企业"走出去"还是外资企业"引进来"，它们均对国际金融服务提出了巨大需求，建设人民币离岸业务在岸交易结算中心并发展国际银行业务，既能充分满足企业需求，又为在岸金融机构打开了国际业务空间。特别是在当前，中国企业海外投资并购与劳动密集型产业向外转移不断提速，更需要本国金融平台与金融机构的支持。人民币离岸业务在岸交易结算中心这一平台，将加快在岸金融机构国际化的步伐，从而进一步增强其服务实体经济、转型升级的能力。

第四，设立人民币离岸业务在岸交易结算中心，既能增强服务贸易的竞争力，又能助力国家主动应对国际经济贸易秩序重构的挑战。当前，中国处于从以弱势货币推动货物出口到以强势货币促进服务贸易竞争的关键转折时期。一般来说，因为货物具有同质性，所以价格竞争往往成为其竞争的主要决定因素；而服务则具有专有性、差异性，能使一国摆脱对低价竞争的依赖。经济结构的调整，发展方式的转变，势必要求中国逐步构建服务贸易的竞争力。总的来说，服务贸易竞争的优势要建立在人民币成为强势货币的现实基础上，这种搭配以强大的贸易实力为支撑，又有助于稳步推进人民币国际化，是中国经济尤其是金融发展逻辑的自然延伸，也是为别国经验所验证的，比如从 1993 年起，美国就把强势美元战略作为国策，进一步增强了美国的服务贸易竞争力，服务贸易的提升反过来也巩固了美元的强势地位。

2018 年，中国货物进出口总额达 4.623 万亿美元，居世界第一。但中国的服务贸易发展滞后，进出口总额仅为 7919 亿美元，而逆差额达到 2913 亿美元，是世界最大的服务贸易逆差国。中国要增强服务贸易竞争力，一是要通过自由贸易区推动跨境服务贸易，二是要相应加快人民币国际化进程。这实际上是一体两面：自由贸易一般伴随着货币金融市场的建设，且金融市场发育和货币国际化程度越高的自由贸易区域越容易成为世界产业和贸易的中心。在境内（最好是在自由贸易区内）设立人民币离岸业务在岸交易结算中心，相当于建设了一个深度嵌入全球金融与贸易分工价值链的桥头堡，能够引领、带动中国的对外服务贸易和资本输出，促使中国向服务贸易与资本大国转变。

后金融危机时代，全球经济贸易秩序重组，美、欧、日等发达国家或地区加速边缘化世界贸易组织（WTO），力推跨太平洋伙伴关系协定（TPP）、跨大西洋贸易与投资伙伴关系协定（TTIP）和多边服务业协议（PSA）等，试图夺回世界经济的主导权。这些协议的核心内容，就是建立由美国等国家主导的新一代国际贸易与服务业规则，通过规则优势逼迫新兴经济体二次"入世"，围堵他国庞大的制造业体系。对此，中国通过发展自由贸易区，以及设立人民币离岸业务在岸交易结算中心，既可以充分发挥自身市场优势，又可以拓展国际贸易新市场，进一步提升本国服务贸易和投资领域的开放度与竞争力。

第五，设立人民币离岸业务在岸交易结算中心，既充分借鉴了发达国家经验，又是中国的一项金融改革创新举措。20 世纪六七十年代，美元外流和美国金融服务业下滑使美国认识到，需要进行改革以提高自身对欧洲美元的吸引力，确保美国金融服务业的竞争力。如前文所述，美联储于 1981 年修改法例，批准美国银行、存款机构、境内外国银行的分支机构等建立美国国际银行设施，在美国本土从事国际存贷款等离岸美元业务，吸引离岸美元回归并加强了管理。美国国际银行设施在当时是巨大的金融创新，开创了一国通过在岸方式设立离岸本币金融市场的先河，不但为美国金融体系发展作出重要贡献，也为他国的类似改革提供了有益经验。1986 年，日本参照美国经验，在东京建立日本离岸金融市场，该市场在日元国际化进程中发挥了重要作用。当前，中国发展人民币离岸市场，可以充分借鉴美国、日本等国在本土发展离岸本币业务的经验，结合国情改革创新，建立一套与国际接轨的离岸人民币在岸交易结算体系，促进人民币输出与回流。

综上所述，设立人民币离岸业务在岸交易结算中心，是中国现阶段发展人民币离岸金融市场、推进人民币国际化的必然要求，是多方共赢的理性选择。

（二）设立人民币离岸业务在岸交易结算中心的制度框架

第一，从总体思路上来说，应坚持金融服务实体经济，坚持改革创新、先行先试，坚持风险可控、稳步推进，建立多层次、国际化的人民币离岸业务在岸交易结算中心。该中心应引导人民币向外输出、有序回流、多币种交易，推动以人民币为主体的多样化金融产品的发展，促进人民币汇率形成的市场化和资本项目的可兑换，形成一个离岸与在岸对接联动，覆盖亚洲、辐射全球、高度繁荣的人民币离岸金融市场。这将加快人民币区域化、国际化的进程，提升中国的贸易竞争力和经济影响力。

第二，从模式选择上来说，现阶段，中国人民币离岸业务在岸交易结算中心应按内外分离型模式来设计。我们可以参照美国国际银行设施的经验：20 世纪 80 年代，尽管美国金融业已较发达，但其主要离岸业务仍被放在银行体系内部；美国以严格的内外分离制度作为放松金融管制、发展金融市场的过渡手段，为国内金融监管改革和货币政策转变提供了缓冲。20 世纪 90 年代，美国金融体系从以银行体系为主导转向以资本市场为主导，随着货币市场基金发展、资产证券化等直接融资手段的升级，在岸和离岸美元业务边界不断模糊，市场融合度大大增加，美国国际银行设施的功能才逐渐淡化。

当前，中国人民币离岸市场建设起步不久，中国金融市场开放度还较低，监管制度不够健全，资本项目未自由兑换，人民币离岸业务在岸交易结算中心作为国家离岸市场的重要载体，有必要采取内外分离型模式。内外分离型模式的特点是"政府创设"和"内外分离"，这既可以较好地防范金融风险，保护在岸金融市场独立发展、不受境外金融波动影响，又可以打破在岸金融政策法规的制约，吸引境外金融机构和资金，发展国际金融业务，促进中国金融国际化。从长远看，随着中国金融市场进一步的成熟开放和监管体系的健全，内外分离型模式未来可逐步向渗透型模式转化，使离岸资金直接为在岸所用，为国内企业的海外发展提供更大的支持，持续提升离岸市场竞争力。

第三，从基本框架和制度来看，可分为以下五点。

（1）区域布局。可考虑将广东（属粤港澳大湾区）或上海作为中国人民币离岸业务在岸交易结算中心的试点区域之一。以广东为例，主要理由有以下几点：一是广东具备开展离岸人民币业务的经济尤其是金融基础。广东作为经济尤其是金融大省，经济体量大、外向度高，不但制造业发达，而且金融产业链条齐全，又有粤港澳大湾区金融改革创新的政策优势。二是广东是人民币国际化的重要桥头堡。2009 年起，广东即开展首批跨境贸易人民币结算试点，目前结算量占全国的 30% 以上，人民币成为广东地区仅次于美元的第二大跨境收支货币。特别是人民币国际化的一个重要方向是沿着海上丝绸之路推进，东南亚成为构建人民币货币区的首选。广东自古是海上丝绸之路的重要起点，与东盟各国经贸往来频密，桥头堡作用不可替代。三是粤港澳大湾区具备天然优势，能够共建全球人民币离岸市场。粤港澳唇齿相依、互促互补，一直致力于推动经济一体化和服务贸易自由化。如能把香港的国际金融中心和人民币离岸中心，澳门的世界旅游休闲中心和资金周转区域，与广东作为制造业重镇、人民币国际化桥头堡的优势结合、叠加、放大，形成强劲合力，其前景必将不可限量。四是设在广东的人民币离岸业务在岸交易结算中心可与上海的中国外汇交易中心分工合作、错位发展、相互辉映——在上海形成在岸人民币（CNY）汇率，在广东逐步形成离岸人民币（CNH）汇率，这两套价格体系可以相互印证、逐渐靠拢，共同促进汇率市场化。

（2）服务内容。人民币离岸业务在岸交易结算中心是服务于非居民之间、居民与非居民之间用离岸人民币进行贸易与投资的多币种结算中心，在该中心，人民币与各币种可灵活汇兑，不受额度限制，但中心发展初期必须依托于真实贸易和投资背景，而后再逐步实现资本项目的离岸可兑换。该中心的主要服务内容包括：一是推动企业在对外贸易和投资中使用人民币计价结算，营造人民币走出去和流回来的综合服务平台；二是开展跨境人民币业务和产品创新，建立服务实体经济、连接港澳、联通世界的跨境人民币投融资服务体系；三是引进境内外市场主体，在离岸与在岸人民币市场之间开展跨境交易，成为离岸与在岸人民币市场对接的主要枢纽；四是形成离岸人民币市场价格，成为人民币汇率形成的市场风向标。最终，各种可流动要素在这里通过各种金融安排得以实现无障碍配置。

（3）核心制度。建议中国人民银行作为央行批准设立中国国际银行设施（当然，其他形式的账号也可以，比如自由贸易区、离岸账户、境外机构境内外汇账户等，但必须设立此种性质的特殊账号），允许境内金融机构（首批为外汇指定银行）建立中国国际银行设施账户，率先在人民币离岸业务在岸交易结算中心（条件成熟后可扩展到其他地区）开展离岸人民币业务，吸引离岸人民币回归。

中国国际银行设施可参照美国国际银行设施设立，它不是一个独立的银行体系，也非特设的业务机构，而是金融机构专门处理离岸人民币业务的在岸资产负债账户。其基本要素有：一是境内银行等金融机构可使用其国内机构和设备，通过中国国际银行设施吸收外币和境外人民币存款，不受国内法定准备金和利率上限等约束，也无须在存款保险基金投保；二是贷款可以向境内（在岸）发放，但必须用于境外（离岸）；三是中国国际银行设施账户的人民币存贷款视同境外离岸人民币，与国内人民币账户严格分开管理；四是中国国际银行设施的业务净收入是否缴税、缴税多少，视离岸人民币业务发展、竞争状况等确定；五是与美国国际银行设施不一样的是，居民也可以开设中国国际银行设施账户，但必须用于离岸人民币和外币相关业务（如居民在海外的资产或投资获得的收入）；六是非居民和居民只有开设中国国际银行设施账户，才能在人民币离岸业务在岸交易结算中心以人民币进行贸易和投资，进行人民币与各币种的结算。简而言之，中国国际银行设施就是一套专门用来在中国境内在岸从事离岸人民币金融业务的资产负债账户及相关制度安排。

（4）定价体系，即依托中国国际银行设施开展离岸人民币与各币种的交易结算，形成离岸人民币价格，其进程可分为如下阶段：第一阶段，建设多币种流通市场。该市场仅面向实体经济交易主体，凭真实贸易和投资进行离岸人民币和多币种的自由结算，人民币价格由交易主体参考银行挂牌价决定。第二阶段，建设银行间货币交易所，即在中国人民银行即央行的支持下，以中外资商业银行等为会员或做市商，建设离岸人民币与中国香港、澳门及东南亚地区等经济体货币交易的现货市场，在交易所内开展银行间交易，同时开设银行面向客户的场外交易。该交易所将形成并发布人民币与周边国家货币的综合性汇率指数，并由此开发人民币与周边货币的衍生品交易和指数交易，确立离岸人民币的基准价格体系，与上海的在岸人民币汇率相呼应。从更长远看，将来还可建立统一的货币交易所，即由商业银行、非银行金融机构和合格的实体经济部门参与的场内交易市场。在这一市场内，无须真实的贸易或投资背景，市场主体即可进行人民币与外币的现货与衍生品交易，也就是说，人民币汇率形成机制将更加市场化。

（5）配套措施，具体包括：一是加强人民币离岸业务在岸交易结算中心所在区域的基础设施建设，优化投资发展环境，吸引金融机构和企业集聚。二是完善人民币离岸业务在岸交易结算中心的实体性、物理性交易设施及与中国国际银行设施账户系统配套的网络设施，建设高效、安全、稳定的数据系统和清算结算系统。三是引导区内金融机构设立数据备份中心等后台机构，支持开展离岸金融数据服务。四是吸引金融、法律、会计等领域的国际化人才，强化智力支撑。

第四，促进人民币离岸业务在岸交易结算中心与中国香港、新加坡、英国伦敦等离岸市场的对接互动、发展共赢。总的原则是：一要以国家为主，重在掌握离岸人民币定价权；二要深化交流，充分借鉴境外成熟制度和做法；三要加强合作，比如，推动放开与中国香港的双向投融资汇兑、完善双向跨境贷款等举措，并逐步延伸到新加坡、英国伦敦；四要监管联动，加快与这几个离岸市场建立监管协调机制；五要同步发展，促进人民币有序输出、健康回流和体外循环，形成良性发展格局。具体举措则包括以下几方面。

（1）加强与香港离岸中心对接，粤港澳共建全球性的粤港澳大湾区人民币离岸金融市场。设立人民币离岸业务在岸交易结算中心，最主要的初衷是盘活香港的人民币存量资金，畅通投融资渠道和回流通道。这是对香港国际金融中心建设的有力支持，而非此消彼长的替代关系。人民币离岸业务在岸交易结算中心是依托真实贸易背景开展离岸人民币交易结算，形成人民币现货市场，确定人民币与周边货币的现货价格的，这和香港的人民币无本金交割远期外汇交易市场不会形成冲突。而且，人民币在香港如果流动性差，则无法发挥作用，但如果流通过量，又可能削弱港币的国际货币地位。而中国国际银行设施则能够在香港与内地之间、在人民币与港币之间形成一个缓冲地带。特别是人民币离岸业务在岸交易结算中心如果设在广东，将非常有助于粤港优势叠加，共建全球性人民币离岸金融市场。

香港特别行政区政府可深度参与人民币离岸业务在岸交易结算中心的发展，香港金融机构可开设中国国际银行设施并成为做市商。粤港共建的人民币离岸市场，应定位为全球离岸人民币的流动性聚集地、融资中心、定价中心、交易中心和财富管理中心，承担起人民币离岸业务的"批发"功能，提供多样化的人民币金融产品；在该市场上，市场主体可以直接用离岸人民币标购以外币标值的资产。相应地，新加坡、英国伦敦等其他离岸市场则主要承担离岸人民币的"零售"功能，并逐渐发展成区域性的人民币离岸中心。

（2）加强与新加坡离岸中心及东南亚金融市场的对接，推动东南亚地区成为人民币货币区。随着中国—东盟自由贸易区的如期建成，中国和东盟各国的贸易规模将持续扩大，人民币完全具备成为该区域主要支付和储备货币的可行性。新加坡是东南亚人民币中心，应将其定位成为东南亚地区与中国的贸易和投资提供人民币金融业务的平台，以及该地区投资人民币金融产品的重要区域市场。新加坡可通过在人民币离岸业务在岸交易结算中心设立中国国际银行设施，增强人民币的流动性。人民币离岸业务在岸交易结算中心也可通过与新加坡合作，辐射东南亚地区，特别是服务于中国向东南亚转移劳动密集型产业的进程，促进市场主体以人民币投资、结算；还可以直接与东南亚主要经济体的货币当局沟通，争取更多货币品种进入中国国际银行设施交易，并引进当地金融机构和企业参与人民币汇率定价。

（3）加强与伦敦离岸中心的对接，促进人民币走向欧洲市场。伦敦作为老牌国际金融中心，离岸金融业发达，应将其定位成人民币走向欧洲的桥头堡。短期内，伦敦对人民币的需求主要是对人民币产品的投资需求，这是因为伦敦聚集了全球对亚洲投资的大批机构投资者，且由于历史原因，伦敦和香港联系紧密，有利于香港人民币产品在欧洲营销。中远期看，欧洲是中国最大的贸易伙伴，但目前双边贸易的人民币结算量极低，伦敦将来可以为欧洲对中国的贸易和直接投资提供人民币金融服务，成为人民币在欧洲的主要离岸市场。中国应争取伦敦金融机构到人民币离岸业务在岸交易结算中心设立中国国际银行设施，推动伦敦人民币离岸市场的发展。

第五，以人民币离岸业务在岸交易结算中心为平台，多措并举，促进人民币国际化、本土企业国际化和国内银行国际化的有效结合、协同推进。发达国家的经验表明，一国货币国际化的进程与其企业和银行等金融机构的国际化进程是大体同步、互相促进的，其主要原因在于：一是本币国际化有助于本国企业增强海外竞争力，有助于本国银行业获得更多国际业务空间；二是本国企业和金融机构的国际化将有力推动本币对外输出和境外使用；三是本国企业的国际化伴随着更广泛的金融需求，需要本国银行优化国际金融服务，两者是相得益彰的。

当前面对国际经贸秩序的变革重组，中国的对外开放从注重走出去，转向资本输出和产品输出并重的全球发展。人民币、本国企业和银行国际化的协同推进，是中国对外开放新战略的核心要素，是中国向外输出资本和影响力、增强全球竞争力的根本选择。设立人民币离岸业务在岸交易结算中心，将为三者的有效结合提供理想的平台，因此，我国应采取多项举措，形成联动效应，具体举措包括以下几项。

（1）重点推动资本项目下的人民币输出。一是推动本国企业走出去，以人民币对外直接投资（ODI），更多地发展人民币合格境内机构投资者（RQ-DII）和高科技型合格境内机构投资者（High-tech QDII）。二是允许非居民在境内（在岸）通过发行债券、股票和贷款等方式融入人民币市场，扩大其在境内发行人民币熊猫债券的规模，适时推出面向境外（离岸）投资者的"国际板"股票。三是培育境外（离岸）市场对人民币的需求，包括推动人民币金融产品和工具在香港等离岸中心交易，推动用人民币给跨境大宗商品交易定价，推动人民币的第三方使用，等等。四是加大人民币对外贷款的力度，包括向发展中国家提供人民币无息贷款或援助。

（2）建立与实体经济发展相配套的跨境人民币投融资服务体系，为产业转型升级和企业走出去提供全方位、多样化的金融服务。一是为传统产业的海外转移提供服务，如推动骨干企业在人民币离岸业务在岸交易结算中心所在区域建立投资公司等，使其利用中心这一平台对外转移劳动密集型传统产业。为与之配套，还应建立与对外直接投资相关的人民币私募股权市场。二是在人民币离岸业务在岸交易结算中心设立人民币境外投资基金、出口信贷基金等，支持区域内企业在海外经营扩张。三是促进跨境人民币融资便利化：允许区域内企业从香港等境外市场筹集人民币资金并主要用于海外发展；支持区域内企业发展集团内双向人民币资金池，为关联企业提供跨境放款等业务；支持区域内银行与境外同业开展跨境人民币银团贷款，为大型跨国企业和转型升级项目提供信贷服务；开展跨境人民币贸易融资；等等。

（3）着力推动跨境服务贸易，即把粤港澳共建人民币离岸市场与推进粤港澳服务贸易自由化、粤港澳大湾区建设结合起来，应在人民币离岸业务在岸交易结算中心所在区域建设知识产权、技术、金融等服务贸易的集聚区和跨境服务贸易中心，优化服务贸易发展环境，促进跨境服务贸易便利化，推动粤港澳服务贸易合作、发展。其中，应重点推动金融、保险、管理咨询、法律、会计等现代服务业加快走出去，以人民币进行跨境服务贸易和投资。

（4）设立国家标准碳现货期货交易所，推动形成"碳排放权交易—人民币结算"体系。目前亚洲地区碳交易起步不久，中国作为全球最大的碳排放国和碳信用供应国，先天优势巨大。应尽快完善中国碳市场体系，取得碳交易的亚洲定价权。可在人民币离岸业务在岸交易结算中心设立国家标准碳现货期货交易所，并使其成为覆盖亚洲的碳现货期货交易市场，使人民币成为亚洲碳现货期货的交易结算货币，从而为人民币货币区建设打开突破口。在此基础上形成的"碳排放权交易—人民币结算"体系，将成为对"石油交易—美元结算"体系的有力补充。

（5）推动中国国内商业银行加快提升国际竞争力。中国国内商业银行作为国内金融体系的主体，拥有最广阔的客户基础、机构网络和人民币资产等，具备参与国际金融市场的先天优势，应当抓住契机加快国际化步伐。一是利用中国国际银行设施账户致力于发展国际银行业务，在与境外银行的竞争合作中提升经营服务水平和国际化程度。二是大力拓展海外市场，尤其是在中国香港、新加坡、英国伦敦等地，这些银行应借助人民币的大量积累，积极开拓境外人民币客户，扩大人民币在境外的使用。三是更好地为本国企业走出去服务，加快形成对主要经贸地区的全覆盖，构建全方位、全能化的服务链条，使机构设置、金融资源布局与企业走出去的格局相匹配。

（三）设立人民币离岸业务在岸交易结算中心的对接规则

第一，中国国际银行设施与境内（在岸）人民币账户应管理分开、流动有则、权利平等。具体规则如下所述。

（1）中国国际银行设施属于离岸金融市场内外分离型模式，其所对应的离岸账户与境内（在岸）人民币账户应当物理隔离、互相分立、严格管理。一是只有离岸人民币才能通过中国国际银行设施在人民币离岸业务在岸交易结算中心进行结算，现阶段必须对应实盘即依托真实贸易和投资背景。二是非居民和居民可通过中国国际银行设施，在人民币离岸业务在岸交易结算中心所在区域（将来可扩展至整个境内），使用其持有的离岸人民币进行贸易与投资，通过结算自由兑换为多种外币。三是中国国际银行设施账户资金不纳入境内货币统计，但对其实施监测，一旦其转入境内账户则应纳入货币统计。

（2）中国国际银行设施与境内（在岸）账户的人民币资金可以单向自由流动，即离岸人民币可以随时从中国国际银行设施账户转入境内账户，无须对应实盘。然而，其一旦转入境内人民币账户，则除非基于真实贸易和投资背景，否则不可逆向操作及在人民币离岸业务在岸交易结算中心结算，即接受现有外汇监管法规的调节。

（3）遵循权利平等原则。一是开设中国国际银行设施的各类主体享有同等权利。非居民如持有境内（在岸）人民币账户，其中国国际银行设施账户与境内（在岸）人民币账户之间的转换与居民享有等同待遇。二是使用离岸人民币在人民币离岸业务在岸交易结算中心进行的贸易与投资，与使用境内人民币享有同等权利。

第二，加快完善离岸金融法律体系。人民币离岸业务在岸交易结算中心及中国国际银行设施本质上应受离岸金融法律的规范。离岸金融法律由市场所在国制定，属于国际法的范畴。从广义上看，一国离岸金融法律体系普遍包含或吸纳了适用于离岸金融业务的国际条约、惯例等，比如以《巴塞尔协议》为核心的国际金融监管规则，加上所在国创设的法律，该体系可视为国内法和国际法的融合。

当前，中国离岸金融业务的法律法规主要包括中国人民银行颁布的《离岸银行业务管理办法》、国家外汇管理局颁布的《离岸银行业务管理办法实施细则》，其他法律法规有《中华人民共和国中国人民银行法》《中华人民共和国商业银行法》《中华人民共和国反洗钱法》《中华人民共和国外汇管理条例》《境内机构借用国际商业贷款管理办法》等。但是这些离岸金融业务的法律法规存在不健全、法律效力位阶低、法律条文较分散、法律空白较多等问题。鉴于离岸金融是高度法治化、国际化的业务，我们必须加快推动法律法规体系建设，具体措施包括以下几项。

（1）应分层次分步骤推进立法。从国家层面，可由中国人民银行出台规范，批准设立人民币离岸业务在岸交易结算中心和中国国际银行设施账户，明确相关制度规则，以国内法为基础，尽可能与国际法律接轨，使人民币离岸业务在岸交易结算中心遵循国际金融市场的共同活动规则，更好地与境外离岸市场对接。同时，应对《离岸银行业务管理办法》《离岸银行业务管理办法实施细则》以及其他相关法条进行修订，扩大离岸市场业务范围，统一规范管理中资银行离岸业务和境外银行在境内（在岸）的离岸业务。待条件成熟后，应由中华人民共和国全国人民代表大会出台一部统一的、完整的、与国际条约、惯例等接轨的离岸金融法，其内容应包括离岸金融主体法、离岸金融交易法、离岸金融监管法。

从地方层面，人民币离岸业务在岸交易结算中心所在省市，应在地方立法权限范围内，借鉴国际法、国际规则和成熟市场的经验，研究制定人民币离岸业务在岸交易结算中心的具体规范和管理制度，尽量采用负面清单管理方式。比如，广东省可借鉴香港无本金交割远期外汇交易市场等的有关制度，制定与香港金融市场对接的管理规范。同时，应赋予人民币离岸业务在岸交易结算中心所在区域相应的权限，可参照上海自由贸易试验区的做法，使该中心按程序停止实施有关行政法规和国务院文件的部分规定。

（2）近期立法或修法的重点应聚焦如下内容。

一是外汇和利率管理。目前人民币没有实现资本项目自由兑换，但在岸外汇管制并不影响离岸人民币市场的运作。我们可考虑取消对境内（在岸）的离岸市场，包括中国国际银行设施离岸人民币业务的外汇管制，使中国国际银行设施账户资金可自由划拨和转移，保证离岸资金的自由流动和汇兑。为此，应当对《中华人民共和国外汇管理条例》等有关规定进行相应的修改和补充。至于利率，《离岸银行业务管理办法》第二十二条规定：离岸银行业务的外汇存款、外汇贷款利率可以参照国际金融市场利率制定。但应要求离岸银行保持透明度，实时公告适用的利率。

二是经营管制。为增强中国离岸金融业务竞争力，应放松对离岸银行经营活动的管制，降低经营成本。《离岸银行业务管理办法》第二十三条规定：银行吸收离岸存款免交存款准备金。此条应适用于中国国际银行设施账户。中国的《存款保险条例》中也已豁免中国国际银行设施业务的存款保险义务。此外，还可适度放松对银行离岸业务资本金、其他附加资本金的要求。

三是税收优惠。低税收是离岸金融的重要特征之一。应抓紧制定与国家税法体系相衔接的离岸税收法规，要保证离岸业务的税率低于国内同类业务税率，离岸业务的税负不高于周边离岸市场税负水平，确保中国开展离岸业务的竞争优势。在有关法律法规出台前，可先以部门规章的方式给予离岸业务一定税收优惠。例如，降低所得税率，按照国际惯例免征营业税、印花税，对中国国际银行设施账户免征利息预扣税，等等。

四是保密义务。中国现行法律给予银行客户秘密一定的法律保护，如《中华人民共和国商业银行法》第二十九条和第三十条所规定的那样。但目前反洗钱、反腐败形势仍很严峻，如过分强调保密性，将使某些犯罪行为有机可乘。因此，设立人民币离岸业务在岸交易结算中心的初期，应根据中国实际情况，并参考国际组织的有关约束性建议制定法律规范，确认金融机构从事离岸业务的保密义务；具体来说，可采取较折中的保密要求，略宽松于国内商业银行履行的保密义务。

五是打击国际金融犯罪。目前，国际组织在打击金融犯罪领域积极合作，尤其在反洗钱和避免偷税漏税方面制定了较完善的指导建议。中国应参照有关国际组织的指导建议和行动守则制定相应法规，积极参与打击国际金融犯罪的跨境合作，推动离岸业务健康发展。

第三，加强风险控制。发展人民币离岸业务在岸交易结算中心最大的顾虑是，随着中国内外金融关联程度加深，隔离机制削弱，离岸人民币可能对国内在岸金融市场造成冲击。因此，人民币离岸业务在岸交易结算中心应把风险控制作为重中之重，在严格实行内外分离型模式的基础上，采取以下措施。

（1）对银行离岸头寸和在岸头寸相互抵补量进行限制并动态调整。离岸市场建立后，内外市场互通互联主要通过母银行与其离岸银行之间的头寸相互抵补实现，内部头寸对外抵补为资金流出，反之为资金流入，限制抵补量可以在一定程度上隔离内外风险。根据《离岸银行业务管理办法实施细则》，离岸银行离岸头寸与在岸头寸相互抵补量不得超过上年离岸总资产月平均余额的10%。目前，中国国内金融市场开放度提高，可以适度提高抵补量但仍应作必要限制，以后再根据内外市场渗透程度及形势变化、发展需求等进行动态调整。

（2）注重管制短期资本流动。短期资本流动是造成国际金融危机的重要诱因。可借鉴国际离岸市场的有关经验，进一步提高中国人民币汇率波幅，并通过托宾税等调节手段，抑制短期投机套利资金的出入。特殊情况下，监管部门还可以采取临时性管制措施。

（3）强化反洗钱、反恐怖融资、反逃税等监管措施。应推动监测体系建设，密切关注跨境异常资金流动，建立专家型的监管和执法队伍。人民币离岸业务在岸交易结算中心所在区域的金融机构和特定非金融机构，应及时、准确、完整地向国家金融监管部门报送资产负债表及相关信息，办理国际收支统计申报。

（4）加强国家与地方金融监管协作。国家和地方金融监管部门对区域内金融机构及相应业务，应按职权分工落实监管，加强协作配合。

（5）建立综合信息监管平台，对区域内非金融机构实施监测评估和分类管理。

第四，增强对离岸人民币的吸引力，提升在岸结算业务量。人民币离岸业务在岸交易结算中心能否充分发挥作用，取决于是否有大量离岸人民币在此交易结算。如若没有，那制度设计再精妙，人民币离岸业务在岸交易结算中心都会因业务不足而萎缩，形同虚设。提升结算业务量要靠以下两方面：一是离岸人民币资金存量和业务需求足够大，这是外因。目前看，这一点上我国已具备了较好的基础。今后要进一步增加离岸人民币的市场供给，提升境外需求和持有意愿。二是人民币离岸业务在岸交易结算中心的结算功能、交易币种、投资工具、市场机制等足够丰富，对离岸人民币的吸引力强，这是内因。因此，尝试沙盒游戏，开展沙盒监管，是一个可尝试的路径，其主要着力点如下所述。

（1）应为人民币离岸业务在岸交易结算中心制定超越现有规定的灵活政策，特别是在资本项目兑换方面应有所突破。比如，中国国际银行设施账户交易不受额度和币种限制，可自由划拨和转移，等等。同时，应进一步放宽相关投资许可，减少对跨境产权、股权、债权等交易的限制。

（2）应吸引境内外金融机构、中介服务机构、跨国公司、高科技企业、孵化器等进驻人民币离岸业务在岸交易结算中心，促进区域内产业、金融、科技的融合发展，形成集聚效应，提高跨境贸易、投资以人民币结算的市场需求。

（3）应进一步开放面向非居民的人民币投资市场，发展多样化人民币金融产品，即允许更多境外人民币通过外商直接投资或人民币合格境内机构投资者投资境内（在岸）实体经济和资本市场。还应支持金融机构依托中国国际银行设施拓展离岸业务，向境外投资者提供债券、基金、部分封闭的开放式基金（exchange-traded funds，又称交易所交易基金）、信托、理财产品等多种人民币产品和投资工具，逐步推出人民币汇率远期、碳期货等金融衍生品，为经常往来内地的非居民提供人民币寿险、意外险、跨境车辆保险等。

（4）应发展以人民币计价结算的跨境要素交易平台，即支持人民币离岸业务在岸交易结算中心所在区域设立跨境交易的产权、股权、技术、金融资产、大宗商品等要素交易平台或交易所，推出人民币标价的交易产品，支持市场主体转让境外资产和要素资源时以人民币交易。

（5）应逐步提升人民币离岸业务在岸交易结算中心的服务功能，包括提供便捷的支付和结算服务，形成更加市场化、可预期的人民币汇率，将交易系统的报价、成交、清算、信息发布等功能延伸到境外等。

第五，其他建议。

（1）在人民币离岸业务在岸交易结算中心所在区域设立与港澳对接的自由贸易区，进行金融改革试点。除配套开展人民币资本项目开放、汇率利率形成机制市场化、完善金融市场层次体系等重大改革试验，还可考虑如下路径：一是探索混业经营、综合监管。打破银行、证券、保险业之间的经营界限，建立更加自由开放的金融市场，推动各类金融机构交叉竞争与合作，增强整体竞争力。二是探索中国内地银行离岸业务的牌照管理制度。可参考香港的管理经验，即三级银行牌照（全牌照、部分牌照和接受存款公司）制度，以牌照管理代替目前的行政限制。资金实力雄厚、国际业务较多、风控水平较高的银行，可在人民币离岸业务在岸交易结算中心注册全牌照；其他商业银行可先注册部分牌照，随着离岸经验积累，再逐渐扩大业务范围，使离岸业务与风控水平相匹配。三是探索建立分层监管、激励相容的金融监管制度。应科学划分人民币离岸业务在岸交易结算中心所在区域的国家与地方监管权限，实现权责对应、监管有则、创新包容。比如，可将离岸银行一部分业务的准入及监管权限下放到地方监管部门，以更好地发挥地方能动性和信息优势，防范风险，促进创新。此外，应大胆地引进国际金融市场的先进制度、做法、业务等，由人民币离岸业务在岸交易结算中心消化、吸收，再创新，成功后再在国内大面积推行，以进一步提升国家金融的市场化、法治化、国际化水平。

（2）同步推进资本项目下人民币国际化与资本项目开放的改革。有关研究表明，如果资本项目迟迟不开放，人民币国际化最多只能完成10%，而且仅仅在贸易项下输出人民币将使人民币国际化不可持续，可能陷入"特里芬悖论"。由于资本项目下的人民币国际化无法独立于资本项目可兑换的改革，因而两者应同步进行、互相促进。比如，同步放松对企业和个人的换汇限制及对人民币汇出的管制，同步提高境外机构在人民币银行间市场的投资额度及合格的境外机构投资者（QFII）的额度，同步允许非居民在境内（在岸）融入人民币及将融得的人民币兑成外汇汇出，向非居民开放境内（在岸）人民币投资市场的速度应与香港等离岸人民币投资市场的发展基本同步，等等。

（3）协调上海自贸区与广东（如在此设立）人民币离岸业务在岸交易结算中心的发展定位。上海自贸区与广东人民币离岸业务在岸交易结算中心是错位发展、互补互促、联动共赢的，在人民币国际化进程中将各自发挥重要作用。上海自贸区在金融领域的主要任务是引领国内金融发展，以在岸金融创新为重点，推动上海成为与纽约、伦敦、中国香港等并立的国际金融中心。

广东人民币离岸业务在岸交易结算中心作为人民币离岸与在岸市场的对接枢纽，以及香港国际金融中心、澳门资金周转区域和广东金融强省建设的结合点，主要任务是促进人民币离岸金融市场发展，促进东南亚人民币货币区建设，为跨境人民币贸易投资及中国企业走出去提供国际金融服务。未来，上海银行间外汇交易市场与广东人民币离岸业务在岸交易结算中心的离岸人民币现货交易市场也将是分工与合作的关系：前者以人民币和美元交易为主，是境内（在岸）人民币汇率定价地，体现的是批发价格——一定程度上受央行调控，价格相对稳定；后者以人民币和港币、新加坡币等多种货币交易为主，依托真实贸易和投资背景，以人民币与其他多币种结算的行为，形成离岸人民币汇率，体现的是零售价格——主要由市场交易形成，价格波动较大，但定价主导权总体在国家手上。

总之，一国金融市场的离岸在岸对接包括三个层次：一是信息交换（information exchange）；二是部分协调（partial coordination），也称相机抉择的协调（discretion-based coordination）；三是全面协调（full coordination），也称以规则为基础的协调（rule-based coordination）。大多数国家通常会选择全面协调，主要着力于推动离岸在岸实际对接中的四大方面联动：一是结算体系联动（clearing & settlement system coordination）；二是规则标准联动（rule-based standard coordination）；三是法律条款联动（legal clause coordination）；四是监督管理联动（regulatory system coordination）。世界各国正处于实体经济全球一体化、金融市场国际化的进程中，各国应根据本国实际发展情况，采取不同方式推动离岸与在岸市场的有序对接、互动，这将更加有效地健全和加强全球金融治理体系，促进全球经济尤其是金融市场的稳定发展。

附录：人民币跨境支付系统 CIPS[①]

近年来，随着跨境人民币业务各项政策相继出台，跨境人民币业务规模

---

① 中国支付清算协会，2017. 支付清算理论与实务［M］. 北京：中国金融出版社：173-174.

不断扩大，人民币已成为中国第二大跨境支付货币和全球第四大支付货币。人民币跨境支付结算需求迅速增长，对金融基础设施的要求越来越高。为满足人民币跨境使用的需求，进一步整合现有人民币跨境支付结算渠道和资源，提高人民币跨境支付结算效率，2012 年年初，人民银行决定组织建设人民币跨境支付系统（Cross- Border Interbank Payment System，CIPS），满足全球各主要时区人民币业务发展的需要。

CIPS 分两期建设：一期主要采用实时全额结算方式，为跨境贸易、跨境投融资和其他跨境人民币业务提供清算、结算服务；二期将采用更为节约流动性的混合结算方式，提高人民币跨境和离岸资金的清算、结算效率。

2015 年 10 月 8 日，业界备受期待的人民币跨境支付系统（一期）成功上线运行。人民币跨境支付系统为境内外金融机构人民币跨境和离岸业务提供资金清算、结算服务。央行网站称，作为重要的金融基础设施，CIPS 符合《金融市场基础设施原则》等国际监管要求，对促进人民币国际化进程将起到重要支撑作用。

CIPS 的主要功能是便利跨境人民币业务处理，支持跨境货物贸易和服务贸易结算、跨境直接投资、跨境融资和跨境个人汇款等业务。其主要特点包括：一是 CIPS 采用实时全额结算方式处理客户汇款和金融机构汇款两类业务。二是各直接参与者一点接入，集中清算业务，缩短清算路径，提高清算效率。三是采用国际通用 ISO 20022《金融服务金融业通用报文方案》，采纳统一规范的中文四角码，支持中英文传输，在名称、地址、收费等栏位设置上更有利于人民币业务的自动处理。CIPS 报文设计充分考虑了与现行 SWIFT MT 报文的转换要求，便于跨境业务直通处理并支持未来业务发展需求。四是运行时间覆盖亚洲、欧洲、非洲、大洋洲等人民币业务主要时区。五是为境内直接参与者提供专线接入方式。

现有人民币跨境清算模式主要包括清算行模式和代理行模式。清算行模式下，港澳清算行直接接入大额支付系统，其他清算行通过其总行或者母行接入大额支付系统，所有清算行以大额支付系统为依托完成跨境及离岸人民币清算服务。代理行模式下，境内代理行直接接入大额支付系统，境外参加行可在境内代理行开立人民币同业往来账户进行人民币跨境和离岸资金清算。CIPS 上线后，现有人民币跨境清算模式将基于市场需求继续发挥作用。

本章要点与思考题

1. 现代金融体系国际化演进的原因与表现是什么？

2. 离岸金融市场是如何形成与发展的？

3. 为什么说离岸在岸金融市场对接是一个重要的课题？

4. 美国国际银行设施的含义是什么？

5. 日本离岸金融市场的作用是什么？

6. 分析国际离岸在岸金融市场对接模式四种类型的利弊。

7. 对发展中国家而言，离岸在岸金融市场对接模式有哪些可能的选择？

8. 一国离岸在岸金融市场有序对接的主要目的是什么？

9. 分析设立人民币离岸业务在岸交易结算中心的可行性。

10. 应为人民币离岸业务在岸交易结算中心设计怎样的制度框架？

11. 简述设置离岸在岸金融市场对接的特殊账号的重要性。

12. 离岸在岸金融市场对接应侧重哪些法律法规建设？

13. 粤港澳大湾区金融发展的难点与突破点是什么？

14. 如何设计人民币国际化的目标与路径？

阅读参考材料

1. 《中国金融》

2. 《国际货币评论》

3. 中国人民大学国际货币研究所：《人民币国际化报告》（历年年报）

4. Currency Composition of Official Foreign Exchange Reserves，IMF.

5. Basel III.

6. 黄达，2012. 金融学［M］. 3 版. 北京：中国人民大学出版社.

7. 胡乃武，2017. 国民经济管理学［M］. 3 版. 北京：中国人民大学出版社.

8. 陈云贤，2018. 中国金融八论［M］. 北京：中国金融出版社.

第六章

国家金融弯道超车

在第二章我们提到过，国家金融发展与马拉松类似。世界各国好比国际金融马拉松赛的选手，在这个长程竞争中，比拼的更多是耐力：跑在前面的总是力图保持领先地位，跑在后面的总是想方设法弯道超车，力争优胜。

现代金融体系的国际化演进，首先表现为金融市场的重要要素——货币的国际化进程，或称国际货币体系的演进。在世界经济发展史上，各国开启经济现代化的次序是有先后的，区域经济学把先进入这一过程的国家称为"先行国"，后进入这一过程的国家称为"后起国"①。一般来说，先行国经济成长起点高，增长率相对平稳，一旦经济实力增强，势必对外扩展；后起国存在明显的传统经济与现代经济并存的二元结构，如果不加快现代经济发展，将难以改变落后状况。为区分世界各国在国际货币体系架构中的职能、影响力，金融学者把通过输出通货获得实体资源的注入、得到铸币税好处的国家称为"中心国"，把通过输出实体资源获得国际流动性和金融资产的国家称为"外围国"②。一般来说，位于国际货币体系构架中心的国家，既能获得铸币税，又能获得实体资源的注入，在体系中具有主动权和支配权，它们通过不断推动世界各国开放经常项目与资本项目，提升自身的经济实力；位于国际货币体系构架外围的国家，通过输出实体资源获取国际流动性，在体系中处于被动依附地位，如果不稳妥而又积极地推动金融改革与发展，则容易在经常项目和资本项目的开放进程中，成为中心国家金融危机尤其是货币危机的

① 高洪深，2013. 区域经济学［M］.4版.北京：中国人民大学出版社：222.
② 张明，覃东海，2005. 国际货币体系演进的资源流动分析［J］. 世界经济与政治（12）：61-66.

泄洪区。

国际货币体系好比金字塔，不同货币在其中的位置差别很大。处于顶端的是关键货币，与相当数量的中间货币和庞大的外围货币相比，属于少数国际货币。在现行的国际货币体系中，关键货币目前主要包括美元、欧元、英镑和日元等。它们之所以能成为关键货币，往往与本国的大宗商品贸易——主要是大宗国际商品、能源贸易相关。在世界各国的贸易活动和金融实践中，一国经济活动与能源贸易的结合度，如该国是否拥有大宗商品、能源贸易的国际定价权或影响定价的能力等，已成为影响该国货币在国际货币金字塔体系中所处地位的重要因素。一国货币与大宗商品、能源贸易的计价结算绑定在一起，往往成为该国崛起、该国货币晋升国际关键货币的助推剂。

一、一国货币成为国际货币的基本路径

一国货币向国际货币的演变、发展及其影响，是世界各国金融学家们一直探索、未曾穷尽的研究课题。

国际货币实质上是世界各国货币的货币。它担负着全球商品和服务的价值尺度、交易媒介、支付结算和价值贮藏工具等功能，具体而言：一是在全球商品和服务交易中充当计价、支付、结算的货币；二是在一定的国家或地区范围内成为货币当局的储备货币；三是在一定程度上成为某些国家或地区货币当局的锚货币，具备影响外汇市场的能力。因此，一国货币成为国际货币尤其是关键货币的基本路径是：该国货币与全球的商品和服务交易捆绑在一起，尤其是与国际大宗商品，特别是与能源的计价、支付、结算绑定在一起，从而由支付结算货币逐渐演进为国际储备货币，再晋级为国际锚货币。在世界各国的经贸活动和金融实践中，一方面，一国的经济活动与大宗商品，尤其是与能源贸易的结合度，成为一个重要因素，影响着该国货币在国际货币金字塔体系中的地位；另一方面，国际货币金字塔体系的架构与功能，又反过来影响着一国乃至世界的经贸活动和金融稳定。

国际货币体系大致经历了如下演进阶段。

一是金本位制。金本位制占据主导的时间是 1880—1914 年，其基本内容是：各国政府宣布本国货币的含金量，并承诺按固定价格实现本国货币与黄金的自由兑换。因此，在金本位制下，储备货币和锚货币是黄金，汇率制度为固定汇率，黄金的国际流动成为国际收支的调节机制。金本位制的优点包括：其一，各国通过宣布本国货币的含金量，即钉住黄金，实现了彼此之间的固定汇率；其二，由于承诺确保黄金和货币的自由兑换，各国政府无法过度发行货币，从而实现了全球范围内的物价稳定；其三，国际收支的调整通过黄金的跨国流动而自动完成。金本位制的缺点包括：其一，全球黄金存量的增长速度远低于世界经济的增长速度，这意味着黄金本位制具有内在的通缩倾向；其二，一旦某些奉行金本位制的国家具有较强的出口竞争力，甚至黄金流入造成的物价上涨不足以完全抵消其出口商品的竞争力，那么黄金将持续由其他国家流入这类国家，加剧全球黄金分布的不平衡。

二是金块与金汇兑本位制。该制度占据主导的时间是 1922—1933 年，其基本内容是：中心国家实施金本位制，政府宣布本币的含金量，本国国内仅流通纸币，但允许各类主体与本国政府进行交易，按固定的价格实现本币和黄金的自由兑换；外围国家实施金汇兑本位制，即维持本国货币与一个实行金本位制国家货币的固定汇率，本国国内仅流通纸币，且纸币与黄金之间不能自由兑换。因此，在金块与金汇兑本位制下，储备货币和锚货币是黄金、英镑、法郎、美元；汇率制度为固定汇率；国际收支调整机制是中心国之间的国际收支失衡由黄金流动引发的价格调整来实现再平衡，中心国与外围国之间的国际收支失衡由固定汇率的调整来实现再平衡。该制度的优点包括：其一，适应了当时黄金在全球范围内分布不均、集中于少数几个大国的现实；其二，各国货币通过钉住黄金或中心国货币，间接实现了彼此之间的固定汇率；其三，中心国为了维持黄金与货币的自由兑换，外围国为了维持与中心国的固定汇率，不会过度发行货币，从而实现体系内的物价稳定。该制度的缺点包括：其一，作为货币锚的黄金产量显著低于世界经济的增长速度，该体系会内生出一种通货紧缩的倾向；其二，对实施金块本位制的中心国而言，黄金可能持续流向劳动生产率高、具有较强出口竞争力的国家。

　　三是布雷顿森林体系。该体系占据主导的时间是 1944—1971 年。在美国成为唯一一个有能力实施金块本位制的国家后，金块与金汇兑本位制升级的新版本即布雷顿森林体系，其基本内容是：美国政府宣布美元的含金量，即 1 盎司黄金兑换 35 美元；其他国家的货币以固定汇率钉住美元；仅允许别国政府用美元向美联储兑换黄金。在布雷顿森林体系下，储备货币和锚货币是美元；汇率制度为可调整的钉住汇率制度；国际收支的调整机制是当成员国之间的固定汇率存在根本性"失衡"时，中心国与外围国之间的国际收支失衡由固定汇率的调整来实现再平衡。该体系的优点包括：其一，适应了第二次世界大战以后全球黄金储备的一半以上集中于美国的现实；其二，黄金与美元的双挂钩制使得各国货币以固定汇率相连接，消除了汇率风险，促进了全球贸易和投资的发展；其三，为维持美元和黄金的挂钩，美国政府会限制美元过度发行，而其他国家政府为维持本币与美元的固定汇率，也会限制本币的过度发行，这有助于维持体系内的物价稳定。该体系的缺点可概括为"特里芬难题"：一方面，为满足全球对美元的需求，美国必须源源不断地输出美元；另一方面，如果美国输出的美元数量足够多，美国政府就难以继续维持美元与黄金的自由兑换。

　　四是牙买加体系。该体系占据主导的时间是 1976 年至今，其基本内容是：没有任何货币再有含金量的规定，黄金不再在体系内扮演重要角色；美元依然扮演全球储备货币的角色。在该体系下，储备货币和锚货币是美元、欧元；发达国家通常实施浮动汇率制度，新兴市场国家则大多以各种形式钉住美元汇率，来维持出口导向的发展战略；国际收支通过灵活的汇率变动来调节。牙买加体系的优点包括：其一，货币发行与黄金彻底脱钩，使得全球经济增长不再受通货紧缩的困扰；其二，美联储的货币政策信誉替代黄金成为国际货币体系中的锚货币，使得汇率变动与支付调节变得更加灵活，进一步方便了国际贸易和外汇收支，提升了其实际效率；其三，浮动汇率制的广泛实施使得成员国之间能够更加方便地通过汇率水平变动来平衡国际收支；其四，实施浮动汇率制度的成员国获得了货币政策的独立性，实施固定汇率制度的成员国获得了快速的出口增长。牙买加体系的缺点包括：其一，作为全球储备货币的美元依然难以克服广义的"特里芬难题"；其二，国际收支的必要调整屡屡被推迟，导致全球经常账户失衡愈演愈烈；其三，由于美元彻底与黄金脱钩，美元发行缺乏外在硬约束，而仅靠美联储货币政策信誉的内在约束。

2017 年，国际货币基金组织（International Monetary Fund，IMF）把国际汇率制度选择分为 10 类（见表 6 - 1），2016 年的 RR 汇率（Reinhart and Rogoff's exchange rate）制度选择则分为 15 类（见表 6 - 2）。

表 6 - 1　IMF 汇率制度选择分类（2017 年）

序号	分类		国家（地区）
1	No separate legal tender	没有单独的法定货币	13
2	Currency board	货币局	11
3	Conventional peg	传统的钉住	43
4	Stabilized arrangement	稳定化安排	24
5	Crawling peg	爬行钉住	3
6	Crawl-like arrangement	类爬行安排	10
7	Pegged exchange rate within horizontal bands	水平区间内的钉住汇率	1
8	Other managed arrangement	其他管理型安排	18
9	Floating	浮动	38
10	Free floating	自由浮动	31

表 6 - 2　RR 汇率制度选择分类（2016 年）

序号	分　　类		国家（地区）
1	No separate legal tender	没有单独的法定货币	53
2	Pre announced peg or currency board arrangement	事先宣布的钉住或者货币局	27
3	Pre announced horizontal band that is narrower than or equal to +/−2%	实现宣布的水平区间等于或小于+/−2%	0
4	De facto peg	事实钉住	16

续表

序号	分 类		国家（地区）
5	Pre announced crawling peg	事先宣布的爬行钉住	1
6	Pre announced crawling band that is narrower than or equal to +/−2%	事先宣布的爬行钉住区间等于或小于+/−2%	4
7	De factor crawling peg	事实上的爬行钉住	17
8	De facto crawling band that is narrower than or equal to +/−2%	事实上的爬行钉住区间等于或小于+/−2%	19
9	Pre announced crawling band that is wider than or equal to+/−2%	事先宣布的爬行钉住区间大于或等于+/−2%	0
10	De facto crawling band that is narrower than or equal to+/−5%	事实上的爬行区间窄于或等于+/−5%	16
11	Moving band that is narrower than or equal to +/−2%	移动区间窄于或等于+/−2%	7
12	Managed floating	管理浮动	9
13	Freely floating	自由浮动	6
14	Freely falling	自由落体	12
15	Dual market in which parallel market data is missing	多重市场但平行市场数据缺失	0

对两者进行比较不难发现：第一，两种分类基本上都承认浮动汇率、中间汇率和硬钉住三种基本汇率制度的划分；第二，均证明了"惧怕浮动"现象的存在；第三，考虑到汇率制度上"做的"（deeds）和"说的"（words）的差异性，两者都在朝着事实分类的方向发展。

再结合国际货币体系的演进历程可以看出：其一，国际货币体系的表现形式经历了由金本位制到金块与金汇兑本位制，再到布雷顿森林体系的黄金与美元双挂钩的固定汇率制，又到牙买加体系的浮动汇率制的变革发展。其二，在这几次大的变革发展中，英镑、美元的崛起是由多种因素决定的，但其中一个很重要的原因是该国货币绑定了大宗商品，尤其是能源贸易的计价、支付、结算。其三，一国货币成为国际货币，带给了发行国诸多利益，如获取铸币税、实体资源注入、在国际货币体系中拥有支配权等，因此中心国家会力图维持原有体系。其四，外围国家在国际货币体系中处于依附与被动地位，既惧怕汇率升值导致本国出口商品竞争力减弱，又惧怕汇率贬值导致外部负债敞口的增加，也惧怕汇率波动对本国金融市场的冲击，它们更期望稳定汇率，提升国家的公信力，因此外围国家大多倡导国际货币体系改革。其五，国际货币体系中的中心国家与外围国家可能相互转化，一是由一国货币替代另一国货币，二是中心国家的数量可能发生改变，可以有多个中心。在第一次世界大战前，英镑作为国际货币一枝独秀；在两次世界大战期间，英镑与美元在国际储备货币中平分秋色；在第二次世界大战后，美元在国际货币体系中独占鳌头。可以说，国际货币的兴衰是随着国家间政治和经济影响力的兴衰变化而演变的。总的来讲，一国货币成为国际货币的路径是从国际贸易和服务的支付结算货币到储备货币再到锚货币。

二、案例 1：煤炭—英镑

标题"煤炭—英镑"可能容易使人产生误解，认为英镑的国际化崛起，只跟英镑与煤炭能源交易的绑定有关。实际上，从英镑的国际化历程来看，"国际化的英镑"至少经过"贸易—英镑"（工业革命时期，煤炭作为主要"食粮"扮演了重要角色）、政府信用和国债的发行与管理、英格兰银行诞生、"黄金—英镑"本位制和海域强权的支撑等几个重要节点。因此可以说，英镑国际地位的确立是英国政治、经济、文化等影响力发展的结果。下面我们就具体看看这几个重要节点的情况。

第一，"贸易—英镑"，尤其是煤炭贸易绑定英镑支付结算。英镑真正成为一种国际货币是在 19 世纪，尤其是在国际金本位制度确定之后的事情。16 世纪，国际贸易中心从地中海地区和意大利地区转移到欧洲西北角的比利时和荷兰，之后的一个世纪里，荷兰控制了世界贸易霸权，荷兰盾在国际贸易中成为关键货币。但当时是人类生产以手工作坊为主的时期，国际贸易以木材、鱼类、粮食、毛皮、香料、棉纺织品和丝绸、瓷器等为主，缺乏能源需求，能源与货币的绑定关系还未显现。

18 世纪的最后 25 年，英国取代荷兰成为世界领先的贸易强国，伦敦取代阿姆斯特丹成为最重要的金融中心。蒸汽机的问世引起系列技术革命，并实现了从手工劳动向动力机器生产的飞跃转变，煤炭成为近代工业的主要"食粮"。工业革命及机器大工业的产生、发展，促使能源需求急剧增长。1815—1860 年，英国工业革命最重要的棉织品货值、煤炭出口值和钢铁产值分别从 206 万英镑、1 万英镑和 11 万英镑增至 520 万英镑、34 万英镑和 136 万英镑[1]。从增长率的角度看，英国棉纺织品的主导地位自 19 世纪下半叶开始被钢铁等货物赶超，它标志着此时英国进入全面工业化时期。1840 年英国率先完成工业革命，并率先成为以煤炭为主体能源的国家。1850 年，英国生产的金属制品、棉织品、铁的产量已占世界总产量的一半，煤产量更是占到 2/3，成为世界煤炭供给的主要来源地，完全左右了世界煤炭市场。在造船和铁路修筑领域，英国也已居世界首位。1860 年，英国的工业品产出已占到世界工业品产出的 40%～50%[2]。

发达的工业制造水平造就了英国在国际贸易中的强大竞争力，英镑也随着英国的产品出口走向了世界。"煤炭交易"捆绑"英镑结算"的举措，使英镑成为国际贸易中的关键货币，在金本位体制下的英镑地位显赫，当时的国际贸易结算中，大多数商品都使用了英镑计价与结算，许多国家的央行储备也选择了英镑而非黄金。

第二，政府信用和国债的发行与管理。英国国债的发行与管理成为英国政府信用的试金石。英国在 17 世纪下半叶以来的历次战争前后，都采取了低

---

① 王章辉，2013. 英国经济史 [M]. 北京：中国社会科学出版社：67-180.

② 阎照祥，2003. 英国史 [M]. 北京：人民出版社：293-298.

息续借、设立减债基金等方式稳定英国统一公债的利率，使英国公债利率成为世界国债的基准。许多国家选择在伦敦市场筹集资金，发行各种以英镑计价的有价证券，英镑作为国际货币的地位逐渐得到巩固。

第三，英格兰银行诞生。1694年，面对一系列战争带来的财政亏空、政府债务剧增和民间借贷的日益艰难，英国议会允许认购国债者成立一个法人机构，英格兰银行由此诞生。随着国家借贷规模的日益增长，英格兰银行逐渐成为管理、运作政府国债的常设性机构。此后，英格兰银行为国债的良性运行、金融流动性的增强和国家信用社的巩固奠定了坚实基础。英镑崛起为国际货币的过程，与英格兰银行作用的加强和伦敦金融中心地位的上升是相辅相成的。

第四，"黄金—英镑"本位制。17世纪，英格兰市场流通的主要货币是银币，银币作为金属货币存在较易磨损、重量不断减轻和不能长期保值等系列问题。1816年，英国通过《金本位制度法案》，率先以法律形式确立了金本位制，允许将黄金作为本位货币来发行纸币，英镑可以自由地兑换为金条、金币，并且不受出口限制。在当时（直到19世纪中叶）欧洲货币制度依然呈现金本位制、银本位制、金银复本位制三足鼎立态势的背景下，英镑作为黄金的替代物，真正成为世界贸易舞台的主角，被誉为"纸质黄金"。因此，19世纪下半叶国际金本位制确立后，它也在某种程度上被看成"黄金—英镑"本位制。

第五，海域强权的支撑。国际货币的竞争不仅发生在经济层面，它更是一国综合实力的较量。英国在19世纪达到巅峰的强大海权，成为英镑国际化的最重要保障之一。随着英国海域强权的扩张，英镑的覆盖范围不断拓展到澳大利亚、新西兰、爱尔兰自由邦、塞浦路斯、斐济、牙买加、巴巴多斯、英属西非、南非、南罗德西亚等广阔地区。英国本土的金融机构也开始不断向海外扩张，殖民地银行开始在伦敦出现。1939年英镑区正式成立，除加拿大以外的英国自治领、殖民地和相关国家，在英镑区内用英镑为贸易往来进行支付结算，各成员国的通货与英镑保持固定汇率。

英镑的国际化进程由多种因素决定，但我们需要特别注意的是，一国货币作为国际大宗商品贸易的支付结算手段，尤其是与国际大宗能源贸易的支付结算相绑定，对其成为国际货币具有重要意义。"煤炭—英镑"的绑定，是英镑国际化进程中一个可借鉴的重要因素。

三、案例 2：石油—美元

如前所述，美元与石油绑定，成为其交易的支付结算货币，也是美元成为国际货币的重要因素之一，但并不是唯一因素。纵观美元的国际化历程，它也至少经历了实体经济的牢固支撑、布雷顿森林体系、马歇尔计划、牙买加体系以及石油贸易与美元绑定等几个关键节点。美元国际化给美国带来了额外的国际经济利益和特殊的国际政治权力，因此，美国始终在国家金融层面把维持美元的国际地位作为坚守的目标。下面我们就具体看看美元国际化的几个重要节点。

第一，实体经济的牢固支撑。两次世界大战期间，随着工业革命的影响从欧洲转向美洲，全球经济、贸易与资本的主导力量也逐渐从英国转移到了美国，英镑和美元在国际货币竞争中的强弱对比也发生了变化。其显著特征是：美元兴起成为国际货币，与英镑展开了竞争；纽约兴起成为金融中心，与伦敦展开了竞争。而美国的实体经济是这两者的牢固支撑。

第二，布雷顿森林体系。1944 年 7 月在美国新罕布什尔州召开的布雷顿森林会议，构建了第二次世界大战后的国际金融体系，尤其是国际货币体系。其基本内容包括：其一，美元与黄金挂钩，即美国政府宣布美元的含金量，即 1 盎司黄金兑换 35 美元；其二，其他国家货币与美元挂钩，即其他国家的货币以固定汇率钉住美元；其三，各国货币自由兑换，即成员国不得对国际收支经常项目的支付或清算加以限制；其四，美元与黄金处于同等地位，即允许外国政府用美元向美联储兑换黄金，美元成为各国外汇储备中最主要的国际储备货币。

第三，马歇尔计划。该计划由美国于 1947 年 7 月启动，1951 年终止，其主要影响包括：其一，美国为欧洲国家提供的美元援助和信贷几乎成为欧洲各国外汇储备的唯一来源；其二，该计划给美国带来了大规模的商品和资本输出，极大地提升了美国在国际贸易中的市场份额和美元在国际贸易中作为交易媒介的地位；其三，在欧洲建立多边支付体系、将汇兑结算与马歇尔计划的"有条件援助"相结合的政策，使美元得以全面介入欧洲的国际结算环节。因此可以说，美元对欧洲国家的输出，形成了庞大规模的"欧洲美元"，加强了美元在国际结算、外汇储备等方面的国际地位。

第四，牙买加体系。为解决布雷顿森林体系崩溃之后国际金融关系中出现的种种问题，国际货币基金组织于1976年1月8日临时达成《牙买加协定》，并于同年4月由理事会通过，《牙买加协定》塑造了国际货币关系的新格局——牙买加体系。其具体内容包括：其一，强调汇率体系的灵活性，使浮动汇率制合法化。会员国可以自行选择汇率制度，但各国的汇率政策应受国际货币基金组织的管理和监督。其二，实行"黄金非货币化"。黄金不再作为各国货币定值的标准，不再成为各国货币汇价的基础；废除黄金官价，会员国可在市场上自由进行黄金交易；取消会员国和国际货币基金组织之间以及会员国之间的黄金支付；国际货币基金组织将以出售和归还的方式处理一部分黄金储备。其三，加强"特别提款权"的作用，即扩大"特别提款权"的使用范围，应以"特别提款权"作为主要的国际储备资产，使其最后取代黄金的储备货币地位。由《牙买加协定》开始，任何货币不再和黄金量挂钩，黄金不再在国际货币体系内扮演重要角色，而美元则依然扮演着全球储备货币的角色。

第五，石油贸易与美元绑定。石油能源贸易与美元绑定，以美元支付结算，可谓美国崛起和美元充当国际货币的助推剂。美元取代英镑成为关键货币，也是受益于两次世界大战期间石油取代煤炭引起的核心能源更迭。19世纪后半叶，内燃机革命使石油成为工业革命新高潮的"血液"。20世纪20年代，内燃机普及，石油需求及其贸易迅速扩大；第二次世界大战期间，美国成为盟国的主要能源（石油）供应者；第二次世界大战后，美国几乎掌握了世界原油产量的2/3；在高盛编制的大宗商品指数（Goldman Sachs Commodities Index，涵盖24种大宗商品）中，能源（包括原油、布伦特原油、RBOB

汽油、燃料油、瓦斯油和天然气等）占所有大宗商品美元权重达 64.51%[①]。

到了 20 世纪 70 年代，即第四次中东战争期间，美国选择阿拉伯国家中最大的石油产出国沙特阿拉伯作为盟友，与之达成"不可动摇协议"，将美元确立为石油的唯一计价货币，并得到了其他欧佩克成员国的同意。由此，美国在国际石油贸易计价中获得了垄断地位。在石油贸易绑定权的基础上，美国在其他大宗商品交易中也逐渐获得了垄断地位，强势美元国际化得到进一步稳固。现在，世界上几乎最主要的大宗商品现货交易市场都以美元作为支付结算货币，世界主要的两大石油期货市场——芝加哥期货交易所和伦敦国际石油交易所也都以美元作为计价、结算、支付货币，美元约等于石油也成了世界共识，任何想进行石油等大宗商品交易的国家和地区都不得不把美元作为储备货币。这确保了美国运用美元决定石油等大宗商品的国际定价的权力，在国际货币格局中建立起美元本位制。

综上可见，美元在国际货币体系中的崛起是由多种因素决定的。但不可否认，美元与国际大宗商品贸易，尤其是与石油能源贸易计价、支付、结算权的绑定，的确是美元国际化的强力助推剂。因此，在国家金融层面，煤炭—英镑和石油—美元展示了一条简单明晰的国际货币崛起之路，为发展中国家推动本国货币的国际化进程提供了重要的参考。中国在推动国际金融体系尤其是国际货币体系改革的过程中，如能将大宗商品贸易，特别是大宗能源贸易与人民币绑定，以人民币计价、支付、结算，也必将推动人民币由国际支付结算货币向储备货币再向锚货币转变的进程。

四、中国"碳排放权交易—人民币结算"路径探讨

已知当前几大国际货币的崛起历程后，其他国家尤其是中国如何实现国家金融的弯道超车呢？要探讨一国金融弯道超车的路径和方法，我们首先要了解国际事务中现存的"三个世界规则"。

---

① 王颖，管清友，2009. 碳交易计价结算货币：理论、现实与选择 [J]. 当代亚太（1）：110-128，109.

首先，是《联合国宪章》（Charter of the United Nations）。1945 年 6 月 26 日，来自 50 个国家的代表在美国旧金山签署了《联合国宪章》，1945 年 10 月 24 日起生效，联合国正式成立。《联合国宪章》规定，联合国的宗旨是"维护国际和平及安全""发展国际间以尊重人民平等权利及自决原则为根据之友好关系""促成国际合作"等；它还规定联合国及其成员国应遵循各国主权平等、各国以和平方式解决国际争端、在国际关系中不使用武力或武力威胁以及联合国不得干涉各国内政等原则。它为世界各国处理国际关系、维护世界和平确立了基本原则和方法，可被称为第一个"世界规则"。

其次，是《关税及贸易总协定》（以下简称《关贸总协定》）（General Agreement on Tariffs and Trade）及其后的世界贸易组织（World Trade Organization）的一揽子协议。《关贸总协定》于 1947 年 10 月 30 日在日内瓦签订，并于 1948 年 1 月 1 日开始临时适用。它是一个政府间缔结的有关关税和贸易规则的多边国际协定，其宗旨是通过削减关税和其他贸易壁垒，删除国际贸易中的差别待遇，促进国际贸易自由化，以充分利用世界资源，扩大商品的生产和流通。1995 年 1 月 1 日，世界贸易组织正式开始运作，1996 年 1 月 1 日取代《关贸总协定》临时机构。它缔结了世界各国政府间有关关税和贸易规则的多边国际协定，可将其称为第二个"世界规则"。

最后，是《联合国气候变化框架公约》（United Nations Framework Convention on Climate Change）的补充条款《京都议定书》（Kyoto Protocol）。如果说《关贸总协定》制定了世界有形商品的贸易体系，那么《京都议定书》则制定了世界无形商品的贸易体系——碳商品的形成、碳交易市场的发展，使之成为全球贸易中的新亮点。《京都议定书》的目标是"将大气中的温室气体含量稳定在一个适当的水平，进而防止剧烈的气候改变对人类造成伤害"，可被称为第三个"世界规则"。

碳排放权交易（简称"碳交易"）这一新兴的贸易领域为一国金融的弯道超车提供了新机遇，下面我们就详细考察由《京都议定书》所塑造的碳交易市场的情况。

（一）《京都议定书》

《京都议定书》是《联合国气候变化框架公约》的补充条款。1997 年 12

月，由《联合国气候变化框架公约》参加国在日本京都制定。条约于 2005 年 2 月 16 日开始强制生效，到 2009 年 2 月，一共有 183 个国家通过了该条约（超过全球排放量的 61％）。值得注意的是，美国虽然在《京都议定书》上签字但并未核准，之后又首先退出了《京都议定书》，加拿大 2011 年 12 月也宣布退出。

按照《京都议定书》的定义，温室气体包括二氧化碳、氧化亚氮、甲烷、氢氟碳化合物、全氟碳化合物、六氟化硫等六种需人为控制排放的气体，即"碳排放权"中的"碳"。所谓"碳排放权"，其表现形式为温室气体排放配额或排放许可证，即协议国家根据一定时期内实现一定的碳排放减排的目标，将减排目标以上述形式分配给国内的不同企业。碳交易是以市场机制来解决这个复杂问题的金融方案，即许可配额或排放许可证的交易。这形成了国际贸易中的系列碳商品，使环境资源可以像商品一样买卖。据预测，碳排放权可能超过石油，成为全球交易规模最大的商品。

《京都议定书》的目标是"将大气中的温室气体含量稳定在一个适当的水平，进而防止剧烈的气候改变对人类造成伤害"。这是人类历史上首次以法规的形式限制温室气体排放。为了促进各国完成温室气体减排目标，《京都议定书》允许采取以下四种减排方式：第一，两个发达国家之间可以进行排放额度买卖的"排放权交易"，即难以完成削减任务的国家可以花钱从超额完成任务的国家买进超出的额度。第二，以"净排放量"计算温室气体排放量，即从本国实际排放量中扣除森林所吸收的二氧化碳的数量。第三，可以采用绿色开发机制，促使发达国家和发展中国家共同减排温室气体。第四，可以采用"集团方式"，即欧盟内部的许多国家可视为一个整体，采取有的国家削减、有的国家增加的方法，在总体上完成减排任务。

《京都议定书》建立了旨在减排的三个灵活合作机制——国际排放贸易机制（International Emissions Trading）、联合履行机制（Joint Implementation）和清洁发展机制（Clean Development Mechanism），这些机制允许发达国家通过碳交易市场等灵活完成减排任务，而发展中国家可以获得相关技术和资金。为了深入理解碳排放问题，下面我们具体介绍一下这三大机制运行的规则。

首先，是国际排放贸易机制。其核心是允许附件一缔约方相互交易碳排放额度。《京都议定书》的附件一缔约方可以以成本有效的方式，通过交易转让或者境外合作方式获得温室气体排放权。这样，就能够在不影响全球环境完整性的同时，降低温室气体减排活动对经济的负面影响，实现全球减排成本效益最优。这一机制主要作用于发达国家。

其次，是联合履行机制。这是附件一缔约方之间以项目为基础的一种合作机制，目的是帮助附件一国家以较低的成本实现其量化的温室气体减排承诺。减排成本较高的附件一国家通过该机制在减排成本较低的附件一国家实施温室气体的减排项目。投资国可以获得项目活动产生的减排单位，从而用于履行其温室气体的减排承诺，而东道国可以通过项目获得一定的资金或有益于环境的先进技术，从而促进本国的发展。它的特点是项目合作主要发生在经济转型国家和发达国家之间。

最后，是清洁发展机制。核心是允许承担温室气体减排任务的附件一缔约方在非附件一缔约国投资温室气体减排项目，获得核证减排量（Certified Emission Reduction），并依此抵消其依据《京都议定书》所应承担的部分温室气体减排任务。这一机制主要作用于发达国家与发展中国家之间。

值得强调的是，清洁发展机制是现存唯一得到国际公认的碳交易机制，基本适用于世界各地的减排计划。随着减排已经成为一种国际趋势，各种区域性和自愿性减排计划涌现，该交易市场的发展前景比较乐观，碳交易工具正在增加。作为主要参与方的中国，其清洁发展机制项目跟随国际形势，有着广阔的发展前景。

截至 2020 年 1 月，中国已批准清洁发展机制项目 5074 个，其中四川省最多，有 565 个；其次是云南省，有 483 个。已批准清洁发展机制项目估计年减排量 7.82 亿吨 CO_2。从减排类型来看，新能源和可再生能源类清洁发展机制项目 3733 个，占比最大，为 71.63%，估计年减排量也最大，占 58.74%；其次是节能和提高能效类。

截至 2020 年 1 月，中国已注册清洁发展机制项目 3807 个，其中四川省最多，有 368 个；其次是云南，有 367 个。已注册清洁发展机制项目估计年减排量 6.27 亿吨 CO_2。从减排类型来看，新能源和可再生能源类清洁发展机制项目 3173 个，占比最大，为 83.35%，估计年减排量也最大，占 63.33%；其次是节能和提高能效类。

截至 2020 年 1 月，中国已签发清洁发展机制项目 1557 个，其中内蒙古自治区 194 个，云南省 157 个。已签发清洁发展机制项目估计年减排量 3.58 亿吨 CO_2。从减排类型来看，新能源和可再生能源类清洁发展机制项目 1267 个，占比最大，为 81.37%，估计年减排量也最大，占 49.94%；项目数量上排第二位的是节能和提高能效类；估计年减排量排名第二位的是 HFC-23 分解类。

（二）从碳商品到碳交易市场

随着《京都议定书》的实施，一方面，缔约国对通过几种碳交易机制实现碳减排达成了共识；另一方面，承担实际减排责任的企业有碳交易的需求。碳排放权客观上变成了可供交易的国际无形商品。发达国家已经形成了以碳配额交易、直接投融资、银行贷款、碳互换等一系列金融工具为支撑的碳金融体系，碳远期、碳期货及碳期权等碳交易的衍生产品也不断涌现。目前，碳排放权已经发展为以排放配额交易为基础的具有投资价值和流动性的系列碳商品。

为了深入理解碳商品和碳交易市场，我们有必要介绍一下碳交易的系列衍生产品。

首先，是碳远期交易，即双方约定在将来某个确定的时间以某个确定的价格购买或者出售一定数量的碳额度或碳单位，它是为规避现货交易风险而产生的。清洁发展机制项目产生的核证减排量通常采用碳远期的形式进行交易。项目启动之前，交易双方就签订合约，规定碳额度或碳单位的未来交易价格、交易数量及交易时间。该合约为非标准化合约，通过场外交易市场对产品的价格、交易时间及地点进行商讨。由于监管结构较松散，这类合约容易面临项目违约风险。

其次，是碳期货。碳期货也是为了应对市场风险而衍生的，它与现货相对应，在未来进行交收或交割，其标的物是二氧化碳排放量。与碳远期交易相比，碳期货属于标准化交易工具，由期货交易场所统一制定合约，其中规定了数量、交货时间等内容，价格随市场波动，可以买卖合约（双向交易），并根据交易量缴纳一定的保证金，交割方式可以是实物、现金或者对冲平仓。它具备规避风险和发现碳价格的双重功能。碳期货交易是公开进行的远期交割二氧化碳的一种合约交易，因此它实际上综合反映了供求双方对未来某个时间的供求关系和价格的预期。这种价格信息具有连续性、公开性和可预期性的特点，有利于增加市场透明度，提高资源配置效率。

再次，是碳期权。碳期权是在碳期货基础上产生的一种碳金融衍生品，是指交易双方在未来某特定时间以特定价格买入或卖出一定数量的碳标的的权利，其本质是一种选择权，碳期权的持有者可以在规定的时间内选择买或不买、卖或不卖的权利，可以实施该权利，也可以放弃该权利。与碳期货一样，碳期权可以帮助买方规避碳价波动所带来的不利风险，具备一定的套期保值功能。期权的购买者能够通过区别购买看涨期权或者看跌期权锁定收益水平。此外，还可以通过对不同期限、不同执行价格的看涨期权和看跌期权的组合买卖来达到锁定利润、规避确定风险的目的。

最后，是碳基金，即各国采取私募、公募或众筹等方式专项筹措的，用于投资、控制或干预碳交易以支持节能减排项目的资金。从世界各国发展情况来看，目前国际上购买核证减排量的碳基金和其他采购机构约50家，其主要的设立和管理方式包括：全部由政府设立和管理（主要在芬兰、奥地利等国）；由国际组织和政府合作设立、由国际组织管理（主要由世界银行与各国政府合作促成）；由政府设立、采用企业化模式运作（如英国碳基金和日本碳基金）；由政府和企业合作建立、采用商业化模式管理（典型代表是德国和日本的碳基金）；由企业出资并采取企业方式管理（主要从事核证减排量的中间交易）。各类碳基金的设立目标、资金来源、筹资规模、运营期限、运行模式不一，对各国节能减排和清洁能源发展产生的推动作用、有效性和影响力不一，但从众多国家碳基金的实际效果与作用来看，它们都在不同程度上为各国应对气候变化和节能减排作出了贡献。

　　了解了碳商品及碳交易的衍生产品，我们就可以进一步研究碳市场了。碳市场即由人为规定而形成的国际碳交易市场。碳市场的供给方包括项目开发商、减排成本较低的排放实体、国际金融组织、碳基金、各大银行等金融机构、咨询机构、技术开发转让商等。需求方有履约买家（包括减排成本较高的排放实体）和自愿买家（包括出于企业社会责任或准备履约进行碳交易的企业、政府、非政府组织、个人）。金融机构进入碳市场后，也担当了中介的角色，其中包括经纪商、交易所和交易平台、银行、保险公司、对冲基金等。

　　根据碳市场建立的法律基础，可以将其分为强制碳市场和自愿碳市场。如果一个国家或地区政府的法律明确规定了温室气体排放总量，并据此确定了被纳入减排规划中的各企业的具体排放量，那么这种为了达到法律强制减排要求而产生的企业间或政府间碳市场就是强制碳市场。而基于社会责任、品牌建设、对未来环保政策变动等的考虑，一些企业通过内部协议，以配额交易调节余缺而建立的碳市场，就是自愿碳市场。

　　根据交易对象，可以将碳市场分为配额碳市场和项目碳市场两大类。前者的交易指总量管制下所产生的减排单位的交易，其交易对象主要是政策制定者分配给企业的初始配额，如《京都议定书》中的配额、欧盟碳交易体系使用的欧盟配额，交易方式通常是现货交易。后者的交易指因实施减排项目所产生的减排单位的交易，其交易对象主要是通过实施项目削减温室气体而获得的减排凭证，如由清洁发展机制产生的核证减排量和由联合履行机制产生的减排削减量，它们通常以期货方式预先买卖。

　　根据组织形式，可以将碳市场分为场内碳市场和场外碳市场。碳交易开始主要在场外市场进行，随着交易的发展，逐渐建立了场内交易平台。目前，全球已建立了20多个碳交易平台，遍布欧洲、北美洲、南美洲和亚洲市场。欧洲的场内碳交易平台最多，主要有欧洲气候交易所、欧洲环境交易所等。

　　根据交易市场层级划分，碳市场可分为碳配额初始分配市场、碳配额现货交易市场和碳期货及其他碳金融衍生品交易市场。各市场层级的交易对象、参与主体和主要功能有所区别，详见表6-3。

表 6 - 3　碳市场层级

市场层级	交易对象	参与主体	主要功能
初始分配市场	配额初始分配	政府、控排企业（含新建项目）	创设碳配额
现货市场	配额现货交易	控排企业及其他合格投资者	基础价格发现、资源流转
期货等市场	碳期货、碳期权及其他碳金融衍生品等	控排企业、金融机构及其他合格投资者	价格发现、套期保值和规避风险

综上所述，在了解从碳商品到碳市场的各种基本情况后，其主要特点可总结如下。

第一，碳商品的原生产品——碳排放权本质上是政府创设的环境政策工具。首先，履行强制碳减排责任的国家根据《京都议定书》为其设定的减排目标，确定减排期内本国可排放的温室气体总量上限，并以排放许可权的形式分配配额给控排企业，允许企业将未用完的排放权许可证或配额出售给超额排放温室气体的企业，这就是"总量—限额"交易的基本形式。其次，碳市场及其运行机制由政府主导建设。最后，碳市场的整体运营，包括碳资产的产生、权属转移、履约等，要依靠政府制定强有力的法律法规进行保护。

第二，碳商品具有全球公共物品的属性和同质化、准金融等特点。温室气体具有流动性强和续存期长等特点，这决定了基于碳减排的碳商品具有全球公共物品的属性，即很难通过个别国家的努力达到缓解全球变暖的目的。碳商品是一种或有商品、无形商品，即双方买卖的对象是碳排放权；碳商品价格主要取决于当前碳市场需求与供给的稀缺程度。此外，全球碳排放权、碳商品具有同质化特性，进而具备准货币化特质，能够远期清缴交割、电子化登记、无库存成本等。这些特质决定了碳现货交易与期货交易联系紧密，因此完整的碳市场体系是现货与期货的对接统一。

第三，碳商品市场天然具有区域统一性和期现货对接统一性。典型案例包括欧盟碳排放交易体系和美国区域性温室气体减排行动等。

（三）世界碳市场发展现状

目前，世界主要的碳交易市场包括欧盟排放交易体系（European Union Emission Trading Scheme）、英国排放交易体系（The UK Emissions Trading Scheme）、美国芝加哥气候交易所（Chicago Climate Exchange）等。另外，亚洲一些国家，尤其是中国，也已建立或着手建立碳交易市场，因为所占体量大，它们也是碳交易领域值得我们重点关注的对象。下面我们就具体分析几个对本节主题有启发价值的碳市场。

第一，欧盟碳市场。2001 年美国宣布退出《京都议定书》后，欧盟成为国际气候行动的领导者，碳交易很快成为欧盟应对气候变化不可或缺的重要政策工具和各成员国履行减排承诺的最主要手段。欧盟通过以下措施着力打造其在全球碳市场体系中的核心竞争力：一是在欧盟内部建立统一的碳市场，以增强欧盟内部减排配额的流动性；二是通过清洁发展机制打通与发展中国家碳交易的兼容系统，以降低自身的减排成本。

2005 年 1 月，欧盟碳排放交易体系正式运行，成为目前世界上最大的碳市场。2005—2012 年，欧盟碳市场年交易额从 100 亿美元直线上升至 1500 亿美元，年均增长率达 47%，2012 年欧盟碳交易金额占全球配额交易市场的 99.3%，掌握着国际碳市场的主要定价权。欧盟碳排放交易体系分为三个实施阶段，现已进入第三阶段（2013—2020 年），减排范围进一步扩大到石油、化工等行业。按照该体系设定的目标，欧盟的碳排放总量必须保证每年以不低于 1.74% 的速度下降，以确保 2020 年温室气体排放比 1990 年至少减少 20%，在此阶段中的 50% 以上配额采取拍卖方式分配，到 2027 年实现全部配额的有偿拍卖分配。

目前，欧洲气候交易所上市交易的现货品种主要有欧盟碳排放配额和核证减排量，衍生品种主要有核证减排量期货合约、欧盟碳排放配额期货合约、核证减排量期权合约和欧盟碳排放配额期权合约。可见，从措施到发展阶段，从现货交易到期货品种交易，欧盟碳排放交易市场均走在世界前列。与此同时，欧洲的碳排放交易市场促进了欧洲碳金融产业的发展。二氧化碳排放权商品属性的加强和市场的不断成熟，吸引了投资银行、对冲基金、私募基金及证券公司等金融机构甚至私人投资者竞相加入，碳排放管理已成为欧洲金融服务行业中成长最迅速的业务之一。这些金融机构和私人投资者的加入使得碳市场的容量不断扩大，流动性进一步加强，市场也愈加透明，同时又吸引了更多的实体企业、金融机构参与其中，提高了欧洲金融产业的竞争力。

第二，美国碳市场。虽然美国退出了《京都议定书》，但它在全球碳市场中仍然表现活跃，目前美国的碳交易体系主要有区域性温室气体减排行动、芝加哥气候交易所的自愿交易等。

首先是区域性温室气体减排行动，这是美国首个以市场为基础的强制性温室气体减排计划，现由康涅狄格州、特拉华州、缅因州、新罕布什尔州、新泽西州、纽约州、佛蒙特州、马萨诸塞州、罗得岛州和马里兰州组成。2007 年，各成员州授权成立了非营利性的区域性温室气体减排行动法人机构，其职责包括：记录、监督排放气体总量，跟踪二氧化碳排放配额；维护一级市场和二级市场上的碳交易；为各成员州申请抵消项目和评估项目利益提供技术支持。该减排计划覆盖的温室气体仅限于二氧化碳，规制对象是该区域内 2005 年后装机容量等于或者超过 25MW 的化石燃料发电厂。近几年来，该减排计划在环境保护方面做出巨大贡献。

其次是芝加哥气候交易所，该交易所成立于 2003 年，是全球第一个具有法律约束力、基于国际规则的温室气体排放的登记、减排和交易平台。该交易所的会员分别来自航空、汽车、电力、环境等数十个不同行业，它们必须作出自愿但具有法律约束力的减排承诺。会员分两类：一类是来自企业、城市和其他排放温室气体的实体单位，它们必须遵守其承诺的减排目标；另一类是该交易所的关联参与者。该交易所开展的减排交易项目涉及二氧化碳、氧化亚氮、甲烷、氢氟碳化物、全氟碳化物及六氟化硫等六种温室气体，并一度主导着全球具有法律约束力的自愿碳交易的定价权。

最后是加利福尼亚州的碳交易体系。2013 年 1 月，加利福尼亚州启动碳交易体系，一跃成为当时世界第二大碳市场（控制排放的总量）。2014 年 1 月，加利福尼亚州与加拿大魁北克省碳交易体系正式连接，成为美洲第一个跨国连接的碳交易体系。加利福尼亚州除允许控排企业在美国境内投资的减排项目所产生的碳信用用于履约外，还与墨西哥城、魁北克等当地政府签订备忘录，方便加利福尼亚州控排企业在墨西哥城、魁北克投资的减排项目所产生的碳信用在本州碳市场上履约。

第三，日本碳市场。日本是亚洲第一个建立碳市场的国家，其碳市场先后经历了两个重要发展阶段：第一阶段是 2005 年建立的自愿性排放交易体系，主要针对日本国内自愿参与减排的企业，采用总量配额交易的运作模式；第二阶段是 2010 年启动的日本东京都碳排放总量控制与交易体系，这是世界上第一个控制城市减排总量的交易体系，覆盖了工业、商业领域约 1400 个排放源。

第四，印度碳市场。印度是第一个建立国内碳市场的发展中国家，它于 2008 年开始碳交易，并在 2012 年正式建立了印度节能证书交易计划。该交易市场主要对印度国内的水泥、钢铁等行业实施强制性减排交易。同时，印度还推出了欧盟减排许可期货和五种核证减排额期货。

第五，韩国碳市场。韩国是居全球前列的碳排放大国，其 90% 以上的能源依赖进口，因此从 2012 年开始逐步建立全面的减排目标管理体制。韩国碳交易体系在 2015 年启动，涉及大型电力生产、制造和运输等行业，该体系设定了排放总量上限，通过排放配额交易来强制减排。

第六，中国碳市场。中国是全球第一大温室气体排放国，被许多国家看作最具潜力的减排市场。中国碳论坛和 ICF 国际咨询公司联合开展的《2015 中国碳价调查》认为，中国碳排放峰值将出现在 2030 年。同时，随着时间的推移，未来碳价将逐步告别低位。

2011 年，中国国家发展和改革委员会（简称发改委）确定北京、天津、上海、广东、深圳、湖北、重庆开展碳交易试点。2013 年 6 月 18 日，深圳率先启动了碳交易市场，随后上海、北京、广东、天津、湖北、重庆也陆续启动。

目前，中国已有越来越多的企业积极参与碳交易，中国也在加快建立全国碳市场，这个进程大致可分为三个阶段：第一阶段是 2014—2016 年，为前期准备阶段。这一阶段是中国碳市场建设的关键时期。第二阶段是 2016—

2019 年，即中国碳市场的正式启动阶段。这一阶段全面启动与全部碳市场要素相关的工作，检验碳市场这个"机器"的运转情况。2017 年末，中国已搭建起全国性的碳交易体系框架。第三阶段是 2019 年以后，碳市场启动"高速运转模式"，承担起温室气体减排的最核心的作用。

目前，中国已正式启动碳现货交易。从试点的碳现货交易市场情况看，中国试点的碳市场均为强制减排碳市场，即基于"总量控制与交易"体制下的配额交易市场。碳分配方面，配额总量大都采用历史排放法、行业基准法和历史强度法来核定，但配额发放方式有所不同：北京、上海为免费发放；广东、天津、深圳采取"免费为主，有偿为辅"的方式，以平抑二级市场的价格波动。现货市场上，各试点参与交易的主体均以控排企业为主，机构投资者为辅，广东、天津和深圳允许符合条件的个人投资者入市交易。表 6 - 4 汇总比较了其中五个试点省市碳市场的关键制度。

表 6 - 4　五个试点省市碳市场的关键制度比较

内容	广东	上海	天津	北京	深圳
2018 年配额量	4.22 亿吨	1.58 亿吨	1.1 亿吨	0.5 亿吨	0.32 亿吨
配额分配方式	免费为主有偿为辅	免费发放	免费为主有偿为辅	免费发放	免费为主有偿为辅
配额核定方式	历史排放法行业基准法	历史排放法行业基准法	历史排放法历史强度法行业基准法	历史排放法历史强度法行业基准法	历史强度法行业基准法
现货市场参与交易主体	控排企业机构投资者个人	控排企业机构投资者	控排企业机构投资者个人	控排企业机构投资者	控排企业合格投资者个人

综上可见，一方面，中国属全球第一大温室气体排放国，是最具潜力的减排市场；另一方面，中国还处于碳市场的建设阶段，市场运作体系正在逐步健全，除正式启动了碳现货交易外，碳远期、碳期货等市场还处于探索和产品研发之中，碳期货交易所等尚未建立。

（四）碳交易—人民币结算

前文已经分析过，一国货币与大宗商品、能源贸易的计价结算绑定在一起，往往成为该国崛起、该国货币晋升国际关键货币的助推剂。而碳交易作为全球贸易中的新亮点，为一国金融的弯道超车提供了新的机遇。中国作为全球第一大温室气体排放国和最具潜力的减排市场，应该探索一条用"碳交易"捆绑"人民币结算"的新路径，以期在国际金融体系中实现弯道超车。

目前，中国的碳排放量还处于攀升阶段，而美欧等发达国家和地区近年来大力宣扬开征碳税与碳关税，一旦征收碳关税，并按照美欧的标准确定税额，中国的出口产品将会因碳排放量过高而面临高额关税这一贸易壁垒。因此，我们应加快探讨研究，尽早建立全球碳市场，这个市场应该是一个既包括碳现货交易市场又包括碳期货交易市场的健全体系，这个体系能够形成具有威慑力的倒逼机制，督促企业加快绿色转型的进度。同时，通过产业政策、税收政策等，政府可以引导、鼓励企业积极采用低碳技术，提供绿色环保的服务，生产低碳产品。这些举措能够全面提升中国企业在世界产业链中的地位，使中国外贸完成绿色升级。

具体来说，建设好碳市场对中国具有如下意义。

首先，碳交易是优化中国产业区域配置的一种制度创新。

国内外实践表明，相比碳税政策和单纯的行政强制减排，碳交易是在市场经济框架下解决气候、能源等综合性问题最有效率的方式。碳交易的本质是通过市场机制来解决碳排放的负外部性，将外部成本内化为排放主体的内在成本，进而实现减排，并在全球范围内优化配置碳资源的一种制度安排。碳交易能通过市场手段促进减排成本向碳收益转化，引导金融资源更好地向低碳经济领域倾斜，从而使社会整体减排成本最小化，这有利于加快各国产业结构的转型升级和经济发展方式的转变。

中国地域辽阔，区域经济发展不平衡，一些地方政府存在追求区域生产总值增长的发展导向。由于自然环境的限制和生态保护的需要，不少中西部欠发达地区不适合发展高强度制造业。加快碳市场体系建设，能够鼓励欠发达地区通过保护生态环境、开展森林碳汇等方式实现碳减排，同时促使高耗能的经济发达地区通过购买碳减排量的方式扶持欠发达地区发展，这能够将现有的不平衡发展模式转化为市场化的生态与经济协调发展的格局，从而促进区域协调发展，优化产业区域配置。

其次，标准化的碳市场体系建设是中国 21 世纪海上丝绸之路金融战略的重要切入点。

目前，亚洲地区仅日本、印度等国开展了规模较小的碳交易活动，东盟十国在碳交易领域尚无探索，可以说，基于强制减排机制的碳市场在亚洲地区刚刚起步。加快推进中国的碳市场体系建设，形成覆盖东南亚等国家和地区的区域性碳交易体系，是中国构建 21 世纪海上丝绸之路金融战略的重要切入点，有利于展现中国与周边国家和地区"共享机遇、共迎挑战、共同发展、共同繁荣"的诚意和决心，有利于在中国与东南亚国家和地区之间建立服务于低碳经济发展的金融体系，有利于增强中国金融市场的辐射力和影响力。

最后，"碳交易—人民币结算"可开辟人民币国际化"弯道超车"的新路径。

2001 年开始，美国著名国际金融学家、诺贝尔经济学奖获得者罗伯特·蒙代尔（Robert Mundell）在多个场合提出"货币稳定三岛"的大胆构想，即美元、欧元、人民币三足鼎立，在全球范围内形成稳定的货币体系。蒙代尔认为：应维持欧元兑美元汇率的稳定，将其固定在一定区间内，比如 1 欧元兑 1.2 美元至 1.4 美元；随着人民币逐步可兑换，将人民币纳入美元、欧元的固定汇率机制中，创建美元、欧元、人民币三位一体的"货币区"；其他各国货币与此货币区形成浮动汇率；这既有利于稳定的国际货币体系的形成，又使各国贸易的结算、支付关系能够灵活发展。蒙代尔的构想侧面反映出，在现有的国际货币金字塔中，一方面，现行的"美元本位"的国际货币体系亟待改革，另一方面，以人民币为代表的他国货币如何弯道超车、晋升国际货币甚至关键货币，成为国内外探索的一个重要课题。

在这方面，"碳交易—人民币结算"为我们提供了一条货币地位演化的可能路径：首先，随着清洁能源技术的新突破、新利用和新组合，低碳经济将成为各国经济的发展方向，以低碳为特征的新能源的利用及贸易——碳信用、碳商品、碳交易等将蓬勃兴起。2020 年，全球碳交易量现货为 10.13 亿吨，期货为 71.3 亿吨，超过石油成为世界第一大交易市场。其次，中国是全球第一大温室气体排放国，也被认为是最具潜力的排放市场，中国正有越来越多的企业参与碳交易。在国际货币先后经历了"煤炭—英镑""石油—美元"体系之后，如果中国能够抢占先机以"碳交易—人民币结算"为载体，建立相应的金融体系，服务于中国与东南亚等国家和地区的低碳经济发展，则可助力人民币在能源贸易中崛起，实现在国际金融体系中的弯道超车。

（五）加快中国碳市场建设发展

第一，建立健全碳市场体系。

不同于欧盟"自上而下"和"期货现货同步"的跨成员国统一碳市场体系建设路径，中国在碳市场体系建设方面，选择了"自下而上"，即"先试点后推广、先区域后全国、先现货后期货"的传统方式来稳步推进。目前，发改委正在牵头开展国家碳交易注册登记系统建设及全国统一的温室气体排放统计核算和报告体系建设等相关工作，并将碳交易从局部试点逐步推向全国。但是，中国碳市场体系建设仍然存在以下几个主要问题。

（1）缺乏碳交易的统一平台，市场分割明显，流动性不足，价格发现机制尚未形成。首先，中国目前的碳市场尚处于初级发展阶段，缺乏全国性的碳交易场所。各试点省市的核心制度设计，包括碳排放监测、报告和核证、配额注册登记系统、交易规则等方面存在较大差异，未能形成统一标准。其次，各地试点初期覆盖的控排企业数量不多，企业交易意愿不强，金融机构和非控排企业参与度不高。试点市场普遍存在参与度较低、交易量有限、流动性不足等问题。再次，个别试点地区的业务主管部门一味强调配额的分配及通过履约达到强制减排的目的，而忽视了现货交易市场的发展。最后，中国碳市场至今缺乏为企业提供风险对冲和价格管理的期货、期权等碳衍生品种，碳市场的功能未得到正常发挥。

（2）金融机构参与度不高，碳金融专业人才缺乏。碳交易的规模要变大、流动性要增强，要真正成为全国性乃至国际性的交易类型，并衍生出其他交易品种，都必然需要金融的支持。但目前中国有关碳金融业务的组织机构和专业人才仍然短缺，国家对碳金融工具、碳产品项目等投入不足，该领域缺乏系统、规范的国家碳金融政策文件作为指导，更缺乏碳基金、碳期货、碳期权等各种金融衍生工具及风险分担、利益补偿机制。

（3）中国在全球碳市场尚无话语权，本国碳交易的国际化程度不高。为掌握在未来碳市场中的制度主导权、话语权和定价权，欧盟碳排放交易体系、美国区域性温室气体减排行动、美国加利福尼亚州碳交易体系、加拿大魁北克省碳交易体系等均通过外部连接机制，与其他减排市场，尤其是新兴市场国家的减排市场进行单向或双向连接。而中国当前七省市试点的碳交易体系基本没有与外部市场连接的机制设置。此外，在《京都议定书》的清洁发展机制中，中国也缺乏话语权。由于不熟悉碳金融产品的交易规则、操作模式等，中国企业现在卖出的清洁发展机制项目，主要是由国际碳金融机构承接运作，定价权被其掌握，计价结算货币主要是欧元等，人民币不是主要结算货币。这使得中国尽管是清洁发展机制项目市场的最大卖方，但却处于该市场产业链最低端的被动地位。

第二，创建碳期货交易所。

中国碳市场体系建设的目标应是：国际自愿和国内强制减排相结合，将碳交易强制纳入全国统一的交易市场，建立健全包含现货和期货在内的碳市场体系；构建国家级和世界级交易平台，加强与国际碳市场的交流合作，争取在国际碳市场尤其是亚洲碳市场的定价权或能源话语权。

碳市场本身的特性和碳市场发展的国际经验均提示我们，碳市场体系建设的有效路径是统一交易，现货、期货市场同步对接。因此，中国应在现有各省市碳现货市场试点的基础上做到以下几点：要全面提速，建立统一的国内碳现货市场；要同步创设碳期货交易所；要建立健全多元化的碳金融组织服务体系。图 6.1 展示了全国统一的碳市场体系架构设想。

第三，以标准化建设为抓手，抢占亚洲碳期货市场话语权，其包括如下要点。

（1）完善碳排放标准及基础交易机制，主要内容包括以下几点。

一是控制排放总量，以碳排放强度（碳排放量除以 GDP 总量）为基础规

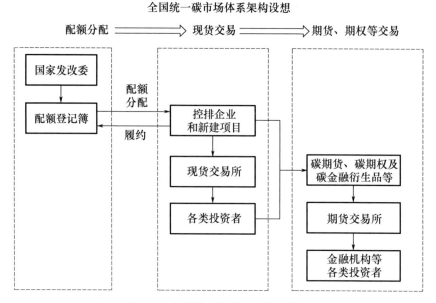

图 6.1　全国统一的碳市场体系架构

范总量控制目标。举例来说，在共同但有区别的责任下，中国主动承诺 2020 年比 2005 年单位 GDP 碳排放强度下降 $40\%\sim45\%$。那么中国可将这个相对排放量控制目标，作为碳市场过渡时期的碳排放控制目标使用。在具体操作方面，可根据 2020 年碳排放强度的下降目标，确定之前各年度碳排放强度的具体下降目标，再根据对下一年 GDP 增长的预期和下一年度碳排放强度下降的目标来计算碳排放量控制目标，计算公式为：碳排放量控制目标＝碳排放强度下降目标×GDP 增长预期目标。据此可确定下一年碳排放总量控制目标和当年排放总量之差，即下一年度的允许排放增量；再将排放总量或增量作为指令性指标纳入年度计划即可。

二是规范初始排放权配额分配机制。初始排放权配额分配机制是整个碳交易机制运行的核心，分配排放权就意味着分配财产利益，排放权分配的合理性关系到排放权交易机制实施的公平性和运行的有效性。在中国碳市场的早期阶段，可以仿照欧盟的"祖父条款"（Grandfather Clause），采用以无偿分配为主的方式来分配排放权配额，即现有的排放者皆可免费分配到大部分排放权配额，少量配额以有偿方式分配。由于大部分排放权配额是免费分配，对参与的实体来说，如超标减排产生了剩余的排放权配额，则可以出售获利，这样可以吸引更多企业参加，扩大交易的市场规模。

在交易市场发展到一定阶段后，可采取无偿分配与有偿分配相结合的方式，即由政府通过宏观调控适时地调整有偿分配的比例；然后采取渐进式、分行业的办法，选择特定的碳排放量大的行业，如电力、钢铁、煤炭等，逐年降低其无偿分配的比例，增加其有偿购买的比例，并用拍卖所得建立碳基金，以一定比例补贴的方式支持低碳环保技术和产业的发展；最后经过一定阶段的发展，形成以拍卖为主的分配模式，建立起公平、高效的市场化排放权配额分配制度。

三是规范排放许可机制。首先，中国应建立类似《欧盟温室气体排放交易指令》的温室气体排放许可机制，即排放温室气体的经济实体必须有主管机关颁发的排放许可证。其次，排放许可证申请的内容一般应包括：排放源、排放装置及其活动，包括其使用的技术；可能会导致温室气体排放的原材料和辅助材料的使用；计划采取的指导方针、监控和报告措施等。再次，政府需明确排放许可证颁发的前提条件，制定温室气体排放的监控和报告标准。只有排放主体提交的温室气体监控和报告达到该标准，主管部门才向其颁发温室气体排放许可证。最后，排放许可证的内容应包括：排放装置和活动的描述，监测要求，详细的监测方法，报告要求。

四是规范排放和交易登记机制。中国应建立一个国家注册登记系统，参与交易方应在国家主管部门系统内建立一个账户，所有排放数据和交易活动都要通过该账户登记。这样可以建立一个标准化的数据库，对企业的排放数据和排放许可配额的签发、持有、转让、获取、注销和回收的数据进行统计。考虑到将来要与国际碳市场连接，国家注册登记系统的结构和数据格式都应符合《联合国气候变化框架公约》缔约方大会制定的技术标准，以保证该系统能与《京都议定书》下的清洁发展机制登记系统以及各国的碳交易机制登记交易系统进行准确、透明和有效的数据交换。

五是规范监控与核证机制。监控与核证机制的作用是确认参与排放权配额交易的排放主体的减排量是否真实。中国需要设立独立于排放主体和管理部门之外的第三方机构，对减排数据进行核查、监测和验证，以确保排放数据的准确性。具体来说，首先，要培育专业化的核证机构和技术人才，设立核证机构和人员能力资质标准（核证机构须掌握技术层面的相关业务，如确定基准线、排放监测等专门技术；技术人员须掌握核算减排量的相关方法学）。其次，为了监控碳排放量及保证核证数据的准确性，必须建立国家碳排放核算标准体系和统一排放量的计算公式（如欧盟的排放量计算公式为：排放量＝活动数据×排放系数×氧化系数。活动数据包括使用燃料、生产率等；排放系数应使用可接受的燃料排放系数；氧化系数是如果排放系统没有考虑到一些碳不被氧化的事实，那么应使用额外的氧化系数）。最后，核证报告要与配额的转让交易机制挂钩，确保排放主体进行核证。

（2）合理设计碳期货交易标准及交易机制，主要内容包括如下几点。

一是合约标的。标的是以二氧化碳当量为换算标准的碳排放权，合约是以二氧化碳当量排放空间为标的物的标准化期货合约。

二是交易单位及报价单位。因为合约价值等于交易单位乘以该合约的市场价格，所以若交易单位设定得太高，会不利于期货合约的流动性；若设定得太低，会影响投资者进入期货市场进行套期保值的积极性。因此，中国可参照国际碳期货交易市场采用的常规交易单位：1000 吨二氧化碳/手。报价单位则是公开竞价过程中对期货合约报价所使用的单位，可设为"元（人民币）/吨"。

三是最小变动价位。期货合约中的最小价格波动值也被称为"刻度值"，期货交易中，买卖双方每次报价时的价格变动必须是这个最小变动价位的整数倍。在我国碳市场上，最小变动价位控制在 0.01～0.05 元（人民币）/吨的范围内比较合适，相应地，每手合约（1000 吨）的最小变动价值为 10～50 元（人民币）。

四是涨跌停板幅度和交易保证金。在不同的季节或同一季节的不同时间，碳的排放量都是不同的，这导致碳排放的现货价格波动比较频繁、波动幅度较大，因此涨跌停板幅度应该较其他期货品种更大一些，这样也更利于活跃交易。同时，为有效控制价格波动带来的风险，碳期货交易的保证金比例也应该比其他期货品种高。目前，中国商品期货的涨跌停板幅度大多为上一交易日结算价的 3%～7%，保证金大多为合约价值的 5%～10%（经纪公司最低加收客户保证金 3%）。根据上述考虑，在碳期货交易合约中，宜将涨跌停板幅度设置为上一交易日结算价的 ±8% 左右，最低交易保证金设置为不低于合约价值的 10%，这有利于抵御停板带来的风险。

五是交割事项。首先是交割标准品，它是经中国国家主管部门批准、确认和登记的，以多少吨二氧化碳为换算标准值的碳排放的减少量或增加量。其次是交割方式，碳配额作为一种特殊的商品，是一种权利，交易企业在国家主管部门都有登记和备案，所以其交割必须通过国家主管部门来划拨（实际操作过程中，可由主管部门认定的集中登记托管机构划拨），同时进行现金结算。再次是交割日，参照国际碳期货交易市场上的惯例，可将每个合约月份的最后一个星期一作为交割日，遇法定假日顺延。最后是交割结算价，即该期货合约最后交易日（交割日的前一个工作日）的结算价。

六是合约月份。碳排放量虽然会随气候条件的变化而变化，但是在一年中每个月都有碳排放，而碳汇也始终在生成，所以每个月都应是合约月份。

综上，我们可以初步设计出中国的碳期货合约（表 6-5）。

表 6-5　中国碳期货合约的初步设计

合约条款	具体内容
交易单位	1000 吨二氧化碳/手
报价单位	元（人民币）/吨
最小变动价位单位	0.01～0.05 元（人民币）/吨或每手合约 10～50 元（人民币）
涨跌停板幅度	上一交易日结算价的 ±8% 左右
最低交易保证金	合约价值的 10%
交割日	合约到期月份的最后一个星期一，遇国家法定假日顺延
最后交易日	交割日的前一个工作日
合约月份	1、2、3、4、5、6、7、8、9、10、11、12 月（按月份交割）

七是交易机制。碳期货交易市场的有效运行需要完善的交易机制、结算机制及风险管理机制，具体内容如下所述。

首先，应建立完善的交易和结算机制，包括市场参与主体、交割规则、价格形成制度等。其中，碳期货交易所的设立及规范运作是一个系统工程，不论是硬件设施的准备，还是软件程序及合格人员的配置均可借鉴现有期货交易所的做法。

其次，应建立有效的风险管理机制，包括行之有效的保证金制度、涨跌停板制度、持仓限额制度、大户持仓报告制度、强行平仓制度、强制减仓制度、结算担保金制度、风险警示制度等。其中，风险警示制度应包括对风险实时监控的计算机风险预警系统，以确保如下基本功能：第一，通过对资金、持仓和价格等单项指标非正常情况的实时反映和对各单项指标的综合分析，来界定期货市场的风险程度；跟踪、监控期货市场的运转，及时发现市场风险隐患，达到事先防范和控制风险的目的。第二，通过查询系统和使用相关工具，能够迅速查找风险根源，找出问题的关键，为采取有效的风险防范措施打下基础。第三，该系统应具备多合约综合处理能力，在市场中多个合约联动或反向运动的情况下，系统能对参与多个合约交易的会员的情况进行综合处理。

第四，加强法制建设，将碳期货交易与人民币国际结算相捆绑，提升人民币的国际地位。具体内容包括以下几项。

（1）制定健全的全国碳资产财产权保护法。发达国家的经验表明，以立法手段定义碳配额的权利属性并进行权利责任配置，是建立碳市场最重要的制度前提。中国应抓紧推出国家层面的碳市场体系上位法，围绕碳交易的七大运行机制（确立排放限额和分配机制、产权激励机制、履约机制、交易保障机制、减排促进机制和违规惩罚机制、救济机制、外部连接与合作机制）细化制度设计，并明确各职能机构的职责，统一各试点市场的运行，以高位阶产权保护法来促进市场的有序发展。其要点如下所述。

一是制定强有力的保护碳资产财产权的上位法。国家层面的立法可以对二氧化碳排放的总量控制、许可、分配、交易、管理及交易双方的权利义务、法律责任等作出明确规定，为碳市场运行提供法律依据和保障。

二是制定与健全全国统一的方法学。目前，国家发改委已公布了《温室气体自愿减排方法学备案清单》，为中国自愿减排项目设定了统一的标准，并正进一步制定与健全关于碳配额设置的全国统一的方法学。现实表明，应当尽快在实践的基础上，建立一套科学、易操作的统一的方法学，明确碳减排的目标责任制和考核制度，以保证碳市场的可预期性、公平性和公正性，从检验制度和方法上减少对配额分配和交易结果的争议，这有助于从根本上消除因区域间标准不同而产生的碳泄漏问题。

三是制定并健全碳期货交易相关法律法规。我国可学习借鉴欧盟等在碳期货法律法规方面的先进做法，同时总结中国在传统期货法律法规建设上的经验教训，科学制定并完善中国碳期货交易法律法规体系，其内容应包括碳期货交易管理条例、碳期货交易所管理办法、碳期货投资者保障基金管理办法、碳期货从业人员管理办法、碳期货从业人员执业行为准则等。

（2）制定碳期货市场的国家或国际监管准则。中国应充分借鉴和汲取欧美碳期货市场建设的先进经验，建立证监会、碳期货交易所和碳期货业协会的三级监管机制，加强与国外碳期货市场及监管机构的合作；应制定完善的国际化交易制度、规则及监管合作准则，做到公开、公平、公正，发挥碳期货市场的各项功能，保护国内外排放主体和投资者的权益，特别是应采取多种国际通用的措施和机制，如交易保证金制度、涨跌停板幅度的调整、限期平仓、强行平仓、"熔断"或暂停交易、休市等，来有效防范风险，维护市场有序运行。

在上述举措的基础上，中国应吸纳亚太国家和地区参与中国碳期货交易，促使人民币成为该市场的主要计价结算货币。目前，亚太地区仅日本、印度等国开展了小规模的碳现货交易，东盟十国在碳交易领域尚无探索，总的来说，亚太地区基于强制减排机制运行的碳市场刚刚起步，尚未涉足碳期货交易。另外，虽然目前全球碳交易市场暂时形成了以欧元为主的计价方式，但尚未构成牢固的捆绑体系。因此，中国应加快建设碳期货交易所，广泛吸纳亚太国家和地区参与，助力人民币成为碳期货交易的主要结算货币，这将有利于建立相应的碳金融体系，服务中国与东南亚国家和地区的低碳经济发展，进而加快人民币国际化弯道超车的步伐，进一步提升中国在国际金融体系中的地位。

附录：《"十三五"现代金融体系规划》落地[①]

日前，由中国人民银行牵头，发展改革委、科技部、工业和信息化部、财政部、农业部、商务部、银保监会和证监会等九部委共同编制的《"十三五"现代金融体系规划》（下称《规划》）已正式落地。据悉，《规划》是指导金融业发展的纲领性文件，建立了金融业总体的发展框架，为我国金融业今后五年的发展指明了方向。

《规划》提出了健全金融调控体系、建立现代金融监管体系、优化现代金融机构体系、健全金融市场体系、建设高层次开放型金融体系、强化金融基础设施体系、完善支持实体经济的金融服务体系、筑牢金融风险防控处置体系等八大任务和着力实现更高水平的金融市场化、着力推动更加全面的金融国际化、着力创新高效安全的金融信息化、着力推进完备统一的金融法治化、着力实现金融业治理体系和治理能力现代化等五大战略目标。

业内人士表示，政府的重视，监管的发力，对金融业的健康稳定发展至关重要，《"十三五"现代金融体系规划》是贯彻落实十九大精神的重要措施，从理论高度为我国下一阶段金融的健康发展与监管调控指明了方向。一方面货币政策在总需求、在宏观经济政策管理中的作用将得到更好的发挥，另一方面通过金融监管的改革、协调，也会促使金融系统的运行更加安全和健康。

《"十三五"现代金融体系规划》十大内容

（1）积极稳妥防范处置近中期金融风险，包括推动同业业务回归流动性调节本位，清理整顿影子银行，对线上线下各类业务实施穿透式、全覆盖监管等。

（2）目标包括显著提高直接融资特别是股权融资比重，到 2020 年末债券市场余额占 GDP（国内生产总值）比重提高到 100％左右，进一步推动人民

[①] 节选自 https://www.sohu.com/a/233444159_100102451，2018 年 5 月 30 日。原标题为：《纲领性文件印发！〈"十三五"现代金融体系规划〉落地》。

币国际化。

（3）优化货币政策目标体系，进一步突出价格稳定目标，增强货币政策透明度和可预期性；完善货币政策操作目标，逐步增强以利率为核心的价格型目标的作用。

（4）积极稳妥去杠杆，逐步将金融市场加杠杆行为、金融机构流动性风险纳入宏观审慎政策框架，并建立非银机构的系统重要性概念和评估标准。

（5）在金融基础设施方面，将建立覆盖所有金融机构、金融基础设施和金融活动的金融业综合统计体系，实现全流程、全链条动态统计监测。

（6）清理整顿影子银行，对线上线下各类资管业务实施穿透式、全覆盖监管，建立复杂金融产品审批或备案制度，加强现场检查和联合风险监测，强化风险准备金计提要求，限制杠杆比例、多层嵌套，严禁开展资金池业务。

（7）严厉打击乱办金融、非法集资、非法证券期货活动等非法金融活动。出台处置非法集资条例，甄别并打击以各类合作金融组织为名的非法集资活动，遏制农村、校园高利贷多发势头。

（8）加强金融监管问责。在强化对金融机构监管问责的同时，建立健全对监管者的问责制度，国务院金融稳定发展委员会对金融管理部门和地方政府进行业务监督和履职问责，有关部门按程序核实并依法依规问责。地方人民政府建立对地方金融监管部门的问责机制。

（9）逐步扩大宏观审慎政策框架的覆盖范围，探索将影子银行、资管产品、互联网金融等更多金融活动纳入宏观审慎政策框架，实现宏观审慎管理和金融监管对所有金融机构、业务、活动及其风险全覆盖。

（10）在各类跨行业、跨市场复杂金融产品不断扩张，金融市场资金流动复杂性空前提高，监管真空和监管套利在行业交叉领域不断滋生背景下，充分发挥金融基础设施数据监控功能，运用现代信息技术，对复杂金融产品全链条、金融市场资金流动全过程实施穿透式监管。

本章要点与思考题

1. 一国货币成为国际货币的基本路径是什么？
2. 简述国际货币体系的演进历程。

3. 一国货币成为国际货币有怎样的利弊？

4. 英镑的国际化崛起经历过哪几个关键节点？为什么说煤炭贸易绑定英镑计价结算是其中一个重要因素？

5. 美元的国际化崛起经历过哪几个关键节点？为什么说石油贸易绑定美元计价结算是其中一个重要因素？

6.《联合国宪章》的主要内涵是什么？

7.《关税及贸易总协定》的主要内涵是什么？

8.《京都议定书》的主要内涵是什么？

9. 简述碳商品与碳市场的形成机制。

10. 简述世界碳市场发展的现状与未来。

11. "碳交易"捆绑"人民币结算"能否成为人民币国际化弯道超车的新路径？

12. 如何以标准化建设为切入点，加快中国碳市场建设与发展？

阅读参考材料

1. Charter of the United Nations.

2. General Agreement on Tariffs and Trade.

3. Kyoto Protocol.

4. 高洪深，2019. 区域经济学（第五版）[M]. 北京：中国人民大学出版社.

5. 陈云贤，顾文静，2015. 中观经济学——对经济学理论体系的创新与发展 [M]. 北京：北京大学出版社.

6. 王章辉，2013. 英国经济史 [M]. 北京：中国社会科学出版社.

7. 阎照祥，2003. 英国史 [M]. 北京：人民出版社.

8. 刘绪贻，杨生茂，2002. 美国通史（六卷本）[M]. 北京：人民出版社.

9. The Paris Agreement.

10.《中国能源》

第七章

国家金融科技创新

金融科技发展对国家金融运行的影响正在日益增长，已是一个不争的事实。世界各国都需要在国家金融的层面面对并解决三个问题：第一，如何判断金融科技发展的趋势？第二，如何应对金融科技创新带来的风险？第三，如何捕捉金融科技发展带来的机遇？

所谓金融科技（fintech），主要是一种通过大数据、云计算、人工智能、区块链及移动互联等技术，重塑货币世界和金融服务的发展创新。金融科技引领着现代金融体系和现代货币体系的重大变革，它既涵盖了世界各国金融市场要素、组织机构、监管体系、法律制度、信用体系、基础设施领域的变革创新，又包括了世界各国货币发行、结算、运行及监管体系的变革发展。

比如，网络银行（network bank/internet bank，又称在线银行）就是一个典型。它是一种以信息技术和互联网技术为依托，通过互联网平台向用户提供开户、销户、查询、对账、转账、信贷、网上证券、投资理财等各种金融服务的新型银行机构与服务形式，其服务具有全方位、全天候、便捷、实时的特点。一方面，网络银行与移动支付相连接，超越时空、方便快捷，既拓宽了服务领域，又使营销和结算方式更具吸引力；另一方面，多种类银行卡取代现钞和支票，货币形态正沿着"实物货币→金属货币→信用货币→电子货币"的方向不断变化。例如，瑞典首先成为一个无现金的国家（与现金有关的活动只占3％）；中国移动支付普及率也很高，"终结现金"时代有望到来；印度也在"废币"，推动电子支付；等等。这种新金融业态与互联网的融合已引起人们对货币存废问题的高度关注。

另一个金融科技创新的典型案例是数字货币（digital currency），它是电子化的替代货币。其中，比特币（Bitcoin）就是一种知名的网络虚拟数字货币。它基于互联网开源软件系统，通过一套复杂而精密的算法来设定的网络点对点匿名电子信息价值单位。全球各个互联网用户通过计算，采用"挖矿"方式产生比特币。2008 年 11 月 1 日，一个自称中本聪（Satoshi Nakamoto）的人发布了开源的第一版比特币客户端，2009 年 1 月 3 日，世界上第一个比特币区块链诞生，世界上首批 50 个比特币同时被创造出来。其后，比特币公允汇率诞生；多个组织开始接受比特币捐献；越来越多的商户通过他们的支付系统接收比特币的付款。

比特币的设计初衷是对抗现有货币体系——去中心化、没有央行干涉、不可复制、跨境转账时间短、手续费低、能实时查看历史账目等，这引发了人们对当下货币体系的反思。在这一背景下，全球四大银行——瑞银集团（United Bank of Switzerland）、德意志银行（Deutsche Bank）、西班牙国际银行（SANTANDER CENTRAL HISPANO S. A. ）和美国纽约梅隆银行（BNY Mellon）联手开发了数字货币——"多用途结算币"（Utility Settlement Coin），期望其成为未来金融交易清算和结算的行业标准。2019 年 6 月，脸书（Facebook）也发布了加密货币 Libra（天秤座）项目白皮书，宣称其使命是建立一套简单的、无国界的货币和为数十亿人服务的金融基础设施，其目标是锚定多国法币组成"一揽子货币"，建立一个"无国界货币"。现在，包括英国、中国、俄罗斯、加拿大、澳大利亚在内的多国央行也在努力探索"人工智能＋区块链"模式以打造数字货币，一些国家如英国已开发出数字加密货币。这些举措都促使货币的流通速度、需求结构发生变化，货币政策的管理模式也在发生改变。而这对现代金融体系，尤其是那些以央行作为唯一货币发行、运行、监管机构的国家金融体系，必将形成极具威胁性的冲击。另外，金融科技创新给"世界货币"的构想创造了现实的可能性，也给凯恩斯曾经预言的世界金融体系"三个一"（一个"世界货币"、一个"世界央行"、一个"世界清算体系"）联盟带来了一丝曙光。

为了深入理解金融科技创新带来的深刻变化，下面我们具体讨论网络金融、数字货币的发展情况，进而研究金融科技对现代金融体系的冲击。

一、网络金融发展概况

网络金融，又称电子金融（e-finance），指基于金融电子化建设成果在互联网上实现的金融活动。狭义上的网络金融，指在互联网上开展的金融业务，包括网络银行、网络证券、网络保险等金融服务及相关内容；广义上的网络金融，指在互联网上开展的所有金融活动，包括以网络技术为支撑的网络金融机构、网络金融交易、网络金融市场、网络金融监管和网络金融安全等诸多方面。它是信息技术特别是互联网技术飞速发展的产物，是适应网络时代发展需要而产生的金融运行模式。

（一）网络银行发展概况

世界各国、地区及国际机构对网络银行的定义均有所不同，比较有代表性的是：（1）巴塞尔银行监管委员会的定义——网络银行是利用电子手段为消费者提供金融服务的银行，这种服务既包括零售业务，也包括批发和大额业务；（2）美联储的定义——网络银行是指利用互联网作为其产品、服务和信息的业务渠道，向其零售和公司客户提供服务的银行。由此我们可以归纳出网络银行范畴的两条主要骨架，即"网络"与"银行业务"。从技术操作的角度，网络银行运作的全过程都是通过信息技术手段在互联网空间发生的，因此网络银行是一种虚拟银行（virtual bank）；但从业务类型的角度，其开展的所有业务都必须有实际操作存在，只是操作手段上是"虚拟"的。

网络银行分为两类，即纯网络银行和分支型网络银行。前者可称为"只有一个站点"的银行，一般只有一个办公地点，无分支机构、无营业网点，几乎所有业务都通过互联网进行，是一种纯粹的虚拟银行；后者是原有传统商业银行以互联网为工具，通过银行网络站点或客户端应用向个人或企业客户提供的在线服务类型。

1995 年，在美国出现了世界上第一家纯网络银行——"安全第一网络银行"（Security First Network Bank），它完全依靠互联网进行运作，没有营业场所和金库，为客户提供多种便捷、优惠、安全的 3A（Anytime，Anywhere，Anyhow，即任何时间、任何地点、任何方式）服务。随后，美国其他银行和金融机构也纷纷推出网上银行业务。日本与英国、德国、法国等国家也不甘落后，其网络银行每年均高速增长（图 7.1）。

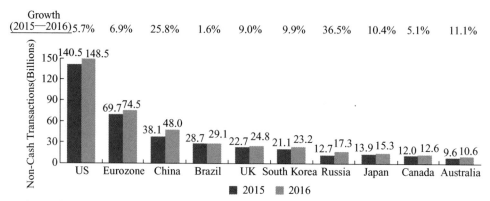

Note：Some numbers may differ from data published in WPR 2017 due to previous year data updated at the source.

Sources：Capgemini Financial Services Analysis，2018；ECB Statistical Data Warehouse，2016 figures released October 2017；BIS Red Book，2016 figures released December 2017；Countries' central bank annual reports，2017.

图 7.1　2015—2016 年十个主要市场的网络银行发展概况（《2018 年世界支付报告》）

以 100 万美元起家的"安全第一网络银行"，在经历了初期的快速发展之后，逐渐陷入经营困境并出现巨额亏损，在 1998 年被加拿大皇家银行以 2000 多万美元收购。其经历说明，在当前技术手段、网络征信、监管条件都未成熟的前提下，纯网络银行的发展会受到诸多的掣肘，具体体现在：第一，资金运作渠道少，营业网点与从业人员少是纯网络银行的特点，这在节省成本方面有优势，但在当前的技术条件下，该类银行很难像传统国际性大银行那样在国际金融市场上灵活运用各种金融工具获取利润；第二，运营风险大，在网上交易的法律制度不完善、网络安全技术保障不确定性大、网络征信体系发展不均衡等因素的作用下，纯网络银行面临的风险是极其巨大的；第三，客户信息的真实性难保证，因为以纯网络方式运作，这类银行无法有效确认客户提供的个人信息、信用记录、还款能力等；第四，监管难度大。综上，目前在世界范围内，纯网络银行尚未成为行业主流。

1996 年，中国首次将传统银行业务扩展到网络上。目前，中国几乎所有大中型商业银行都推出了自己的分支型网络银行，或在互联网上建立了自己的主页和网站。但至今中国还没有出现一家纯网络银行，只有分支型网络银行。近年来出现的余额宝等新颖的网络金融形态，以及腾讯的"微众银行"等，只能说是网络银行、网络货币基金的一个雏形。究其原因，一是法律体系与监管机制尚不明确，二是纯网络银行存在与发展的基础性条件尚不具备，即完善的网络征信体系、高效可靠的金融基础设施仍待建立健全。

目前，中国分支型网络银行提供的主要服务有：第一，信息服务，包括新闻资讯、银行内部信息及业务介绍、银行分支机构导航、外汇牌价、存贷款利率、股票指数、基金净值等；第二，个人银行服务，包括账户查询与管理（存折与银行卡之间转账、活定期种类互换、利息试算等）、存折与银行卡挂失、代理缴费、外汇买卖服务、个人电子汇款服务等，个别银行还提供小额抵押贷款和国债买卖服务等；第三，企业银行服务，包括账户查询，企业内部资金转账、对账、代理缴费，同城结算和异地汇款，国际结算服务等；第四，银证转账，银行存款与证券公司保证金实时资金转移；第五，网上支付，包括企业对个人（B to C）、企业对企业（B to B）两种；第六，投资理财服务，包括理财产品、第三方存管、银期证业务、股票、保险和黄金等。其中，股票、债券和基金买卖基本能在所有分支型网络银行上进行。经过二十多年的发展，分支型网络银行服务已有长足发展，但仍存在不足：广度方面，业务的涵盖领域过于狭窄；深度方面，个性化服务不足。

中国网络银行还处于发展阶段。综合比较国内外网络银行发展的历程及其提供的业务类型的转变，可以把网络银行的发展划分为四个阶段：第一阶段是"银行网络"，即网络银行更多地作为银行的宣传窗口，提供的业务仅限于账户查询等简单的信息服务；第二阶段是"银行上网"，即商业银行把已获准开办的传统业务移植到互联网上，将互联网作为银行业务的网上分销渠道，同时通过互联网提高工作效率，降低经营成本，提升服务质量，第三阶段是"个性订制银行"，即在大数据及第三次产业革命发展浪潮下，网络银行提供的服务从以产品为导向逐步转向以需求为导向，真正实现以客户为中心，创新金融服务体系，在服务标准化的基础上，按照客户个性化需求设计产品；

第四阶段是"网银托拉斯"，即以网络银行业务为核心，业务经营范围涉及保险、证券、期货等金融行业及商贸、工业等其他相关产业，建立起互联网托拉斯企业。据此判断，中国网络银行现处在第三阶段向第四阶段发展的过程中。

中国的金融科技也处于创新发展阶段。随着网络银行发展阶段的深化，以大数据、云计算、人工智能、区块链及移动互联为引领的新的科技革命，直接对银行业务与货币市场供给的产品、服务模式等产生了重大影响。金融科技革命是技术驱动的金融创新，为金融发展注入了新的活力，也给金融安全带来了新的挑战。2017 年，中国人民银行成立金融科技（FinTech）委员会，旨在加强金融科技工作的研究规划和统筹协调。中国人民银行强化监管科技（RegTech）的应用实践，积极利用大数据、人工智能、云计算等技术丰富金融监管手段，提升跨行业、跨市场交叉性金融风险的甄别、防范和化解能力。2019 年，中国人民银行印发《金融科技（FinTech）发展规划（2019—2021 年）》（以下简称《规划》），提出到 2021 年，建立健全中国金融科技发展的"四梁八柱"。《规划》明确了未来三年金融科技工作的指导思想、基本原则、发展目标、重点任务和保障措施，提出到 2021 年，推动中国金融科技发展居于国际领先水平，实现金融科技应用先进可控、金融服务能力稳步增强、金融风控水平明显提高、金融监管效能持续提升、金融科技支撑不断完善、金融科技产业繁荣发展。与此同时，中国人民银行启动金融科技创新监管试点工作，积极构建金融科技监管基本规则体系，探索运用信息公开、产品公示、社会监督等柔性管理方式，努力打造包容审慎的金融科技创新监管工具，着力提升金融监管的专业性、统一性和穿透性。

（二）网络证券发展概况

网络证券亦称网上证券，是证券业以因特网等信息网络为媒介，为客户提供的一种网上商业服务，其包括有偿证券投资资讯，网上证券投资顾问，股票网上发行、买卖与推广等多种投资理财服务。网络证券商通常在其网站上发布证券交易行情，同时为客户提供在其网站上填写证券买卖单证的服务，证券交易商则把这些买卖单证实时传递给证券交易所。随着网上证券业务的不断推广，证券市场将逐渐从"有形"市场过渡到"无形"市场，现有的证券交易营业大厅将会逐渐失去原有的功能，远程终端交易、网上交易将会成为未来证券交易的主流方式。

网络证券对证券市场发展的影响主要有以下几方面。

第一，证券市场发展速度不断加快。首先，证券市场的品种创新和交易结算方式的变革，为网上证券建设提出了新的需求；其次，网上证券建设又为证券市场的发展创新提供了技术和管理方面的支持。两者相互依存、相互促进，加快了证券市场发展。

第二，证券市场经营理念发生变化。证券公司依托最新的电子化成果，能够积极为客户提供投资咨询、代人理财等金融服务，发展与企业并购重组、推荐上市、境内外直接融资等有关的投资银行业务，努力建立和拓展庞大的客户群体将成为其主营目标。

第三，证券市场营销方式创新。在网上证券快速发展的背景下，证券公司将集中更多的精力用于网络营销，通过网络了解客户的需求，再将自己的优势和能够提供的服务通过网络反馈给客户，并根据客户的需求确定营销的策略和方式。

第四，证券市场经营策略优势互补。在网络互联、信息共享的信息社会里，证券公司将不再单纯依靠自身力量来发展业务，而是利用自身优势建立与银行、邮电等行业的合作关系，优势互补、互惠互利，为客户提供全方位、多层次的立体交叉服务，达到增收节支、扩大业务的目的。

第五，证券市场的中介地位面临挑战。在网络互联、信息共享时代，企业可以绕过原有的证券机构，直接通过互联网公开发行股票、募集资金，甚至自己开展交易活动。例如，美国电子股票信息公司自 1996 年开始利用互联网为客户提供股票交易服务；美国春街啤酒厂（Spring Street），作为全球第一个在互联网上发行股票的公司，直接在网络上向 3500 名投资者募集了 160 万美元，并制定一套制度以便网络上交易该公司的股票；等等。在网络技术迅速发展的今天，证券机构如果无法适应这一现状，无疑将成为最大的输家。

中国的网络证券也在高速发展中，技术的不断进步使网上交易的投资者在时间上领先一步。而中国的互联网用户群已呈现几何级数增长态势，证券市场也在日趋成熟。

第一阶段是 20 世纪 90 年代初开始的证券电子化阶段。当时，上海证券交易所和深圳证券交易所成立后，采用了无纸化电子竞价撮合交易平台。中国证券机构最初提供的只有经纪业务服务，获取资讯行情主要通过电台、卫星数据传输等方式，"红马甲"、电话委托、传真委托都是当时较为常见的委托方式。这个阶段券商的核心诉求是把客户的交易订单顺利、快速、安全地传递到交易所，扩大经纪业务的服务供给能力。券商之间最早的信息技术竞争，就是比拼更快的电话、传真接入，更稳定的交易系统，更快的行情传输和订单执行等，这时科技运用开始逐渐成为证券业发展的生命线。

第二阶段是 2000 年开始的网络证券阶段。2000 年 3 月 30 日，中国证券监督管理委员会正式发布《网上证券委托暂行管理办法》，这一标志性法规的出台进一步催生出新的证券业务模式。这个阶段，以网络方式，包括移动网络方式炒股开始兴起，尤其是在经过 2006 年至 2007 年的大牛市后，由于电子通信的发展、手机炒股的便捷性等，手机炒股快速流行起来，网上交易已成为投资者的主要委托方式，占整个市场交易的 65％以上。2013 年是中国证券业发展过程中一个重要的时间节点，也被普遍认为是中国网络证券元年。中国证券业协会于 2013 年 3 月 15 日发布了《证券公司开立客户账户规范》，这个规定打破了以往只能现场开户的局限，明确证券机构不仅可以在经营场所内为客户现场开立证券账户，更可以依托一定技术手段，如通过网络视频见证或认可等方式为客户开立证券账户。新技术和新的开户方式给证券行业的快速发展奠定了基础。这一阶段，中国证券机构大多成立了电子商务部或者网络金融部，专注于网络证券业务的开展。现在，网络证券业务已经由早期的创新业务变成了常规业务。

第三阶段是 2015 年开始的金融科技发展阶段。2015 年 7 月 14 日，中国人民银行等十部委联合发布了互联网金融行业的"基本法"《关于促进互联网金融健康发展的指导意见》（以下简称《指导意见》）。随着《指导意见》的颁布实施，2016 年被普遍认为是中国互联网金融监管元年。"金融科技"作为一个新名词开始登场，A（Artificial Intelligence，简称 AI，人工智能）、B（Blockchain，区块链）、C（Cloud Computing，云计算）和 D（Big Data，大数据）是其代表。金融科技的飞速发展延伸了证券机构与客户的接触点，改变了其接触方式，使证券机构能够更好地洞察客户需求、服务客户。目前，中国证券机构已明确将金融科技纳入其核心竞争力和战略发展方向，通过金融科技与财富管理的双轮驱动，推动业务转型升级与模式重构。[①]

目前，中国证券行业在网络证券的发展方面呈现出两种状况。

一方面，中国网络证券领域的金融科技应用有着广阔前景和突破空间。这主要是因为：第一，集中式网上交易成为一种发展趋势。中国证券行业正在向集中交易、集中清算、集中管理以及规模化和集团化的经营方式转换。这种经营模式有利于整合并共享券商资源，节约交易成本与管理费用，增强监管和风险控制能力。第二，网上经纪与全方位服务融合。中国券商已从价格竞争进入服务竞争阶段。价格竞争的直接结果是网上交易佣金费率的降低，当竞争达到一定程度后，券商仅靠减佣模式已难以维续，必须转向全方位服务模式，其收入将由单一的经纪佣金转向综合性的资产管理费用。第三，宽带网将获得突破性发展。基于有线电视的 Cable Modem 技术、基于普通电话线路的 DSL 技术以及基于卫星通信的 DirecPC 技术等典型宽带技术的发展，将使电信部门能提供逼近于零时延、零故障的服务。而基于 IP 协议的交换技术的发展，又将使传统电信业务和网络数据业务的综合统一成为可能。由于互联网协议（如 TCP/IP）是电信网、有线电视网、计算机网可以共同接受的协议，因此，未来的宽带网实质上就是宽带互联网的代名词。第四，网上证券交易进入移动交易时代，移动证券交易市场有巨大的发展空间。无线应用协议（WAP）为互联网和无线设备之间建立了市场统一的开放标准，是未来无线信息技术发展的主流。WAP 技术可以使股票交易更方便，实现多种终端的服务共享和信息交流。用户通过手机收发券商各种格式的数据报告，完成委托、撤单、转账等全部交易手续。第五，网上证券交易实现方式趋向于多

---

① 徐燕．金融科技助力证券业务转型与重构［N］．中国证券报，2020-1-4.

元化，已突破"Web＋PC"的网上交易模式。中国投资者可以借助电脑、手机、机顶盒、手提式电子设备等多种信息终端进行网上证券交易。网上交易的普及、交易网络的延伸，可以使占中国人口 85％以上的小城市居民和农村居民变成潜在的股民。中国的网上证券交易正在快速发展，有望取得更大突破。第六，以网络证券为代表的金融科技创新推动中国证券行业革新。它既推动着人工智能、区块链、云计算和大数据在证券行业的应用实践，又带来了中国证券行业盈利模式、服务模式和管理模式的转变和创新。金融科技正以极快的速度深入到中国证券领域的方方面面。

另一方面，网络证券领域的金融科技存在特性风险，还需完善相关法律制度。这类风险在世界范围内具有普遍性，比如：电脑病毒、黑客侵入、硬件设备故障可能导致行情和委托指令中断、停顿、延迟和出错，使投资者不能及时进行网上证券委托或发生错误交易；在互联网上进行证券委托，存在机构或投资者的身份被仿冒的风险；投资者若不慎将股东账号、交易密码或身份认证（CA）证书文件遗失，则有发生违背投资者意愿的委托的风险；投资者委托他人进行网上证券委托，存在被委托人违背投资者意愿买卖证券或提取资金的风险；可能有不可抗力因素使投资者不能及时调整策略而带来风险；以网络证券为代表的金融科技应用给投资银行、资产管理和风控预警等带来新的挑战与风险管理问题；等等。有鉴于此，中国人民银行 2019 年印发的《金融科技（FinTech）发展规划（2019—2021 年）》确定了六方面重点任务：一是加强金融科技战略部署；二是强化金融科技合理应用；三是赋能金融服务提质增效；四是增强金融风险技防能力；五是强化金融科技监管；六是夯实金融科技基础支撑。因此，进一步加强对以网络证券为代表的金融科技应用风险的研判，完善相关的立法、司法制度建设是下一阶段必不可少的工作。

二、数字货币发展概况

金融科技对国家金融运行的影响，首先表现在两个最基本层面：一是对国家金融业务运行手段或运行构架的影响，前文分析的网络金融以及人工智能、区块链、云计算和大数据在金融行业中的实践应用就属于此类。二是对国家金融业务运行要素或关键元素的影响，下面将要分析的电子货币、数字货币的演进发展即属于此类。

（一）电子货币发展概况

广义的电子货币是指依靠电子设备网络实现储存和支付功能的货币，虚拟货币和数字货币也包含在其中。而我们现在经常提及的电子货币，实质上是狭义的电子货币，也就是国家银行系统支持的法定货币的电子化形式。这种狭义的电子货币是以数据或电子形式存在，通过计算机网络进行传输、实现流通和支付功能的货币，可以广泛应用于生产、交换、分配和消费领域，集金融储蓄、信贷和非现金结算等多种功能于一体。其特点是具有匿名性、节省交易费用、节省传输费用、持有风险小、支付灵活方便、防伪造及防重复性、不可跟踪。它完全具备了货币的五大属性：价值尺度、流通手段、支付手段、贮藏手段和世界货币。

按照支付方式分类，电子货币可分为五类：一是储值卡型电子货币；二是信用卡应用型电子货币；三是存款利用型电子货币，如借记卡、电子支票（E-cheque），其本质是可以在计算机网络上传递的存款货币的电子化支付方法；四是现金模拟型电子货币；五是电子账单提交与支付，即商家通过网络将账单以在线的方式传递给消费者，消费者以在线方式收到账单后，进行在线支付。

狭义的电子货币与虚拟货币在概念上经常被混淆，但二者之间有着严格的区别。前者是能够代替纸币流通、具有"法定数字货币"功能的货币的电子形式；而后者主要指的是基于网络系统软件产生或由网络单位发行的电子信息价值单位，它不是国家发行的，不采用"法定数字货币"的名称与单位，即虚拟货币实质就是数字货币，但其通常指的是"私人数字货币"。虚拟货币以比特币、以太币等为代表，具有私人数字货币的四大特征：第一，去中心化，即它不像法定货币一样都由一个中心化的单位或机构来发行，而是基于密码学的原理被设计产生的，在发行后，它不专属于任何一个国家、团体或个人。第二，通缩性，这类私人数字货币在市场的总数是恒定的，相信的人越多，使用的人就越多，对它的需求量就会越大，其价格就会越高，但其不会产生通货膨胀。第三，普世性，这类私人数字货币产生前，必须提前市场公示，从而让所有人都有机会获取。第四，匿名性，即这类私人数字货币的交易是匿名的、不可逆转的和不可冻结的，它与互联网市场共同存在。

数字货币则是电子货币的一种深化表现形式。现阶段的数字货币分为"法定数字货币"和"私人数字货币"两大类型，虚拟货币就属于后者。而"法定数字货币"本质上仍然是中央银行对公众发行的债务，是具有法定地位、由国家主权发行责任主体发行的数字化货币，也称"央行数字货币"。它不仅可以取代纸币流通，保持货币主权的控制力，更好地服务于货币发行和货币政策，而且具有四大作用：第一，法定数字货币可以完善货币政策的利率传导，即通过法定数字货币的技术提升而非依靠金融市场间的资金流动性或单个金融市场的市场流动性，就能降低整个金融体系的利率水平，使利率期限结构更平滑，货币政策利率传导机制更顺畅。第二，法定数字货币可以提高货币指标的准确性，即通过法定数字货币形成的大数据系统具有信息优势，能够提升货币流通速度的可测量度，有利于更好地计算货币总量、分析货币结构、丰富货币指标体系并提高其准确性。第三，法定数字货币有助于监管当局在必要时追踪资金流向。与私人数字货币相反，监管当局可以采取可控匿名机制，掌握数字货币使用情况，完善现有监测控制体系，减少洗钱、逃漏税和逃避资本管制等行为，增强现有制度的有效性。第四，法定数字货币可更精准地提升监测和金融风险评估水平。它能从多方面倒逼央行建设金融基础设施、完善支付体系、提高结算效率、增强便利性和透明度，由此，监管当局能根据不同机构、不同频率的完整、实时、真实的交易账簿，更精准地监测、评估和防范金融风险。

因为法定数字货币的种种优势，世界各国均开始探讨发行法定数字货币的可能性。例如，美国国会呼吁美国政府制定国家政策，重视法定数字货币的应用；英国央行也在考虑发行法定加密数字货币；欧盟委员会将加密数字货币作为重点建设目标；等等。近些年，互联网在中国得到迅猛发展，庞大的网民数量和快速发展的移动支付业务，使中国在发行法定数字货币方面具备了良好的基础；而发行法定数字货币，又将助力于提升中国金融体系的现代化水平和人民币的国际影响力。

（二）数字货币发展概况

首先是私人数字货币，它有两类典型代表，即类信用货币和类金融货币，它们在发行中心、价值基础等方面均存在差异（表7-1）。

表7-1 两类私人数字货币的区别

类 型	代 表	发行中心	价值基础	特 点
类信用货币	Q币、微币、游戏币、论坛币等	网络社交平台、游戏公司、论坛等	发行方信用	以发行商为中心，往往只能在发行商业务范围内流通，具有有限的流通和支付手段职能
类金融货币	比特币、莱特币、以太币等	无	密码学原理	不再依赖中心化发行商。总量通常有限，发行和交易严格受系统决定，使用范围理论上可以覆盖全球

下面我们从Q币、比特币等入手，详细讨论私人数字货币的基本情况及其最新发展趋势。

第一是以Q币为代表的网络服务流通手段（还有百度币、微币、侠义元宝、点券等）。Q币最初是腾讯公司设计的为网络游戏服务的工具。1Q币＝1元人民币。一般情况下，Q币与其他网络游戏或网络虚拟服务提供商设计的"点数卡"或游戏卡的性质是一致的，都是网络虚拟服务的附属工具。但随着腾讯网络业务类型的拓展、综合化业务的出现和融合、腾讯用户数量的增长，Q币发挥作用的范围逐渐扩大，开始涉及网络服务的兑换、商品购买；Q币与现实的结合也越来越多，其货币属性越来越强，近来还出现了其他网络平台、网络企业接受 Q 币作为支付凭证的现象。可以说，Q 币作为一种虚拟的网络货币，在虚拟世界中的流通范围越来越广了。

目前对 Q 币的法律监管是欠缺的，监管机构也比较模糊。按照腾讯公司的设计，Q 币的流向是单向的，即现实货币（以网络银行存款货币形式）兑换 Q 币，用于购买网络虚拟服务（如购买网络游戏中的附加服务、筹码、即时交流工具中的附加功能等），或在电商渠道购物（B to C），Q 币不能反向兑换现实货币。

因此业界普遍认为，Q 币实质上是数据化的"提货凭证"，在无法与现实货币互兑的前提下，不可能冲击现行货币发行体系。但现实中有很多变通的情况，如消费者间私下达成协议，线上转账 Q 币，线下现金或电子转账支付，等等。这样一来，Q 币就表现出了半货币性质。另外，随着 Q 币等虚拟货币不断发展并形成统一市场，各个公司的虚拟货币可以互通互兑，在一定范围内，虚拟货币就成为通货了。这相当于在已有的法定货币之外，又形成了一种新的货币。如果发行公司违反规则，把虚拟货币发行当作一种新的融资工具，必将造成金融系统混乱。鉴于当前法律的缺失和监管的缺位，Q 币的发行量、安全系数等，应该被有序地纳入国家的货币监管范畴内。

第二是以比特币为代表的各种虚拟货币（表 7 - 2），如比特币（Bitcoin）、以太币（Ether）、瑞波币（XRP）、莱特币（Litecoin）、门罗币（Monero）、达世币（DASH）、互联网币（MaidSafeCoin）、新经币（NEM）等。

表 7 - 2　世界十种虚拟货币

#	Name	Market Cap	Price	Volume（24h）	Circulating Supply	Change（24h）
1	Bitcoin	$115,088,095,409	$6,290.68	$33,858,264,633	18,295,012 BTC	2.28%
2	Ether	$14,568,714,808	$132.07	$11,127,488,472	110,309,014 ETH	2.11%
3	XRP	$7,622,996,884	$0.17	$2,193,644,936	43,935,664,307 XRP*	0.77%
4	Tether	$4,662,728,859	$1.00	$40,838,751,523	4,642,367,414 USDT*	0.05%
5	Bitcoin Cash	$3,957,101,326	$215.55	$2,981,862,852	18,358,475 BCH	1.94%
6	Bitcoin SV	$2,877,383,301	$156.76	$1,849,408,909	18,355,815 BSV	1.52%

#	Name	Market Cap	Price	Volume（24h）	Circulating Supply	Change（24h）
7 Ⓛ	Litecoin	$2,497,777,824	$38.79	$2,904,393,570	64,396,281 LTC	1.29%
8 ◊	EOS	$2,033,908,195	$2.21	$2,282,941,050	921,360,749 EOS*	1.01%
9 ◈	Binance Coin	$1,885,887,359	$12.13	$255,143,674	155,536,713 BNB*	2.02%
10 ƫ	Tezos	$1,117,993,926	$1.59	$85,829,913	705,020,740 XTZ*	2.80%

截至 2020 年 3 月 30 日，十种虚拟货币种类有所变化。（来源：coinmarketcap.com）

据统计，截至 2020 年 3 月，全球私人数字货币已达 2940 多种，可供在线交易，且已有 187 种虚拟货币的市值超过 1000 万美元。

比特币是全球投资者最熟悉的虚拟货币，也是第一个去中心化、可在市场上交易的虚拟货币。其程序设定了比特币总数量为 2100 万个，在 2140 年左右将被全部挖出。比特币的产生、流通和管理不属于某一个个人、组织、公司或者国家。它是真正意义上的互联网货币，也是人类历史上第一次尝试去中心化、不再依赖于各国中央发行机构的货币系统。世界上首台比特币自动存取款机早已落户加拿大，可自由兑换加元。

未来，比特币能否成为一种大众货币还在争议中，但这种"去中心化"和"点对点交易"的理念，可能催生出功能强大的、被世界各国各地区客户广泛接受的世界虚拟货币。一方面，它作为非主权货币体系的建立，已在一定区域的市场范围内被接受；另一方面，"比特币技术将占领金融业核心"的观点，已经引起了世界各国的高度关注。当前，经济学界与各国政府面临的问题是：是否应该在国家层面正视并重视比特币的存在，主动谋划，动用国家运算能力，集中比特币？是否需要促进可能的非主权货币体系的建立？是否应该发展新型国际结算货币手段，以丰富国际结算方式，促使国际金融体系更加和谐、稳定地发展？

为了回答这些问题，我们有必要了解比特币的原埋及运行历史等情况，图 7.2～图 7.5 和表 7-3、表 7-4 对此做了具体展示。

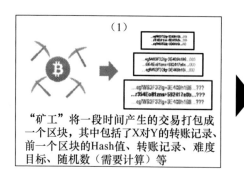

（1）

"矿工"将一段时间产生的交易打包成一个区块，其中包括了X对Y的转账记录、前一个区块的Hash值、转账记录、难度目标、随机数（需要计算）等

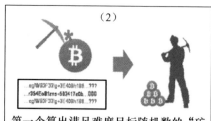

（2）

第一个算出满足难度目标随机数的"矿工"可以获得12.5个比特币奖励，他把新的区块添加到公共账本中

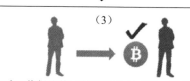

（3）

X和Y获得比特币转账的确认（当一笔交易获得6个区块确认后，即可以确认该交易是在最长分支的区块链里）

图 7.2　比特币原理

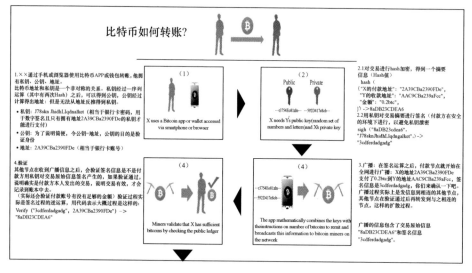

图 7.3　比特币如何转账？

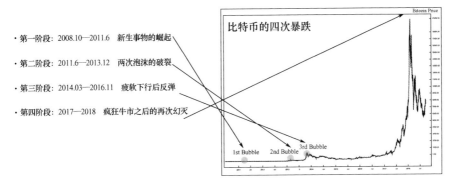

- 第一阶段：2008.10—2011.6 新生事物的崛起
- 第二阶段：2011.6—2013.12 两次泡沫的破裂
- 第三阶段：2014.03—2016.11 疲软下行后反弹
- 第四阶段：2017—2018 疯狂牛市之后的再次幻灭

图 7.4　比特币的四次暴跌

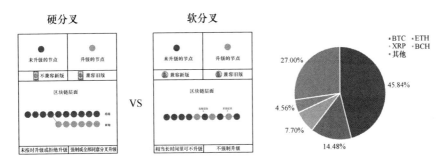

比特币的技术升级已经箭在弦上，但是开发团队提出的改进方案各有不同，使得市场上出现了BCH、BTG、B2X、BCD、SBTC、BCHC这样种类繁多的分叉币。在比特币迅速发展的同时，一些开发团队受到比特币的设计启发，通过对比特币的算法进行改进，创造了种类繁多的其他虚拟货币，其中比较活跃的是莱特币（Litecoin），与比特币相比有三种显著差异：

第一，莱特币网络每2.5分钟（而不是10分钟）就可以处理一个区块，因此可以提供更快的交易确认。

第二，预期产出8400万个莱特币，是比特币网络发行货币量的四倍之多。

第三，工作量证明算法所使用的加密算法的计算量略低于比特币，降低了"挖矿"的难度。

图 7.5　比特币、分叉币和其他虚拟币的比较

表 7 - 3　黄金与比特币的比较

货币特征	黄　金	比特币
普遍接受性	在布雷顿森林体系崩溃之前，作为一般等价物衡量其他商品的价值。 当前信用货币体系下，黄金仍然是所有信用货币的价值基础	在生活中不具备使用价值。 接受范围相当有限

续表

货币特征	黄　　金	比特币
价值稳定	内在价值即作为商品包含的劳动时间价值是长期不变的	比特币本身不包含劳动时间价值且不与任何实物资产挂钩，这也造成比特币的价格波动异常剧烈
价值均值可分性	价值均匀可分	比特币的最小单位是聪，一比特币等于一亿聪，理论上和黄金一样是价值均可分的
轻便和易携带性	随着社会发展，黄金无法适应交易额的迅速增长而逐渐被代用货币和信用货币取代	依赖于比特币钱包和互联网环境，只需将自己的账户接入网络，就可以实现全球范围内的转账和交易

表7-4　比特币与信用货币的比较

货币特征	信用货币	比特币
价值符号	表现形式包括辅币、现金或纸币、银行存款和电子货币	区块链记账，电子钱包提取和转账
债务货币	国家债务	非债务
强制性和法偿性	信用货币本质上是由国家主体赋予法偿性的一种债务，其流通能力是法律赋予并强制执行的，这是信用货币具备一般接受性的保证	缺少具有公信力的国家或组织为其背书，也没有和任何实物资产挂钩，比特币作为货币的信用基础就不存在，自然不能很好地行使货币的职能
宏观调控	国家主体可以对信用货币的发行进行调控	具备开发能力的团队都有可能开发新的数字货币，按照算法发行

第三是私人数字货币的最新发展概况。最典型的案例莫过于前文所说的脸书（Facebook）推出的 Libra（"天秤座"数字货币）。Libra 将建立自己的区块链，形成一个分散的数据库，记录一段时间内的交易历史。运行它的软件将是开源的，这意味着其他人可以构建新的应用程序，使用该货币并在任何类型的设备上运行它们。此数字货币一旦推出，用户将能够购买并将其添加到个人数字钱包中。与集成支付的中国社交应用软件"微信"类似，Libra 将内置 Facebook Messenger 和 WhatsApp 两种程序，允许用户通过短信发送和接收资金。按脸书的设想，Libra 最终将可以离线支付，如支付账单，购买咖啡，或支付公共交通费用。该货币得到了维萨卡和万事达卡以及包括 Uber、Spotify 和 eBay 在内的科技公司的支持，这意味着它们将来可能会接受 Libra 的付款。

Libra 代表了脸书的新商业模式，它使用户能在脸书的应用程序中轻松付款，这可能会导致更高的参与度。另外，因为该货币旨在为没有银行账户的人提供金融服务，而全球据估计有 17 亿成年人，其中三分之二的人拥有手机，所以其潜在目标用户量是巨大的。与比特币不同的是，Libra 将以实际资产储备为后盾——包括以几种国际货币计算的银行存款和政府债券，由总部设在瑞士日内瓦的非营利联合机构管理。这意味着其货币价值与内在价值相关，而不是由需求或稀缺性驱动。综上，Libra 作为一种超主权、跨国界的私人数字货币，不仅会对原有意义上的金融基础设施产生根本性的冲击，而且对现有国际货币体系也将产生根本性的冲击。

另一典型案例是亚洲货币单位——亚元 ACU（Asia Currency Union）。位于中国香港的亚洲数字货币有限公司计划发行亚元 ACU，发行总量为 1 万亿枚，具体流通量根据储备金数量自动调节。亚元 ACU 可实时结算，并能极大地降低交易成本。在审计机构参与下，参照港币的发行制度，亚元 ACU 将实行联系汇率制度，以离岸人民币的汇率作为其兑换汇率，按照 1∶1 兑付。

亚元 ACU 与其他数字货币最大的不同是，它将创造性地使用黄金作为主储备资产，锚定黄金的价值，以黄金作为价值背书，而不是单纯的信用背书。具体来说，亚元 ACU 实行金本位汇兑制，每一枚亚元 ACU 都可以兑换同等离岸人民币所对应价值数量的黄金。黄金为当之无愧的"货币之王"，而亚元 ACU 通过与黄金价值的锚定，将成为真正的硬通货，在全球资本市场自由兑换与流通。由此，亚元 ACU 既与黄金价值锚定，又具备数字货币的自由流动性，加之它以离岸人民币的汇率作为价值中枢，可以很好地保值增值，三者合而为一，为打造真正的亚洲统一货币奠定了良好的基础。同时，储备资产中还会增加人民币、美元、欧元等主权货币，同时还会根据实际情况配置一部分比特币，最终实现储备资产的多元化。在流通网络方面，亚元 ACU 初期在以太坊网络上发行，通过以太坊体系在整个区块链世界自由流通，自由兑换。按计划，后期亚元 ACU 将搭建自己独立的公链网络，创建整个亚洲货币的自由流通与自由兑换网络。

亚元 ACU 被寄予了较大期待。在数字货币市场，已经出现了各式各样的锚定法定货币的稳定币，但它们都不同程度上存在显著的设计缺陷，且都缺乏把合规监管、透明度、审计、去中心化这些核心要素结合起来的机制。因此，市场上的稳定货币普遍存在审计不透明、波动率高、手续费高、安全性低、交易确认速度慢等缺点，市场需要更加完善的稳定数字货币体系，亚元 ACU 就是针对这些痛点推出的。首先，亚元 ACU 不是基于传统的银行机构，而是基于区块链技术，它是一个分布式账簿，所有交易信息的流通都是透明的、不可篡改的，可以极大地提高货币的公信力，并对现有银行账户体系产生重大影响。其次，亚元 ACU 通过多层次、多机制、多币种的三维货币模型建立货币运行体系，进而搭建立体的、相对去中心化的货币发行体系，突破单维度货币模型之下货币三元悖论的限制，在实现汇率稳定和自由流动的同时，还能够保持足够的货币政策独立性，避免其他稳定币存在的各种问题。

中国香港作为全球最重要的国际性金融市场之一，无论在金融创新还是金融开放方面，都走在了世界前列。位于中国香港的亚洲数字货币有限公司推出亚元 ACU，致力于打造亚洲统一货币的举措，很有可能在数字货币乃至国家金融领域产生深远的影响与意义。

其次是法定数字货币，也称"央行数字货币"，它是目前较为重要的一种数字货币，具有如下特征。

第一，央行发行的数字货币并不一定是加密货币。虽然它结合了区块链技术，但却由国家完全掌控主导，本质上仍是中心化的。央行发行央行数字货币的模式与发行纸币的模式一样，都是"中央银行—商业银行"二元模式，也就是说，央行通过商业银行向公众发行央行数字货币，商业银行向公众提供存取等服务，并与央行一同维护数字货币发行、流通体系的正常运行（图 7.6）。央行数字货币的表达结构也呈现出灵活性和可扩展性（图 7.7）：其应用扩展储存中可以增加新的应用属性，例如增加姓名、地点、时间，作为额外的属性；它的可编程脚本灵活性更大，能指定货币流向等，适合有比较大自定义需求的开发者，如商业银行、用户钱包等系统可以对数字货币进行编程，使其适应相应的应用场景。

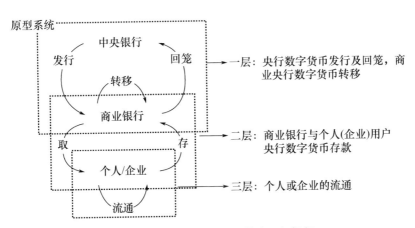

图 7.6　央行数字货币二元模式运行框架

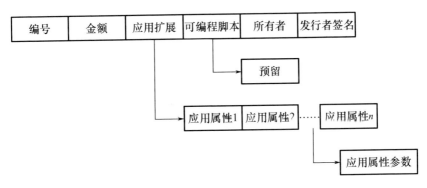

图 7.7　央行数字货币的表达结构

第二，央行数字货币发行是指中央银行生产央行数字货币并发送至商业银行的过程，在发行阶段，央行会扣减商业银行存款准备金，等额发行央行数字货币（图 7.8）。央行数字货币回笼过程是指商业银行缴存央行数字货币，中央银行将之作废的过程。缴存央行数字货币后，央行将等额增加商业银行的存款准备金（图 7.9）。央行数字货币的转移可以有不同形式（图 7.10）：一是直接转移，可以类比成 A 直接把 50 元纸币给了 B；二是合并转移，类似 B 把手中的 50 元加上一张 50 元给 C，只不过 C 收到的是原模原样的两张纸币，而数字货币的话，则是金额加起来为 100 元的一个字串；三是拆分转移，类似纸币的找零，如 C 要向 D 支付 80 元，给了 D 100 元，D 给 C 找零 20 元，在数字货币支付中的找零过程，则变为直接给 D 特定金额的字串，而余额可以生成新的字串。目前，世界各国不少央行正从顶层设计、标准制定、功能研发、联调测试到试点选择、范围确定和应用验证，有条不紊地推进法定数字货币的应用。

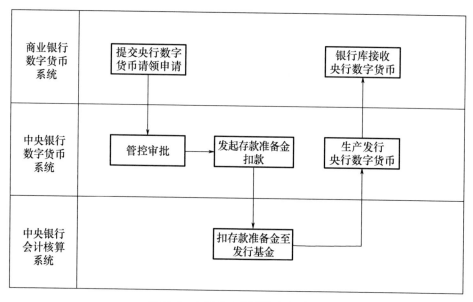

图 7.8　央行数字货币的发行过程

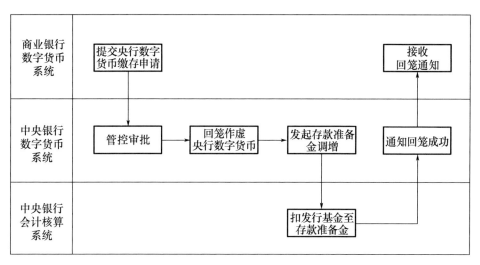

图 7.9 央行数字货币的回笼过程

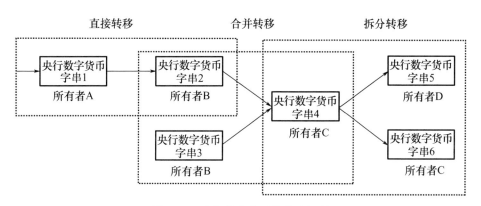

图 7.10 央行数字货币的转移机制

中国的央行数字货币的性质和人民币一样，是国家主权货币，只是采用了数字货币的形式，其特点如下：其一，和 Libra 与一揽子货币挂钩不同，中国央行数字货币的价值只与人民币挂钩；其二，它具有无限法偿性，即不论支付数额多大，对方都不能拒绝接受；其三，它不需要账户就能实现价值转移，即无须联网，只要在手机上安装中国央行数字货币钱包，互相碰一碰，就能实现价值转移；其四，资产具有高度安全性，它由央行直接发行，不像商业银行或金融企业存在倒闭的问题；其五，它将采用双层运营体系，即央行先把数字货币兑换给银行或者其他运营机构，再由这些机构兑换给公众，主要应用于国内零售业。

目前，中国的央行数字货币（DCEP）体系正在有序建设中。一是中国人民银行牵头，工、农、中、建四大商业银行和中国移动、中国电信、中国联通三大电信运营商共同参与。二是中国央行数字货币将走出央行系统，首先进入交通、教育、医疗等服务场景，触达 C 端用户，产生频繁应用；它主要替代 M0（流通中现金），并且保持现钞的属性及其主要特征，满足便携和匿名的需求。三是深圳和苏州等地各自成立金融科技有限公司，与华为等公司合作，推动中国央行数字货币关键技术攻关、试点场景支持、配套研发与测试等，并聚焦区块链、密码学等金融科技研发的前沿方向。

具体来说，中国央行数字货币的设计理念与技术架构应满足以下条件：一是满足零售级别的高并发性能，纯区块链架构无法达成此要求；二是采用双层运营体系，央行做第一层，商业银行做第二层；三是双层运营体系不改变流通中货币的债权债务关系，为保证央行数字货币不超发，商业机构向央行按 100％全额缴纳准备金，即用 100％的储备资产做抵押；四是不预设技术路线。无论是区块链还是集中账户体系，无论是电子支付还是移动货币，央行都能适应，即央行不干预商业机构的技术路线选择；五是坚持中心化管理模式；六是初始阶段的中国央行数字货币设计，注重 M0 而不是 M1、M2 的替代，即对于现钞不计付利息，不会引发金融脱媒，也不会对现有实体经济产生大的冲击；七是中国央行数字货币可以加载智能合约。

综上，一方面，中国央行数字货币将为央行提供新的货币政策工具，促使央行对货币供应量及其结构、流通速度等进行更为精确的测算，有助于提升央行货币政策的有效性；另一方面，它又将在技术、发行框架、社会接受程度、社会成本、相关技术在金融领域的其他应用延展等方面为世界各国法定数字货币的应用作出示范。

三、金融科技对现代金融体系的冲击

基于以上分析，我们可以判断出金融科技发展存在几个需要关注的趋势。

第一，网络金融业务融合发展的趋势。

其推动条件有两点。一是技术准备。随着信息技术的不断发展，特别是基础网络传输宽度和速度的大幅提升、大规模集成电路的更集聚化、超级计算机运算速度的跨越式增长、云计算存储方式的出现等，原来不可能在同一时间、同一地点集中批量操作的事务，现在得以在一个整合的平台上实现，网络金融的运营平台完全具备了开展多种业务的能力。二是外部倒逼。例如，中国的阿里金融（网络小额贷款）、第三方支付方式等网络金融模式迅猛发展，商业银行（涵盖网络银行）和证券机构的业务份额、盈利空间都在不断缩减，创新业务并融合发展成为各金融机构在寻求的出路。

第二，网络平台金融化发展的趋势。

其发展趋势包括以下三类。

（1）网络平台嫁接金融服务。世界各国类似微博、微信的拥有庞大用户数量的社交网络平台，很多都嫁接了金融服务，这种平台化的网络金融给传统金融机构带来了结构性的冲击。可以说，网络金融技术突破了时空的界限，原来以布点式、层级化为主要管理方式的传统金融机构在互联网时代失去了优势，并有可能被淘汰。

（2）场景金融成为未来网络金融的核心研究方向。场景金融也称"嵌入式金融"，即利用以移动互联等为引领的新型金融科技，将金融活动有机嵌入已有场景服务中，实现金融服务的爆发性应用，使商家和用户受益，使经济行为能够高效地完成。它包括两个方面：一是互联网企业走向"场景金融"，例如微信红包、优步和滴滴打车等O2O（Online to Offline，线上线下）应用。用一句话来描述此类场景金融就是："当你在日常生活中需要金融时，它恰好就在那里！"它把金融机构的电子渠道与用户的使用场景融合起来，并往用户端延伸，既淡化了金融，又因为让用户没有花钱的实感而出现了像中国"双十一"那种电商交易热潮。二是金融机构走向"场景金融"。例如，世界各国的保险业结合旅行场景，形成了航空险、人身险、财产险等，中国有金融牌照的村镇银行、农商行、城商行等与互联网企业进行战略合作，产生了巨大的发展潜力，等等。这类场景金融从实际出发，高度关注市场和用户需求，从贴近消费者的角度，设置快速易用的"嵌入式金融"功能，来完成消费需求转换、提升金融服务。在此，金融与场景的嵌入方式，成为网络金融的革命性变革点。另外，就目前的衍生产品而言，现实中还有嵌入式信贷、嵌入式保险、嵌入式理赔、嵌入式期权等各类嵌入式金融。

（3）供应链金融使互联网、金融、产业链"三位一体"。供应链金融指的是金融机构既向核心客户企业提供融资、结算和理财服务等，同时又向这一客户的上下游企业（如供应商和分销商等）提供灵活多样的金融产品和金融服务的一种融资方式。供应链包括对物流、资金流、信息流的控制，涵盖了原材料采购、制成中间产品及最终产品、通过销售网络把产品送到消费者手中的全过程，它将供应商、制造商、分销商、零售商直至最终用户连成一个整体，是一个网链式结构。供应链金融则是金融机构在供应链的基础上，利用融资和风险缓释的技术，对供应链流程中运营资本的管理及对流动性投资资金使用方式的优化，目标是创立"互联网＋金融＋产业链""信息流＋资金流＋物流"的"三位一体"金融服务模式，满足企业活动需求。供应链金融服务主要包括应收账款融资和基于贷款或放款的融资两种类型。其中，应收账款融资又包含应收账款贴现、福费廷、保理、应付账款融资等。不同实体企业供应链条的运作流程，有不同的量身定制的供应链金融服务方案，它衍生出多样化的供应链金融产品和金融服务。因此，金融机构必须要熟悉所服务产业的专业知识，了解相关的法律法规，且能集成化采集金融信息、电子化传递金融数据、在线完成金融产品交易，使供应链金融在业务流程上规范化、标准化，等等。

第三，金融发展模式被重构的趋势。

以大数据、云计算、人工智能、区块链及移动互联为引领的新科技革命，会给金融行业的传统发展模式带来颠覆性的冲击。

金融科技涉及的技术具有更新迭代快、跨界、混业等特点，是大数据、人工智能、区块链技术等前沿颠覆性科技与传统金融业务与场景的叠加融合。其主要包括大数据金融、人工智能金融、区块链金融和量化金融四个核心部分。

（1）大数据金融。它重点关注金融大数据的获取、储存、处理分析与可视化。一般而言，大数据金融的核心技术包括基础底层、数据存储与管理层、计算处理层、数据分析与可视化层。数据分析与可视化层主要负责简单数据分析、高级数据分析（与人工智能有若干重合）以及对相应的分析结果的可视化展示。大数据金融往往还致力于利用互联网技术和信息通信技术，研发资金融通、支付、投资和信息中介等新型金融业务模式。

（2）人工智能金融。它主要借用人工智能技术处理金融领域的问题，包括预测股票价格、评估消费者行为和支付意愿、进行信用评分、充当智能投资顾问与聊天机器人、负责保险业的承保与理赔、进行风险管理与压力测试、负责金融监管与识别监测等。人工智能技术主要基于算法，包括机器学习理论等前沿计算机科学知识，机器学习理论又主要覆盖了监督学习、无监督学习和强化学习三大理论。

（3）区块链金融。它是一种去中心化的大数据系统，是数字世界里一切有价物的公共总账本，是分布式云计算网络的一种具体应用。当它成为互联网的底层组织结构之时，互联网的治理机制将被改变，现有底层协议最终会被彻底颠覆，互联网金融将完全智能化、去中心化，并产生基于算法驱动的金融新业态。一旦成熟的区块链技术在金融行业落地，形成生态业务闭环，就有望出现接近零成本的金融交易环境。

（4）量化金融。它以金融工程、金融数学、金融计量和金融统计为抓手开展金融业务。它和传统金融最大的区别在于，量化金融始终强调利用数理手段和计量统计知识，定量而非定性地开展工作，其主要发挥作用的金融场景有高频交易、算法交易、金融衍生品定价以及基于数理视角的金融风险管理等。

可见，金融科技是金融业高端资本与智力密集型产业相结合的领域。大数据金融、人工智能金融、区块链金融和量化金融的深化发展将重构原有的金融业务逻辑、金融产品设计流程和金融监管监测控制等。

其中，尤其值得我们注意的是区块链技术，它可以优化金融支付体系，构建高效、安全的金融科技体系。首先，在银行系统中，利率的市场化竞争日益加剧，对于可能有违规操作的金融机构、票据市场或银行间、企业间、个人间的跨境支付等，区块链技术可以使其交易透明化，即所有接入的节点都能追溯交易历史，从而检验金融机构、票据市场或跨境支付的运行是否合规。这既有利于简化银行业务流程，又有利于维护金融秩序、防范金融风险。其次，在证券市场上，区块链技术可应用于证券登记与发行、清算与结算等业务，它能大大简化交易流程和中间环节，有助于实现"T＋0"的实时全额交易结算，提高市场交易效率。最后，区块链技术不仅能重塑货币市场、支付系统、金融交易和金融服务等各个领域，而且也会一定程度上改变人们的经济生产方式和消费生活方式。

区块链的发展已经呈现出三个阶段：区块链的 1.0 时代是加密货币应用的时代，货币转账、汇款和数字支付系统是其代表；区块链的 2.0 时代即合约应用时代，区块链在经济生活中的应用更加广泛；区块链的 3.0 时代即当前的时代，其应用领域将超越前两个时代，扩展到政府管理、健康、科学、文化和艺术等多方面，基于分布式信息技术的平台也将推动按需经济和共享经济的发展。

可以说，一方面，区块链领域的科技创新及金融应用正在世界范围内受到越来越多的青睐。比如，美国国土安全部和美国国家科学基金会对区块链的项目给予了多次补贴和资金支持；英国政府正在努力探索区块链技术应用于传统金融行业、公共和私人服务领域的巨大潜力；德国联邦金融监管局试图在跨境支付、银行间转账和交易数据存储等领域应用区块链技术；中国工业和信息化部在发布的《中国区块链技术和应用发展白皮书（2016）》中分析了区块链核心关键技术及典型应用场景，提出了我国区块链技术的发展路线图和标准路线图等相关建议，2016 年末，区块链技术首次被列入中国《"十三五"国家信息化规划》。可见，在过去的几年里，金融科技发展一直对世界各国的金融领域产生了重要影响。随着大数据、云计算、人工智能、区块链等技术对传统金融产业的渗透，金融服务主体和金融服务模式将多样化发展，这将对现有金融体系造成明显的业务冲击，而功能更加强大的区块链技术还将使世界经济尤其是金融发展模式再次发生变革、重构。

　　但是另一方面，目前各国都尚未做好区块链等技术在金融领域规模化应用的准备。单就区块链技术而言，它在金融领域的应用就存在五大风险。一是点对点网络的安全稳定性风险。区块链技术采用点对点网络结构，节点可自由加入或退出网络，易遭受路由欺骗、地址欺骗攻击，导致节点共识算法结果的波动。二是共识机制的交易回滚风险。由于采用分散化存储模式，同一区块可能在不同时间到达不同节点，不同节点的共识算法版本难以保持一致，在达成交易共识过程中易发生区块链分叉，导致交易回滚风险。三是交易数据的信息安全风险。区块链技术未采用硬件加密措施，允许节点在区块中附加自定义信息，且区块链中历史信息不可更改。若自定义信息中包含病毒或木马，将会自动传播到全网进行恶意攻击。四是信用的技术背书风险。区块链技术高度依赖于加解密算法、共识机制等，一旦密码技术被破解或密钥被盗用，交易数据将变得不可信。五是扩展应用的安全漏洞风险。区块链技术具有可编程扩展性，加载于区块链上的扩展应用若存在后门或安全漏洞，则将会给交易安全带来较大隐患。因此，防范金融科技应用中可能产生的各类风险，加强金融科技监管，又被提到世界各国国家金融领域的议事日程上。

　　第四，金融科技监管日益遭受挑战的趋势。

　　这个趋势主要包括三方面。

　　（1）网络金融产品监管受到的冲击。以中国为例，网络金融新产品有三类：一是网络支付型产品，包括网络银行支付、基于第三方独立交易支付平台的第三方支付、基于移动终端对消费进行账务支付的移动支付；二是网络信贷产品，主要是以阿里金融和P2P（点对点）网络借贷为代表；三是网络基金代销产品，主要以余额宝、百度百发、新浪微银行为代表——它们获得了央行批准的支付牌照，即主体准入资格合规，但其业务还需要进一步监管。新网络金融形态的出现，一方面对现有的金融监管模式产生了冲击，另一方面给传统金融机构开展网络金融业务带来了挑战。正如国内外媒体所分析的那样，网络金融产品如果缺乏监管，将会威胁一国的金融安全。

　　（2）区块链等技术对金融监管的冲击。正如前文所说，目前各国都尚未做好区块链等技术在金融领域规模化应用的准备，在金融领域应用这些新技术尚存在不少风险。世界各国都需要制定相应的技术规则和法律法规，也需要拿出具体的行动方案。在这些基础都不具备的前提下，这一领域的金融监管面临着很大的挑战。

（3）货币政策、货币监管受到的冲击。在世界范围内均不断有媒体报道：金融传销组织隐身微信朋友圈，网络传销组织发售价值数亿元虚拟货币，有人打着比特币的名义制造"庞氏骗局"，有人用高科技手段洗钱、进行恐怖融资犯罪，等等。这些又直接挑战了货币发行主体，极大地影响了货币的正常流通和货币政策工具作用的发挥，使货币监管乃至金融稳定都遭受了冲击。表 7-5 为中国防范此类冲击的一些举措。

表 7-5 中国防范对货币政策、货币监管冲击的举措

时 间	监管法规	内 容
2013 年 12 月	央行等五部委发布《关于防范比特币风险的通知》	认为比特币为虚拟商品，要求金融机构和支付机构不得以比特币为产品或者定价单位，不得直接从事比特币的买卖服务，同时也不得为比特币交易提供清算、结算等服务。从而在比特币与金融行业间架设栅栏，以防比特币的风险扩展到金融行业从而导致更为严重的系统性风险。各大银行也很快响应规章的要求，纷纷禁止为比特币提供服务。通知下发后市场剧烈震动，比特币价格遭遇重挫，此后一年比特币价格从高峰 8000 元左右大幅下跌 70%，一度跌破 2000 元
2014 年 3 月	央行发布《关于进一步加强比特币风险防范工作的通知》	禁止国内银行和第三方支付机构提供比特币交易平台的开户、充值、支付、提现等服务
2017 年 9 月	央行等七部委发布《关于防范代币发行融资风险的公告》	要求各类 ICO（首次代币发行）立即停止，相关交易平台停止运营。至此，比特币在中国被明确限制发展

时　间	监管法规	内　容
2018 年 1 月	中国互联网金融协会发布《关于防范变相 ICO 活动的风险提示》	指出一种名为"以矿机为核心发行虚拟数字资产"（IMO）的模式值得警惕，存在风险隐患
2018 年 3 月	2018 年全国货币金银工作电视电话会议	央行表示，2018 年将从严加强内部管理和外部监管，开展对各类虚拟货币的整顿清理

综上可见，金融科技发展具有正反两方面影响。金融科技发展的正面影响包括：其一，数字货币尤其是法定数字货币将扮演更加重要的角色。随着大数据、云计算、物联网、人工智能、区块链等新技术的不断发展，世界各国的大量群体如智能手机用户的数据被连接起来，他们在互联网上进行电子商务，其工作的时空被大大拓展了。这些变化使以网络技术为支撑的网络金融、数字货币（尤其法定数字货币）及其移动支付和跨境支付的运用变得越来越便捷、成本越来越低，这将创造一国经济新的增长点。其二，区块链技术作为驱动网络金融变革的关键技术，有望成为全球经济尤其是金融发展的新动力。区块链将直接影响网络金融的未来，重塑货币市场、支付系统、金融服务乃至经济形态的方方面面。其三，嵌入式金融（场景金融）、供应链金融等将成为各国金融服务实体经济的重要切入点。这类金融服务将实体经济与融资、支付、结算、理财等金融手段有效结合起来，借助网络平台金融化的发展趋势和网络金融技术突破时空界限的特点，为实体经济（包括中小微企业）提供便捷、优惠、安全的 3A 服务，提升了金融服务实体经济的水平。其四，以大数据、云计算、人工智能、区块链等为引领的金融科技正在深度改变世界各国金融业的面貌。例如"金融科技＋普惠金融"将有效解决普惠金融征信不足导致的困扰其发展的"最后一公里"的瓶颈问题；"金融数据＋信息技术"正在衍生出众多足以改变各国民众生产和消费习惯的金融产品；"人工智能＋区块链"正逐渐成为催生智能金融发展，改革现代金融体系、货币体系、金融清算结算体系的强

大动力，驱动世界金融业产生潜移默化又突飞猛进的变革。

金融科技发展的负面影响包括：其一，网络金融产品、平台、机构尚缺乏监管，这将威胁国家金融安全；其二，网络金融"暴力催收"事件不绝，成为社会稳定的隐患；其三，网购维权缺少法规，欠缺维权标准，金融秩序难以得到有效维护；其四，私人数字货币尚缺乏有效的监管规则，金融市场乱象频现。

从现实层面来说，金融科技发展也已对现代金融体系产生了直接的影响（表7-6）。它不仅体现在金融体系的基础层面（金融市场要素与金融市场机构），而且体现在金融体系的国家层面（金融市场法制和金融市场监管等）。金融科技发展对世界各国国家金融层面的影响及其应对策略，都是不容忽视的课题。

表7-6　金融科技发展对现代金融体系的影响

国家金融体系结构	内　　容	金融科技影响
金融市场要素	货币市场、资本市场、外汇市场、衍生性产品市场等	非现金支付、电子货币、数字货币
金融市场组织	商业机构、管理机构、政策性组织、第三方组织	可能形成超主权的国际组织
金融市场法制	金融立法、执法、司法、法制教育	大数据区块链等应用与法律系列挑战
金融市场监管	机构、业务、市场、政策性法规执行	非主权和超主权金融体系、货币体系的监管
金融市场环境	实体经济发展、企业治理结构、社会信用体系	金融科技特性风险
金融基础设施	硬件：支付清算体系 　　　科技信息系统 　　　金融服务网络 　　　配套技术设备 软件：法律、会计、审计、 　　　评估、信用、规则、 　　　程序、标准	跨境支付、无限法偿性、传统清算体系的冲击等

对金融业来说，其永恒的主题是安全、流动和效益；对受到金融科技影响的任何经济主体来说，其追求的目标也不外乎避险、流动和获利三者——而这三个目标往往是矛盾的，尤其获利与避险是可以相互兼容又容易互相排斥的。金融的风险与收益是对应的，收益蕴藏于风险管理之中。于是现实中就产生了两种可能的选择：第一种选择是用确定性来代替风险；第二种选择是仅替换掉于己不利的风险，而将对己有利的风险留下。因此，世界各国，尤其是各国央行，一方面要推动金融科技的发展，另一方面，也是非常重要的，要用"确定性"来代替风险、防范风险。认清和防范金融科技的特性风险，已成为世界各国国家金融层面的首要任务。

四、中国金融科技发展的机遇与挑战

金融科技化是行业发展的基本趋势，它至少能在以下四个维度推动中国金融行业进入一个全新的时代。一是维护国家金融安全。金融安全是国家安全的重要组成部分。随着金融科技的快速发展，在金融市场中收集和分析数据将更加容易，信息不对称将减少。对市场来说，基于人工智能与大数据的交易和投资策略将重新定义金融市场的价格发现机制，提升交易速度，促进金融市场的流动性，提升金融市场的效率和稳定性；对国家来说，监管机构也可以更高效地分析、预警和防范金融市场的系统性风险。二是助力中国金融业弯道超车。金融科技中的智能金融技术，如大数据及人工智能技术等，不仅可以在网络金融方面有所作为，而且能够助力数字货币取得突破性进展，同时还可帮助传统金融行业节省人力成本，减少重复劳动。中国在人工智能技术的一些领域中已处于国际前列，借助这一优势发展金融科技，更有利于解决实际问题，实现中国金融业的弯道超车。三是实现民生普惠。随着大数据金融、互联网金融及区块链技术的普及，金融科技的应用和发展可以让更多的人，尤其是贫困人口，以更低成本、更为便捷地获得金融服务，分享更多实实在在的改革成果。四是助推"一带一路"建设。借助金融基础设施和科学的信息技术管理，"一带一路"沿线国家可以分享中国的金融科技成果。

比如，中国的移动支付已开始助力"一带一路"沿线国家的经济与金融发展。不同国家文化、政治、经济的差异，使得大数据的互联互通、经济尤其是金融数据信息的共享备受挑战，而解决这些难题的抓手也在于金融科技手段的运用。

对中国而言，要抓住金融科技发展的机遇，助力中国金融业弯道超车，有许多方法和路径。在此，我们仅以蒙代尔教授提出的"货币稳定三岛"为例来探讨可能的实现路径。

如前文所述，美国著名国际金融学家、诺贝尔经济学奖获得者罗伯特·蒙代尔提出"货币稳定三岛"的大胆构想，即美元、欧元、人民币三足鼎立，形成全球范围内的稳定货币体系：维持欧元兑美元汇率的稳定，将其固定在一定区间内，比如 1 欧元兑 1.2 美元至 1.4 美元；随着人民币逐步可兑换，将人民币纳入美元、欧元的固定汇率机制中，创建美元、欧元、人民币三位一体的"货币区"；其他各国货币与此货币区形成浮动汇率。该构想的目的是形成稳定的国际货币体系，方便各国贸易、结算、支付关系的发展。该构想说明，在现有的国际货币金字塔中，一方面，现行的"美元本位"的国际货币体系亟待改革，另一方面，以人民币为代表的他国货币如何在现有体系中脱颖而出，或者说，人民币成为国际货币甚至关键货币的主要路径为何，已成为一个重要的国际课题。

要实现上述国际货币体系改革，可能的路径有三：一是对国际货币基金组织特别提款权的深化改革。美国著名经济学家罗伯特·特里芬教授提出，在国际金融体系的发展进程中，可考虑将国际货币基金组织改造成为真正的全球中央银行，将成员国缴纳款转变为储备资产货币，并作为世界各国的国家通货，同时以成员国投票表决的方式来确定货币基金组织的贷款权限。这一改革方案涉及关键的两点：其一是中国要在其中不断增加特别提款权的股权份额，才有可能朝着蒙代尔的"货币稳定三岛"的目标推进；其二是该方案必须获得美国的支持，因为方案需获得 85％ 的投票权（基于特别提款权）的支持才能通过，而美国一国就占有超过 16％ 的投票权。

二是推动美联储、欧洲央行、瑞士央行、英国央行、加拿大央行、日本央行长期互换协定的改革。2013 年 10 月 31 日，为应对 2008 年以来的世界金融危机，上述六大央行同时宣布：将把现有的临时性双边流动性互换协议转换成长期协议，任何当事央行可在自己的司法辖区内以另外五种货币中的任何一种提供流动性。这一六大央行长期互换协定，一方面让人们看到当今国际货币体系改革的一个方向，是国际货币金字塔中的关键货币向多元化结构发展，另一方面则是中国的央行并不在此列。中国央行要进入这一国际货币金字塔的多元化币种结构中，即推动现有六大央行长期互换协定的改革，以实现蒙代尔教授提出的"货币稳定三岛"的目标，应该不是件容易的事。

三是推进"人工智能＋区块链"技术创新，构建中国和世界的法定数字货币。目前以美元为主导的世界货币体系是否会动摇，取决于未来美元、欧元、人民币的发展方向和实力对比。以"人工智能＋区块链"技术来构建中国乃至世界的法定数字货币，只要技术完备，且中国乃至各国央行不断推进法定数字货币建设，现有世界货币体系被颠覆的可能性是客观存在的。也就是说，实现蒙代尔教授提出的"货币稳定三岛"的目标，或者进一步说，中国金融业借助中国乃至世界金融科技的发展，在现存国际金融体系尤其是国际货币体系中实现"弯道超车"，其机遇是存在的。

当然，中国金融科技的发展既有现实的机遇，也面临严峻的挑战。首当其冲的就是金融科技的特性风险，主要是信息技术手段方面的系统运行风险和网络金融服务方面的各种业务风险。

首先是系统运行风险，具体分为安全风险、管理风险、认证风险、外包风险。

（1）安全风险。

金融学中经常涉及"内生变量与外生变量"的命题，比如货币供给究竟是"内生变量还是外生变量"的问题。这种方法或者说分析问题的路径，我们分析网络金融的安全风险时也可以借用。

第一是内源性安全风险，指网络及计算机本身软硬件缺陷或技术不成熟造成的风险，如停机、堵塞、出错、故障等。

第二是外源性安全风险，指人为破坏计算机和网络造成的风险，一般包括通过病毒、木马程序等破坏手段攻击计算机、服务器、域名解析系统，造成计算机、网络软硬件毁坏、瘫痪，信息外泄、被盗和被篡改等。发起网络破坏攻击行为的主体是多样和复杂的，既有可能是有组织的黑客机构，也有可能是个人黑客。黑客行为包括：删除或修改网上银行的服务程序，窃取银行及客户的资料，甚至通过电子指令修改主服务器及数据库的操作程序，将部分属于商业银行的来自客户的利息收入划入黑客的个人账户中，或者直接进行非法的电子资金转账。

比如，近年来在世界很多国家都出现了比特币敲诈病毒（CTB-Locker）。该病毒从 2015 年开始在世界范围内爆发式传播，通过远程加密用户计算机中几乎全部类型的文档和图片向用户勒索赎金，用户只有在支付赎金后才能打开文件。虽然可以使用杀毒软件杀掉该木马病毒，但没有任何办法还原加密文件。如果超过 96 小时未支付赎金，病毒不再弹窗警告，加密文件也随之被永久锁定，这就使支付赎金成为恢复文件的唯一办法。据路透社报道，创造该病毒的是俄罗斯黑客艾维盖尼耶·米哈伊洛维奇·波格契夫，他在美国联邦调查局通缉的十大黑客名单中排名第二。美国联邦调查局发布悬赏令，提供关键信息导致波格契夫被拘捕者可获得 300 万美元的奖励，这也是美国在打击网络犯罪案件中所提供的最高悬赏金。

此外，还有两个问题需要高度关注：一是国家级黑客的存在。这是一种带有主权背景和政治目的的攻击组织，与一般的黑客行为有着本质区别。其有国家运算能力的支持，队伍由顶级数学家、系统控制专家等顶尖专业人才组成，其攻击是系统级的攻击，能够造成网络系统的全面瘫痪，破坏性是极其巨大的。二是网络设备的信息泄露风险。比如，目前各国银行所采购安装的服务器、网络设备等核心部件，多数来自他国，特别是计算机系统芯片，核心技术和知识产权都掌握在某国或某几国厂家手上。各商业银行几乎没有能力约束这些厂家去保障信息安全，只能通过合同约定、法律约束这类软性手段，如果硬件系统存在"后门"，网络商业银行的所有信息，包括用户信息、交易信息、密码信息等都将暴露，随时可能被调取、使用甚至篡改。这就像是悬在头上的达摩克利斯之剑，风险时刻存在。

（2）管理风险。

第一是管理技术风险，指因金融网络系统技术设计、选择、运行和管理不善而造成的系统可靠性、稳定性和安全性风险，比如通信拥堵、系统瘫痪、数据失真、操作出错等引起的风险。

第二是管理道德风险，指网络、计算机、数据库的管理人员因个人道德素质低或为牟取个人不法利益所造成的风险。其一般表现为账户和密码失密、数据失窃、数据被修改等。

（3）认证风险。

保障客户认证与个人信息传送的安全是电子金融业务的核心环节。认证系统主要负责数字证书的产生、发放和管理。认证系统的功能就是作为在线公证人、可信第三方，确认电子交易中各方的身份，进行电子鉴别服务，监管交易双方的活动，它是整个电子交易秩序的维护者。但认证系统在用户证书发放、证书管理和内部安全方面都存在技术上的风险，一旦出现问题，将带来巨大损失。比如客户在不安全的电子传送渠道中使用个人信息（如借记卡或信用卡账号及密码等），很容易被犯罪分子窃取而导致账户资金损失。

（4）外包风险。

信息技术外包现在已经成为网络金融运营中受到广泛关注的问题。比如大银行出于集中力量发展核心业务的考虑，中小银行出于资金压力，基本上都将许多技术事务外包给第三方。而目前承担这种委托的技术公司一般历史较短，金融机构很难对其资信作出准确的判断。一家技术公司又往往是多家金融机构的服务商，一旦其技术设计存在瑕疵，就会引起连锁反应。另外，如何保证第三方掌握的金融机构与客户信息不被滥用和泄露，也是需要考虑的问题。

其次是业务风险，具体分为战略风险、信誉风险、法律与监管风险、货币政策风险等。

（1）战略风险。

战略风险是指由于网络金融机构经营决策错误，或决策执行不当，对金融机构的收益或资本产生负面影响的风险。金融机构管理者要在复杂多变的市场环境中保持清醒的头脑，前瞻性地把握市场走向，准确地了解金融市场的需求变动，在网络金融的产品定位、设计、技术支持、业务创新等方面，随时根据市场需求的变化及时调整，快速正确地作出决策。尤其是在信息技术有形资源（计算机硬件、软件、传输网络等）和无形资源（管理能力和技术才能）的配置上，如果未能恰当地计划、管理和监督相关产品、服务、业务过程和传送渠道，信息技术的应用就会产生严重的战略风险。

（2）信誉风险。

影响网络金融信誉的因素非常多，比如安全、信息的准确性和及时性、适宜的风险揭示、对客户问题的及时答复、客户隐私权的保障等。如果这些问题的处理不及时、不妥当，就会对网络金融机构的品牌、商誉产生直接的影响。

（3）法律与监管风险。

法律与监管风险，指网络金融的创新性与现行法律制度的滞后性相互冲突而产生的风险。

第一是现行法律的运用风险，即现行法律规范运用到网络金融领域存在适用性问题，导致难以界定某些网络金融行为是否违法。

第二是新法律的空白风险，即新法律尚未颁布，导致难以界定某些网络金融行为的合法性。

（4）货币政策风险。

电子货币及虚拟货币具有发行主体分散、在线流动性强、技术复杂与防伪成本高等特点。如监管部门对此缺乏有效管控，就容易产生货币政策风险，其主要表现形式包括：其一，发行主体风险。商业银行、非银行金融机构及非金融机构都可能成为电子货币和虚拟货币的发行主体。主体的多样性和复杂性使得行业经营风险系数加大，一旦发行主体经营不善，引起挤兑或倒闭，对金融体系将产生严重的不良影响。其二，货币流通风险。电子货币及虚拟货币衍生出越来越多互相交错的网络金融形态，这类货币既具交易功能又有投资功能，而投资性货币需求受利率、汇率市场因素的影响，极容易引起整个货币需求量的不稳定；而以电子货币或数字货币为结算方式，将大大加快货币的流通速度，同时电子货币或数字货币有极强的变现能力，使得 M0、M1、M2、M3 之间的差异趋向模糊，给各国央行对货币供应量的控制和监测带来更高的难度；另外，虚拟货币一旦滥发引起"虚拟通货膨胀"，极可能通过一定渠道转化，直接影响现实，产生通货膨胀。其三，伪造与洗钱风险。电子货币及虚拟货币对高新技术有着高度依存性，而高新技术也使假冒、篡改电子支付指令等欺骗性手段成为可能，一般使用者难以识别，这使电子货币、虚拟货币的防伪难度更大、成本更高；同时，监管的不到位也使电子货币或虚拟货币常常被不法之徒用作洗钱渠道。

除此之外，网络金融业务也与传统金融业务一样面临信用风险、政治风险、市场风险、利率风险和汇率风险等。这些都是世界各国在发展网络金融和金融科技的同时首先需要防范的特性风险。

针对这些风险，基于主权安全和抢占发展先机的需要，中国应把金融科技的发展纳入国家的战略布局来考虑。

一方面，在国家层面，应该转变思维模式。当前信息技术手段飞速发展，大数据和云计算等技术推陈出新，网络与金融的结合催生了整个社会经济思维形态的转变。摆在世界各国面前的矛盾是共通的，即各国各企业条块管理、层级管理的传统思维模式与现阶段融合管理、扁平化管理的互联网思维的碰撞。网络技术手段正在打破空间与时间的限制，把原来分属不同行业、不同条块的业务逐步整合在一起。以智能 IC 卡为例，"一卡通"在技术上早已不是问题，但如果在普及的过程中，条块管理问题未能解决，一国的各部委或一企业的各部门各管一摊，各有一套标准体系和战略目标，各不相让，那智能 IC 卡的普及就难以推行。这个例子仅为了说明国家统筹的重要性，其实中国在国家层面对金融科技是有明确的战略规划的，只要做好统一的路线图，这类业务的整合会是大势所趋。

另一方面，在国家层面，政府要站在促进整个金融业发展的高度进行顶层规划，统一并完善相关规范，即加强对金融科技发展的统一规划和管理，在市场准入、安全技术、产品开发、业务创新、经营管理等各个方面加大统筹、协调和监管力度。为了达成这一目标，应在国家层面成立金融科技发展统筹委员会，以便制定金融科技发展战略，统筹和整合各领域资源，统一标准，协调各部门有效地落实战略目标。

为了落实这两方面的战略布局，应从以下五个方面发力，具体举措如下所述。

第一，应建立行之有效的网络金融清算体系。

加强关键信息基础设施的"安保"是防范网络金融风险的重中之重，关键信息基础设施是网络金融的神经中枢，而网络金融支付清算体系，则是国家金融尤其是网络金融发展中最重要的基础设施之一。现代化的支付清算体系应该做到运行高效、系统稳定、操作安全、业务兼容、服务广泛、灾备周全，等等。目前，中国人民银行已经建成了第二代支付清算系统，构建起以清算账户管理系统为核心，大额支付系统、小额支付系统、支票影像交换系统、网上支付跨行系统、电子商业汇票系统、境内外币支付系统等为业务应用系统，支付管理信息系统等为辅助支付系统的完整体系架构。以中国人民银行的清算体系为基础，构建和完善网络金融清算体系，可从以下三个层面着手。

（1）分支型网络银行应是实体商业银行的业务延伸。无论是通过网页 Web 方式、App 软件方式还是 ATM 方式进行网络银行业务操作，都是从客户端接入，直接连接银行远程服务器终端，指令发出和接收的处理和柜台操作是一致的，目标是实现后台同步化管理。而各商业银行则通过专用通信渠道与中国人民银行连接，接入央行支付清算系统，实现跨行及跨地区的支付清算。第二代央行支付清算系统已实现了接入与清算的灵活多元化运行，也就是说，原来的多点接入、多点清算，已经转向了一点接入、一点清算或多点接入、一点清算的模式。具体来说，各商业银行最终将只在央行清算总中心设立一个清算账户，所有的支付清算都通过该账户进行，各地方城市中心的清算系统将只负责收单和分区域备份数据，各商业银行或其分支机构开设的清算账户将逐步减少直至达成上述目标。把分散化的清算体系升级为以央行支付清算体系为基础的统一集约式清算体系，将极大地提升清算系统的运行效率，解决多账户清算带来的高风险、低效率问题。

（2）对于将来可能出现的纯网络银行，应该在审慎监管原则基础上，强化对其安全性的监管要求，在严格审批的前提下，逐步允许纯网络银行接入央行支付清算系统。但这个过程可分两步走：第一步是在纯网络银行的起步阶段，可允许其先接入在中国人民银行清算账户管理系统中有户头的大型商业银行系统——这类似于美国纽约清算所银行间支付系统（Clearing House Interbank Payment System）的运作方式，通过各商业银行的清算账户在中国人民银行系统中进行跨行支付清算，这在起步阶段有利于金融市场的稳定和风险防控。第二步是在纯网络银行发展到一定阶段，安全性和稳定性都有保障的基础上，允许符合要求的纯网络银行直接接入央行清算系统，实现一点接入、一点清算。当然，对于这些纯网络银行，还应该在资本充足率、存款准备金、清算账户备付金及系统安全技术等方面严格要求。通过这样的两步走，让纯网络银行进入全国性的清算网络，才能发挥其优势和独特作用，也便于央行对其进行实时、有效的监管。

（3）对网络金融的清算结算，还应该重视两个问题：一是系统安全防控。网络金融支付清算系统与外界系统连接时，应当采取高度审慎的隔离措施，制定严格的访问控制策略；应该禁止在生产系统上进行开发和培训，禁止使用非系统专用的存储介质；应该做好防火墙等网络边界设备的维护和监控，以及系统入侵检测和病毒防范。二是完善应急灾备。目前中国人民银行系统已构建起"两地"（北京、无锡的灾备中心）、"三中心"（北京总部生产运行中心、北京同城备份中心、上海交付清算运行中心）的灾备格局，目标是同步备份，应急自动切换。在此基础上，各清算参与方也应高度重视突发事件应急处置能力和数据灾备中心的构建问题。

第二，应建立多层级的金融科技法律监管体系。

目前，世界各国在计算机和网络领域的立法工作都相对滞后，有关金融科技的法律法规更少。如前文所述，2015 年 7 月，中国人民银行等十部门联合发布了《关于促进互联网金融健康发展的指导意见》；2019 年 8 月，中国人民银行印发了《金融科技（FinTech）发展规划（2019—2021 年）》，这些举措都促进了中国金融科技的规范发展。除了这些举措之外，国家还可以结合实际，进一步采取以下措施完善相关法律框架。

（1）加强金融科技法律框架的顶层设计，尤其是涉及网络金融关键性环节的四大方面：一是网络金融征信体系、信息披露制度和统计平台的建设与完善；二是对网络金融机构、市场、产品和技术，以及专业科技团队的监管模式与标准；三是"监管沙盒"（包括限制性授权、监管豁免、免强制执行函等完整体系）的构建；四是防止国际黑客等窃取涉密信息。为了达到这些目标，有两种可行的方法：方法一是对现行法律法规体系进行修订，即明确中国人民银行作为数字货币等金融科技的监管主体，制定措施与办法，尤其是要制定常态化的数字货币审慎监管制度；方法二是制定一部网络金融法或金融科技法，从部门法的高度，既为网络金融和数字货币的有序发展设定明晰的法律框架，同时也强化对网络金融和数字货币在法律层面的整体监管。

（2）配套制定具体的法律细则。在上述法律体系调整的基础上，应继续出台相应的法律法规细则，实现无缝监管。比如，中国人民银行可制定数字货币管理办法，将数字货币纳入监管范围，统一规范数字货币的发行、使用和流通；对发行数字货币的机构主体，可实行备案及准备金制度，即要求其按一定比率向中国人民银行缴存准备金。

（3）完善现行法律法规内容，加强关联性。为了保障法律体系的完整性和自洽性，应完善《中华人民共和国刑法》《中华人民共和国刑事诉讼法》《中华人民共和国民法典》《中华人民共和国民事诉讼法》等法律中涉及金融科技的法律法规，便于调整各相关方的权利义务关系，使金融科技相关的犯罪和民事纠纷有明确的法律规定作为依据。法律系统的内在自洽和配套实施细则的相互关联，将显著提升金融科技相关法律的有效性。

第三，应建立立体化的金融科技风险控制体系。

要有效监管和控制金融科技风险，还应从国家、行业和企业这三个层面进行全方位管理，化解潜在风险。

（1）国家层面即宏观层面的风险防范和控制。这一层面主要是为金融科技的健康发展搭建良好的平台，创造适宜的环境，并提供主权层面的安全防护。其具体举措分为技术和制度两方面。

在技术层面上，一方面，应推动国家自主知识产权信息技术的发展与运用，建立全方位网络安全体系或大数据安全防护网（包括硬件和软件两个方面），这一举措的目的是从根本上解决金融科技系统的原生性风险问题。另一方面，应推动建立"内外结合、全程防控"的监管模式。具体来说，一是物理隔离，即配置多个服务器，保证中心端主机与内部网的安全。二是提升防火墙技术，即构造国家级安全防护网，对抗病毒、黑客的攻击，保护金融科技系统的安全。三是用内部入侵监测和漏洞扫描措施对整个系统进行日常监测，对入侵者可能攻击的入口点进行扫描，及时发现问题。四是推广智能路由器技术，在处于网络节点中的路由器中加入安全防护类型的应用软件，防止信息在传输途中被窃取和篡改。五是数据备份与隔离保护，对数据库进行分级管理，提供可靠的故障恢复机制，加强灾备管理的能力。

在制度层面上，第一方面是应加强法律制度建设，上文对此已有专门论述。第二方面是应加强社会信用制度建设，将网络信用建设纳入进来。具体来说，一是要大力培育社会信用意识，建立客观公正的企业、个人信用评估体系和电子商务身份认证体系，使"诚信"有制度根基。二是中国人民银行征信体系应当接纳基于行为方式记录的网络信用信息，并将其作为重要的组成部分。第三方面是应加强金融制度建设，对数字货币的种类以及数量进行必要限制，以控制流动性风险。

（2）行业层面即中观层面的风险防范和控制。具体举措包括如下两方面。

首先，应建立金融科技行业联盟，从行业发展与自律角度加强风险管理。

其次，应建立金融科技仲裁制度，利用这一行业管理制度在调节冲突上具有的自愿性、专业性、灵活性和效率性，完善金融科技维权体系和协调监管体系，以适应金融科技创新的需求。

（3）企业层面即微观层面的风险防范和控制。具体举措包括三方面：首先，应实行严格的操作规程和内部管理制度；其次，应加强人才培养；最后，应提升金融机构自身的技术防护水平。

第四，应全力推动金融科技知识产权保护与标准化建设。

要落实金融科技知识产权保护战略，除了上面提及的在国家层面推动关键核心硬件技术发展外，还应全力推动金融科技标准化建设，包括金融科技的产品、技术、行业和安全标准等。中国应在此领域占有话语权，并以此为基础全力推动金融科技知识产权保护及其标准化发展。

第五，应加强国际合作，稳健发展金融科技。

加强国际合作已成为促进金融科技发展的有效路径。比如美国提出安全问题是金融科技稳健发展的主要隐患，英国已启动全球首个"沙盒监管"项目，中国倡导协同联动、公正合理、公平包容、平衡普惠的全球经济治理方案，欧盟也力求发展成全球金融科技中心，等等。建立金融科技信息共享机制、金融科技多元对话机制、金融科技安全联控机制等，将有利于形成国际合力，建立全球性规则，促进世界各国在金融科技领域实现安全、稳健的发展。

附录：《金融科技（FinTech）发展规划（2019—2021 年）》（摘要）①

目　　录

前　　言

第一章　发展形势

　　第一节　重要意义

　　第二节　发展基础

第二章　总体要求

　　第一节　指导思想

　　第二节　基本原则

　　第三节　发展目标

第三章　重点任务

---

① 引自《中国人民银行关于印发〈金融科技（FinTech）发展规划（2019—2021 年）〉的通知》，http://www. pbc. gov. cn/zhengwugongkai/4081330/4081344/4081395/4081686/4085169/index. html，2019 年 9 月。

第一节　加强金融科技战略部署

第二节　强化金融科技合理应用

第三节　赋能金融服务提质增效

第四节　增强金融风险技防能力

第五节　加大金融审慎监管力度

第六节　夯实金融科技基础支撑

第四章　保障措施

第一节　加强组织统筹

第二节　加大政策支持

第三节　完善配套服务

第四节　强化国际交流

第五节　做好宣传贯彻

（略）

第三章　重点任务

第一节　加强金融科技战略部署

从长远视角加强顶层设计，把握金融科技发展态势，强化统筹规划、体制机制、人才队伍建设等方面的战略部署，为金融科技发展提供保障。

（一）加强统筹规划。

深刻认识发展金融科技的紧迫性、必要性和重要性，深入贯彻新发展理念，明确发展方向、转变发展方式、制定发展战略，结合市场需求及自身禀赋谋求差异化、特色化发展。从战略全局高度谋划，加强顶层设计与总体规划，加快在运营模式、产品服务、风险管控等方面的改革步伐，制定金融科技应用的时间表和路线图，加大科技投入力度，重塑业务价值链，补齐传统金融短板，巩固和扩大竞争优势，打造新的增长点。金融机构要在年报及其他正式渠道中真实、准确、完整地披露用于创新性研究与应用的科技投入情况。

（二）优化体制机制。

着力解决利用金融科技实现转型升级过程中的体制机制问题，积极稳妥推进治理结构、管理模式、组织方式的调整优化，理顺职责关系，打破部门间壁垒，突破部门利益固化藩篱，提高跨条线、跨部门协同协作能力，加快制订组织架构重塑计划，依法合规探索设立金融科技子公司等创新模式，切实发挥科技引领驱动作用，构建系统完备、科学规范、运行有效的制度体系。加强管理制度创新，推动内部孵化与外部合作并举，增强组织与管理的灵活性、适应性，提升对市场需求的反应速度和能力，探索优化有利于科技成果应用、产品服务创新的轻型化、敏捷化组织架构，加强金融与科技产业对接，集中内外部优势资源，提升新技术自主掌控能力，更好地促进金融科技转化为现实生产力。

（三）加强人才队伍建设。

围绕金融科技发展战略规划与实际需要，研究制定人才需求目录、团队建设规划、人才激励保障政策等，合理增加金融科技人员占比。金融机构要在年报及其他正式渠道中真实、准确、完整地披露科技人员数量与占比。建立健全与金融市场相适应、有利于吸引和留住人才、激励和发展人才的薪酬和考核制度，激发人才创新创造活力。拓宽人才引进渠道，通过社会招聘吸纳成熟人才，通过校园招聘构建后备力量，通过顾问、特聘等形式引进行业尖端智慧。制订金融科技人才培养计划，深化校企合作，注重从业人员科技创新意识与创新能力培养，造就既懂金融又懂科技的专业人才，优化金融业人员结构，为金融科技发展提供智力支持。

第二节　强化金融科技合理应用

以重点突破带动全局，规范关键共性技术的选型、能力建设、应用场景和安全管控，探索新兴技术在金融领域安全应用，加快扭转关键核心技术和产品受制于人的局面，全面提升金融科技应用水平，将金融科技打造成为金融高质量发展的"新引擎"。

（四）科学规划运用大数据。

加强大数据战略规划和统筹部署，加快完善数据治理机制，推广数据管理能力的国家标准，明确内部数据管理职责，突破部门障碍，促进跨部门信息规范共享，形成统一数据字典，再造数据使用流程，建立健全企业级大数据平台，进一步提升数据洞察能力和基于场景的数据挖掘能力，充分释放大数据作为基础性战略资源的核心价值。打通金融业数据融合应用通道，破除不同金融业态的数据壁垒，化解信息孤岛，制定数据融合应用标准规范，发挥金融大数据的集聚和增值作用，推动形成金融业数据融合应用新格局，助推全国一体化大数据中心体系建设。在切实保障个人隐私、商业秘密与敏感数据前提下，强化金融与司法、社保、工商、税务、海关、电力、电信等行业的数据资源融合应用，加快推进服务系统互联互通，建立健全跨地区、跨部门、跨层级的数据融合应用机制，实现数据资源有效整合与深度利用。

（五）合理布局云计算。

统筹规划云计算在金融领域的应用，引导金融机构探索与互联网交易特征相适应、与金融信息安全要求相匹配的云计算解决方案，搭建安全可控的金融行业云服务平台，构建集中式与分布式协调发展的信息基础设施架构，力争云计算服务能力达到国际先进水平。加快云计算金融应用规范落地实施，充分发挥云计算在资源整合、弹性伸缩等方面的优势，探索利用分布式计算、分布式存储等技术实现根据业务需求自动配置资源、快速部署应用，更好地适应互联网渠道交易瞬时高并发、多频次、大流量的新型金融业务特征，提升金融服务质量。强化云计算安全技术研究与应用，加强服务外包风险管控，防范云计算环境下的金融风险，确保金融领域云服务安全可控。

（六）稳步应用人工智能。

深入把握新一代人工智能发展的特点，统筹优化数据资源、算法模型、算力支持等人工智能核心资产，稳妥推动人工智能技术与金融业务深度融合。根据不同场景的业务特征创新智能金融产品与服务，探索相对成熟的人工智能技术在资产管理、授信融资、客户服务、精准营销、身份识别、风险防控等领域的应用路径和方法，构建全流程智能金融服务模式，推动金融服务向主动化、个性化、智慧化发展，助力构建数据驱动、人机协同、跨界融合、共创分享的智能经济形态。加强金融领域人工智能应用潜在风险研判和防范，完善人工智能金融应用的政策评估、风险防控、应急处置等配套措施，健全人工智能金融应用安全监测预警机制，研究制定人工智能金融应用监管规则，强化智能化金融工具安全认证，确保把人工智能金融应用规制在安全可控范围内。围绕运用人工智能开展金融业务的复杂性、风险性、不确定性等特点，研究提出基础性、前瞻性管理要求，整合多学科力量加强人工智能金融应用相关法律、伦理、社会问题研究，推动建立人工智能金融应用法律法规、伦理规范和政策体系。

（七）加强分布式数据库研发应用。

做好分布式数据库金融应用的长期规划，加大研发与应用投入力度，妥善解决分布式数据库产品在数据一致性、实际场景验证、迁移保障规范、新型运维体系等方面的问题。探索产用联合新模式，发挥科技公司的技术与创新能力，共同研发新产品、发展新产业、凝聚新动能。有计划、分步骤地稳妥推动分布式数据库产品先行先试，形成可借鉴、能推广的典型案例和解决方案，为分布式数据库在金融领域的全面应用探明路径。建立健全产学结合、校企协同的人才培养机制，持续加强分布式数据库领域底层和前沿技术研究，制定分布式数据库金融应用标准规范，从技术架构、安全防护、灾难恢复等方面明确管理要求，确保分布式数据库在金融领域稳妥应用。

（八）健全网络身份认证体系。

构建适应互联网时代的移动终端可信环境，充分利用可信计算、安全多方计算、密码算法、生物识别等信息技术，建立健全兼顾安全与便捷的多元化身份认证体系，不断丰富金融交易验证手段，保障移动互联环境下金融交易安全，提升金融服务的可得性、满意度与安全水平。综合运用数字签名技术、共识机制等手段，强化金融交易报文规范管理，保障金融交易过程的可追溯和不可抵赖，提升金融交易信息的真实性、保密性和完整性。积极探索新兴技术在优化金融交易可信环境方面的应用，稳妥推进分布式账本等技术验证试点和研发运用。

第三节　赋能金融服务提质增效

合理运用金融科技手段丰富服务渠道、完善产品供给、降低服务成本、优化融资服务，提升金融服务质量与效率，使金融科技创新成果更好地惠及百姓民生，推动实体经济健康可持续发展。

（九）拓宽金融服务渠道。

充分运用信息技术与互联网资源做强线上服务，丰富完善金融产品和业务模式，为客户提供全方位、多层次的线上金融服务。进一步发挥线下资源优势，构筑线上线下一体化的经营发展模式，加快制订线上线下渠道布局规划和全渠道服务实施方案，实现电子渠道与实体网点、自助设备等的信息共享和服务整合，增强交叉营销、跨渠道服务水平，解决线上线下发展不平衡不充分的问题。借助应用程序编程接口（API）、软件开发工具包（SDK）等手段深化跨界合作，在依法合规前提下将金融业务整合解构和模块封装，支持合作方在不同应用场景中自行组合与应用，借助各行业优质渠道资源打造新型商业范式，实现资源最大化利用，构建开放、合作、共赢的金融服务生态体系。

（十）完善金融产品供给。

强化需求引领作用，主动适应数字经济环境下市场需求的快速变化，在保障客户信息安全的前提下，利用大数据、物联网等技术分析客户金融需求，借助机器学习、生物识别、自然语言处理等新一代人工智能技术，提升金融多媒体数据处理与理解能力，打造"看懂文字""听懂语言"的智能金融产品与服务。结合客户个性化需求和差异化风险偏好，构建以产品为中心的金融科技设计研发体系，探索运用敏捷开发、灰度发布、开发运维一体化等方法提升创新研发质量与效率，打造差异化、场景化、智能化的金融服务产品。加强客户服务持续跟踪，借助互联网等渠道改进营销策略、改善用户体验、提升营销效果，提高产品易用性与获客留客能力。

（十一）提升金融服务效率。

积极利用移动互联网、人工智能、大数据、影像识别等技术推动传统实体网点向营销型、体验型智慧网点转变，优化改进网点布局和服务流程，缩减业务办理时间，提升网点营业效率。探索基于跨行业数据资源开展多渠道身份核验，提升金融服务客户识别效率。探索轻型化金融服务模式，打造对内聚合产品与服务、对外连接合作机构与客户的综合性金融与民生服务平台，发挥客户集聚效应，降低金融服务边际成本，提升金融服务与社会公共服务效率。利用云计算等技术实现资源高度复用、灵活调度和有效供给，探索构建跨层级、跨区域的自动化、智能化业务处理中心，提升金融服务运营效率。

（十二）增强金融惠民服务能力。

强化金融服务意识，下沉经营重心，加大对零售客户的服务力度，使金融科技发展成果更多地惠及民生。依托电信基础设施，发挥移动互联网泛在优势，面向"三农"和偏远地区尤其是深度贫困地区提供安全、便捷、高效的特色化金融科技服务，延伸金融辐射半径，突破金融服务"最后一公里"制约，推动数字普惠金融发展。积极探索金融惠民创新服务模式，借助移动金融、情景感知等手段将金融服务深度融入民生领域，进一步拓展金融服务在衣食住行、医疗教育、电子商务等方面的应用场景，实现主要民生领域的金融便捷服务广覆盖，提升社会保障、诊疗、公用事业缴费等公共服务便利化水平。

（十三）优化企业信贷融资服务。

加大金融科技产品服务创新力度，加强人工智能、移动互联网、大数据、云计算等科技成果运用，加快完善小微企业、民营企业、科创企业等重点领域的信贷流程和信用评价模型，引导企业征信机构利用替代数据评估企业信用状况，降低运营管理成本，提高贷款发放效率和服务便利度，纾解企业融资难融资贵的困局，促进经济转型升级和新旧动能转换。基于海量数据处理和智能审计等技术，综合分析企业类型、财务状况、偿债能力等，降低信息不对称，加强风险侦测和预警，及时调整融资主体信用评级，防止资金流向经营状况差、清偿难度大的高风险企业，为解决脱实向虚、资金空转等问题提供决策支持。加强供应链大数据分析应用，确保借贷资金基于真实交易，通过跨界融合、搭建供应链金融服务平台、建立产业链生态等，为供应链上下游企业提供高效便捷的融资渠道，解决供应链资金配置失衡等问题，合理引导金融资源配置到经济社会发展的关键领域和薄弱环节。

（十四）加大科技赋能支付服务力度。

利用人工智能、支付标记化、云计算、大数据等技术优化移动支付技术架构体系，实现账户统一标记、手机客户端软件（App）规范接口、交易集中路由。推动条码支付互联互通，研究制定条码支付互联互通技术标准，统一条码支付编码规则、构建条码支付互联互通技术体系，打通条码支付服务壁垒，实现不同 App 和商户条码标识互认互扫。探索人脸识别线下支付安全应用，借助密码识别、隐私计算、数据标签、模式识别等技术，利用专用口令、"无感"活体检测等实现交易验证，突破 1∶N 人脸辨识支付应用性能瓶颈，由持牌金融机构构建以人脸特征为路由标识的转接清算模式，实现支付工具安全与便捷的统一。

第四节　增强金融风险技防能力

正确处理安全与发展的关系，运用金融科技提升跨市场、跨业态、跨区域金融风险的识别、预警和处置能力，加强网络安全风险管控和金融信息保护，做好新技术应用风险防范，坚决守住不发生系统性金融风险的底线。

（十五）提升金融业务风险防范能力。

完善金融业务风险防控体系，运用数据挖掘、机器学习等技术优化风险防控数据指标、分析模型，精准刻画客户风险特征，有效甄别高风险交易，提高金融业务风险识别和处置的准确性。健全风险监测预警和早期干预机制，合理构建动态风险计量评分体系，制定分级分类风控规则，将智能风控嵌入业务流程，实现可疑交易自动化拦截与风险应急处置，提升风险防控的及时性。组织建设统一的金融风险监控平台，引导金融机构加强金融领域 App 与门户网站实名制和安全管理，增强网上银行、手机银行、直销银行等业务系统的安全监测防护水平，提升对仿冒 App、钓鱼网站的识别处置能力。构建跨行业、跨部门的风险联防联控机制，加强风险信息披露和共享，加大联合惩戒力度，防止风险交叉传染，实现风险早识别、早预警、早处置，提升金融风险整体防控水平。

（十六）加强金融网络安全风险管控。

严格落实《中华人民共和国网络安全法》等国家网络安全法律法规及相关制度标准，持续加入网络安全管理力度，健全全流程、全链条的网络安全技术防护体系，加快制定并组织实施金融业关键软硬信息基础设施安全规划，增强与网信、公安、工信等部门的协调联动，切实提高金融业关键软硬信息基础设施安全保障能力。完善网络安全技术体系建设，健全金融网络安全应急管理体系，优化金融业灾难备份系统布局，提升金融业信息系统业务连续性。加强网络安全态势感知，动态监测分析网络流量和网络实体行为，绘制金融网络安全整体态势图，准确把握网络威胁的规律和趋势，实现风险全局感知和预判预警，提升重大网络威胁、重大灾害和突发事件的应对能力。加强顶层设计和统筹协调，建设跨业态、统一的金融网络安全态势感知平台，支撑金融业网络攻击溯源和精确应对，提升重大网络攻击的全面掌控和联合处置能力。

（十七）加大金融信息保护力度。

建立金融信息安全风险防控长效机制，研究制定金融信息全生命周期管理制度和标准规范，定期组织对易发生金融信息泄露的环节进行排查，保障身份、财产、账户、信用、交易等数据资产安全。加强金融信息安全防护，遵循合法、合理原则，选择符合国家及金融行业标准的安全控件、终端设备、App 等产品进行金融信息采集和处理，利用通道加密、双向认证等技术保障金融信息传输的安全性，运用加密存储、信息摘要等手段保证重要金融信息机密性与完整性，通过身份认证、日志完整性保护等措施确保金融信息使用过程有授权、有记录，防范金融信息集中泄露风险。强化金融信息保护内部控制管理，健全金融信息安全管理制度，明确相关岗位和人员的管理责任，定期开展金融信息安全内部审计与外部安全评估，防止金融信息泄露和滥用。

（十八）做好新技术金融应用风险防范。

正确把握金融科技创新与安全的关系，加强新技术基础性、前瞻性研究，在安全合规的前提下，合理应用新技术赋能金融产品与服务创新。综合实际业务场景、交易规模等深入研判新技术的适用性、安全性和供应链稳定性，科学选择应用相对成熟可控、稳定高效的技术。充分评估新技术与业务融合的潜在风险，建立健全试错容错机制，完善风险拨备资金、保险计划、应急处置等风险补偿措施，在风险可控范围内开展新技术试点验证，做好用户反馈与舆情信息收集，不断提升金融产品安全与质量水平。强化新技术应用保障机制，明确新技术应用的运行监控和风险应急处置策略，防范新技术自身风险与应用风险。

第五节　加大金融审慎监管力度

加强金融科技审慎监管，建立健全监管基本规则体系，加大监管基本规则拟订、监测分析和评估工作力度，运用现代科技手段适时动态监管线上线下、国际国内的资金流向流量，探索金融科技创新管理机制，服务金融业综合统计，增强金融监管的专业性、统一性和穿透性。

（十九）建立金融科技监管基本规则体系。

充分借鉴国际先进经验，系统梳理现行监管规则，结合我国金融科技发展趋势，加强金融科技监管顶层设计，围绕基础通用、技术应用、安全风控等方面，逐步建成纲目并举、完整严密、互为支撑的金融科技监管基本规则体系。针对不同业务、不同技术、不同机构的共性特点，明确金融科技创新应用应遵循的基础性、通用性、普适性监管要求，划定金融科技产品和服务的门槛和底线。针对专项技术的本质特征和风险特性，提出专业性、针对性的监管要求，制定差异化的金融监管措施，提升监管精细度和匹配度。针对金融科技创新应用在信息保护、交易安全、业务连续性等方面的共性风险，从敏感信息全生命周期管理、安全可控身份认证、金融交易智能风控等通用安全要求入手，明确不可逾越的安全红线。

（二十）加强监管协调性。

建立健全金融协调性监管框架，充分发挥金融业综合统计对货币政策和宏观审慎政策双支柱调控框架的支撑作用，在国家金融基础数据库框架内搭建金融机构资产管理产品报告平台，将金融科技新产品纳入金融业综合统计体系，通过统计信息标准化、数据挖掘算法嵌入、数据多维提取、核心指标可视化呈现等手段，助力"统一、全面、共享"的金融业综合统计体系建设，覆盖所有金融机构、金融基础设施和金融活动，确保统计信息的完整性和权威性。

（二十一）提升穿透式监管能力。

加强监管科技应用，建立健全数字化监管规则库，研究制定风险管理模型，完善监管数据采集机制，通过系统嵌入、API 等手段，实时获取风险信息、自动抓取业务特征数据，保证监管信息的真实性和时效性。综合全流程监管信息建立监测分析模型，把资金来源、中间环节与最终投向穿透连接起来，透过金融创新表象全方位、自动化分析金融业务本质和法律关系，精准识别、防范和化解金融风险，强化监管渗透的深度和广度。引导金融机构积极配合实施穿透式监管，通过系统接口准确上送经营数据，合理应用信息技术加强合规风险监测，提升智能化、自动化合规能力和水平，持续有效满足金融监管要求。

（二十二）建立健全创新管理机制。

加强金融科技创新产品规范管理，出台基础性、通用性监管要求，明确不可逾越的监管红线和底线，运用信息公开、产品公示、公众参与、共同监督的柔性监管方式，划定金融科技守正创新边界，使金融科技创新有章可循、有规可依，确保金融科技产品业务合规、技术安全、风险可控。事前抓好源头管控，落实主体责任，强化内部管控和外部评估，严把金融科技创新产品入口关。事中加强协同共治，以金融科技创新产品声明管理为抓手，充分调动社会各方积极性，扩大参与度，构建行业监管、社会监督、协会自律、机构自治的多位一体治理体系，共同打造全社会协同共治的治理格局，及时发现金融科技创新产品风险隐患，杜绝存在安全隐患的产品"带病上线"，筑牢金融科技创新安全防火墙。事后强化监督惩戒，畅通投诉举报渠道，建立联合惩戒机制，加强违规惩戒，确保创新产品不突破监管要求和法律法规，不引发系统性金融风险。

第六节　夯实金融科技基础支撑

持续完善金融科技产业生态，优化产业治理体系，从技术攻关、法规建设、信用服务、标准规范、消费者保护等方面有力支撑金融科技健康有序发展。

（二十三）加强金融科技联合攻关。

合理布局金融科技产业生态，促进产学研用协同联动、形成合力。聚焦重大科学前沿问题和基础理论瓶颈，开展前瞻性、基础性研究，支持高校和科研院所研究建立金融科技相关学科体系，推动经济金融、计算机科学、数理科学等多学科交叉融合，把握金融科技发展深层规律，夯实金融科技应用理论基础。针对金融科技发展面临的共性技术难题，推动产业部门加大支持力度，鼓励科技企业加强研究攻关，为金融科技发展与应用提供技术支撑。通过孵化平台、专项合作、试点推广等手段，促进技术成果及时转化和共享，提升我国金融科技产业链整体竞争力。

（二十四）推动强化法律法规建设。

针对现代科技成果金融应用新特点，推动健全符合我国国情的金融法治体系，研究调整完善不适应金融科技发展要求的现行法律法规及政策规定，推动出台金融业新技术应用的相关法律法规，在条件成熟时将原有立法层次较低的部门规章等及时上升为法律法规。厘清法律边界，明确金融监管部门的职能和金融机构的权利、义务，破除信息共享等方面的政策壁垒，营造公平规范市场环境，为金融与科技融合发展提供法治保障。

（二十五）增强信用服务支撑作用。

完善金融信用信息基础数据库，引导市场化征信机构依法合规开展征信业务，扩大征信覆盖范围，打造具有较高公信力和较大影响力的信用评级机构，满足社会多层次、全方位和专业化的征信需求，促进信用信息共享与应用。加强信用信息主体权益保护，防范信用信息泄露风险，完善信用信息主体的异议、投诉及责任处理机制，切实保障个人信用信息安全，提升征信市场有效供给和征信服务水平。

（二十六）推进标准化工作。

针对金融科技发展新情况、新趋势，完善金融科技标准体系，培育满足市场和创新需要的国家及金融行业标准，加强标准间协调，从基础通用、产品服务、运营管理、信息技术和行业管理等方面规范引导金融创新。加快制定完善人工智能、大数据、云计算等在金融业应用的技术与安全规范。针对金融业信息技术应用建立健全国家统一推行的认证机制，进一步加强金融科技创新产品的安全管埋，促进金融标准的实施落地，有效提升金融服务质量与安全水平。持续推进金融业信息技术创新应用标准的国际化，积极参与国际标准制定，推动国内优秀标准转换为国际标准，促进我国金融科技创新全球化发展。

（二十七）强化金融消费者权益保护。

建立健全适应金融科技发展的消费者权益保护机制，规范和引导金融机构提供金融科技产品与服务，依法加强监督检查，及时查处侵害金融消费者合法权益的行为，维护金融科技市场有序运行。引导金融机构将保护金融消费者合法权益纳入公司治理、企业文化建设和经营发展战略中统筹规划，建立完善重大突发事件应急处置机制，认真落实投资者适当性制度，制定先行赔付、保险补偿等保护金融消费者合法权益的具体措施。督促和指导金融机构切实履行金融消费者投诉处理主体责任，完善投诉处理程序，提升投诉处理质量与效率，接受社会监督，切实保护金融消费者合法权益。

（略）

本章要点与思考题

1. 如何判断金融科技发展趋势？

2. 如何应对金融科技创新风险？

3. 如何捕捉金融科技发展机遇？

4. 网络金融的狭义与广义含义分别是什么？

5. 纯网络银行的发展趋势是什么？

6. 金融科技对证券市场有哪些影响？

7. 简述货币表现形式的几次变革、数字货币的类型以及数字加密货币对货币管理模式的颠覆性影响。

8. 简述 Bitcoin、Libra 与 ACU 的联系与区别。

9. 简述央行数字货币与中国央行数字货币的联系与区别。

10. 什么是嵌入式金融？

11. 什么是供应链金融？

12. 什么是区块链金融？

13. 金融科技对现代金融体系有哪些影响？

14. 简述中国金融科技发展的机遇与挑战。

阅读参考材料

1.《瑞典将成为全球首个无现金国家》，https：//4g. dahe. cn/mip/

news/20151024105859183，2015 年 10 月 24 日．

2．《莫迪的"无现金社会"靠谱吗？借"废钞风暴"逼出支付革命》ht-tps：//world. huanqiu. com/article/9CaKrnJYZEp，2016 年 12 月 5 日．

3．《英格兰银行：2020 英国央行数字货币（CBDC）研究报告》，ht-tp：//www. chidaolian. com/article－42424－1，2020 年 3 月 19 日．

4．《圆桌讨论：超越虚拟货币区块链如何改变金融》，https：//www-wdzjcom/news/hangye/36112html，2016 年 9 月 23 日．

5．《比特币敲诈病毒入侵》，http：//epaper. bjnews. com. cn/html/2015－05/03/content_574785. htm？ div＝－1，2015 年 5 月 3 日．

6．《人民银行等十部门发布〈关于促进互联网金融健康发展的指导意见〉》，http：//www. gov. cn/xinwen/2015 － 07/18/content ＿ 2899360. htm，2015 年 7 月 18 日．

7．《国务院关于促进云计算创新发展培育信息产业新业态的意见》，ht-tp：//www. gov. cn/zhengce/content/2015－01/30/content_9440. htm，2015 年 1 月 30 日．

8．《国务院关于印发促进大数据发展行动纲要的通知》，http：//www. gov. cn/zhengce/content/2015－09/05/content_10137. htm，2015 年 9 月 5 日．

9．《国务院关于印发新一代人工智能发展规划的通知》，http：//www. gov. cn/zhengce/content/2017－07/20/content_5211996. htm，2017 年 7 月 20 日．

10．《"十三五"现代金融体系规划》，2018 年。

11．《金融科技（FinTech）发展规划（2019—2021 年）》，2019 年。

第八章

国家金融风险防范

在金融学上，"金融风险"经常与"金融脆弱性""金融危机"联系在一起。

金融脆弱性（Financial Fragility）在狭义上主要指高负债经营的行业特点决定了金融业具有容易失败的特性；在广义上则泛指一切融资领域（包括金融机构融资和金融市场融资）中的风险积聚，进一步说，指一种风险积聚所形成的"状态"，与稳定、坚固、不易受到破坏和摧毁相对应的状态。金融风险（Financial Risk）则指潜在的损失可能性，它既存在于微观领域，也存在于宏观领域。金融危机（Financial Crisis）主要是指宏观领域的金融风险，即系统性、区域性的金融风险。防范金融危机的目标，就是守住不发生系统性和区域性金融风险的底线。

一般的金融脆弱性假说分为三个角度：企业角度，即企业存在内在的财务风险；银行角度，即银行存在超越安全边界的信用风险；监管角度，即监管缺失导致的投机风险。因此，金融脆弱性分为"企业金融脆弱性""市场金融脆弱性""监管金融脆弱性"三类。

金融脆弱性与金融自由化也有关联。当一国处于金融压抑时期，其主要表现为金融资产单一、机构形式单一、管制过多、金融效率低下等；而金融自由化时期的关键词则是放松——放松管制、放松限制、放松审批等。因此，金融自由化作为变量与金融危机之间存在正相关关系，尤其是当一国由金融压抑状态向金融自由化状态转向时，金融脆弱性问题会更加突出。其相关课题包括利率自由化与金融脆弱性的关系、机构业务自由化与金融脆弱性的关系、机构准入自由化与金融脆弱性的关系、自由资本流动与金融脆弱性的关系等。因此，我们应客观分析与把握金融自由化这个变量，以及由此引申出的金融自由化与金融脆弱性的关系，进而研究金融风险、金融危机可能的成因、趋向，最终防范、处置好金融风险与金融危机。

一、传统金融危机分类

何谓金融危机？《新帕尔格雷夫经济学大辞典》（2008 年版）将其定义为"全部或大部分金融指标——短期利率、资产（证券、房地产、土地）价格、商业破产数和金融机构倒闭数——的急剧、短暂和超周期的恶化"，即金融体系出现严重困难乃至崩溃，表现为绝大部分金融指标急剧恶化，各种金融资产价格暴跌，金融机构陷入困境并破产，同时对实物经济的运行产生极其不利的影响。《疯狂、惊恐和崩溃：金融危机史》（2007 年版）一书则将金融危机定义为所有金融指标或某一组金融指标（短期利率、股票、不动产等）都产生了不同寻常的、急剧的变化，以及金融机构倒闭。

关于金融危机的理论又是如何产生的呢？从 20 世纪 70 年代中期开始，很多发展中国家陆续开始推行结构性的经济自由化改革和宏观经济稳定化计划，以图打破传统体制的僵化，并保持国内通货的稳定。但所有这些尝试都未曾在短期内达到预期效果，反而引起了一系列的宏观经济问题。这些国家的宏观经济绩效、国际收支状况与外部经济环境之间表现出日趋复杂的关系，特别是金融危机开始频繁爆发——最开始表现为固定汇率的瓦解（被称为货币危机），而后则出现外汇市场、银行、房地产市场、股票市场同时崩溃的复杂症状。为什么追求经济自由化和宏观经济稳定的政策框架反而导致了金融系统的危机呢？金融危机理论由此应运而生，其研究的主要范例包括 20 世纪 80 年代拉美的债务危机、1994 年到 1995 年的墨西哥危机、1997 年到 1998 年的亚洲金融危机、2007 年到 2008 年的美国次贷危机和紧随其后的欧盟债务危机。

传统的金融危机分哪些类别呢？根据国际货币基金组织 1998 年发布的《世界经济展望》，金融危机大致可以分为货币危机、银行危机、债务危机和全面金融危机。本书中，我们把世界各国经常出现的股市危机也单列出来，放在债务危机与全面金融危机之间来阐述。

（一）货币危机

狭义的货币危机与特定的汇率制度（通常是固定汇率制）相对应，其含义是：实行固定汇率制的国家，在非常被动的情况下（如在经济基本面恶化的情况下，或者在遭遇强大的投机攻击的情况下），对本国的汇率制度进行调整，转而实行浮动汇率制，而由市场决定的汇率水平远远高于原先所刻意维护的水平（即官方汇率），这种汇率变动的影响难以控制、难以容忍，这一现象就是货币危机。广义的货币危机则泛指汇率的变动幅度超出了一国可承受的范围这一现象。

关于货币危机的原因，第一代货币危机模型显示：扩张性的宏观经济政策导致了巨额财政赤字，为了弥补财政赤字，政府只好增加货币供给量，同时为了维持汇率稳定而不断抛出外汇储备。一旦外汇储备减少到某一临界点时，投机者会对该国货币发起冲击，在短期内将该国外汇储备消耗殆尽。政府要么让汇率浮动，要么让本币贬值，最后，固定汇率制度崩溃，货币危机发生。第二代货币危机模型显示：一国政府在制定经济政策时存在多重目标，经济政策的多重目标导致了多重均衡。因而政府既有捍卫汇率稳定的动机，也有放弃汇率稳定的动机。在外汇市场上有中央银行和广大的市场投资者，双方根据对方的行为和掌握的对方的信息，不断修正自己的行为选择，这种修正又影响着对方的下一次修正，形成了一种自我促成。当公众的预期和信心的偏差不断累积，使得维持稳定汇率的成本大于放弃稳定汇率的成本时，中央银行就会选择放弃，从而导致货币危机的发生。第三代货币危机模型强调了第一、二代模型所忽视的一个重要现象：在发展中国家，普遍存在着道德风险问题，即政府对企业和金融机构进行隐性担保，与这些企业和机构存在裙带关系。这导致了经济发展过程中的投资膨胀和不谨慎，大量资金流向股票和房地产市场，形成了金融过度（Financial Excess），导致了经济泡沫。泡沫破裂或行将破裂所致的资金外逃，将引发货币危机。第四代货币危机模型认为：本国企业部门的外债水平越高，"资产负债表效应"越大，经济出现危机的可能性就越大。其理论逻辑是：企业持有大量外债会导致国外债权人悲观地看待该国经济，减少对该国企业的贷款，这使其本币贬值，企业财富缩水，进而企业能申请到的贷款减少，全社会的投资规模变小，最终经济陷入萧条。

如何防范货币危机？就历史经验看，货币危机的爆发通常都经过相当长一段时间的能量积蓄，最后由某一个或几个因素引爆。根据多次国际货币危机的经验教训，防范货币危机的措施主要有：第一，适时调整汇率，建立与本国经济发展状况相适应的汇率制度；第二，储备规模适度，即根据一国的进口、外债及干预市场等支付需要，确定适度的外汇储备规模；第三，健全金融体制；第四，谨慎开放市场；第五，有效控制和利用外资；第六，对举借外债进行控制；第七，建立稳健的财政体制，庞大的财政赤字具有极大的危害性；第八，保持区域金融稳定；第九，建立风险转移机制，比如建立存款保险制度和不良债权的担保抵押机构等；第十，夯实经济基础和政治基础。

如何处置货币危机？由于国情尤其是国内政治、经济情况和外部环境的不同，各国应对危机的方法与手段存在较大差异。但在经济全球化时代，货币危机的爆发有着明显的共性，突出的表现就是"传染性"，因此对一国有效的一些危机应对措施对他国也有重要的借鉴意义，主要包括：第一，实行本币管制；第二，控制资本外流；第三，进行强力的金融监管；第四，进行有效的币值调整；第五，防止银行连锁倒闭；第六，实施一揽子货币政策与财政政策；第七，加强区域合作机制，如央行间货币互换协议磋商等。

（二）银行危机

银行危机是指银行过度涉足（或贷款给企业而间接涉足）高风险行业（如房地产、股票），导致资产负债严重失衡、呆账负担过重，进而使资本运营呆滞，最终自身破产倒闭的危机。

根据不同的判断标准，银行危机可以分为以下类型：第一，按危机的性质，可分为银行体系危机和单个银行危机；第二，按危机的起因，可分为内生性银行危机和外生性银行危机；第三，按危机的程度，可分为以流动性紧张为特征的银行危机和以丧失清偿力为特征的银行危机。

关于银行危机的原因，存在以下几种不同的理论。

第一，弗里德曼（Milton Friedman）的货币政策失误理论认为，因为货币需求函数的相对稳定性，货币供求失衡的根本原因在于货币政策的失误。并且，这种失误（如突然的通货紧缩）可以使一些轻微的、局部的金融问题，通过加剧银行恐慌，演变为剧烈的、全面的金融动荡。

第二，明斯基（Hyman P. Minsky）对金融的内在脆弱性进行了系统分析，提出了"金融脆弱性假说"。他将市场上的借款者分为三类：第一类是"套期保值型"借款者（Hedge-Financed Unit），这类借款者的预期收入不仅在总量上超过债务额，而且在每一时期内，其现金流入都大于到期债务本息；第二类是"投机型"借款者（Speculative-Financed Unit），这类借款者的预期收入在总量上超过债务额，但在借款后的前一段时期内，其现金流入小于到期债务本息，而在这段时期后的每一时期内，其现金流入大于到期债务本息；第三类是"蓬齐型"借款者（Ponzi Unit），这类借款者在每一时期内，其现金流入都小于到期债务本息，只在最后一期，其收入才足以偿还所有债务本息。因而他们不断地借新债还旧债，把"后加入者的入伙费充作先来者的投资收益"，以致债务累计越来越多，潜伏的危机越来越大。在一个经济周期开始时，大多数借款者属于"套期保值型"借款者；当经济从扩张转向收缩时，借款者的盈利能力下降，逐渐转变成"投机型"借款者和"蓬齐型"借款者，金融风险增大。因而明斯基认为，金融体系具有内在的不稳定性，经济发展周期和经济危机不是由外来冲击或是失败的宏观经济政策导致的，而是经济自身发展的必经之路。

第三，托宾（James Tobin）于1981年提出的银行体系关键论，其核心思想是银行体系在金融危机中起着关键作用。在企业过度负债的经济状态下，经济尤其是金融扩张中积累起来的风险会增大并显露出来，银行可能遭受损失，所以银行为了控制风险，必然提高利率、减少贷款。银行的这种行为会使企业投资减少或引起企业破产，从而直接影响经济发展。同时，银行也可能迫使企业出售资产以清偿债务，造成资产价格急剧下降，这种状况会引起极大的连锁反应，震动也极强烈，使本来已经脆弱的金融体系崩溃更快。托宾认为，在债务—通货紧缩的条件下，"债务人财富的边际支出倾向往往高于负债人",因为在通货紧缩—货币升值的状况下,不仅债务人出售的资产贬值,而且其拥有的资产也贬值。在债务人预期物价继续走低的情况下,变卖资产还债的情况必然提前到来。

第四,"金融恐慌"理论。戴尔蒙德(Douglas W. Diamond)和荻伯威格(Philip H. Dybvig)认为,银行体系的脆弱性主要源于存款者对流动性要求的不确定性与银行的资产较之负债缺乏流动性之间的矛盾。他们在 1983 年提出了银行挤兑理论(又称 D–D 模型),其基本思想是:银行的重要功能是将存款人不具流动性的资产转化为流动性资产,以借短贷长,实现资产增值。在正常情况下,依据大数定理,所有存款者不会在同一时间取款。但当经济中发生某些突发事件(如银行破产或经济丑闻),就会发生银行挤兑。查里(V. V. Chari)和贾甘纳坦(Ravi Jagannathan)进一步指出,一些原本不打算取款的人一旦发现取款队伍变长,也会加入挤兑的行列,从而发生金融恐慌。

第五,"道德风险"理论(Moral Hazard)。麦金农(Ronald I. MeKinnon)认为,存款保险制度的存在,以及政府和金融监管部门在关键时刻扮演"最后贷款人"的角色,既会使银行产生道德风险,进行风险更高的投资,增加了存款人受损害的可能性,又会导致金融监管部门也不对银行实施监督。世界银行和国际货币基金组织对 65 个国家在 1981—1994 年发生的银行危机做的计量测试也表明,在设有存款保险制度的国家,发生危机的概率要高于没有该制度的国家。

如何防范与处置银行危机?世界频繁发生银行危机,而银行危机具有多米诺骨牌效应。因为资产配置是商业银行等金融机构的主要经营业务,各金融机构之间因资产配置而形成复杂的债权债务联系,使得资产配置风险具有很强的传染性。一旦某个金融机构资产配置失误,不能保证正常的流动性头寸,则单个或局部的金融困难就会演变成全局性的金融动荡。引发银行危机的往往是商业银行的支付困难,即资产流动性缺乏,而不是资不抵债。只要银行能够保持充分的资产流动性,就可能在资不抵债、技术上处于破产而实际上并未破产的状态下维持其存续和运营。

（三）债务危机

债务危机是指在国际借贷领域中，大量负债超过了借款者自身的清偿能力，借款者无力还债或必须延期还债的现象。衡量一个国家的外债清偿能力有多个指标，其中最主要的是外债清偿率指标，即一个国家在一年中外债的还本付息额占当年或上一年出口收汇额的比率。一般情况下，这一指标应保持在20%以下，超过20%就说明外债负担过高。

关于债务危机的原因，比较典型的有以下两种理论。

第一，费雪（Irving Fisher）的"债务—通货紧缩"理论，其核心思想是：企业在经济上升时期为追逐利润"过度负债"，当经济陷入衰退时，企业盈利能力减弱，逐渐丧失清偿能力，引起连锁反应，导致货币紧缩，形成恶性循环，金融危机就此爆发。其传导机制是：企业为清偿债务廉价销售商品→企业存款减少、货币流通速度降低→总体物价水平下降→企业净值减少、债务负担加重、盈利能力下降→企业破产、工人失业→人们丧失信心、悲观情绪弥漫→人们追求更多的货币储藏、积蓄→名义利率下降、实际利率上升→资金盈余者不愿贷出、资金短缺者不愿借入→通货紧缩。

第二，苏特（Christian Suter）从经济周期角度提出的"综合性国际债务"理论，该理论认为：随着经济的繁荣，国际借贷规模日益扩张，中心国家（通常是资本充裕的发达国家）的资本为追求更高回报，流向资本不足的边缘国家（通常是发展中国家），边缘国家的投资外债增多；债务的大量积累导致负债国偿债负担加重，当经济周期进入低谷时，边缘国家赖以还债的初级产品出口的收入下降，导致其逐渐丧失偿债能力，最终爆发债务危机。

如何防范与处置债务危机？严重的国家债务危机无论对于债务国，还是对于发达国家的债权银行，乃至整个国际社会，都会造成巨大的压力。国际金融组织的有关各方为解决债务危机提出了许多设想和建议，包括债务重新安排、债务资本化及证券化等。广大发展中国家也通过调整国内经济政策、加强相互合作与协调，来缓和危机。另外，要防范与处置债务危机，还有三项因素至关重要：一是有利的国际经济环境，包括增加国际贸易制度的开放程度、降低发展中国家的实际筹资成本；二是债务国做出有力而持续的调整努力，包括维护国内宏观经济的稳定、促进经济结构合理化，并从根本上提高外债的使用效率；三是提供充足的外部资金流量，即扭转债务国资金向债权国倒流的趋势，这就要求发掘新的融资渠道，促进直接投资和证券投资形式的发展。

（四）股市危机

股市危机又称证券市场危机，主要表现为资本二级市场上金融资产价格剧烈波动，如股票市场、债券市场、基金市场及与之相关的衍生金融产品市场的价格发生急剧、短暂的暴跌。

关于股市危机的原因，一般认为，股市脱离经济的基本面，长时间出现非理性的趋势性暴涨，往往是酿成股市危机的重要原因。具体来说，关于股市危机主要有如下几种理论。

第一，泡沫经济理论。《新帕尔格雷夫经济学大辞典》对泡沫经济的定义是："一个或一系列资产在一个连续过程中陡然涨价，开始的价格上升会使人们产生还要涨价的预期，于是又吸引了新的买主——这些人一般只是想通过买卖谋取利润，而对这些资产本身的使用和产生盈利的能力是不感兴趣的。随着涨价常常是预期的逆转，接着就是价格暴跌，最后'以金融危机'或'繁荣的逐渐消退'告终"。简要地说，泡沫经济指主要由投机性导致的资产价格严重偏离基础价值的过度上升，随后迅速回落的过程，以及由此带来的经济虚假繁荣和衰退的典型市场失灵现象。泡沫经济常见的载体是债券、股票、房地产等。

第二，信息不对称理论。证券市场上的信息不对称也将导致逆向选择和道德风险问题。上市公司股票的定价，一般只能根据投资者对所有上市公司预期收益的主观期望来确定。对于绩优公司而言，由预期收益得出的预期价格往往低于其实际价值，它们由此会觉得上市发行股票不是一种最优融资决策，因而会避开证券市场这一直接融资渠道。而对于绩差公司则正好相反，它们往往有动力利用多占信息的优势，通过包装上市融资。结果是，市场上充斥着绩差公司。一段时间后，投资者会调低对上市公司的预期收益的主观期望，市场上留下的是经营业绩更差的公司，如此循环往复，最终由于严重的信息不对称，直接融资市场将萎缩甚至消失。这不仅不利于金融市场的资源优化配置，而且还将在萎缩过程中助长金融泡沫的形成。更有甚者，有的公司一旦经包装上市获取资金后，便改变初衷将资金投向更为冒险的项目，产生道德风险问题，使投资者高估金融资产价格，进一步增加金融泡沫化程度。而一旦市场逆转，泡沫破灭，股市危机就不可避免。

第三，噪音理论。该理论中的噪音指的是与金融资产基础价值变动无关但却可能影响该资产价格的失真信息，将噪音视为真实信息进行交易即为噪音交易。信息不对称必然产生噪音交易，因为噪音交易者选择资产组合时所依据的理论模型不正确，或者对来自技术分析师、股票经纪人、经济顾问等人的虚假信息信以为真，导致对未来价格走向的判断过分主观。因此，信息不对称的金融市场上必然长期存在着噪音交易者，他们与理性交易者（理性套利者）进行博弈，博弈的结果通常是噪音交易者占据市场绝对优势。这将导致市场有效性大为降低，并使资产价格偏离其基础价格，从而形成金融泡沫。随后，噪音交易者所能获得的高额利润又驱使部分理性交易者蜕变为噪音交易者，进一步加剧市场上的噪音交易行为，使价格更加偏离其基础价格，由此加速金融泡沫的膨胀。

第四，索罗斯（George Soros）的循环周期理论。该理论认为，金融资产的价格按理应取决于该资产的未来盈利能力。但其未来盈利能力又取决于未来的实体经济。而影响未来的实体经济及金融资产价格的因素并不能为股票持有人所尽知。因此，他们只能根据资产市场的运行趋势，通过心理预期对金融资产价格作出评价。因此，世界上不存在由资产内在价值决定的均衡价格。资产交易行为与资产价格通过市场心理这一桥梁而相互决定，由此产生"市场决定市场的自我循环"。这种资产价格的自我循环运作必然造成资产价格的过度波动。市场参与者大多按照市场运行趋势作出买卖决定，以致不断强化市场趋势本身，直至这种单方面的市场能量释放完毕，才开始反向的运行趋势。

综上，泡沫经济理论侧重于从宏观层面解释股市危机，后三种理论则均从微观层面研究——信息不对称理论将信息经济学原理运用于证券市场，揭示了证券市场的内在脆弱性；噪音理论从信息不对称理论中衍生出来，更形象地描述了金融资产暴涨暴跌的过程；循环周期理论实质上是危机自我实现理论。

如何防范与处理股市危机？对以股市危机为先导的金融危机，治理的重点应放在稳定资本市场、恢复市场信心方面，具体措施包括：一是限制过度投机和杀跌行为以稳定股市价格；二是通过停市、停牌、设立涨跌幅限制等来限制股价的过度波动和急剧下跌；三是通过救助个别企业或机构来稳定市场信心；四是通过回购上市公司股票提升投资者信心；五是通过调节货币供应量来稳定股票市场；六是政府直接介入资本市场来稳定股票市场，从而抑制股市危机的扩展和蔓延。

（五）并发性危机或全面金融危机

要理解什么是并发性危机或全面金融危机，我们应该首先了解什么是系统性金融风险。根据国际货币基金组织、金融稳定理事会和国际清算银行2009年发布的《系统重要性金融机构、市场和工具的评估指引》，系统性金融风险是由于金融体系整体或局部受到破坏，导致金融服务中断，对实体经济具有潜在负面影响的风险。系统性金融危机则是指主要的金融领域都出现严重混乱，如货币危机、银行业危机、外债危机、股市危机同时或相继发生。它往往发生在金融经济、金融系统、金融资产比较繁荣的市场化国家和地区，以及赤字和外债较为严重的国家，对世界经济的发展具有巨大的破坏作用。这种系统性金融危机就是我们所说的并发性危机或全面金融危机。

系统性金融危机的成因主要包括：顺周期行为加剧了风险恶性循环（跨时间维度）；系统重要性金融机构起了关键作用（跨行业维度）；金融市场一体化加快了危机传导（金融体系关联性）；金融创新增加了危机传递链条（金融衍生品种）；金融体系与实体经济的相互作用更加密切；等等。

其中，金融脆弱性演化为系统性金融危机的触发点往往来自"支付危机"，其大致分四个步骤：第一，金融机构资产负债表恶化，引起挤兑；第二，为满足支付，金融机构急于获取现金，不得不出售资产；第三，金融机构急于出售资产，导致资产价格暴跌；第四，资产价格暴跌，进一步恶化金融机构的资产负债表，最终引发系统性金融危机。系统性金融危机又进一步引发信贷紧缩，导致经济滑坡，破产增加，信心失落，损害实体经济，形成恶性循环。这时，央行不得不成为"最后贷款人"，且随着风险的处置进程，央行成为危机处置的主要参与者，但又不是唯一的主要参与者。

金融全球化也加剧了系统性金融危机的国际传播，原因主要有二：一是贸易联系使国际收支恶化相互影响；二是金融联系使直接投资变化和借贷收紧相互影响。因此，金融全球化也直接或间接地加剧或扩散了各国的系统性金融危机。

系统性金融危机具有严重的危害性，主要包括：使金融机构陷入经营困境；各国财政负担加重（财政部门不得不出面救助）；货币政策效率下降；债务紧缩效应导致投资紧缩和总体经济水平低迷；严重影响经济增长。

如何防范与处置系统性金融危机？本章将在以下进行重点阐述。简单来说，处置系统性金融危机大致可分为三个阶段：第一，危机阶段，处置重点是制止动荡和稳定金融体系；第二，稳定阶段，处置重点是重组金融体系；第三，恢复阶段，处置重点是规范金融体系。这里存在一个处置系统性金融危机的成本及其分摊的问题。不同国家在国家金融层面选择不同的处置策略、步骤及具体措施所需的处置成本与产生的效果都很不一样。

二、重大金融危机回顾

为了进一步认识金融危机并研究对策，我们有必要回顾一下重大的世界性金融危机，本节将重点论述 1929—1933 年的世界经济大萧条、1997—1998 年的亚洲金融危机和 2008 年的国际金融危机。

（一）1929—1933 年世界经济大萧条

1929—1933 年的世界经济大萧条是一个常说常新的反面教材。所谓大萧条，是指经济活动远远低于正常水平，企业和消费者有严重悲观情绪且持续时间很长的一个时期（图 8.1）。

```
· 名义GDP    下降50%

· 实际GDP    下降30%

· 工业产出    下降50%

· 失业率     上升到25%（想想每四个成年人有一个在街上浪
            荡是什么样?）

· 股票价格    下降了80%

· 物价水平    下降了25%

· 银行破产    9755家
```

图 8.1　关于 1929—1933 年世界经济大萧条的一组数字

大萧条时期的美国道琼斯指数表现也非常不尽如人意，从 1929 年 9 月 3 日的相对高点 381.17 点，下跌到 1932 年 7 月 8 日的最低点 41.22 点，跌幅高达 89.19%。实际利率水平高企。

在 20 世纪 30 年代的大萧条期间，美国有 11 000 多家银行破产、合并，全美银行总数由原来的 25 000 多家减至 14 000 多家。其中，1930 年，银行机构倒闭突破四位数，达 1350 家，占银行总数的 5.29%；1931 年，银行机构倒闭达 2293 家，占银行总数的 9.87%；1933 年达到高峰，当年有 4000 多家银行倒闭，占银行总数的 20%。这场危机造成美国经济尤其是金融的全面衰退。

这一时期，世界各国的经济发展均遭到巨大破坏，1929—1932 年主要国家的工业生产均出现下降：美国下降了 55.5%，德国为 52.2%，英国为 32.0%，法国为 36.1%。主要资本主义国家为摆脱危机，纷纷采取以邻为壑、转嫁危机的办法。它们提高关税，阻止外国商品进入本国市场；实行货币贬值，让本国商品打入别国市场，导致世界经济进一步混乱，国际关系日趋恶化。严重的经济危机也引起了政治危机，资本主义各国社会矛盾尖锐，政局动荡。

1929—1933 年的世界经济大萧条导致很多人陷入空前的绝望，甚至有人说"世界末日已经来临"，这是因为：危机导致美国政治动荡；美国政府对经济干预不力；寻找不到摆脱经济危机的出路；资本主义世界都卷入危机。

1933 年，罗斯福新政开始启动，美国政府进入了危机处置阶段。其主要举措包括：整顿财政金融；颁布《全国工业复兴法》，调整工业生产；调节农业生产；实行社会救济，以工代赈。在新政的推动下，美国的社会生产力开始逐渐恢复，社会矛盾得到缓和。同时，美国乃至世界经济也进入了政府大规模干预的时代。

图 8.2 历史照片展示了 1929—1933 年世界经济大萧条给美国人带来的深重影响，左图为因大萧条而陷入凄风苦雨中的家庭，右图为美国失业者在百老汇前排长队等待救济。

左　　　　　右

图 8.2　1929—1933 年世界经济大萧条时美国的情况

（二）1997—1998 年亚洲金融危机

作为亚洲金融危机触发点的货币贬值首先开始于泰国，随后迅速蔓延到印度尼西亚、菲律宾、马来西亚，并随即波及新加坡，后又扩展到东北亚的韩国和日本。在货币危机横扫了东南亚和东亚的大部分地区之后，俄罗斯和巴西也经历了金融危机的冲击。可以说，亚洲金融危机始于外汇市场的超常波动以及由此引起的货币危机，再发展到货币市场和证券市场的动荡，并最终影响了实体经济的正常运行。

图 8.3 展示了亚洲金融危机的四个阶段。

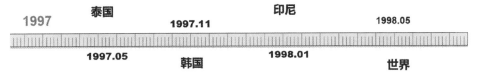

图 8.3 亚洲金融危机四阶段

在亚洲金融危机的第一阶段，位于东南亚的泰国受到攻击。1997 年 5 月，泰铢受到货币投机者攻击，1997 年 7 月 2 日，泰国宣布放弃固定汇率制，实行浮动汇率制，泰铢当日贬值 17%。

图 8.4 展示了新加坡受到攻击后，新元暴跌的情况。

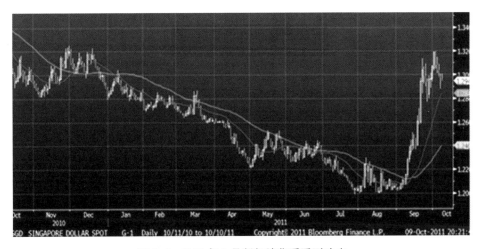

图 8.4 1997 年 8 月新加坡货币受到冲击

图 8.5 展示了中国香港受到攻击后，香港恒生指数大跌的情况。1997 年 10 月，国际炒家移师国际金融中心香港，矛头直指香港联系汇率制；中国台湾地区突然弃守新台币汇率，一天贬值 3.46%。1997 年 10 月 23 日，香港恒生指数大跌 1211.47 点；28 日，下跌 1621.80 点，破 9000 点大关。

到了亚洲金融危机的第二阶段，韩国、日本也被卷入。1997 年 11 月中旬，韩国也爆发了金融风暴：11 月 17 日，韩元对美元的汇率跌至创纪录的 1008：1；12 月 13 日，韩元对美元的汇率又降至 1737.60：1。1997 年下半年，日本的一系列银行和证券公司也相继破产。

亚洲金融危机的第三阶段是危机不断深化的阶段。1998 年年初，印度尼

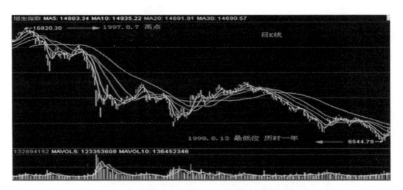

图 8.5　亚洲金融危机时香港恒生指数走势

西亚金融风暴再起。1998 年 2 月 16 日，印尼盾同美元比价跌破 10000∶1，新元、马币、泰铢、菲律宾比索等纷纷下跌。日元对美元汇率从 1997 年 6 月底的 115∶1 跌至 1998 年 4 月初的 133∶1，1998 年五六月间，日元汇率一路下跌，一度接近 150∶1 的关口。

亚洲金融危机的第四阶段是结束阶段。1998 年 8 月，国际炒家对香港发动新一轮进攻，恒生指数跌至 6600 多点。香港特区政府予以回击，动用外汇基金进入股市和期货市场，吸纳国际炒家抛售的港币，稳定汇市。1998 年 9 月 2 日，卢布贬值 70%。这致使俄罗斯股市、汇市受重创，引发金融危机乃至经济、政治危机。1999 年，金融危机结束。

亚洲金融危机对经济产生的影响（表 8-1）是巨大的：大批企业和金融机构破产倒闭，泰国关闭了 56 家金融机构，印尼关闭了 17 家金融机构，韩国排名前列的 20 家企业破产；失业增多，如印度尼西亚的失业人数达 2000 万；危机导致的货币贬值使资本大量外逃，经济衰退甚至负增长；全球金融市场均剧烈震荡。

表 8-1　亚洲经济危机期间各国家（地区）受影响程度

国家（地区）	货币贬值幅度/%	股价下跌幅度/%	经济增长率下跌点数
泰国	−55.65	−51.2	−8.2
马来西亚	−45.82	−54.5	−15.0
印度尼西亚	−85.24	−53.1	−18.6
菲律宾	−42.79	−46.0	−5.7

续表

国家（地区）	货币贬值幅度/%	股价下跌幅度/%	经济增长率下跌点数
新加坡	−20.21	−47.2	−8.7
韩国	−54.85	−62.4	−10.8
中国台湾	−20.41	−21.5	−2.0
中国香港	−0.04	−50.9	−10.4
中国大陆	−0.02	−16.7	−1.0

亚洲金融危机发生的原因可从直接触发因素、内在基础性因素和世界经济因素三个角度考虑。

（1）直接触发因素主要是国际金融市场上游资的冲击（国际投机基金的炒作），加之当事国汇率政策僵硬。后者主要指：一些亚洲国家（地区）外汇政策不当，一方面保持固定汇率，另一方面又扩大金融自由化；为维持固定汇率，长期用外汇储备来弥补逆差，导致外债增加；外债结构不合理。

（2）内在基础性因素主要有三点：一是当事国（地区）透支型经济高增长和不良资产的膨胀导致地产泡沫破裂，银行呆账坏账严重；二是市场体制发育不成熟，如政府过多干预资源配置，金融体制特别是监管体制不完善，如在条件不成熟的情况下过早开放资本市场等；三是"出口替代型"模式遭遇出口大幅下降、贸易收支连年逆差、赤字逐年上升的困境。

（3）世界经济因素主要有两点：一是经济全球化时代，金融危机具有"感染"效应；二是不合理的国际分工、贸易和货币体制对发展中国家（地区）不利。

各当事国（地区）政府采取的应对措施主要有四点：一是积极争取国际货币基金组织的援助；二是主动实行紧缩的财政政策，压缩财政开支，降低发展速度；三是重新制定产业发展政策，主要是将短期的国家科研计划转向以改善贸易收支、增强国际竞争力、开发产品的高附加值为目标，重点开发替代进口产品和战略性出口产品的技术；四是更加重视产业技术开发，制定产业技术支援政策以强化技术创新，重点提高产品附加值、刺激出口、增加就业，这类政策将重点扶持中小企业和风险企业。

中国政府也采取了积极的政策与措施，主要包括：第一，成功推动了宏观经济体制改革；第二，有力抑制了经济泡沫；第三，加强了对各金融机构的风险管理。其中特别值得一提的是中国香港的金融保卫战。1997 年香港回归伊始，亚洲金融危机爆发，1997 年 7 月中旬至 1998 年 8 月，国际金融炒家三度狙击港元，在汇市、股市和期指市场同时采取行动。他们利用金融期货手段，用 3 个月或 6 个月的港元期货合约买入港元，然后迅速抛空，致使港币利率急升、恒生指数暴跌，从中获取暴利。面对国际金融炒家的猖狂进攻，香港特区政府决定予以反击。1998 年 8 月，香港金融管理局动用外汇基金，在股票和期货市场投入庞大资金，准备与之一决雌雄。1998 年 8 月 28 日是香港股市 8 月份恒生期货指数的结算日，香港特区政府与炒家爆发了大决战。香港特区政府顶住了国际金融炒家空前的抛售压力，毅然全数买进，独立支撑托盘，最终挽救了股市，有力地捍卫了港元与美元挂钩的联系汇率制度，保障了香港经济安全与稳定。中国香港的金融保卫战是经济实力的较量。在金融保卫战爆发前夕，中国香港不仅自身拥有 820 亿美元的外汇储备，而且身后还有中央政府 1280 亿美元的外汇储备，两者相加超过日本的 2080 亿美元外汇储备，居当年世界第一位。截至 1997 年 12 月底，中国香港的外汇储备为 928 亿美元，位列全球第三，仅次于日本和中国内地。

（三）2008 年国际金融危机

2008 年的国际金融危机，首先产生于美国的次贷危机。而美国次贷危机的直接诱因则是美国的利率上升和住房市场的持续降温。

首先，21 世纪初，美国住房市场持续繁荣，美联储采用低利率政策，放宽对借款人的要求和审核标准，这刺激了次级贷款市场迅速发展。其次，发放次贷的金融机构也通过发行证券化产品，如信贷违约掉期（CDS）等方式不断融资。最后，2004 年开始，由于通货膨胀压力抬升，美联储 17 次加息，2006 年美国房地产价格开始下滑，导致次贷违约率上升。2007 年次贷危机爆发，金融机构账面亏损加大，大量金融机构倒闭（图 8.6）。

次贷危机的发展过程大致可分为六波。

第一波是 2007 年 4 月到 2007 年 9 月。2007 年 4 月，美国第二大次贷机

MBS—抵押支持债券；CDD—担保债务凭证；CDS—信贷违约掉期

图 8.6 次贷危机演变图例

构——新世纪金融公司破产，标志着次贷危机开始。随后，欧美日许多银行宣布卷入美国次级债，产生巨额损失。2007 年 9 月，美国、英国、欧盟、日本中央银行向市场注入了总计超过 3000 多亿美元的巨额资本救市。

第二波是 2007 年年末到 2008 年年初，主要金融机构出现严重亏损。2007 年 12 月 12 日，美国、加拿大、欧盟、英国、瑞士五大央行联手救市，美联储连续降息。2008 年 2 月 9 日，西方七国的财长和央行行长召开会议，讨论如何应对美国次贷危机引发的金融市场动荡问题，以及督促金融机构迅速公布与次贷危机相关的损失情况。然而次贷危机的影响仍在不断扩大。

第三波是 2008 年 3 月。2008 年 3 月 7 日，美联储宣布将在本月向金融市场注入 2000 亿美元。3 月 17 日，华尔街第五大投行贝尔斯登面临破产，在美国政府组织下，被摩根大通以 2 美元一股收购。

第四波是 2008 年 7 月到 9 月。7 月，房利美（Fannie Mae）和房地美（Freddie Mac）两大房贷公司因严重亏损陷入困境。2008 年 9 月 7 日，美国政府宣布接管房利美和房地美，同意为每家注入 1000 亿美元资金。

　　第五波是 2008 年 9 月。2008 年 9 月 15 日，拥有 158 年历史的华尔街第四大投行雷曼兄弟公司宣布破产。同日，美国银行宣布以接近 500 亿美元的总价廉价收购了美国第三大投行美林。这些冲击引发当日全球股市暴跌，美联储主席格林斯潘也声称这次危机是"百年一遇的金融风暴"。9 月 16 日，美联储宣布将向美国国际集团（AIG）注入 850 亿美元资金。9 月 20 日，美国政府提出 7000 亿美元的一揽子救援计划，几经波折后终于在 10 月初获国会通过。9 月 21 日，高盛、摩根士丹利宣布将改制为常规存贷银行，华尔街独立投行时代宣告结束。

　　第六波是 2008 年 10 月。标志性事件是冰岛的"国家破产"。冰岛人口仅30 余万，过去仅靠渔业支撑，但是在 20 世纪 90 年代，冰岛的银行体系迅速扩张，在全球各地成立分行，发放大量贷款，金融业在经济中的比重远超其他产业。截止到 2008 年 6 月 30 日，冰岛三大银行资产总规模达 14.4 万亿克朗，约合 1280 亿美元。而 2007 年冰岛国内生产总值仅为 1.3 万亿克朗。金融业迅速发展使冰岛尝到了甜头，它的人均国内生产总值当时已排在世界第四。但次贷危机袭来时，冰岛才发现原来自己正是巴菲特所说的"裸泳者"。2008 年 10 月 6 日，冰岛总理哈尔德承认，由于冰岛银行产业几乎完全暴露在全球金融业震荡波中，冰岛面临"国家破产"。在冲击之下，冰岛最大的三家银行破产，股市暴跌（一天跌 77％），货币克朗大幅贬值（自 2008 年年初以来贬值达 45％）；当时冰岛金融业外债已超过 1383 亿美元，但国内生产总值仅为 193.7 亿美元。可以说，因为冰岛在金融领域的做法更像是私人投资基金而非政府，所以信贷危机来临后，它成为最脆弱的国家。

　　次贷危机对美国的影响是巨大的。美国道琼斯指数从 2008 年 1 月 2 日的13043.96 点，下跌至 2009 年 3 月 9 日的 6547.05 点，跌幅高达 50％。美国房屋价格指数也出现了较大幅度的下跌。美国的实体经济也深受冲击。如美国的三大汽车公司——克莱斯勒、通用、福特均陷入困境。2009 年，克莱斯勒被意大利菲亚特汽车公司收购。2009 年 5 月 12 日，美国通用汽车的股价已经从 2006 年的每股 30 美元下跌到每股 1.09 美元，创历史最低，通用股票不仅被踢出道琼斯指数成份股，还被美国证券分析员列为"垃圾"股。

由次贷危机引发的 2008 年国际金融危机对全球经济也造成很大冲击，直接的影响包括：首先，首当其冲的是与美国金融体系关联紧密的各国金融体系，亏损和坏账不可避免；其次，美国金融危机极大地打击了投资者的信心，人们对银行信誉和现行金融体系都产生了质疑，全球范围内的流动资金骤然紧缩，直接影响了实体经济的增长速度；最后，美国是全球最大的消费型国家，一旦其消费需求出现大规模萎缩，那些对美国消费依存度强的经济体将失去发展动力。

比较 2008 年金融危机与以往的金融危机，本次危机的不同之处在于：第一，影响到世界各著名金融机构，对世界金融市场的冲击前所未有；第二，影响到美国居民的消费和储蓄，以及美国民众对金融机构、美元和美国政府的信任度，美国人开始把存款转到国外；第三，受影响最大的是有一些钱的人——中产阶级，很多中产人士投资的之前被认为比股票风险小的债券，在此次危机中可能损失更大；第四，造成全球金融机构的账面损失，美元资产贬值，全球股市大跌；第五，美欧金融企业纷纷抛售海外资产以自保，撤离新兴经济市场，造成汇率下降，热钱急剧回流；第六，美元作为世界主要结算货币，是各国外汇储备中的第一币种。因此，在相当长时间内，美国的经济危机要由全世界持有美元和美国债券的国家来共同承担。

从深层次剖析美国 2008 年金融危机的原因，可分为技术和制度两个层面。技术层面的原因主要包括：第一，次级贷款泛滥、贷款标准恶意降低；第二，衍生金融交易过度发展、缺乏监管；第三，信用评级机构给投资者极大的误导；第四，金融机构杠杆比例过高。制度层面的原因主要是：第一，以美元为中心的国际货币体系导致全球流动性泛滥，使得全球为美国的错误承担风险，为美国买单（全球基础货币数量在 1971 年为 381 亿美元，2008 年已高达 6.2 万亿美元。）；第二，许多国家不顾本国需要和监管能力，实施金融开放及资本流动自由化政策，给国际投机资金冲击本国金融体系造成可乘之机；第三，美联储错误的货币政策直接导致资产价格泡沫化。

再深入挖掘的话，最底层的原因在于：首先，20 世纪 80 年代以来，西方国家经济管理的基本思路就是自由化，包括私有化、减少管制、减税等；其次，实体经济与虚拟经济严重背离，全球虚拟经济规模是实体经济的几十倍。作为全球经济的底色，这些因素均给金融体系的稳定性、安全性带来巨大挑战。

面对这场前所未有的金融危机，世界各主要国家和国际金融机构做出了诸多努力。除了前述的一些应对外，2008 年 10 月 8 日，美国、加拿大、欧盟、英国、瑞士和日本的六大央行以及中国央行均宣布降息。六大央行在声明中说，在对当前的金融危机进行了持续和密切的磋商后，决定采取联合行动，将基准利率降低 0.5 个百分点，以应对危机、恢复市场信心。2008 年 10 月 16 日，欧盟 27 国一致作出联合应对、整体应对本次金融危机的决定，主要举措包括对濒临破产的银行实行国有化，并对银行间的借贷提供政府担保。具体来说，一方面政府以购买优先股的方式向金融机构直接注资，另一方面由各国政府为金融机构新发行的中期债务提供担保。当时有多个成员国根据这份行动计划出台了本国的大规模救市方案，出资总额接近 2 万亿欧元，相当于美国 7000 亿美元救市基金的 4 倍。

同时，七国集团、二十国集团等多个国际组织陆续召开会议商讨对策。2009 年 4 月 2 日，二十国集团伦敦金融峰会达成多项共识：将国际货币基金组织的可用资金提高两倍，至 7500 亿美元；支持 2500 亿美元的最新特别提款权（SDR）配额；为区域性的多边发展银行（MDB）提供至少 1000 亿美元的额外贷款；确保为贸易融资提供 2500 亿美元的支持；国际货币基金组织通过出售黄金储备，为最贫穷国家提供优惠融资。这些协议共同组成了一项 1.1 万亿美元的扶持计划，旨在恢复全球信贷和就业市场及经济增长。以此为基石，二十国集团在伦敦峰会作出六项承诺：第一，恢复经济信心和经济增长，复苏就业市场；第二，修复金融系统以复苏贷款市场；第三，加强金融监管以重建信任；第四，融资和改革国际金融机构，以克服当前危机和避免未来危机；第五，促进全球贸易和投资，摒弃贸易保护主义，巩固经济繁荣的基础；第六，增进全面的、绿色的和可持续的经济复苏。

三、金融危机防范处置

中国俗语说："不怕一万，就怕万一""防不胜防"。中国的救火队叫"消防队"，但"消"和"防"其实是不同的功能。现实中，"防"或"防范"是民众性的、行业性的和系统性的行为，"消"或"处置"，尤其是在重大的"火灾"或"金融危机"面前，则是国家或国家金融层面的事情。那么，在遇到"就怕万一""防不胜防"的情况，需要当机立断地"处置"时，世界各国在国家金融层面有没有实质性的、切实可行的措施来应对，其实是更重要的事情。

本章前两节从世界各国国家金融的层面，分析了金融危机的类型，回顾了世界几大金融危机产生的原因、表现及其造成的后果，其作用更多是在铺垫；而本章的重点其实在于第三节，即如何处置一国的系统性或区域性金融风险、金融危机。这不仅是因为分析金融风险产生的原因、提出防范金融危机的建议的文章、著作已有太多，更重要的是，当一国面临此类金融危机时，如果政府当局举棋不定，措施不到位，应对不及时，错过了时机，不但无法解救困局，还可能扩大危机造成的影响。因此，在本节笔者将以美国处置2008年金融危机的案例，来讨论金融危机的处置策略、方法和步骤等，这个案例是2012年笔者在美国耶鲁大学学习进修时作的专题研究，可以说，它对一国应对重大突发事件或重大金融危机，具有可操作、可借鉴的作用。

另外需要指出的是，当讨论一国金融危机的处置方式时，我们应回到第二章谈及的大金融概念，即我们学金融、讲金融、运用金融，不能只局限在央行的货币政策目标、工具选择及其效果上，而应该扩展至一国的财政、汇率、监管政策等领域，考虑其相互影响，进行全盘的思考和布局。这样才能实现货币政策目标，使一国经济稳定、可持续发展，尤其在紧急处置金融危机时，这样的全盘考虑就更为重要。

（一）美国金融危机处置概要

负责2008年美国金融危机处置的部门主要是美联储、联邦政府财政部、联邦存款保险公司、证券交易委员会和美国国会，次要参与者有联邦政府的一些相关职能部门，如住房与城市发展部，以及联邦政府的代理机构等。

概言之，上述部门对2008年美国金融危机的处置思路包括：第一，美联储作为独立于联邦政府换届和政党纷争的美国货币政策的执行者，采取传统的激进货币政策和非常规、非传统的货币政策并行的策略，在以市场化手段处置金融危机、稳定金融市场方面起到了核心作用；第二，在美联储的货币政策无法应对涉及面广泛且日趋严重的金融危机之际，布什政府及时采取政府干涉手段，以财政部为主导，出台了"不良资产救助计划"，以政府直接投资等方式援助主要金融机构及部分大型企业；第三，奥巴马就职后，除了继续执行布什政府的援助计划外，还采取了一系列措施稳定金融和加强监管，同时推行了大幅快速减税、扩大赤字化开支的财政政策，以刺激经济增长。金融危机虽然跨越了布什和奥巴马两届政府，但奥巴马政府基本保持了政策的延续性；第四，美国国会参众两院通过及时立法，为处置金融危机、促进金融稳定、振兴经济提供了完善的法律环境，比较重要的法案包括《2008 年紧急经济稳定法案》《2008 年经济振兴法案》《2009 年美国复苏和再投资法案》，以及自 1929 年大萧条以来最重要的金融监管改革法案之一——《多德-弗兰克华尔街改革和消费者保护法》等。可以说，针对 2008 年的金融危机，美国采用货币政策、财政政策、监管政策、经济振兴计划及法制保障等多种措施全力处置，在维护金融市场稳定和刺激经济复苏发展方面取得了实质效果。

（二）美国金融危机处置的策略与措施

所谓 2008 年美国金融危机，其实可追溯到 2007 年 2 月 27 日，作为联邦政府的代理机构及上市公司，联邦住房抵押贷款公司房地美宣布不再购买次级抵押贷款和相关的证券产品，宣告了金融危机实质上的开始。随后几个月，次级抵押债券的重要参与者——新世纪金融公司、全国金融公司、美国住宅抵押投资公司和贝尔斯登公司等相继宣布破产保护或陷入财务危机，信用评估机构标准普尔和穆迪公司不断下调次级债券信用等级。但在 2007 年 6 月 28 日和 8 月 7 日美联储的两次例行会议上，公开市场委员会的 12 名成员投票表决，仍然保持联储基金（美联储提供给银行的过夜贷款）基本利率为 5.25％。

直至 2007 年 8 月 17 日，美联储才着手启动处置措施，当日将美联储基金基本利率下调 0.5％，9 月 18 日又再次下调 0.5％。由此，美联储的激进货币政策开始登台，到 2008 年年底，美联储基金基本利率由 5.25％迅速降低至清零；同时，美联储还通过公开市场操作手段，在银行业储备金增加（货币增加）的情况下，阻止银行贷款给单一公司，并向银行和其他金融机构提供资金；随着金融危机的加剧，美联储还向发生危机的非银行机构提供紧急贷款，并购买了大量国库券及各种联邦机构发行的债券和抵押担保债券。

除了上述早期措施，还随着危机的进程，美国从货币政策、财政政策、监管政策、经济振兴计划、法制保障五个维度出台了各种应对举措，具体如下所述。

第一，美联储货币政策的三大措施。

首先，采取传统的激进货币政策以促进流动性，即增加公开市场操作力度、大幅度降低联储基金基本利率、调整储备金率。美国国会在 2008 年 10 月通过《2008 年紧急经济稳定法案》（Emergency Economic Stabilization Act of 2008），允许美联储对准备金存款（包括法定准备金存款和超额准备金存款）支付利息，从而增加了流动性，稳定了金融秩序。同时，美联储基金基本利率最终降到零，也促使金融机构间的拆借利率大幅降低，直接增加了流动性，间接增加了个人消费能力、降低了企业经营成本，从而刺激了消费、降低了失业率。

其次，也是采取传统的货币政策手段，即加强使用现有的流动性工具来提高流动性，主要包括美联储信用贷款贴现窗口（Discount Window）和互换额度（Central Bank Swap Lines）。

（1）贴现窗口指的是由美联储直接贷款给金融机构，解决金融机构短期资金紧缺问题、提高流动性的业务，最初由银行或其他金融机构派出代表来美联储出纳柜台申请贷款而得名。作为美联储传统货币政策的三个主要金融工具之一，贴现窗口是美联储提供短期流动性的备用手段。除了在 2001 年"9·11"事件后，面对短期收紧的信用市场，为释放流动性而临时启用外，该手段在 2008 年金融危机之前极少被使用，原因有二点：一是美联储的基金基本利率通常高于市场金融机构之间的拆借利率；二是从美联储借款的金融机构可能被市场认为是弱势机构；三是它通常是其他银行间拆借的备用支持手段。本次金融危机发生后，自 2007 年 12 月开始，贴现窗口由提供短期流动性的备用手段，转化为美联储提供流动性的基本和日常工具。通过贴现窗口，美联储通过一种期限为 28 天或 84 天的期限拍卖工具（Term Auction Facility）来提供贷款，在金融危机最严重的 2008 年年底，贷款余额累积达到了 9000 亿美元，这个数字接近了当时美联储的整个资产总额。

（2）互换额度（也可译为"掉期额度"）是一种由他国中央银行向美联储出售一定数额的货币以换取美元，或美联储向他国中央银行出售美元以换取他国货币，获得短期结算便利，从而为金融机构提供流动性的金融工具，最早是 1962 年 3 月由美联储与英国、德国等西方国家中央银行联合创设的。自 2007 年金融危机开始，美联储在短期内与欧洲中央银行、英国中央银行和加拿大中央银行等 14 个中央银行建立起互换额度制度。在 2008 年年底，通过这种方式，美联储为各国中央银行提供的短期贷款额度达到了 5000 亿美元。上述互换协议于 2010 年 2 月到期。到 2010 年 5 月，由于美国金融市场出现短期流动性收紧的情况，美联储恢复了与部分中央银行的美元互换额度制度。2013 年 10 月，美联储宣布启动外汇互换制度，与欧洲、加拿大、英国、日本和瑞士五个中央银行共同签署了将互换协议常态化的超级货币互换协议。

最后，按照非传统货币政策方式提供紧急贷款，增加流动性，恢复市场信心。所谓非传统货币政策方式，主要是美联储此前未动用也少有人知的《1913 年联邦储备法案》（The Federal Reserve Act of 1913）第 13（3）条款中规定的大量非传统货币政策工具，按照这一条款，美联储拥有在非正常和紧急情况下向任何个人和机构提供减息贷款的权力。在本次金融危机期间，美联储协调美国财政部，采用非传统货币政策方式，迅速作出决定并直接提供贷款，以下我们用四个著名案例来说明这种方式是如何提高流动性、稳定经济的。

案例一：2008 年 3 月，美联储提供 290 亿美元贷款给摩根大通银行，帮助其收购因次贷危机而濒临倒闭的美国第五大投资银行贝尔斯登。这一举措在金融危机的中期有效地稳定了直接参与资本市场体系运作的证券机构。

案例二：2008 年 9 月 15 日，美国第四大投资银行雷曼兄弟控股公司申请破产保护，这是美国历史上最大的破产案。在投资者信心被严重动摇之际，美联储于次日宣布提供 850 亿美元贷款给面临破产的美国国际集团（AIG），之后累计注资增加到 1800 多亿美元，以帮助这家全世界最大的保险公司之一渡过难关。通过这一紧急贷款提供流动性的措施，有效地稳定了金融市场，增强了投资者的信心。随后，作为美国经济和全球股票市场晴雨表的道琼斯指数在触底后逐步回升，至 2012 年 9 月初基本恢复到 2007 年 2 月金融危机前的水平（道指在 2012 年 9 月 4 日收市于 13 035.94 点）。

案例三：2008 年 10 月，美联储建立商业票据融资机制（Commercial Paper Funding Facility），大量购买企业短期无担保商业票据，以恢复金融系统流动性。

案例四：2008 年 10 月，美联储动用资金向货币市场共同基金（Money Market Mutual Fund）购买短期债务，以促进资本市场上证券投资机构的流动性。

综上，在金融危机最艰难的 2007 年 8 月—2008 年 12 月，美联储采用了激进的传统和非传统货币政策，其资产规模增加了 100％，达到创纪录的 2 万亿美元。这期间，美联储为金融市场提供了 1 万亿美元资金，大幅提高了金融市场的流动性。

第二，财政政策的五大措施。

（1）不良资产救助计划（Troubled Asset Relief Program）。经美国国会通过，2008 年 10 月 3 日，布什签署《2008 年紧急经济稳定法案》。依据该法案，为处置次贷危机，布什政府开始实施预算总额达 7000 亿美元的不良资产救助计划，包括：通过美联储提供资金，援助联邦政府住房抵押贷款融资机构——房利美和房地美；财政部创设针对银行和证券业的"资本购买计划"、针对保险公司的"美国国际集团专项计划"及汽车行业计划等，以购买优先股和权证的方式，直接参股花旗银行、摩根大通、高盛公司、美国国际集团、通用汽车公司和克莱斯勒公司等。截至 2012 年 6 月 30 日，财政部购买了 709 家商业银行和投资银行的优先股和权证。国会预算办公室在 2012 年 3 月 28 日公布的不良资产救助计划最终动用的援助资金总额实际降低为 4310 亿美元，低于 GDP 的 1％，同时也远低于 20 世纪 80 年代里根、老布什政府在处置经济危机时动用援助资金达到 GDP 的 3.2% 的纪录。

（2）大幅度减税。2010 年 12 月，经国会同意，奥巴马政府出台了 8580 亿美元的减税计划。该计划主要由三个部分组成：3500 亿美元用于延长布什政府的减税政策，560 亿美元用于增加失业补助，1200 亿美元用于减免工人工资相关的税金。其他减免计划包括 1400 亿美元的减免用于促进企业优化资本，以信用抵税方式减免研究和发展领域 800 亿美元的税金，以及减免地产税、大学教育开支和儿童开支，等等。

（3）继续扩大赤字化开支规模。2009 年，延续布什政府的经济刺激政策，联邦财政预算赤字在美国历史上首次突破 1 万亿美元，达到了 1.4 万亿美元；2010 年，联邦政府总预算开支 3.8 万亿美元，财政预算赤字 1.6 万亿美元；2011 年，联邦政府总预算开支 3.8 万亿美元，财政预算赤字 1.3 万亿美元；2012 年，联邦政府总预算开支 3.7 万亿美元，财政预算赤字 1.1 万亿美元。

（4）发行短期国库券，为美联储补充流动性。2008 年 9 月，财政部设立新的补充融资计划（Supplementary Financing Program），以发行短期系列国库券的形式，为美联储提供流动性。此外，9 月 19 日，财政部宣布为货币市场共同基金提供总额 500 亿美元的短期担保。

（5）促进就业、消费和投资。首先，从长远角度调整联邦预算，实质上维护经济稳定和增长。政府持续的高额债务和财政赤字将阻碍经济发展，但如果为了减少财政赤字，只是简单采取紧缩的财政政策，又会阻止经济复苏；只有执行相对宽松的财政政策，同时削减赤字，稳定经济，才能使美联储在货币政策上继续保持低利率水平，从而提升信心，促进家庭消费、企业成长和经济复苏。其次，谨慎设计税收和联邦政府预算政策，以促进经济的中长期发展。在这方面，财政政策既注重促进就业，又鼓励在提高工作技能和基础研究领域的投资，刺激私有资本的形成和发展。最后，投资必要的公共基础设施，带动经济发展。

第三，监管政策的六大强化措施。

（1）实施新的临时证券交易规则，稳定主要金融机构股票。2008 年 7 月 15 日，美国证券交易委员会颁布紧急交易规则，临时禁止投资者卖空部分金融机构的股票，包括房利美与房地美、主要的商业银行、证券公司或投资银行的股票。2008 年 9 月 17 日，美国证券交易委员会再度颁布新的紧急交易规则，临时禁止卖空所有金融机构的股票。2008 年 12 月，美国证券交易委员会要求信用评估机构增加透明性并充分披露评估详情，同时抵制了中止公允价格会计准则的呼吁。

（2）设立住房融资监管机构。2008 年 7 月 30 日，布什签署了国会通过的《2008 年住房与经济复苏法案》（Housing and Economic Recovery Act of 2008）。该法案授权美国财政部购买"政府支持企业债券"（GSE debt）和设立新的住房融资监管机构——联邦住房金融局（Federal Housing Finance Agency）。

（3）美国联邦存款保险公司（Federal Deposit Insurance Corporation）和国家信用社管理局（National Credit Union Administration）参与处置金融危机。2009 年 1 月 12 日，美国联邦存款保险公司发布公开信，要求通过财政部和美联储等机构接受联邦政府援助资金的机构落实资金使用的监管程序和报告制度。这是作为储蓄安全保障最后一道防线的保险公司首次正式高调介入金融危机的应对。2009 年 1 月 16 日，美国联邦存款保险公司、财政部及美联储联合宣布提供援助资金给美国银行。2009 年 1 月 28 日，国家信用社管理局宣布为企业信用合作社发行的未保险的股票提供一定期限的担保。国家信用社管理局监管着 9200 万个在联邦信用社和州信用社的账户，这是金融危机影响扩大并延伸后，它首次宣布采取处置措施。

（4）对银行业进行"压力测试"。美国财政部、联邦存款保险公司、货币监理署、储蓄监督办公室和美联储于 2009 年 2 月 23 日联合发表声明称，政府坚定支持银行体系，并保证银行有足够的资本和流动性以恢复经济增长。2 月 25 日，上述机构宣布开始对资产规模在 1000 亿美元以上的银行进行"压力测试"，以评估未来可能的损失和可用于承担损失的资源。同时，系统重要性金融机构被要求拟定"生前遗嘱"，交美联储和联邦存款保险公司批准，以及时应对和处置可能再次出现的金融危机。

（5）出台衍生品监管措施。美国财政部于 2009 年 5 月 13 日提出修改

《商品交易法》和《1933 年证券法》，以加强关于场外衍生品交易的政府监管。核心修改包括规范场外衍生品清算规则、增加商品期货交易委员的监管权限等内容。

（6）设立金融稳定监督委员会（Financial Stability Oversight Council）。2010 年，美国设立了金融稳定监督委员会，旨在监管整个美国金融体系，稳定金融市场，并参与处置可能发生的紧急风险等。

第四，一揽子经济振兴计划。

其主要举措如下所述。

（1）2008 年 2 月，为避免衰退和振兴经济，美国国会通过了《2008 年经济振兴法案》（Economic Stimulus Act of 2008），布什政府随即出台总预算为 1520 亿美元的经济刺激计划，核心内容涉及中低收入家庭退税、减税，促进企业投资，限额使用联邦政府代理机构（房利美和房地美）的住房抵押贷款等。

（2）2009 年 2 月，美国国会通过《2009 年美国复苏和再投资法案》（American Recovery and Reinvestment Act of 2009），批准了奥巴马政府总预算为 7870 亿美元的一揽子振兴计划，核心内容为减税、失业救济、直接支付现金给个人、增加公共工程建设支出等。与《2008 年经济振兴法案》及布什政府的一揽子振兴计划相比，此次预算额度从 1520 亿美元大幅增加到 7870 亿美元，除了减税策略外，还大幅增加了在基础设施和公共工程上的开支。

（3）提高储蓄存款担保限额。2009 年 5 月 20 日，奥巴马签署了国会通过的《2009 年帮助家庭拯救其住房法案》（Helping Families Save Their Homes Act of 2009）和《无家可归紧急资助与迅速交易住房法案》（Homeless Emergency Assistance and Rapid Transition to Housing Act），法案的核心内容在于帮助已经购置住房但陷入困难的家庭，政府在其无法按期偿还抵押贷款或申请破产时将给予资助和法律保护。

（4）稳定房地产市场。2009 年 2 月 18 日，出台了"房主负担能力和稳定性计划"（Homeowner Affordability and Stability Plan），为房主再融资等提供 750 亿美元的资助。

（5）设立针对遗留资产的公私合营投资计划（Public-Private Investment Program for Legacy Assets）。该计划由美国财政部于 2009 年 3 月 23 日宣布设立，包括两部分：一是遗留贷款项目，主要是设立公私合营的投资基金，收购银行的不良贷款，财政部提供 50％的资金；二是遗留证券项目，主要是由财政部批准五个资产管理人设立和募集私募股权基金，收购银行持有的不良证券（股票和债券等），每个私募股权基金由财政部出资 50％，其余 50％由资产管理人向私人及其他投资者募集；财政部同时也准备为这些私募股权基金提供贷款，并允许其享受政府的其他优惠政策。

（6）进行医疗改革。作为世界上唯一没有实现全民医保的发达国家，美国的医保体系一直饱受争议，医疗债务是导致美国家庭破产的主要原因，加上 1946—1964 年出生的美国繁荣一代（人口有 7800 万人，占总人口的 25％）陆续退休，医疗改革成为奥巴马政府的主要经济政策之一。奥巴马于 2010 年 3 月签署关于医疗改革的两个法案——《患者保护与平价医疗法案》（Patient Protection and Affordable Care Act）和《2010 年医疗健康与教育服从法案》（Health Care and Education Reconciliation Act of 2010），头十年的预算总额达 9400 亿美元。

第五，法制保障。

在 2007 年 2 月—2011 年 4 月金融危机期间，美国国会参众两院分别与布什和奥巴马政府相互协调、配合，通过了多部处置金融危机、恢复投资者信心、振兴经济和促进金融监管改革的法案。除了前文论述过的《2008 年经济振兴法案》《2008 年住房与经济复苏法案》《2008 年紧急经济稳定法案》《2009 年美国复苏和再投资法案》《2009 年帮助家庭拯救其住房法案》《无家可归紧急资助与迅速交易住房法案》等，我们还应重点关注自 1929 年大萧条以来最重要的金融监管改革法案之一——奥巴马于 2010 年 7 月 21 日签署实施的《多德-弗兰克华尔街改革和消费者保护法》。

该法案从金融机构监管、金融市场监管、消费者权益保护、危机处理和国际合作等方面构筑安全防线，以恢复公众对美国金融体系的信心。该法案主要内容有：其一，创建金融稳定监督委员会，该委员会负责监管整个美国金融体系，稳定金融市场，并参与处置可能发生的紧急风险；其二，创设有序清算制度，由财政部、美国联邦存款保险公司和美联储联合确认陷入危机且未被保护起来的系统重要性金融机构，提供报告给司法机构复审，然后对其进行处置，以免引发系统风险和道德风险，进而影响金融稳定；其三，关闭美国储贷监理署（Office of Thrift Supervision），并将其权力移交给美国货币监理署、美国联邦存款保险公司和美联储。美国货币监理署主要发放特许经营执照和监管全国的银行及其他储蓄机构，以及所有外国银行在美的分支机构；其四，强化对保险公司、银行、控股公司和其他储蓄存款机构的监管，如禁止被投保的储蓄存款机构及其母公司、相关联的对冲基金和私募股权基金进行自营性交易；其五，对衍生品交易和其他市场工具加强监管，给予商品期货交易委员会（Commodity Futures Trading Commission）对衍生品交易更多的监管权力，以便综合监管金融市场并增加衍生品市场的透明度，另外，允许美联储监管金融机构间的证券产品交易的支付、清算和结算等事项；其六，建立独立的消费者金融保护局（Consumer Financial Protection Bureau），宣传金融产品，教育和保护投资者、消费者。

除了上述监管改革，美国参议院常设调查小组委员会于 2011 年 4 月 13 日公布了关于金融危机的报告，其中包含了未来预防金融危机的措施：其一，复审各种结构性融资产品，禁止滥用；其二，依据《多德-弗兰克华尔街改革和消费者保护法》制定严格的规则，监管自营交易和限制自营交易例外事项，包括做市和风险对冲行为；其三，依据《多德-弗兰克华尔街改革和消费者保护法》制定强有力的有关利益冲突限制事项；其四，监管机构在对银行实施监管时，应当依据《多德-弗兰克华尔街改革和消费者保护法》，充分考虑由联邦政府提供保险的银行所设计、推广和投资的结构性金融产品是否会带来无法衡量和缺乏控制的信用违约掉期或系统性金融风险。以这个报告为节点，美国国会参众两院和联邦政府处置 2008 年金融危机的主要政策措施告一段落。

（三）美国金融危机处置的后续

2008 年金融危机对美国政府与社会的冲击都是巨大的，经过货币政策、财政政策、监管政策、经济振兴计划及法制保障等多种措施的全力处置，美国经济的方方面面都深受影响，余波未绝，有些领域经历了较大的变化，当然也有不变的地方。

首先，美国的借贷消费模式没有改变。

促进美国经济在第二次世界大战后成长的关键因素是消费和服务需求的增长，按照美国商务部公布的对 1955—2009 年美国经济结构的分析报告，个人消费开支（Personal Consumption Expenditures）平均每年增长 3.4％，通常年份占 GDP 的 70％，在 2010 年、2011 年和 2012 年上半年对 GDP 的贡献分别为 70.6％、71％和 71％。美国商务部于 2012 年 8 月 29 日公布的数据显示，第二季度 GDP 增长 1.7％，其中消费贡献 71％，民间投资贡献 13.2％，政府消费开支和投资贡献 19.6％，而出口贡献则为－3.8％。

这说明美国的借贷消费模式并未因金融危机而改变，这是其社保体系、信用制度、政策、人口结构、观念等因素共同决定的。具体来说，主要原因有以下几点。

第一，相对完善的教育、医疗、退休等社会保障体系，解除了消费者的后顾之忧。美国政府在第二次世界大战后推行了小学至高中的 12 年义务教育，设置了学费低廉的州立大学等，使家庭可以节省这部分资金，从而增加在其他消费领域的开支；政府还立法支持企业和个人参与以 401K 退休计划为代表的养老保险计划，为退休人员的消费支出提供了经济支持；奥巴马政府的医疗改革要求所有美国公民在 2014 年都要有医疗保险，也为解除消费者后顾之忧、提高消费信心提供了有力的后盾。

第二，发达的金融体系和资本市场环境下建立起来的信用制度，以及为消费者提供强有力的法律保护，均促进了消费的继续成长：其一，发达的股票、债券和金融衍生品市场，为消费者投资、积累财富创造了条件，提供了资金流动性，从而促进了长期消费；其二，依托公共信用评估机构和美国三大个人信用评估机构，商业银行能够及时作出评估、掌控风险和提供贷款，这有力地促进了住房、汽车和家庭大件商品的消费；其三，依据《多德-弗兰克华尔街改革和消费者保护法》建立的消费者金融保护局也发挥了宣传金融产品、教育和保护投资者、消费者的作用。这些都是联邦政府执行消费者保护政策、促进经济发展的典型措施。

第三，促进消费为历届美国政府经济政策的重点，例如布什政府和奥巴马政府分别实施的"一揽子经济振兴计划"，首要内容都是减少家庭和个人的税负，以刺激消费。

第四，人口结构因素促进消费支出。在 1946—1964 年婴儿潮期间出生的美国人口有 7800 万人，约占当前总人口的 25%。这部分人在金融危机后已开始陆续退休，是美国未来二三十年医疗服务开支的主要群体，而这在消费支出中占据了相当的比重，将使医疗服务保持长期增长趋势。

第五，高科技发展促进消费。以苹果手机为代表的集娱乐、艺术和消费为一体的高科技产品，深受消费者喜爱，在很大程度上促进了消费支出。凭借在个人消费领域的高科技产品，苹果公司连续数年蝉联全球市值最大公司。此外，心血管疾病治疗、外科手术设备、婴儿早期疾病的诊断和治疗，以及新生物制药等领域的进步与发展，也直接促进了医疗服务消费的增长。

第六，西方的文化背景、宗教信仰、道德观念、生活习惯等因素长期积累形成的传统消费观念与习惯，对消费也具有潜在的促进作用。

经济数据也表明，美国的借贷消费继续保持增长趋势。其一，消费者信贷余额（Consumer Credit Outstanding）持续增长。据美联储统计，截至 2012 年 6 月，全美消费者信贷余额（不包括住房质押贷款）为 2.6 万亿美元，除了 2009 年和 2010 年受金融危机影响外，长期以来均呈现增长趋势。其二，消费服务继续保持增长趋势。在 1959—2009 年的 50 年中，消费开支中的消费服务增幅巨大，尤其是医疗、金融及保险服务领域。据美国商务部公布的数据，个人消费开支（分消费产品和消费服务两大类）中，消费服务开支在 2010 年、2011 年和 2012 年上半年分别增长了 1.3%、1.7% 和 2.1%（过去 50 年平均增长率为 3.4%），消费服务增长对 GDP 贡献的比例都保持在 47%（个人消费开支整体贡献在 70% 左右）。其三，居民储蓄率在 2012 年达到近 28 年来的最高点，为持续的消费增长提供了资金。过去 28 年中，除了从 2008 年金融危机开始居民储蓄率转为增长外，其余 24 年其均呈现下降趋势，尤其是在居民贷款金额和住房价格达到历史高点的 2005 年，居民储蓄率降到了 -0.5%。据美国商务部公布的数据，2012 年 6 月，美国居民储蓄存款达到 5295 亿美元，处于历史高位。消费开支受资金来源、家庭净资产、债务及住房价格等因素的影响，在经济趋于稳定和住房价格处于上升通道的环境下，高储蓄势必促进消费。

其次，政府在金融危机期间接管银行、证券和保险公司，在危机后的适当时机又将其重新放回私有化轨道。

在历次经济危机中，当市场调节失灵，金融机构无法自行补救，出现危及整个金融行业和金融市场稳定的情况时，美国政府都会介入处置，主要措施是通过直接投资或贷款的方式，接管或援助陷入困境的金融机构；当市场恢复正常运行时，政府通常选择退出，使这些公司重新回归私有化轨道。比如美国资产重组托管公司（Resolution Trust Corporation）就发挥过这样的作用。该公司是联邦政府在 1989 年设立的资产管理公司，其任务主要是提高金融业流动性，处置在 20 世纪 80 年代由于高利息产生的大量与房地产相关的抵押贷款性不良资产，防范这些不良资产引起金融业危机。该公司采用股权合伙人的方式与私营机构合作，与其分享利益，这样就通过私营机构管理、控制和处理了大量房地产等不良金融资产。该公司总共为 747 家储蓄机构提供了援助，处理了 3940 亿美元的不良资产，规避了金融风险，同时纳税人最终承担了 1240 亿美元的损失。银行业全面恢复正常后，该公司完成了使命，于 1995 年合并到美国联邦存款保险公司。

本轮金融危机中，美国政府也延续这一思路，对金融机构采取了"国有化"政策并设计了退出机制。依据《2008 年紧急经济稳定法案》，2008 年 10 月 3 日，布什政府出台了预算总额达 7000 亿美元的"不良资产救助计划"，随即美国财政部开启"资本购买计划"，以直接股权投资的方式对超过 700 家的银行、证券公司和保险公司等金融机构实施了"国有化"政策；政府除了行使股东权益以外，还出台了监管规则，限制政府援助金融机构的高管薪酬。随着金融市场的逐渐稳定，美国财政部以出售、拍卖、获取分红等方式，逐步回收资金，先后退出了恢复稳定经营的各大型银行和证券公司等机构。截至 2012 年 6 月 30 日，美国财政部对银行和证券公司的直接股权投资总额为 2049 亿美元，回收 2179 亿美元；美国财政部仍然持有 309 家中小和社区银行的股权或权证，但价值仅为 100 亿美元。

除了针对银行业和证券公司的"资本购买计划"外，美国财政部还设置了美国国际集团专项投资计划、信用市场计划和汽车行业专项计划等。表 8 - 2 总体展示了美国财政部的金融机构援助计划。

表 8 - 2　美国财政部金融机构援助计划总览（截至 2012 年 6 月 30 日）

美国财政部金融援助项目名称	总投资援助金额（亿美元）	回收金额（亿美元）	仍持有金额/市值（亿美元）	预期收益（亿美元）	接受援助的金融机构数量	美国财政部回收资金并全部退出的金融机构数量
资本购买计划	2049	2179	100	230	709	400

续表

美国财政部 金融援助 项目名称	总投资 援助金额 （亿美元）	回收金额 （亿美元）	仍持有金额/ 市值 （亿美元）	预期收益 （亿美元）	接受援助的 金融机构 数量	美国财政部 回收资金并 全部退出的 金融机构数量
美国国际集 团专项计划	1820	1520	510	210	1	—
信用市场 计划	220	100	120	3	—	—
汽车行业 专项计划	800	430	370	—	—	—
合计	4889	4229	1100	—	—	—

数据来源：美国财政部网站（截止日期 2012 年 6 月 30 日）

上文已经论述过的资本购买计划，其他三个援助计划的基本情况如下所述。

其一，美国国际集团专项计划，这是美国财政部为援助保险行业尤其是这家全球最大保险公司之一而设立的专项计划。美国财政部累计出资 679 亿美元来购买美国国际集团的股票和权证，加上美联储提供的直接贷款，美国国际集团总共从政府获得了 1820 亿美元的援助。截至 2012 年 6 月 30 日，美国国际集团已经归还了 1520 亿美元（84%），美国财政部持有美国国际集团的股票市值为 510 亿美元，占有其 53% 的股权比例。

其二，信用市场计划，这一计划主要通过美国财政部设立的针对遗留资产的公私合营投资计划来实施。不同于直接购买银行股票的"资本购买计划"，美国财政部采取了设立公私合营的投资基金的方式，收购银行的不良贷款和遗留证券项目。截至 2012 年 6 月 30 日，美国财政部出资 220 亿美元，回收 100 亿美元，仍然持有 120 亿美元基金。

其三，汽车行业专项计划。美国财政部累计为通用、克莱斯勒、福特及相关零部件配套公司投资了 800 亿美元，回收资金 430 亿美元，仍持有 370

亿美元，预计纳税人将承担 250 亿美元的损失。

最后，美国法律在与市场发展的互动中不断变革。

监管系统的发展有助于储蓄机构尤其是银行系统的总体安全，从而保护存款人和公众的利益。但美国的相关监管系统一度复杂且重叠，在《多德-弗兰克华尔街改革和消费者保护法》出台前，在联邦政府层面就有五大机构：货币监理署、美联储、美国联邦存款保险公司、美国储贷监理署、国家信用社管理局。除国家信用社管理局之外，其他四个机构在监管权责上常有模糊不清之处。

这一监管体系的发展与美国历史紧密相连。从与之相关的一些大事件中，我们可以看到其中脉络：第一任美国财政部长亚历山大·汉密尔顿创建了首个由联邦颁发执照的银行（该银行后因国会不予核准新执照而关闭）。第七任美国总统杰克逊曾将国会颁发执照的第二个联邦银行取消，但州政府颁发执照的地区银行（虽缺少基本的内部管理和任何形式的政府监管）却繁荣起来。这期间纽约州开始扩张银行业，并实施正规的政府监管和储备金制度。美国内战爆发后，国会于 1863 年为筹集战争资金和维护金融体系稳定而通过了《国家银行法案》（National Bank Act of 1863），创立了目前仍发挥作用的联邦和州政府双重监管体系。1913 年，国会出台了《联邦储备法案》（Federal Reserve Act of 1913），设立了执行货币政策并负责监管的中央银行——美联储。1929 年经济大萧条后的 1933 年，国会出台了《格拉斯-斯蒂格尔法案》（《1933 年银行法》的重要组成部分），该法案将商业银行与投资银行分离开来。第二次世界大战后的 1956 年，国会通过《银行控股公司法案》（Bank Holding Company Act of 1956），禁止一家银行控股多家银行。20 世纪七八十年代，在放松管制的大环境下，针对全美大量发放抵押贷款的储蓄机构产生损失的情况，美国国会于 1989 年出台了《金融机构改革、复兴与实施法案》。1999 年，美国国会又通过了《格雷姆-里奇-比利雷法案》（或称《金融服务现代化法案》），废除了《格拉斯-斯蒂格尔法案》对混业经营的限制。本书第三章曾介绍过《格拉斯-斯蒂格尔法案》《格雷姆-里奇-比利雷法案》这两个重要法案的内容。

2008 年金融危机后，美国政府反思金融危机产生的原因，提出加强短期、中期和长期监管，针对银行业、证券业、期货业和保险业分别规划了新的监管措施。这些内容主要反映在时任美国财政部长鲍尔森领导起草的《现代化金融监管架构蓝图》（Blueprint For a Modernized Financial Regulatory Structure）中，其中部分内容后来被纳入《多德-弗兰克华尔街改革和消费者保护法》。其重点如下所述。

其一，在加强短期监管措施方面，该计划的着眼点在于调整监管机构合作体系、建立新的联邦监管机构、强化美联储为提高市场流动性采取的措施这三方面。首先，增强总统金融工作组（President's Working Group on Financial Markets）的工作职能和范围，该机构是里根政府在 1988 年建立的，是一个由财政部牵头、协调联邦政府主要金融监管部门的机构。本次调整的具体计划包括：将货币监理署、美国联邦存款保险公司和储贷监理署作为新成员，纳入原来由财政部、美联储、证券交易委员会和商品期货交易委员会组成的总统金融工作组；加强总统金融工作组职能，以减少金融市场风险、支持资本市场稳定、保护消费和投资者利益、与各机构有效合作与交流等，并建立总统金融工作组向总统汇报的有效机制。其次，在联邦层面建立按揭委员会（Mortgage Origination Commission），负责起草抵押贷款市场的监管规则，监管抵押贷款市场及执行有关的联邦监管法规。最后，强化美联储职能，包括以贴现窗口作为货币工具，向非储蓄机构贷款，提高市场流动性等，以稳定金融市场，同时美联储还应与总统金融工作组协调，防范因向非储蓄机构贷款而对金融市场产生负面影响。

其二，在加强中期监管方面，该计划的重点在于合并职责重叠的联邦监管机构，将储蓄机构监管体系转化为银行监管体系，使监管体系更适应以银行、保险、证券和期货等为框架的现代金融服务业。其具体包括：在两年期限内将储贷监理署并入货币监理署，同时将由联邦向银行颁发执照改为由该署颁发执照；加强联邦对州银行业的监管，美联储与联邦存款保险公司应适当监管由州颁发执照的银行，即对该类银行进行研究和测试，并提出监管措施；制定针对金融支付与结算系统的联邦监管规则，主要由美联储负责；将以州层面为基础的保险业监管体系提升到联邦层面，设立保险管理局；针对证券与期货行业监管，明确以促进行业自律为核心的原则，将商品期货交易委员会并入证券交易委员会，颁布期货交易所和清算机构新规，以适应现代市场发展的需要、增强美国证券公司在国际市场的竞争力，另外，应由美国证券交易委员会向国会建议修改投资法案对投资范围的限制，从而建立全球性的投资公司。

其三，在加强和优化长期监管方面，该计划强调政府要创建一个现代监管体系，具体包括：建立市场稳定监管机构（Market Stability Regulator），全面负责金融市场稳定，赋予美联储更多负责市场稳定监管的职责；创建审慎监管机构（Prudential Financial Regulator），负责监管与政府担保业务关联的金融机构，旗下设立联邦保险担保公司；创建公司监管机构（Business Conduct Regulator），负责监管所有类型的金融公司；建立公司金融监管机构（Corporate Finance Regulator），负责监管与证券市场发行相关的所有上市公司，以及上市交易的证券产品、信息披露、公司治理、会计和审计事项等，美国证券交易委员会将继续在此框架下履行职责。

在此蓝图的基础上，美国政府于2010年出台了重要的金融监管改革法案——《多德-弗兰克华尔街改革和消费者保护法》，重新加强对金融市场管制。该法案从政府监管机构设置、系统性风险防范、金融细分行业及其产品、消费者权益保护、危机处理和国际合作等方面进行了重要的监管变革，具体内容前文已经讨论过。奥巴马政府推行的这一金融监管改革，遇到了占国会多数席位的共和党的质疑和挑战，同时法案自身也有许多不足及争议之处。例如，法案对于存在争议的是否限制金融业混业经营问题并未作出裁决，仅规范了金融机构内部的利益冲突。可以预见，美国金融行业仍将在混业经营下的分业（银行、证券和保险各为独立组织机构）、分业经营下的混业（同一控股母公司）模式下发展。当然，随着《多德-弗兰克华尔街改革和消费者保护法》的实施，政府调整相关监管机构责任，设立新机构，弥补监管漏洞，加强对金融市场的监管，将成为未来相当一段时期内影响美国金融市场发展的重要因素。

四、把国家金融建立在稳定发展的磐石上

2008 年金融危机影响范围很大，不但美国的大型金融控股公司、银行、证券公司和保险公司普遍陷入困境，个别公司倒闭或被收购，全球主要的金融机构也都被波及。通过复盘，其爆发的原因主要包括以下几点。其一，在美联储长期的宽松货币政策的影响下，美国商业银行和住房贷款机构执行过度宽松的信贷政策，普遍疏于风险控制。其二，以房产和银行贷款为基础的抵押债券及其相关衍生产品种类泛滥，产品结构复杂，交易不透明；债券定价和交易价格出现泡沫；以债券和次级抵押债券为核心业务的华尔街重要做市商——雷曼兄弟和贝尔斯登先后倒闭，加剧了金融危机。其三，美国混业经营的金融格局导致银行业（提供贷款）、证券业（贷款债券化）和保险业（购买债券或为债券提供保险）之间在次级抵押债问题上存在利益冲突。其四，美国次级抵押债券的主要购买者未控制投资风险，持有的债券金额与其资产规模不匹配。次级抵押债券的主要投资者是房利美、房地美和以美国国际集团为代表的保险公司，在 2006 年美国房地产泡沫达到顶峰后，它们开始大量抛售次级抵押债券，债券价格大幅下跌，债券持有者立即陷入财务危机。其五，美国信用评估机构未能准确、充分地披露次级债券的风险，给予其高信用等级，也是其价格泡沫的助推者之一。其六，美国政府监管宽松，监管部门未能履行监管责任。其七，市场自行发展和自我调节的因素等。

2008 年金融危机主要教训包括缺乏宏观审慎管理、忽视影子银行体系的风险、对系统重要性金融机构监管不足、缺乏有序的风险处置与清算安排、对金融消费者权益保护不力等等。其主要启示是：国家经济尤其是金融需要均衡发展；宏观经济层面的财政政策、货币政策（包括汇率政策）及监管政策需要合理搭配；处置金融风险宜早不宜迟，需要政府大力介入；对系统重要性金融机构和影子银行体系需要加强改革与监管；应推动金融服务实体经济、加强金融消费者权益保护；等等。

从 2008 年金融危机的经验教训中，我们进一步总结出防范国际金融危机

的可能措施：在国家宏观经济政策层面，应联动建立危机预警机制，尤其要构建逆周期的金融宏观审慎管理制度框架；应推进国家宏观经济的结构性改革，以刺激经济复苏为短期目标，以优化产业结构、建立健全公司治理制度为长期目标；应稳定金融市场，加强金融监管，尤其需制定针对系统重要性金融机构的有效监管措施；应管控国际资本流动；应及时有效地采取应急稳定措施，建立金融危机有序处置机制；等等。

通过本章的阐释可见，世界各国均应把国家金融建立在稳定发展的磐石上，在规则下促竞争，在稳定中求发展。当前，在国家金融层面，尤其要明确金融市场自身的定位，加强以法制为基础的监管制度建设，重点包括以下几点。

其一，要更加注重把握金融服务实体经济的本质要求。金融服务实体经济，是实现金融稳定的根本要求。比较稳健厚实的实体经济，是世界各国金融稳定最深厚的根基。近年来，世界各国实体经济加快转型升级，为金融创新提供了广阔的天地。国际金融、科技金融、产业金融、农村金融、民生金融有效结合，促进了各国经济和社会的转型升级。应紧紧抓住加快转变经济发展方式这一主线，着力解决中小微企业融资难和农村金融服务薄弱、科技产业化金融支撑不强、产业链整合和价值链提升金融服务不足、区域金融发展不平衡的问题，采取切实的措施，促进金融服务实体经济的良性发展。

其二，要更加注重夯实金融稳定的法制基础。法制管根本、管长远，完善的法律法规是金融稳定的基本前提。开展金融改革，需要在严格遵守和准确把握相关法律精神的前提下，探索开展符合各国实际的金融创新实践。目前，世界各国正在开展金融机构监管与规范、打击非法金融活动和建立征信等建章立制工作，它为各国的金融试验提供了坚实的制度保障。

其三，要更加注重完善金融监管体制。健全的监管组织形式和长效机制，是做好金融风险处置工作的基本保障。开展金融改革创新，必须注重完善国家金融监管体制，把创新置于全面、规范、合理的监管之下。各国可探索建立国家层面的金融协调机制和辅助监管机构，建立金融稳定工作协调、信息共享和联合处置机制，对交叉性金融业务、重大金融风险事件及影响金融稳定的基础性问题实施联合管理；强化各国监管意识和职责，成立具有较强处置力的各国监管机构，加强对准金融机构、场外交易市场的监管；建立金融风险多维监测、评估和预警体系，及时发现和防范风险苗头。

其四，要更加注重提高金融市场主体的自我管理能力。提高世界各国金融机构，尤其是系统重要性金融机构的自我管理能力，既有利于提高金融主体的创新活力，更是实现各国金融稳定的关键。开展金融改革创新，必须把深化金融机构改革（包括实施"压力测试""生前遗嘱"等措施）放在重要位置。一方面，着力推动系统重要性金融机构完善公司治理、创新经营模式、开展差异化经营，形成行业领先的竞争力和风险管理能力；着力培育有利于细化分工、增强功能的创新型金融机构，增强市场整体创新能力和抵御风险能力。另一方面，着力减少政府对金融机构的不当干预，让金融机构成为真正的市场主体，在市场竞争中发展壮大。

其五，要更加注重市场化的风险应对处置机制建设。金融风险的市场化应对处置机制主要包括：股东与债权人的风险共担机制、高管层承担经营失败责任制度、存款保险制度、系统重要性金融机构的恢复和处置计划、政府援助管理和退出机制等。这些制度和机制编织起一张灵活、富有弹性的风险消化吸收网，能够有效地防止金融风险传染放大，它是降低风险处置成本、提高处置效率的重要保障。建立一套高效率、市场化的风险处置机制，可以迅速将金融改革创新风险消弭在萌芽状态。各国应积极探索建立政府、央行和各监管部门共同参与的、适合各国实际的市场化风险应急处置机制，促进金融改革创新稳健发展。

其六，要更加注重保护中小投资者的利益。保护中小投资者的利益，是保持金融市场健康可持续发展的基本要求，也是防范和化解金融风险的关键所在。开展金融改革创新，必须处理好促进行业发展与保护中小投资者利益的关系，决不能以牺牲中小投资者利益来获取短期虚假繁荣。各国应探索建立政府和监管部门牵头参与的新金融产品和服务的投资者保护监察措施，探索建立专门的金融消费者维权组织，加强金融行业自律，完善投诉、监督和金融纠纷仲裁等机制，畅通金融消费者化解纠纷的渠道；开展金融行业评议活动，提高金融产品和服务的规范性和透明度。

综上，世界各国需认真总结、深刻认识金融的脆弱性，深刻认识金融脆弱性与金融自由化的相互掣肘关系，深刻认识金融风险、金融危机带给一国乃至世界经济的巨大危害，采取措施，多管齐下，更加有效地防范、处置和化解金融风险。

附录一：房利美与房地美

房利美（Fannie Mae），即联邦国民抵押贷款协会，成立于 1938 年，是最大的美国政府赞助企业，主要从事金融业务，以扩大资金在二级房屋消费市场上的流动。2008 年 9 月发生次贷危机以来，它由美国联邦住房金融局接管，从纽约证交所退市。[①]

房地美（Freddie Mac），即联邦住宅贷款抵押公司，是第二大的美国政府赞助企业，商业规模仅次于房利美。1970 年由美国国会批准成立，旨在开拓二级抵押市场，增加家庭贷款所有权与房屋贷款租金收入。[②]

历史

由于缺乏抵押贷款资金的持续供给，当时美国有数百万的家庭无法拥有自己的住房，或者面临失去住房的风险。政府成立房利美的目的是增加抵押贷款资金的流动性，降低购房成本。最初，房利美作为一个政府机构，只被授权购买经过联邦住宅管理局担保的抵押贷款。1968 年，房利美成为私营公司，其权力扩大到了购买未经联邦住宅管理局担保的抵押贷款。房利美在国会要求下致力于为中低收入的美国居民拥有房屋所有权提供支持。[③] 1970 年，国会成立了一个几乎相同的政府赞助企业，即房地美，来进一步帮助住房行业。房地美的目标是为住房市场提供额外的流动性，做房利美的后盾，同时有利于两家公司更好地竞争。[④]

主要业务

房利美、房地美属于私人投资者控股、受美国政府支持的特殊金融机构，

---

① 理查德·罗伯茨，2020. 手持柴火的灭火人：美联储 [M]. 金蓓蕾，译. 北京：东方出版社：78.

② 同上书，第 79 页。

③ 曾勇，2015. 文化地产战略 [M]. 北京：新华出版社：167.

④ 理查德·罗伯茨，2020. 手持柴火的灭火人：美联储 [M]. 金蓓蕾，译. 北京：东方出版社：79.

在美国住房融资体系中扮演着核心角色，主要业务是从抵押贷款公司、银行和其他放贷机构购买住房抵押贷款，并将部分住房抵押的贷款证券化后打包出售给其他投资者。由于"两房"有政府背景，其所发行债券被认为是零风险，可以被银行等金融机构不限量持有，收益还可以免地方所得税。次贷危机爆发时，房利美和房地美持有或担保的住房贷款总值超过 5.3 万亿美元，占美国 12 万亿住房抵押贷款余额的 42%，其中超过 3 万亿美元为美国金融机构拥有，约 1.5 万亿美元为外国投资者拥有。[①]

发生危机

受美国次贷危机的影响，美国房地产抵押贷款巨头房地美、房利美于 2008 年 7 月身陷 700 亿美元亏损困境。为帮助这两家公司摆脱危机，美联储和美国证券交易委员会（SEC）迅速联手出击，对其进行救助。美国政府于 2008 年 9 月 7 日宣布，从该日起接管陷入困境的两大美国住房抵押贷款融资机构，也就是房利美和房地美。根据接管方案，美国财政部将通过购买优先股向房利美和房地美各注入 1000 亿美元资金。两大机构的首席执行官被限令离职，政府相关监管机构接管两大机构的日常业务，同时任命新领导人。[②]

继 2011 年 8 月 5 日将美国主权信用评级由 AAA 下调至 AA＋后，标准普尔公司 8 日又将美国贷款抵押融资公司房利美和房地美的评级由 AAA 下调至 AA＋。[③]

附录二：金融工程

五、金融工程

正是在金融创新理论蓬勃发展的 20 世纪 80 年代，"金融工程"这一概念诞生了，它的出现为国际金融市场带来了一片崭新天地，它也因此成为国际金融

---

① 封文丽，2009. 从亚洲金融危机到国际金融危机［M］. 北京：冶金工业出版社：77.

② 于丽，2017. 经济学与生活［M］. 上海：复旦大学出版社：34-35.

③《标普降低房地美和房利美信用评级》，https://www.chinanews.com/cj/2011/08-09/3242702.shtml，2011 年 8 月 9 日.

创新的主要方向和最新潮流。关于金融工程的定义有多种说法，美国金融学家约翰·芬尼迪（John Finnerty）提出了较好定义：金融工程包括创新型金融工具与金融手段的设计、开发与实施，以及对金融问题给予创造性的解决。

（一）概念

金融工程的概念有狭义和广义两种。狭义的金融工程主要是指利用先进的数学及通信工具，在各种现有基本金融产品的基础上，进行不同形式的组合分解，以设计出符合客户需要并具有特定 P/L 性的新的金融产品。而广义的金融工程则是指一切利用工程化手段来解决金融问题的技术开发，它不仅包括金融产品设计，还包括金融产品定价、交易策略设计、金融风险管理等各个方面。

金融工程的核心在于对新型金融产品或业务的开发设计，实质在于提高效率，它包括以下几点。

（1）新型金融工具的创造。如创造第一个零息债券，第一个互换合约等。

（2）已有工具的发展应用。如把期货交易应用于新的领域，发展出众多的期权及互换的品种等。

（3）把已有的金融工具和手段运用组合分解技术，复合出新的金融产品，如远期互换、期货期权、新的财务结构的构造等。

金融工程运作的规范化程序：诊断—分析—开发—定价—交付使用。

其中从项目的可行性分析、产品的性能目标确定、方案的优化设计、产品的开发、定价模型的确定、仿真的模拟试验、小批量的应用和反馈修正，直到大批量的销售、推广应用，各个环节紧密有序。大部分被创新的新金融产品，成为运用金融工程创造性解决其他相关金融财务问题的工具，即组合性产品中的基本单元。

金融工程是市场对更高的金融效率不断追求的产物。而金融工程一经产生，便迅速发展成为金融市场日益重要的组成部分，并直接促进了金融效率的提高。金融工程的产生与发展受到多种因素的推动，主要是经济、金融环境的转变，经济主体内在需求的变化，金融理论的发展，技术的进步及向金融领域的渗透四方面共同作用的结果。而从深层次上看，这四方面都从本质上反映了市场追求高效率的内在要求。

（二）作用

金融工程的产生是市场追求效率的结果，而在其产生之后，其存在和发展确实有力地促进了金融效率的提高，具体表现在以下三个方面。

1. 金融工程提高了金融机构的微观效率

金融工程鼓励了竞争，促进了金融机构提高竞争力。金融工程的核心要素，如对金融的创新程度、技术含量的高低、信息技术的优劣以及收益、风险的配套，已成为金融机构体现其经营实力与地位的竞争热点。

2. 金融工程提高了金融市场的效率

首先，金融创新极大地丰富了金融市场交易，扩大了市场规模，提高了金融效率。通过金融工程开发的金融工具以高度流动性为基本特征，在合同性质、期限、支付要求、市场化能力、收益、规避风险等方面各具特点，加快了国际金融市场的一体化进程，促进了金融市场的活跃与发展。

其次，金融工程提高了投融资便利程度。利用金融工程设计开发出的金融市场组织形式、资金流通网络和支付清算系统等，能够从技术和物质条件上满足市场要求，特别是近年来无纸化交易与远程终端联网交易方式加快了资金流通速度，节约了交易时间和费用，使投融资活动更加方便快捷，金融市场效率大幅度提高。

3. 金融工程提高了金融宏观调控的效率

金融工程综合运用多种金融工具和金融手段创造性地解决众多经济金融问题，实现风险管理。金融工程为政府金融监管部门规范和监管金融市场和金融机构提供了技术上的支持。如1990年春、秋季，德国政府通过非公开销售方式发行了一种特殊的10年期债券，它实际上是标准的10年期政府债券与以其为标准的看跌期权的综合，这种特殊产品非常出色地自动实现了央行的公开市场操作功能，从而大大削减了传统公开市场操作人为判断入市时机所带来的误差和交易成本。可见金融工程为新型金融监管体系、调控机制的构建提供了有力支持。因此，运用金融工程方法可以增强金融市场的完备性，提高金融市场效率，切实创造新价值，最终提高社会福利水平。

本章要点与思考题

1. 什么是金融的脆弱性？

2. 传统金融危机如何分类？

3. 系统性金融危机的原因与特点是什么？

4. 金融脆弱演化为金融危机的机制有哪些？

5. 分别阐述 1929—1933 年世界大萧条、1997—1998 年亚洲金融危机和 2008 年国际金融危机的原因、特征与教训。

6. 美国金融危机的处置方式有哪些？

7. 如何评价"货币政策、财政政策、监管政策、产业政策和法律法规"并举的金融危机处置措施？

8. 2008 年国际金融危机的主要启示有哪些？

9. 为什么说"防范、化解风险"是金融发展的首要目标，"保护中小投资者利益"是金融市场的核心原则？

10. 如何防控"影子银行"金融风险？

11. 如何防控系统性和区域性金融风险？

阅读参考资料

1. Glass-Steagall Act 1933.

2. Gramm-Leach-Bliley Act 1999.

3. Dodd-Frank Wall street Reform and Consumer Protection Act 2010.

4. Emergency Economic Stabilization Act of 2008.

5. Economic Stimulus Act of 2008.

6. American Recovery and Reinvestment Act of 2009.

7. Basel III.

8. 陈云贤，张孟友，2001. 美国金融体系考察研究 [M]. 北京：中国金融出版社.

9. 陈云贤，2013. 美国金融危机处置与监管演变：耶鲁大学学习考察报告 [M]. 北京：中国金融出版社.

第九章

国家金融国际参与

一方面，国家金融体系要在国内有效运行、实践，就需要在理论上创设国家金融学，并弄清楚它与金融学（基础理论）和公司金融学的联系与区别，本书第一章已对此作过阐述。另一方面，国家金融体系要有序参与到国际体系中，也应在理论上弄清楚国家金融学与国际金融学的联系与区别，并掌握国际金融体系的运行情况与未来发展方向，以便在实践中不断推动其改革、创新与发展。世界各国要在国际金融体系中占有一席之地，拥有话语权，也需要在国家金融层面去规划和落实。这一方面就是本章阐述的重点。

一、国家金融学体系

创设国家金融学的目的、意义等，已在本书的很多章节作过阐述。本节我们再简要梳理一下国家金融学体系的五个层面内涵。

第一个层面是国家金融学的研究对象。国家金融学以现代金融体系下的各国国家金融行为及其属性为研究对象，探讨一国金融发展中最核心、最紧迫的问题，并研究国家政策及具体措施，以保障一国金融的健康稳定，推动一国经济的繁荣发展。

第二个层面是现代金融体系的结构。如上所述，国家金融学以现代金融体系下的国家金融行为及其属性为研究对象，就需要从现代金融体系的结构出发，去探讨各国的国家金融行为，具体包括金融市场要素、金融市场组织、金融市场法制、金融市场监管、金融市场环境和金融市场基础设施等六大方面，其目的是维护国家金融秩序，提升国家金融竞争力。

第三个层面是现代金融体系的内容，具体包括六方面。其一，金融市场要素体系。它既由各类市场（包括货币、资本、保险和衍生性金融工具市场等）构成，又由各类市场的最基本元素，即价格、供求和竞争等构成。其二，金融市场组织体系。它由金融市场活动的各类市场主体、市场中介机构及市场管理组织构成。其三，金融市场法制体系。金融市场具有产权经济、契约经济和规范经济的特点，因此，规范市场价值导向、交易行为、契约行为和产权行为等的法律法规的整体就构成了金融市场法制体系。它包括金融市场相关的立法、执法、司法和法制教育等。其四，金融市场监管体系。它是建立在金融市场法制体系基础上的、符合金融市场需要的政策执行体系，包括对金融机构、业务、市场、政策法规执行等的监管。其五，金融市场环境体系。它主要包括实体经济基础、企业治理结构和社会信用体系等三方面。对这一体系而言，重要的是建立健全金融市场信用体系，包括以法律制度规范、约束金融信托关系、信用工具、信用中介和其他相关信用要素，以及以完善金融市场信用保障机制为起点，建立金融信用治理机制。其六，金融市场基础设施，即包含各类软硬件的完整的金融市场设施系统。其中，金融市场服务网络、配套设备及技术、各类市场支付清算体系、科技信息系统等，是成熟的金融市场必备的基础设施。

第四个层面是政府与市场在现代金融体系中的作用。首先，现代金融体系六个子系统的形成，是个渐进的历史过程；其次，这六个子系统应该是统一、有序的，但由于世界各国对其认识不完整、采取政策措施不及时，加上金融全球化的冲击等，现代金融体系的有效运行又是受到制约的。这就需要政府与市场共同在现代金融体系中发挥积极作用，其中，金融市场要素体系与金融市场组织体系，是现代金融体系的基石和主体，市场元素（如市场活动、市场规则和市场效率）在其中发挥着更大的作用；而金融市场法制体系、金融市场监管体系、金融市场环境体系和金融市场基础设施，则是现代金融体系中的"配套设施"，主要包括政府对市场原则的规范，以及对市场的调节、监管、约束。世界各国从国家金融层面建立健全现代金融体系，其原则均应该是由市场决定金融资源配置，同时更好地发挥政府作用。只有这样，现代金融体系六个子体系才是健全、完整的，才能充分发挥作用。

第五个层面是国家金融需要解决的问题。如前所述，在现行的国际金融体系演进过程中，处于领先位置的国家总是力图保持其优势地位，处于落后位置的国家则总是希望弯道超车、后来者居上。世界各国都是这场"马拉松赛"的参赛者。对大多数发展中国家而言，在这场世界级的"马拉松赛"中，要从国家金融层面加速本国现代金融体系的建立与完善，要探讨并解决的主要问题包括：第一，如何做好金融顶层布局？第二，如何协调金融监管体系？第三，如何规划金融层级发展？第四，如何找到金融离岸、在岸对接的适宜模式？第五，如何开辟金融弯道超车的合适路径？第六，如何推动金融科技创新的新趋势？第七，如何化解金融危机？第八，如何参与国际金融体系？等等。回答好这些问题，就能厘清世界大多数发展中国家在国家金融层面的目标、方向和措施。

上述五个层面的内容，构成了国家金融学体系的主要框架。

二、国际金融学体系

理论上，国际金融学体系应该是国家金融学体系的延伸与发展。它也应该包括五个主要方面：第一，研究对象，即现代金融体系下的世界各国国际金融行为及其属性；第二，国际金融体系的结构，包括国际金融市场的要素、组织、法制、监管、环境和基础设施等六大方面；第三，国际金融体系的内容，即一国现代金融体系内容的国际化延伸；第四，政府与市场在国际金融体系中的作用，此处的"政府"行为指世界各国的政府间行为及其属性；第五，需要着手解决的问题，即现代金融体系六个子系统在国际金融体系中的健全与完善问题。

由上可知，国际金融学体系与国家金融学体系最主要的区别在于：其一，研究对象由一国金融行为及其属性，转变成了世界各国的国际金融行为及其属性；其二，在现代金融体系中发挥作用的政府，由一国政府变成了国际互动中的政府；其三，一国在其现代金融体系融入国际金融体系的过程中，更需要与世界各国相互协调、取得共识、共同发挥作用。此时，国家金融学体系中的一国政府金融行为及其属性，就转变为国际金融学体系中世界各国政府的金融行为及其属性。

在金融国际化的进程中，由于市场的推动作用，现代金融体系的基础层面——金融市场要素体系和金融市场组织体系，在从一国市场延伸到国际市场的过程中发展较快，这是市场需求、市场效率和市场规则决定的；而现代金融体系的配套层面——金融市场法制体系、金融市场监管体系、金融市场环境体系和金融市场基础设施，在从一国市场延伸向国际市场的过程中，则发展相对缓慢，这是由于各国政府需要达成共识、相互协调、发挥作用，建立相应的国际金融协调机制和国际金融行为标准，才能推动这些体系的发展。

综上可见，在理论上，国际金融学体系应该包括上述内容，并在此基础上形成该体系的主要框架。而实际上，现在通行的国际金融学主要包括如下内容[①]。

第一，国际金融学的定义。它是金融学研究领域的一个重要分支，是从货币金融角度研究开放经济下内外均衡同时实现问题的一门独立学科，主要关心在一个资金广泛流动的、灵活多变的汇率制度环境下，同时实现内外均衡的条件和方法。首先，内外均衡问题是开放经济社会特有的经济现象。既保持经济体自身的稳定发展，又使经济体的对外开放处于合理状态之中，是开放经济社会各国政府实施宏观调控的两个重要目标，分别称为经济的内部均衡与外部均衡。内外均衡之间的矛盾是开放经济社会始终面临的经济学课题。其次，内外均衡问题具有鲜明的货币金融属性。它之所以能对宏观经济产生重大影响，成为各国政府及经济学者研究的重要对象，是与国际资本流动密切相关的——不仅各国经济的货币化程度日益提高，国与国之间联系的货币化程度也在大大提高；国际资本流动正深刻地影响着开放经济的运行，使内外均衡问题的货币金融属性越来越明显和突出。因此，一方面，内外均衡问题是国际金融学的核心，这导致国际金融学与货币银行学等相关学科具有不同的主导问题。另一方面，内外均衡问题与国际货币金融活动有着密切

---

① 郭晓立，2010. 国际金融学［M］. 北京：中国铁道出版社；黄梅波，2009. 国际金融学
［M］厦门：厦门大学出版社；杨胜刚，2009. 国际金融学［M］. 长沙：中南大学出版社.

联系，换句话说，当国际资本流动不再依赖于实物经济基础而具有自己独特的运动规律时，其货币金融性质就更加明显和突出，货币金融因素在内外均衡矛盾的形成及其解决中就居于关键性地位。

第二，国际金融学的研究对象。国际货币金融关系，包括国际货币流通与国际资金融通两个方面。其研究目标是阐述国际金融关系发展的历史与现状，揭示国际货币流通与国际资金融通的基本规律，实现一国经济的内外均衡。

第三，国际金融学的学科定位与要求。金融专业的核心专业课。通过本课程的学习，学生应了解并掌握国际收支、外汇汇率、汇率制度、外汇储备、国际金融市场、国际金融协调与合作的基本概念和原理；掌握外汇交易、国家金融风险管理的知识与技能；系统理解国家收支调节、汇率决定、国际资本流动、国际金融危机、国际货币体系改革、开放经济下解决内外均衡矛盾的政策工具与调控原理等现代国际金融理论的最新进展，并通过相关理论的学习提高分析和解决国际金融领域中实际问题的能力。

第四，国际金融学的学科特点。其一，宏观性，即国际金融学应集中于经济的宏观方面，从国民经济的整体角度来分析和解决问题，使之具有高度的理论概括性以及统一的分析框架。其二，综合性，国际金融学是一门具有交叉性质的学科。从横向看，尽管国际金融学是研究国际经济的货币学，但它在实际研究中又不能不带有一定的综合性。例如，分析国际资本流动对经济的影响问题时，它势必要突破货币银行学只对经济的货币面进行分析的做法，而广泛涉及宏观经济的各个方面。从纵向看，国际金融学的研究范围覆盖了一个开放经济体的内部、外部及国际经济关系这三个传统上由不同学科分工研究的领域，并且要研究贯穿这三者的主线。可以说，国际金融学自产生起就具有非常强烈的政策意义，这一特点是许多其他学科所不具备的。

第五，国际金融学的发展阶段。在国际金融学萌芽直至形成、发展的全过程中，一以贯之的主线索就是不同历史条件下内外均衡问题的演化。据此，大致上可以将国际金融学的学科发展分为三个阶段。其一，在第二次世界大战以前，国际金融学总的来说处于萌芽时期。其二，第二次世界大战后直至

20 世纪 70 年代初，生产和资本国际化迅速发展，与之相适应，国家之间的货币金融关系也日益发展，国际金融学正式形成，这是国际金融学发展的第二阶段。其三，以布雷顿森林体系的崩溃为节点，至 20 世纪 90 年代末，经济金融化和一体化趋势加速，国际金融的新现象、新问题层出不穷，国际金融的领域不断拓宽，几乎渗透到国际经济和各国经济的每个角落，在此基础上，国际金融学基本形成了内容丰富、体系完整、特色鲜明的独立学科，这是其发展的第三阶段。

综上可见，一方面，现有的国际金融学重点突出，侧重于国际货币金融关系的研究，尤其是一国经济的内外均衡目标的实现。另一方面，现有的国际金融学在研究对象、研究内容等方面尚存在前后矛盾、体系杂乱、理论明显与实际脱节的状况。更重要的是，在国际金融体系改革、发展的过程中，发挥作用的主体不仅有市场，还有世界各国政府。国际金融学不应该忽略国际金融市场法制体系、监管体系、环境体系和基础设施的建设问题。

三、国际金融体系现状

总结了国际金融学的理论现状后，我们有必要关注现实中国际金融体系的形成轨迹，尤其是第二次世界大战后形成的国际金融机构体系、国际金融基础设施和国际金融监管协调体系。本节将从这三个方面来分析国际金融体系的现状。

（一）国际金融机构体系

金融机构主要分为商业机构、监管机构、政策机构三类。提到国际金融机构，我们更多是指业务机构或业务协调机构。

全球性的国际金融机构主要包括国际货币基金组织、世界银行和国际清算银行，其基本情况如下所述。

第一，国际货币基金组织（International Monetary Fund）。该组织是根据 1944 年 7 月在布雷顿森林会议签订的《国际货币基金协定》，于 1945 年 12 月 27 日在华盛顿成立的。其职责是监察货币汇率和各国的贸易情况，提供技术和资金协助，确保全球金融制度正常运作。其总部设在美国首都华盛顿。

国际货币基金组织的宗旨包括：通过一个常设机构来促进国际货币合作，为国际货币问题的磋商和协作提供方法；通过国际贸易的扩大和平衡发展，把促进和保持成员国的就业、生产资源的发展、实际收入的高水平，作为经济政策的首要目标；稳定国际汇率，在成员国之间保持有秩序的汇价安排，避免竞争性的汇价贬值；等等。

国际货币基金组织的主要职能包括：制定成员国之间的汇率政策和经常项目的支付以及货币兑换性方面的规则，并进行监督；在必要时对发生国际收支困难的成员国提供紧急资金，避免其他国家受其影响；为成员国提供会议场所，讨论国际货币合作与协商等议题；促进国际金融尤其是货币领域的合作；加快国际经济一体化的步伐；维护国际汇率秩序；协助成员国建立经常性多边支付体系；等等。

国际货币基金组织的组织架构是：该组织由 189 个国家参与，其最高权力机构为理事会，由各成员国派正、副理事各一名组成，一般由各国的财政部长或中央银行行长担任。该组织每年 9 月举行一次会议，各理事单独行使本国的投票权（各国投票权的大小由其所缴基金份额的多少决定）。

国际货币基金组织的资金来源于各成员的认缴。1969 年，国际货币基金组织创设了特别提款权（Special Drawing Rights）作为原有的普通提款权以外的一种补充。它是国际货币基金组织创设的一种储备资产和记账单位，也称"纸黄金"。它是该组织分配给成员国的一种使用资金的权利，即成员国在发生国际收支逆差时，可用它向该组织指定的其他成员国换取外汇，以偿付国际收支逆差或偿还该组织的贷款。它还可与黄金、自由兑换货币一样充当国际储备。但它只是一种记账单位，不是真正的货币，使用时必须先兑换成其他货币，不能直接用于贸易或非贸易的支付。

近些年，中国积极参与国际货币基金组织工作，在其中发挥着日益重要的作用。2015 年 11 月 30 日，国际货币基金组织将人民币纳入特别提款权货币篮子，各国货币在其中的权重调整为：美元占 41.73%，欧元占 30.93%，人民币占 10.92%，日元占 8.33%，英镑占 8.09%。2016 年 1 月 27 日，国际货币基金组织宣布 2010 年份额和治理改革方案正式生效，中国正式成为国际货币基金组织第三大股东。中国份额占比从 3.996％升至 6.394％，排名从第六跃居第三，次于美国和日本。2016 年 3 月 4 日，国际货币基金组织表示，从 2016 年 10 月 1 日起，在其官方外汇储备数据库中单独列出人民币资产，以反映该组织成员人民币计价储备的持有情况。

国际货币基金组织在发挥积极作用的同时，也存在制度缺陷：一是其组织机构主要由美国及欧盟控制；二是其基金份额和投票权分配失衡，美国对该组织的重大决策拥有一票否决权；三是该组织竭力维护美元作为主要国际储备货币的地位；四是该组织调节国际收支平衡能力不足，造成全球国际收支严重失衡。

第二，世界银行（World Bank）。它是世界银行集团的简称，由国际复兴开发银行、国际开发协会、国际金融公司、多边投资担保机构和国际投资争端解决中心五个成员机构组成。世界银行集团成立于 1945 年，1946 年 6 月开始营业，总部设在美国首都华盛顿，在世界各地还有 120 多个办事处。按惯例，世界银行集团最高领导人由美国人担任，每届任期五年。

其中，国际复兴开发银行 1945 年成立，负责向中等收入国家政府和信誉良好的低收入国家政府提供贷款。国际金融公司 1956 年成立，是专注于私营部门的全球最大的发展机构。它通过投融资、动员国际金融市场资金以及为企业和政府提供咨询服务，帮助发展中国家实现可持续增长。国际开发协会 1960 年成立，负责向最贫困国家的政府提供无息贷款和赠款。多边投资担保机构 1988 年成立，通过向投资者和贷款方提供政治风险担保，拉动发展中国家的外国直接投资，以促进经济增长、减少贫困和改善人民生活。国际投资争端解决中心 1966 年成立，提供针对国际投资争端的调解和仲裁服务。通常情况下，人们提到"世界银行"，指的是狭义上的"世界银行"，即国际复兴开发银行和国际开发协会。

世界银行的宗旨包括：通过对生产事业的投资，协助成员国实现经济复兴、推动经济建设，鼓励不发达国家对资源的开发；通过担保或参加私人贷款及其他私人投资的方式，促进私人对外投资，当成员国不能在合理条件下获得私人资本时，可运用该行自有资本或筹集的资金来补充私人投资的不足；鼓励国际投资，协助成员国提高生产能力，促进成员国国际贸易的平衡发展和国际收支状况的改善；在提供贷款保证时，与其他方面的国际贷款配合。

世界银行的主要业务包括：提供金融产品与服务、创新型知识分享、贷款、非贷援助、多方合作、协调立场等。

世界银行的主要资金来源包括：各成员国缴纳的股金、向国际金融市场借款、发行债券和收取贷款利息。

世界银行按股份公司的原则建立。成立初期，世界银行法定资本 100 亿美元，全部资本为 10 万股，每股 10 万美元。凡是会员国均要认购银行的股份，认购额由申请国与世行协商并经世行董事会批准。一般来说，一国认购股份的多少是根据该国的经济实力，同时参照该国在国际货币基金组织缴纳的份额大小而定。

世界银行的重要事项由会员国投票决定，投票权的大小与会员国认购的股本成正比。世界银行每一会员国拥有 250 票基本投票权，每认购 10 万美元的股本即增加一票。美国认购的股份最多，有投票权 226 178 票，占总投票数的 17.37％，在世界银行事务与重要贷款项目上有重要的话语权。2010 年，世界银行第二阶段投票权改革完成后，国际复兴开发银行前五大股东国分别为美国（15.85％）、日本（6.84％）、中国（4.42％）、德国（4.00％）、法国（3.75％）和英国（3.75％）。中国在世界银行的投票权从 2.77％ 提高到 4.42％，成为世界银行第三大股东国。

世界银行与国际货币基金组织的关系是：世界银行的成员国必须是国际货币基金组织的成员国，但国际货币基金组织的成员国不一定都参加世界银行。两个机构相互配合：国际货币基金组织主要负责国际货币事务，主要任务是向成员国提供短期外汇资金，以消除外汇管制，解决其国际收支的暂时不平衡，促进汇率稳定，扩大国际贸易规模。世界银行则主要负责向各成员国提供发展经济的中长期贷款等，以促进经济的复兴和发展。

世界银行在国际上受到的批评主要是，它受到一些国家（尤其是美国）的影响，制定的政策往往更有利于这些国家。

第三，国际清算银行（Bank for International Settlements）。该银行是英国、法国、德国、意大利、比利时、日本等国的中央银行与代表美国银行界利益的摩根银行、纽约和芝加哥的花旗银行组成的银团，根据海牙国际协定于 1930 年 5 月共同组建的，总部设在瑞士巴塞尔。

国际清算银行最初创办的目的是处理第一次世界大战后德国的赔偿支付及与其有关的清算等业务问题。第二次世界大战后，它成为经济合作与发展组织成员国之间的结算机构，该银行的宗旨也逐渐转变为促进各国中央银行之间的合作，为国际金融业务提供便利，并接受委托或作为代理人办理国际清算业务等。国际清算银行不是政府之间的金融决策机构，亦非发展援助机构，它实际上是各国中央银行的银行。

国际清算银行的资金来源主要有三个方面：一是成员国缴纳的股金。国际清算银行建立时，法定资本为 5 亿金法郎，1969 年增至 15 亿金法郎，以后几度增资。国际清算银行股份的 80％为各国中央银行持有，其余 20％为私人持有。二是借款，国际清算银行可向各成员国中央银行借款，补充其自有资金的不足。三是吸收存款，国际清算银行可接受各国中央银行的黄金存款和商业银行的存款。

国际清算银行的业务范围主要包括三方面：一是处理国际清算事务；二是办理或代理有关银行业务；三是定期举办中央银行行长会议，会议包括商讨国际金融合作问题、研究货币和金融问题、为各国央行提供各种金融服务、为执行各种国际金融协定提供便利等内容。

此外，还有一些非全球性的国际金融机构也非常重要，如美洲开发银行、亚洲开发银行、非洲开发银行、亚洲基础设施投资银行、金砖国家新开发银行等，其基本情况如下所述。

第一，美洲开发银行（Inter-American Development Bank，又译泛美开发银行）。美洲开发银行成立于 1959 年 12 月 30 日，是世界上成立最早的和最大的区域性多边开发银行，总行设在华盛顿。其宗旨是"集中各成员国的力量，对拉丁美洲国家的经济、社会发展计划提供资金和技术援助"，并协助它们"单独地和集体地为加速经济发展和社会进步做出贡献"。美洲开发银行是美洲国家组织的专门机构，其他地区的国家也可加入，但非拉美国家不能利用美洲开发银行的资金，只可参加美洲开发银行组织的项目投标。

第二，亚洲开发银行（Asian Development Bank，简称亚行）。亚行创建于 1966 年 11 月 24 日，总部设在菲律宾首都马尼拉。其宗旨是通过援助亚太地区的发展中成员，帮助其消除贫困，促进亚太地区的经济和社会发展。亚行主要通过开展政策对话，提供贷款、担保、技术援助和赠款等方式，支持其成员在基础设施、能源、环保、教育和卫生等领域的发展，其终极目标是创建"没有贫困的亚太地区"。

第三，非洲开发银行（African Development Bank）。非洲开发银行成立于 1964 年，总部设在科特迪瓦的经济中心阿比让，是非洲最大的地区性政府间开发金融机构，其宗旨是促进非洲地区成员国的经济发展和社会进步。

第四，亚洲基础设施投资银行（Asian Infrastructure Investment Bank，简称亚投行）。亚投行是一个政府间的亚洲区域多边开发机构，其宗旨是通过重点支持基础设施建设，促进亚洲区域建设互联互通和经济一体化进程，并且加强中国与其他亚洲国家和地区的合作。这是首个由中国倡议设立的多边金融机构，总部设在北京，法定资本 1000 亿美元。2015 年 12 月 25 日，亚投行正式成立。2016 年 1 月 16 日至 18 日，亚投行开业仪式暨理事会和董事会成立大会在北京举行。

亚洲基础设施投资银行创立的背景如下所述。

首先，中国经济已进入"新常态"。中国已成为世界第二大对外投资国，2018 年中国对外直接投资达到 1430.4 亿美元。而且，经过 30 多年的发展和积累，中国在基础设施装备制造方面已经形成完整的产业链，同时在公路、桥梁、隧道、铁路等方面的工程建造能力在世界上也已经是首屈一指。中国基础设施建设的相关产业期望更快地走向国际。但亚洲经济体之间难以利用各自所具备的高额资本存量优势，缺乏有效的多边合作机制，缺乏把资本转化为基础设施建设的投资机构。

其次，在区域层面，亚洲的基础设施仍处于落后状态。亚洲经济占全球经济总量的 1/3，是当今世界最具经济活力和增长潜力的地区，拥有全球六成人口。但因建设资金有限，一些国家的铁路、公路、桥梁、港口、机场和通信等基础设施建设严重不足，这在一定程度上限制了区域的经济发展。

最后，在全球层面，新兴大国异军突起。21世纪，全球金融危机的冲击使发达国家的经济长期陷入低迷，以新兴大国为代表的发展中国家则率先摆脱危机影响，不仅成为全球经济的新引擎，而且成为全球治理的重要主体。为了更好地发挥新兴国家在世界经济和全球金融治理中的作用，改革不合理的国际金融机制是大势所趋。

亚洲基础设施投资银行的主要职能包括：推动区域内发展领域的公共和私营资本投资，尤其是基础设施和其他生产性领域的发展；利用其可支配资金为本区域发展事业提供融资支持，尤其支持能促进本区域整体经济和谐发展的项目和规划，并特别关注本区域欠发达成员国的需求；鼓励私营资本参与投资有利于区域经济发展的项目、企业和活动（尤其是在基础设施和其他生产性领域），并在无法以合理条件获取私营资本融资时，对私营投资进行补充；为强化这些职能开展的其他活动和提供的其他服务。

亚洲基础设施投资银行的治理结构是：理事会、董事会、管理层三层。理事会是最高决策机构，每个成员在亚投行有正副理事各一名。董事会有12名董事，其中域内9名，域外3名。管理层由行长和5位副行长组成。

第五，金砖国家新开发银行（New Development Bank，简称金砖银行）。该银行成立于2015年7月21日，总部设在中国上海。

金砖国家新开发银行创立的背景是：2008年国际金融危机以来，美国金融政策变动导致国际金融市场资金波动，对新兴市场国家的币值稳定造成很大影响。中国货币波动较小，但是印度、俄罗斯、巴西等国都遭遇了货币巨幅贬值和由此引起的通货膨胀。国际货币基金组织又存在救助不及时、力度不够的问题。为了避免在下一轮金融危机中遭遇同样的困境，金砖国家（中国、巴西、俄罗斯、印度、南非）计划构筑一个共同的金融安全网，一旦出现货币不稳定，可以借助这个资金池兑换一部分外汇来应急，具体举措包括建立金砖国家新开发银行和应急储备基金。其中，金砖国家新开发银行的初始资本为1000亿美元，由五个创始成员国平均出资。应急储备基金则是在中国的倡议下建立，主要是为了解决金砖国家的短期金融危机，该基金属于一种救助机制，而非盈利机制。储备基金为 1000 亿美元，用于金砖国家应对金融突发事件，其中中国提供 410 亿美元，俄罗斯、巴西和印度分别提供 180 亿美元，南非提供其余的 50 亿美元。

金砖国家新开发银行设立的宗旨是：主要资助金砖国家及其他发展中国家的基础设施建设。巴西、南非、俄罗斯、印度的基础设施缺口很大，在国家财政力所不逮时，该银行就能提供资金上的合作机会。金砖国家新开发银行不只面向五个金砖国家，而是面向全部发展中国家，金砖成员国则享有优先贷款权。可以说，金砖国家新开发银行拓展了中国和其他金砖国家的合作空间，同时，它也代表着金砖国家在国际金融合作方面迈开了新的步伐。

综上可见，国际金融机构体系的历史演进可以理出相对清晰的时间与逻辑线索：现有国际金融机构体系基本上还传承着第二次世界大战之后确立的架构（除了欧洲复兴开发银行成立于 1991 年，亚洲基础设施投资银行和金砖国家新开发银行成立于 2015 年外，其他国际金融机构基本上属于第二次世界大战后的产物），美国在其中起着重要的主导作用。当然，国际金融机构体系也是利弊并存：一方面，这些国际金融机构在世界经济和区域经济发展中持续发挥着积极作用，另一方面，这些国际金融机构始终被少数国家掌控，使大多数发展中国家的经济需求、建议与呼声得不到应有的重视与回应。在世界范围内，改革、完善国际金融机构体系的呼声日益高涨。

（二）国际金融基础设施

为什么要分析国际金融基础设施？因为它既是国际金融体系有效运行的必要条件，又是实现国际金融安全交易、风险对冲和信息获取的关键因素。

国际金融市场交易分为场内交易和场外交易两种。无论哪种交易完成后，相关交易流程都会被传递到交易后端（Post-Trade）基础设施，即金融市场基础设施上。因此，我们很有必要分析一下国际金融基础设施。

狭义的国际金融基础设施主要指以各国中央银行为主体的支付清算体系；广义的国际金融基础设施还包括确保国际金融市场有序运行的法律程序、会计与审计体系、信用评级及相应的金融标准、交易规则等。其中最主要的是支付清算体系、托管体系、交易对手和交易信息库等，下面我们将择要介绍。

第一，支付清算体系（场内）。

支付清算体系（Payment & Clearing System）也称支付系统（Payment System），是由提供支付清算服务的中介机构和实现支付指令传递及货币资金清算的专业技术手段共同组成，用以实现债权债务清偿及资金转移的一种金融安排。国际支付清算体系有五方面的基本要素：付款人，付款人的开户行，票据交换所，收款人的开户行，收款人。

国际清算或货币跨国支付的总原则是：跨国流动票据（包括付进口国货币、付出口国货币、付第三国货币）的出票人和收款人可以是全球任何地方的个人或企业，但是票据的付款人或担当付款人必须是所付货币清算中心的银行。将外币账户开设在该币种的发行和清算中心，就能够顺利地完成跨国货币收付。

按经营者的身份，现实中的国际支付清算体系可划分为三类：第一类是中央银行拥有并经营，第二类是私营清算机构拥有并经营，第三类是各银行拥有并运行的行内支付系统。按支付系统的服务对象及单笔业务支付金额，该体系可划分为两类：大额支付系统与小额支付系统。按支付系统服务的区域范围，该体系可划分为两类：境内支付系统和国际性支付系统。

到目前为止，美元仍是国际金融体系中最主要的货币支付结算单位，因此我们有必要介绍一下美国的支付清算体系。

（1）资金电划系统（Fedwire），归美联储所有。它是美国境内的美元收付系统，既包括一个实时的、全额的、贷记的资金转账系统，还包括一个独立的、电子化簿记式的政府证券转账系统。在该系统中，资金转账主要用于银行之间的隔夜拆借和结算业务，以及公司之间的付款及证券交易结算等。支付信息通过连接联邦储备银行的跨区通信网络和当地通信网络（用于连接联邦储备银行辖区内的联储银行和其他金融机构），被传送到当地联储银行的主机系统上进行处理。在该系统内，70％以上的用户（占业务量的 99％）以电子方式与联储相连接。

（2）清算所银行间支付系统（Clearing House Interbank Payment System），于 1970 年建立，是一个由纽约清算所协会（NYCHA）拥有并运行的全球最大的私营支付清算系统之一。它主要负责跨国美元交易的清算，全球 95％左右的国际美元交易均由其处理。该系统每天平均交易量超过 34 万笔，金额约 1.9 万亿美元。

该系统目前共有清算用户 19 个，这些用户在联邦储备银行设有储备账户，能直接使用该系统实现资金转移。另外，它也服务非清算用户，只是非清算用户不能直接利用该系统进行清算，必须以某个清算用户为代理行，在该行建立账户，实现资金清算。加入该系统的单位可以是纽约的商业银行、国际条例公司、投资公司和外国银行在纽约的分支机构。加入者需向 CHIP-Co 董事会提交财务情况相关文件，接受 CHIPCo 的信用评估。作为最大的私营支付清算系统，按照美联储的要求，它必须处理支付清算风险问题，包括信用风险（到期一方不能履行承诺的支付义务）、操作风险（给资金接收方的支付指令可能被颠倒）、流动性风险（由于缺乏流动性，到期支付指令不能执行）等。

除了美国的支付清算体系外，我们还有必要了解一下主要的国际支付清算系统。

（1）欧洲跨国大批量自动实时快速清算系统（Trans European Automated Realtime Gross Settlement Express Transfer）。该系统是欧元诞生后欧洲支付系统一体化的体现，于 1999 年 1 月 1 日正式启用。该系统连接各成员国中央银行的大批量实时清算系统，按法兰克福时间每日运行 11 个小时（早 7 点至晚 6 点）。当然，除了该系统外，欧元区内各商业银行至少还有五个其他清算渠道与区内及全球各往来银行处理资金的支付清算。

（2）中国人民币跨境支付系统（Cross- border Interbank Payment System），于 2015 年 10 月 8 日正式启用。中国的人民币已成为全球第四大支付货币和第二大贸易融资货币，建设独立的人民币跨境支付系统，完善人民币全球清算服务体系是大势所趋。在此背景下，人民币跨境支付系统的构建，整合了现有人民币跨境支付结算渠道和资源，提高了跨境清算效率和交易的安全性，满足了各主要时区的人民币业务发展需要。该系统分两期建设：一期主要采用实时全额结算方式，为跨境贸易、跨境投融资和其他跨境人民币业务提供清算、结算服务；二期采用更为节约流动性的混合结算方式，提高人民币跨境和离岸资金的清算、结算效率。该系统的目标是安全、稳定、高效地支持各个方面的人民币跨境使用需求，包括人民币跨境贸易和投资的清算、境内金融市场的跨境货币资金清算以及人民币与其他币种的同步收付业务。首批参与者共有 19 家银行机构，同步上线的间接参与者还包括位于亚洲、欧洲、大洋洲、非洲等地区的 38 家境内银行和 138 家境外银行。

（3）瑞士跨行清算系统（Swiss Interbank Clearing System）。该系统负责对存放在瑞士国民银行的资金每日 24 小时执行最终的、不可取消的、以瑞士法郎为单位的跨行支付。它是瑞士唯一的以电子方式执行银行间支付的系统，是一个所有支付都逐笔在参与者账户上进行结算的全额系统，也是一个没有金额限制的支付清算系统。该系统于 1987 年开始启动运行。

（4）英镑清算系统（Clearing House Automated Payment System），该系统供英国 11 家清算银行及英格兰银行集中进行票据交换，其他商业银行则通过其往来的交换银行交换票据。非交换银行必须在交换银行开立账户，以便划拨差额，而交换银行之间交换的最后差额，则通过它们在英格兰银行的账户划拨。该系统不设中央管理机构，各交换银行必须按一致通过的协议办事；各交换银行在规定的营业时间内必须保证通道畅通，付款电传一旦发生并经通道认收后，即使马上被证实这一付款指令是错误的，发报行也要在当天向对方交换银行付款。

（5）日本银行金融网络系统（BOJ-NET），于 1988 年 10 月开始运行，是一个用于金融机构（包括日本银行）间电子资金转账的联机系统。该系统由日本银行负责管理。金融机构要想成为日本银行金融网络系统资金转账服务的直接使用者，就必须在日本银行开设账户。系统的参与者包括银行、证券公司和代办短期贷款的经纪人，以及在日本的外国银行和证券公司等。该系统负责处理金融机构之间涉及银行间资金市场和证券的资金转账、同一金融机构内的资金转账、由私营清算系统产生的头寸结算和金融机构与日本银行之间的资金转账（包括国库资金转账）。

第二，中央交易对手和交易信息库（场外）。

中央交易对手（Central Counterparty）相当于为场外金融衍生产品建立了一个集中清算机制（Central Counterparty Clearing System），包括双边清算体系和中央交易对手体系。交易信息库，也称交易数据库，负责为监管者、市场参与者和公众提供信息，据此提高场外衍生产品市场的透明度。

目前，此类国际性机构主要有以下两个。

（1）环球银行金融电信协会（Society for Worldwide Interbank Financial Telecommunications，SWIFT）。该协会是一个国际银行间的非营利合作组织，1973 年成立。其总部设在比利时的布鲁塞尔，还先后在荷兰阿姆斯特丹、美国纽约和中国香港设立交换中心（Swifting Center），并为各参加国开设集线中心（National Concentration）。

目前全球大多数国家的银行已使用 SWIFT 系统。该系统给银行的结算提供了安全、可靠、快捷、标准化、自动化的通信服务，具体包括接入服务、金融信息传递服务、交易处理服务（即通过 SWIFTNet 向外汇交易所、货币市场和金融衍生工具认证机构提供交易处理服务）、分析服务和提供分析工具等，大大提高了银行的结算速度。1987 年开始，非银行的金融机构，包括经纪人、投资公司、证券公司和证券交易所等也开始使用该系统。到 2010 年，该系统网络已遍布全球 206 个国家和地区的 8000 多家金融机构，提供金融行业安全报文传输服务与相关接口软件，支援 80 多个国家和地区的实时支付清算系统。该系统在促进世界贸易发展、加速全球范围内的货币流通和国际金融结算、促进国际金融业务的现代化和规范化方面发挥了积极的作用。

（2）国际支付和市场基础设施委员会（Committee on Payments and Market Infrastructures）。它是 2014 年 9 月由国际支付结算体系委员会（Committee on Payment and Settlement Systems）更名而来，秘书处设在国际清算银行。该委员会为成员中央银行提供交流的平台，使各中央银行共同研究和探讨其国内的支付、清算、结算系统及跨境多币种结算机制的发展问题。该委员会还致力于支付结算体系的发展与改革工作，推动建立稳健、高效的支付结算系统，以完善全球金融市场基础设施。

国际支付和市场基础设施委员会不定期发布专业研究报告，内容涉及大额资金转账系统、证券结算系统、外汇交易结算安排、衍生产品清算安排和零售支付工具等，并先后出版了《重要支付系统核心原则》《证券结算系统建议》《中央交易对手建议》《中央银行对支付结算系统的监督》《国家支付体系发展指南》等纲领性文件，受到各国中央银行和监管当局的高度重视，在支付结算系统和证券交易结算系统监管领域发挥了重要作用，推动了全球众多国家和地区支付结算体系的发展进程。目前，该委员会正在集中研究场外市场尤其是将中央交易对手机制引入衍生金融工具交易市场，以及建立集中清算和数据保存、处理、监测机制等工作，这将对未来国际支付结算体系的走向产生重要影响。

值得指出的是，在 2008 年国际金融危机前，中央交易对手和交易数据库制度普遍被忽视，特别是金融衍生产品交易的信息披露十分不充分。金融危机后，国际社会开始高度重视场外衍生品市场、中央交易对手和交易数据库的规则、制度建设，以及新的支付系统服务（比如 Delivery Versus Payment）的重建等问题。二十国集团金融稳定理事会于 2010 年 4 月开始着手建立场外衍生品交易信息库和中央交易对手机制，要求国际支付结算体系委员会和国际证监会组织（International Organization of Securities Commissions）联合设立金融市场基础设施标准评审指导委员会，专门指导、研究有关金融市场基础设施的国际标准，包括推动跨境交易的替代合规、扩大集中清算和强制报告的范围、提高中央交易对手的抗风险能力和增强交易数据的可利用性等。2012 年 4 月 16 日，国际支付结算体系委员会和国际证监会组织正式发布了《金融市场基础设施原则》报告、为新标准制定的《评估方法》咨询报告和《披露框架》咨询报告等三个文件，其重点是对重要支付系统、中央证券存管与证券结算系统、中央交易对手机制和交易数据库这五类金融市场基础设施的国际标准提出了原则性要求和新的规定。与此同时，欧美等主要发达经济体也针对场外衍生品市场的中央交易对手机制和交易数据库等基础设施制定或调整了国内的法律和监管规则。可以说，这些金融市场基础设施的设计和运作方式，对金融稳定产生了重要影响。

第三，三大信用评级机构、四大会计师事务所、金融业标准。

（1）世界三大信用评级机构。信用评级机构是依法设立的、从事信用评级业务的、金融市场上重要的服务性社会中介机构，它由专门的经济、法律专家组成，对证券发行人和证券信用（也包括国际债券和地方债券等）进行等级评定。国际上公认的最具权威性的专业信用评级机构只有三家，分别是惠誉国际、标准普尔、穆迪，其具体情况如下所述。

一是惠誉国际（Fitch）。惠誉国际是唯一的欧资国际评级机构，规模较其他两家稍小，总部设在美国纽约和英国伦敦，在全球拥有 50 多家分支机构和合资公司，拥有 2000 多名专业评级人员，为超过 80 个国家和地区的客户提供服务。惠誉国际业务范围包括金融机构、实业公司、国家、地方政府评级和结构融资评级。

惠誉国际的信用评级分长短期两种：长期评级用以衡量一个主体偿付外币或本币债务的能力，分为投资级和投机级，其中投资级包括 AAA，AA，A 和 BBB，投机级则包括 BB，B，CCC，CC，C，RD 和 D——信用级别由高到低排列，AAA 等级最高，表示最低的信贷风险；D 为最低级别，表明一个实体或国家主权已对所有金融债务违约。短期评级大多针对到期日在 13 个月以内的债务，强调的是发债方定期偿付债务所需的流动性。短期信用评级从高到低分为 F1，F2，F3，B，C，RD 和 D。此外，惠誉国际采用"＋"或"－"用于主要等级内的微调，但这在长期评级中仅适用于 AA 至 CCC 这 6 个等级，而在短期评级中只有 F1 一个等级适用。惠誉国际还对信用评级给予展望，展望分为"正面"（评级可能被调高）、"稳定"（评级不变）和"负面"（评级可能被下调），用来表明某一评级在一两年内可能变动的方向。

二是标准普尔（Standard & Poor's）。该公司总部位于美国纽约，在 100 多个国家为大约 32 万亿美元的债务证券提供评级，在世界范围内提供 79 个主要的指数系列服务。标准普尔全球 1200 指数涉及 31 个市场的证券，约涵盖了全球资本市场份额的 70%。目前标准普尔在 23 个国家拥有约 8500 名雇员，主营业务包括提供信用评级、指数服务、投资研究、风险评估和数据服务等。

标准普尔的长期评级主要分为投资级和投机级两大类。投资级的评级具有信誉高和投资价值高的特点；投机级的评级则信用程度较低，违约风险逐级加大。投资级包括 AAA，AA，A 和 BBB，投机级则分为 BB，B，CCC，CC，C 和 D。信用级别由高到低排列：AAA 级具有最高信用等级；D 级最低，视为对条款的违约。从 AA 至 CCC 级，每个级别都可通过添加 "＋" 或 "－" 来显示信用高低程度。此外，标准普尔还对信用评级给予展望，包括 "正面"（评级可能被上调）、"负面"（评级可能被下调）、"稳定"（评级不变）、"观望"（评级可能被下调或上调）和 "无意义"。标准普尔的短期评级共设 6 个级别，依次为 A-1、A-2、A-3、B、C 和 D。其中 A-1 表示发债方偿债能力较强，此评级可另加 "＋" 表示偿债能力极强。标准普尔还会发布信用观察以显示其对评级短期走向的判断。信用观察分为 "正面"（评级可能被上调）、"负面"（评级可能被下调）和 "观察"（评级可能被上调或下调）。

三是穆迪（Moody's）。该公司总部位于美国纽约曼哈顿，在全球有 800 名分析专家、1700 多名助理分析员，在 26 个国家和地区设有分支机构，员工约 4500 人。穆迪的业务范围主要涉及国家主权信用、美国公共金融信用、银行业信用、公司金融信用、保险业信用、基金及结构性金融工具信用评级等。

穆迪的业务与评级规则和标准普尔大同小异。穆迪的长期评级针对一年期以上的债务，评估发债方的偿债能力，预测其发生违约的可能性及财产损失概率，共分 9 个级别：Aaa，Aa，A，Baa，Ba，B，Caa，Ca 和 C。其中 Aaa 级债务的信用质量最高，信用风险最低；C 级债务为最低债券等级，收回本金及利息的机会微乎其微。在 Aa 到 Caa 的 6 个级别中，还可以添加数字 1、2 或 3 进一步显示各类债务在同类评级中的排位，1 为最高，3 则最低。通常认为，从 Aaa 级到 Baa3 级属于投资级，从 Ba1 级以下则为投机级。穆迪的短期评级一般针对一年期以下的债务，依据发债方的短期债务偿付能力从高到低分为 P-1、P-2、P-3 和 NP 这 4 个等级。对于短期内评级可能发生变动的被评级对象，穆迪将其列入信用观察名单。被审查对象的评级确定后，将被从名单中删除。此外，穆迪还对信用评级给予展望评价，以显示其对有关评级的中期走势看法。展望分为"正面"（评级可能被上调）、"负面"（评级可能被下调）、"稳定"（评级不变）以及"发展中"（评级随着事件的变化而变化）。

（2）国际四大会计师事务所，即普华永道、毕马威、德勤和安永，其具体情况如下所述。

一是普华永道（PwC）。其总部位于英国伦敦，业务范围主要包括企业咨询、商业程序外包、财务咨询、人力资源咨询、管理咨询等。

二是毕马威（KPMG）。其总部位于荷兰阿姆斯特丹，业务范围主要包括审计、税务和咨询等，主要国际客户有美国通用电气公司、辉瑞制药公司等。

三是德勤（DTT）。其总部位于美国纽约，主要业务集中在审计、税务规划、咨询和财务顾问四个领域，主要国际客户有微软公司、美国通用汽车公司、沃达丰公司、克莱斯勒公司等。

四是安永（EY）。其总部位于英国伦敦，主要业务包括审计（包含财务审计）、税务、交易及咨询服务等，主要国际客户有 3i 集团、英华杰、怡安、荷兰国际集团等。

（3）金融业标准，即国际金融行业必须共同遵守的统一规范和通用语言，能对金融业务活动作出明确界定，是衡量相关金融行为的参照系，包括会计准则、《巴塞尔协议 3》、风险管理标准、统计标准等。

金融业标准目前主要集中在"金融部门评估规划"（Financial Sector Assessment Program）中，该规划由国际货币基金组织和世界银行于 1999 年 5 月联合推出，涵盖了金融业的五个主要准则：巴塞尔银行监管委员会发布的《有效银行监管核心原则》、国际证监会组织发布的《证券监管目标与原则》、国际保险监管官联合会发布的《保险监管核心原则与方法》、国际支付结算体系委员会发布的《重要支付系统核心原则》、国际支付结算体系委员会和国际证监会组织联合发布的《证券清算体系建议》。

综上，金融基础设施既包括了以各国央行为主体的场内支付清算体系，也包括了以中央交易对手机制和交易数据库为主的场外衍生品交易市场支付清算体系，还包括了与之相连的公司治理、信用准则、会计审计、法律环境、投资者保护、金融监管、反洗钱等配套安排，它们共同组成了金融基础设施，对一国乃至全球的经济发展、社会稳定、金融安全发挥着重要作用。世界金融领域的诸多正反面案例表明，金融基础设施的健全、完善与国家经济发展、技术进步和金融体系发展息息相关。金融基础设施越健全，越能促进产业资本和金融资本的高效融合、积累和大规模的集聚、流动，也越能促进一国经济的稳定、协调增长；反之，金融基础设施的缺乏则提供了孕育金融危机的土壤。

（三）国际金融监管协调体系

在介绍并分析了当前国际金融机构体系和国际金融基础设施现状的基础上，我们再来介绍国际金融监管协调体系的情况。一方面，金融国际化的发展日益强劲；另一方面，金融国际化发展也给国际金融监管带来了挑战：一是金融商业机构和金融业务的国际化与金融监管的国别化存在矛盾，而矛盾的日益加深容易造成金融监管真空；二是由于金融基础设施不足，监管者与被监管机构信息不对称，有效监管难度增大；三是国际金融业务的创新，如金融衍生产品的涌现，不断突破监管框架，监管者需要应对新的监管对象产生的新问题；四是金融机构的跨国界、集团化的趋势，金融业务的跨行业、综合化的趋势，与国际金融监管分散化的现状之间的矛盾日益加深；等等。

为应对金融国际化发展与金融监管国别化的矛盾，各国的金融监管均需要变革，但这一过程中可能出现两类问题：一是监管竞争，即各国为吸引金融资源而进行放松管制的竞争；二是监管套利，即被监管的金融机构利用各国监管制度之间的差异获取利益。这两类问题都直接影响着国际金融监管的有效性。国际金融发展与国际金融风险并存，因此国际社会有必要加强国际金融监管协调。下面我们就从国际金融监管协调的组织、形式、内容和展望四方面来具体论述。

第一，国际金融监管协调组织。根据对成员国是否具有法律约束力，国际金融监管协调组织可分为如下两大类。

第一类，对成员国没有法律约束力的国际监管组织，重要的有如下三个。

一是巴塞尔银行监管委员会（Basel Committee on Banking Supervision），简称巴塞尔委员会。该委员会原名为银行法规与监管事务委员会，是由美国、英国、法国、德国、意大利、日本、荷兰、加拿大、比利时、瑞典十大工业国的中央银行于 1974 年年底共同成立的，作为国际清算银行的一个正式机构，委员会成员包括各国中央银行官员和银行监管机构的代表，总部设在瑞士的巴塞尔。该委员会每年召开三至四次会议，其下设的近 30 个技术机构负责执行会议所订目标或计划。

巴塞尔委员会制定了一些协议、监管标准与指导原则，如《关于统一国际银行资本衡量和资本标准的协议》《有效银行监管核心原则》等，统称为《巴塞尔协议》。其宗旨是弥补单个国家商业银行监管体制的不足，降低银行倒闭的风险，减小其代价。这是国际社会联合监管国际商业银行的最主要形式，对稳定国际金融秩序起到了积极作用。但是，巴塞尔委员会本身不具有跨国监管的法定权力，其所作结论、所制定的监管标准与指导原则在法律上也没有强制效力，仅供参考。因此，在"国外银行业务无法避免监管"与"适当监管"的原则下，消弭世界各国监管范围差异是巴塞尔委员会所追求的目标。

二是国际证监会组织（International Organization of Securities Commissions），也称证券委员会国际组织。它是国际上各证券暨期货管理机构所组成的国际合作组织，总部设在西班牙马德里，正式成立于 1983 年，其前身是成立于 1974 年的美洲国家证券交易委员会联盟。现有 226 个会员机构，其中包括 129 个正式会员（Ordinary Member）、30 个联系会员（Associate Member）和 67 个附属会员（Affiliate Member）。

国际证监会组织的宗旨是：通过交流信息，促进全球证券市场的健康发展；各成员组织协同制定共同的准则，建立国际证券业的有效监管机制，以保证证券市场的公正有效；共同遏止跨国不法交易，促进交易安全。该组织每年召开一次大会，以协调并推动相关准则的有效实施，促进全球证券市场稳健发展。

三是国际保险监管官联合会（International Association of Insurance Supervisors），作为保险业监管的重要国际组织，它成立于 1994 年，其秘书处原设在华盛顿，1998 年迁往国际清算银行所在的巴塞尔，现有成员包括 200 多个保险监管组织。

国际保险监管官联合会负责更新国际保险准则，提供保险培训，支持保险监管，为监管人员安排联会等。该联合会每年举办会议，与会的监管人员、企业代表与其他专家们共同探讨保险业发展的相关议题，具体包括研究制定偿付能力评估与会计核算的标准、加强监管信息交流、推动并监控国际保险监管规则的执行、加强与其他国际金融和监管机构的联系和交流等。

上述三个组织是世界公认的"三大国际金融监管协调组织"，对国际金融秩序稳定发展起到了积极作用。另外值得注意的是，它们对成员国没有法律约束力，其作用的发挥主要依靠"君子协议"。

第二类，以国际法或区域法为基础，对成员国具有法律约束力的监管组织，重要的有如下两个。

一是欧盟金融监管体系（European System of Financial Supervisors）。此内容我们在第三章第三节中已有论述。简单来说，2012 年根据《欧盟运作条约》（Treaty on the Functioning of the European Union），欧盟金融监管体系被正式分为宏观审慎监管与微观审慎监管两部分。由此，欧盟的金融监管由各国的混业监管走上了统一协调、分业监管之路。它对欧盟各国具有法律约束力。目前，负责为欧盟制定金融监管指令的机构有：欧盟中央银行，欧盟银行管理局，欧盟证券及市场局，欧盟保险和职业养老金管理局。该体系以区域法律为基础，推动着欧盟的跨国金融监管。

二是金融稳定理事会（Financial Stability Board）。其前身为金融稳定论坛（Financial Stability Forum），是七国集团为促进金融体系稳定而成立的合作组织。在全球经济增长与金融稳定发展日益重要的背景下，2009 年 4 月 2 日，在伦敦举行的二十国集团金融峰会决定，将金融稳定论坛成员扩展至包括中国在内的所有二十国集团成员国，并将其更名为金融稳定理事会。到目前为止，FSB 成员包括二十国集团所有成员国和西班牙、欧盟委员会、国际清算银行、欧盟中央银行、国际货币基金组织、经济合作与发展组织、世界银行、巴塞尔银行监管委员会、国际会计准则理事会、国际证监会组织、国际保险监管官联合会、全球金融系统委员会、国际支付和市场基础设施委员会和欧盟单一银行监管机制等。秘书处设在国际清算银行所在的巴塞尔。

金融稳定理事会的任务是制定和实施促进国际金融稳定的监管政策和其他政策，主要包括：首先，关于金融监管，金融稳定理事会设计了一套机制，确保各国或国际组织不会因监管竞争而竞相放松标准。其次，关于银行资本充足性，巴塞尔银行监管委员会于2009年年底提出了一整套强化银行资本充足性和流动性的规定。金融稳定理事会推动该项规定于2010年下半年生效。再次，关于证券化，国际证监会组织于2009年9月公布了证券化与信用违约互换产品监督方法的最终稿，并促成其实施。除上述最重要的三方面，金融稳定理事会还兼及金融机构治理结构、薪酬与资本、信息披露和系统重要性金融机构监管等事宜。该理事会为解决全球金融系统脆弱性问题、推动国际金融改革、加强国际金融监管与协调作出了积极努力，成为国际金融监管改革的重要推动者。

第二，国际金融监管协调形式。根据国际金融发展的实际进程来看，现阶段国际金融监管协调主要存在四种形式。

第一种形式，双边谅解备忘录，即两国就金融监管某一领域的问题进行探讨，取得共识，通过签订协议来明确双方在这一领域的责任和义务。目前，两国之间的监管协调绝大部分是通过此种形式来实现的。

第二种形式，多边论坛，即就某一监管问题进行会谈，签署监管声明或文件。这些文件一般不具法律效力。

第三种形式，以统一监管标准为基础的协调，比如《巴塞尔协议》，就是各国或国际监管组织通过彼此交流、协调，制定的统一监管标准，为各成员国遵照执行。

第四种形式，统一监管，即由一个统一的监管机构负责跨国金融监管。目前，国际金融监管体系中还没有产生此类型的监管模式，欧盟金融监管体系只是在某些方面具备了统一监管的雏形。

第三，国际金融监管协调内容，主要包括以下六方面。

（1）建立监管信息共享机制。目前，国际上的金融信息交流机制主要还是双边和多边合作交流两种形式。金融稳定理事会正尝试将此机制向纵深发展。

（2）加强跨国金融机构监管。这方面最典型的是巴塞尔银行监管委员会制定的《巴塞尔协议》。从 1975 年开始，该委员会就提出了商业银行驻国外机构的监管原则；1996 年，又进一步提出了跨境银行监管等原则，加强了跨国金融机构监管。

（3）实施跨国金融机构并表监管。这方面的典型仍然是巴塞尔银行监管委员会，它于 1979 年 3 月就提出并表监管，即母银行和母国监管当局对银行在各地所从事的总体经营业务进行监管。这一并表监管不仅包含会计并表，它所关注的信息其实远远超出了会计报表的范围。这一监管方式已成为国际监管协调机制的一部分。

（4）建立统一的国际监管标准。这方面的典型是三大国际金融监管协调组织在各自领域制定的监管标准，即巴塞尔银行监管委员会发布的《有效银行监管核心原则》、国际证监会组织发布的《证券监管目标与原则》和国际保险监管官联合会发布的《保险监管核心原则与方法》。此外，统一的国际监管标准也包括国际支付结算体系委员会发布的《重要支付系统核心原则》等。这些标准作为金融行业共同遵守的统一规范和通用语言，对金融业务活动作出了明确界定和规范。其中尤为成功的当数巴塞尔银行监管委员会发布的资本标准。

（5）强化金融集团监管。这主要针对的是金融业混业经营的问题，以及由此引申出的系统重要性金融机构监管问题——尤其是那些以金融集团化的方式组织和发展起来的机构。为了在国际金融领域实施混业监管，有效强化金融集团监管，巴塞尔银行监管委员会、国际证监会组织、国际保险监管官联合会三大组织早在 1993 年就成立了一个"三方小组"，开始着手解决"多元化金融集团监管"的问题。

（6）促进区域性金融监管一体化。这方面的典型是欧盟金融监管体系，欧盟在 2008 年国际金融危机后，全力推动金融宏观审慎监管与微观审慎监管的有效结合，尝试区域金融监管一体化。这也为金融稳定理事会下一步推动国际金融监管深化发展作出了示范。

第四，国际金融监管协调展望。

一方面，国际金融监管协调确实存在不少障碍，正如上述分析所示：其一，双边监管协调缺乏稳定的保障机制。谅解备忘录要么流于形式，要么只是零散信息的交流；其二，多边监管协调往往流于理念探讨，没有法律约束力；其三，欧盟虽然部分实施了统一监管，但实质的监管权力仍然分散在各国监管当局手中；其四，国际三大金融监管协调组织制定的监管标准难以适应发展水平不一的各不同国家的需要，因为各国既存在发展差异、理念差异、利益差异，还存在法制差异、监管差异和标准差异，这都给国际金融统一监管制造了障碍。

但是另一方面，正如二十国集团金融稳定理事会正在发挥越来越大的作用一样，国际金融监管协调也在不断发展。这是因为金融国际化、一体化发展的客观现实推动了金融活动"游戏规则"、市场参与者、金融工具、金融市场的全球一体化，也助推了交易币种的多样化、利率的趋同化和金融风险的全球化等。在这一背景下，国际金融市场中信息技术、机构体系、标准规则统一化的趋势也在不断加强，这种技术、组织、制度的统一化趋势客观上对国际金融监管协调提出了要求，即在监管主体、法规制度、危机处置等方面要有统一安排，既不能空白，又不能失效。因此，在继续推进金融国际化、一体化的进程中，各国需要共同探讨国际金融稳定性和国际金融监管有效性的问题，寻求改革创新的完善方案。在此共识之下，现代金融领域实施统一的国际监管协调的趋势越来越明显。

四、国际金融体系的改革与发展

如前所述，国家金融学与国际金融学都涉及现代金融体系的六个子系统，即金融市场要素体系、组织体系、法制体系、监管体系、环境体系和基础设施。国际金融体系的改革与发展也离不开这六个子系统的有序运行，世界各国都应在国家金融层面相互协同、健全与之相关的规则。

上文已经详细介绍、分析过主要的国际金融机构、国际支付清算机构、国际信用评级机构、国际金融监管协调机构及其工作内容和方式。从地域范围来看，目前的国际金融监管协调与合作有全球性的，有区域性的；从具体内容来看，有综合性的，有专门化的；从途径来看，有协议和规则性的，有制度性的；从频率来看，有经常性的，有临时性的；从主体来看，有机构间的，有政府间的；等等。在此基础上，我们可以从金融稳定、有效监管、健全规则、防范风险的角度，来探讨国际金融体系的改革、创新与发展，使其更好地服务实体经济。

目前存在两种改革思路：一是另起炉灶，推倒重来，重新构建一个国际金融体系和一套国际金融秩序；二是改革创新，即从传统的"摊大饼""一个中心"模式转向组团式布局、多元化结构的模式上来。我认为，探讨新的国际金融体系和国际金融秩序的构建，应摒弃"另起炉灶"的思路，世界各国应在现有的国际金融机构体系、国际金融基础设施、国际金融监管协调体系的基础上，寻求改革、创新与发展。具体而言，可以从以下四方面着手。

第一，在国际金融理念上寻求共识与创新，主要包括以下三方面。

（1）要坚持金融服务实体经济。金融一旦脱离实体经济，就真正成了无源之水、无本之木，金融脆弱性、金融风险、金融危机就会接踵而至。

（2）要按现代金融体系的六个子系统来构建国际金融体系。偏废了任何一个，都将妨碍国际金融体系与秩序的健全和完善。

（3）要牢固树立"大金融"的概念。也就是说，世界各国都应将货币政策与财政政策、汇率政策、监管政策、产业政策有效衔接起来，使之协调互动。这不仅有利于货币政策目标的实现，而且有利于一国经济尤其是金融的稳定、协调和可持续发展。一国如此，国际经济协调合作也应如此。

第二，推进国际金融制度创新，主要包括以下三方面。

（1）汇率制度创新的重点有以下三点。

一是特别提款权的深化改革。著名经济学家特里芬教授提出，在国际金融体系的健全和发展进程中，可考虑将国际货币基金组织改造成真正的全球中央银行，将成员国缴纳款转变为储备资产货币，并作为世界各国的国家通货，同时以成员国多数投票制来确定国际货币基金组织的贷款权限。这项改革的核心在于，现行的国际汇率制度应改变美元一币独大的状况。特里芬教授的观点是否可行暂且不论，但我们可借鉴其思路提出国际货币体系创新的三个步骤：第一步，可以用特别提款权取代美元，改变其一币独大的状况，确立多元国际储备货币体系；第二步，决定特别提款权价值的核心储备货币之间采用固定汇率制，以稳定国际货币体系；第三步，以特别提款权为核心，确立系统内各国共同参照的货币发行原则。这为国际货币体系和国际汇率制度的改革提供了可行方案。

二是六大央行长期互换协定改革的启示。2013 年 10 月 31 日，美联储、欧盟央行、瑞士央行、英国央行、加拿大央行、日本央行同时宣布：将把现有的临时性双边流动性互换协议转换成长期协议，任何当事央行都可在自己的司法辖区内以另外五种货币中的任何一种提供流动性。六大央行的这一举动反映出：一方面，国际货币体系以美元为主的现状应予以改革，另一方面，未来国际货币体系的基本架构应该是一个连接世界主要经济体央行的长期、多边、多币的稳定货币互换网络。这给我们推动国际货币体系创新发展提供了思路。[1]

三是罗伯特·蒙代尔的"货币稳定三岛"改革的启示。著名经济学家蒙代尔教授提出改革国际货币体系的四条建议：首先，欧元区不仅要实现金融上的融合，还应该实现政治上的融合；其次，应维持欧元兑美元汇率的稳定，将其固定在一定区间内，比如 1 欧元兑 1.2 美元至 1.4 美元；再次，随着人民币逐步可兑换，将人民币纳入美元、欧元的固定汇率机制中，创建美元、

---

[1]　2020 年 3 月 19 日，美联储宣布与澳大利亚、巴西、韩国、墨西哥、新加坡、瑞典、丹麦、挪威和新西兰等九家中央银行建立临时双边流动性互换安排。

欧元、人民币三位一体的货币区；最后，其他各国货币与此货币区形成浮动汇率。其理论的本质，就是构建一个以多元本位货币为基础的新国际货币体系，它有利于国际金融体系的稳健运行。

（2）国际金融监管制度创新。其中最关键的是，应严格分开国际金融的功能监管与行为监管，应有效结合国际金融的宏观审慎监管与微观审慎监管，也就是说，要在确保金融稳定发展以及有效防范、处置金融风险、金融危机的基础上构建国际金融监管制度。具体而言，国际金融的功能监管主要是指对银行业、保险业等具有"间接融资"属性的行业的监管；国际金融的行为监管主要是指对证券业、资本市场、投资银行等具有"直接融资"属性的行业的监管。如本书第二、三章所述，金融的宏观审慎监管与微观审慎监管的主要区别在于：前者关注的是整个金融体系及其与实体经济的关联度，考查的是资产价格、信贷总量及机构杠杆率等宏观指标，监管重心在于整个金融市场及系统重要性金融机构和"影子银行"体系，防范的是系统性风险；后者关注的是单个金融机构，考查的是资本充足率、流动性、不良贷款率等微观指标，防范的是个体风险。两者的有效结合，将加强一国金融监管的效果。这对于国际金融监管制度的改革、创新、健全与发展均有重要的借鉴意义。

（3）国际金融标准创新。本章已分析过，国际金融标准的改革创新应主要着眼于国际金融基础设施标准、国际金融披露评估标准、国际金融法规标准的统一制定与完善，以国际金融标准、金融规则为新引擎，带动全球金融体系治理的良性发展。

可以说，汇率制度、金融监管制度和国际金融标准的改革创新，是国际金融制度创新的三大重要切入点，共同推动着国际金融制度改革创新的深化发展。

第三，推进国际金融组织创新，主要包括以下三方面。

（1）应促进多边国际金融机构的崛起。现有的国际金融机构体系是第二次世界大战之后建立的，更多体现为单边主导，难以适应广大新兴经济体的发展需求，多边国际金融机构由此应运而生。比如 2015 年创建设立的亚洲基础设施投资银行和金砖国家新开发银行，就是很好的尝试。

（2）应提升三大国际金融监管组织的法律约束力。如前所述，巴塞尔银行监管委员会发布《有效银行监管核心原则》等系列文件，国际证监会组织发布的《证券监管目标与原则》等系列文件，国际保险监管官联合会发布的《保险监管核心原则与方法》等系列文件，都在各自所属的金融领域发挥过积极作用。如果能够在国际金融体系改革创新中，赋予此类靠"君子协议"来推动合作的国际监管组织一些法律约束力，它们将能更加有效地推动金融监管协调、防范金融风险和金融危机。

（3）应促进二十国集团金融稳定理事会更好地发挥作用。图 9.1 展示了理想的国际金融体系监督、管理、协调、合作的情景。

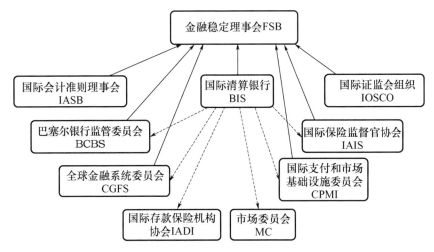

图 9.1　金融稳定理事会、国际清算银行、国际标准制定机构关系图

在上述蓝图中，金融稳定理事会以世界多数重要经济体的国家政权和国家央行为后盾，在国际金融体系中占据核心地位，成为以国际法为基础，对成员国具有法律约束力的监管组织。在此蓝图中，我们还应不断推动金融稳定理事会的改革创新、组织职能的完善、法律约束力的强化，这将有助于健全国际金融监管规则和标准，使国际金融体系更加健康、稳健地成长。

第四，推进国际金融技术创新，主要包括以下三方面。

（1）推进"人工智能＋区块链"技术创新，构建世界法定数字货币。在目前的国际货币体系中，美元"一币独大"，中国人民币占世界储备货币比例刚刚超过 2%，以美元为主导的世界货币体系是否会动摇，取决于未来美元、欧元、人民币的发展方向和实力对比。国际货币体系的未来发展有三种可能：一是出现超主权的单一货币；二是以特别提款权作为国际货币；三是建立了全球标准的新型数字货币取代主权货币，成为超主权货币。其中，由于缺乏一个"世界政府"来有效推动，超主权的单一货币出现的可能性几乎为零；又由于各主权国家的全球利益不同，特别提款权成为国际货币的概率也很小；只有第三种情况的可能性是存在的，只要技术完备、各国央行不断推进法定数字货币的运行（世界各类型私人数字货币的竞争和冲击也会推动这一进程），"人工智能＋区块链"技术有望催生全球标准化的新型数字货币，产生颠覆性的影响，从而成为法定数字货币。因此，推进国际金融技术创新，构建世界法定数字货币，将是一个可能的发展方向。

（2）完善国际支付清算体系（场内）。这里包含了两层意思：一是国际支付清算技术应不断改革创新、提升完善，做到更加快速、便捷和有效，更加规范、标准化和稳定。二是随着世界各国移动数字货币的覆盖率越来越高、区域差别越来越小，客户通过手机即可在银行体系之外的网络完成存取款操作；这种基于信息通信技术和非银行物理网络的金融支付创新，发展到一定范围、一定程度和一定规模后，既需要各国支付清算体系的支撑，也将对该体系构成挑战。

（3）构建国际中央交易对手和交易信息库（场外）。这既包括国际金融衍生产品交易报告制度和集中清算机制的建立，也包括数据保存、处理、监测等机制的完善，还包括相关规则制度的配套，等等。

曾有人提出，世界经贸领域的协调合作有世界贸易组织负责，世界卫生领域的协调合作有世界卫生组织负责，那么国际金融领域也应组建一个世界金融组织，负责世界金融体系创新和国际金融秩序改革，最终建立一个长期、多边、多币的稳定国际金融体系。在实现这一目标之前，世界各国在国家金融层面应坚持不懈地推进国际金融理念、制度、组织和技术创新，确保金融服务实体经济，建设稳定、健全、六个子系统协调发展的现代国际金融体系，推动国际金融秩序的日益完善。

附录：《金融业国际标准与准则摘编》（摘要）[①]

重要支付系统核心原则

一、核心原则

核心原则 1 在所有相关的司法管辖范围内，支付系统应当具备健全的法律基础。

系统的制度办法应当是可以强制执行的而且其后果是可预见的。系统的法律不健全或者系统中的法律问题没有被参与者充分认识，这可能危害系统的参与者。缺少认识可能给参与者错误的安全意识，例如，导致他们低估其信用风险或者流动性风险。

核心原则 1 涉及的法律环境既包括通用的法律基础（例如与合同、支付、证券、银行业、债务人/债权人关系以及与破产有关的法律），又包括特定的成文法、案例法、合同（例如支付系统的制度）以及其他相关资料。

应清晰说明系统制度办法所适用法律的司法管辖权。在大多数情况下，国内的法律环境是最重要的法律环境。特定情形中的系统会涉及跨境因素，例如外国银行的参与以及采用多个币种，所以也要考虑是否存在其他相关司法管辖范围带来的所有重大法律风险。

核心原则 2 支付系统的制度办法应当使参与者能够清楚地认识到，系统对他在参与过程中所承受的各种金融风险会有哪些影响。

参与者、系统运行者以及其他有关各方——在某些情况下还包括消费者——应当清楚地认识系统中的金融风险并知道这些风险产生于何处。系统

---

① 节选自：中国金融部门评估规划部际工作小组办公室，2010. 金融业国际标准与准则摘编 [M]. 北京：中国金融出版社：71-86.

的制度办法是决定风险在何处产生的一个重要因素。这些制度办法应当清楚、详细地说明所有有关各方的权利和义务，而且所有当事人应当得到最新的解释性材料。特别是，应当清楚地认识和解释系统的制度与法律环境中其他部分之间的关系。此外，应当公开披露与金融风险有关的关键制度。

核心原则 3 的支付系统应当清楚地规定信用风险和流动性风险的管理办法，该办法要详细说明系统运行者与参与者各自的责任，并且规定恰当的激励机制管理和限制这些风险。

（1）重要支付系统的制度办法不仅是确定信用风险和流动性风险在系统内何处产生的基础，而且也是界定风险管理和风险防范职责的基础。所以，它们是处理支付系统中金融风险的重要机制。因此，一个系统的制度办法应当保证所有当事人既有动机也有能力管理和限制其承受的每种风险，并且对每个参与者产生的最高级别的信用风险敞口确定限额。在包含轧差机制的系统中，信用风险敞口的限额可能具有特别重要的作用。

（2）采用分析程序和操作程序管理和限制风险的方法多种多样。分析程序包括持续监督和分析参与者对系统构成的信用风险和流动性风险。操作程序包括通过风险头寸限额、提前融资、抵押债务、交易队列的设计和管理，以及其他机制实施风险管理决策。就许多系统而言，实时地进行风险管理将是符合核心原则 3 的关键。

核心原则 4 的支付系统应当在生效日提供即时的最终结算，最好在日内，最迟在日终完成。

核心原则 4 涉及正常情况下的日常结算。在支付系统接受支付的时间（包括符合所有相关的风险管理检查，例如风险头寸限额的应用情况或者流动资金的可获性）与最终结算实际发生的时间之间，参与者可能还面临着信用风险和流动性风险。如果这些风险延续一夜，它们将会恶化，部分原因是有关当局关闭破产机构的可能时间是在两个营业日之间。即时的最终结算有助于减少这些风险。作为一条最低标准，最终结算应当在生效日日终发生。

（1）在大多数国家，至少有一个支付系统是在交割日内提供实时最终结算，并应当将超过这条最低标准作为其努力的目标。那些拥有大量大额支付及复杂金融市场的国家尤其需要做到这一点。有必要对这种发展建立有效的日间流动性机制，以确保即时的最终结算不仅可行，而且实际上能够实现。

（2）核心原则 4 涉及预期生效日的结算的准时性。它不会阻碍系统为交割日之前录入支付明细提供便利。

核心原则 5 采取多边轧差的支付系统，应当在单个结算债务最大的参与者不能结清时，至少有能力保证及时完成当日结算。

（1）大多数多边轧差系统延迟结算参与者的债务。多边轧差可能产生这样的风险：如果某个参与者不能清偿其结算债务，其他参与者就可能在结算时面临意外的信用风险和流动性风险。处于危险中的资金量可能比应付的资金净额更大。延迟结算的时间越长，风险就会越恶化。多边轧差和延迟结算的组合是兰弗鲁斯标准 IV 的焦点，该标准详细说明了这样的轧差系统必须在最低程度上，能够经受住系统的单个净额最大的债务人出现破产的情形。因此，这样的系统需要强有力的控制措施来处理这种结算风险，而且许多以轧差方式进行结算的支付系统已经引入了限制信用风险和流动性风险的安排，并且保证在不利的情况下可以获得流动资金。

（2）那些仅仅符合这条最低标准的支付系统在同一个营业日内仍然面临着一个以上金融机构破产的金融风险。如果一个净额很大的债务人出现不能清偿其对系统的结算债务时，其他机构也可能同时面临流动性压力。因此，国际上的最佳做法是，要求这样的系统能够经受住一个以上单个最大结算债务的参与者不能结算的情况。应当仔细考虑这种方案，并在评估这种方案的影响时考虑减少结算风险的好处以及其他任何后果（例如流动性管理）。此外，其他的系统设计［例如实时全额结算（RTGS）系统或者混合系统］越来越多地被用于减少或者消除结算风险。

（3）核心原则 5 几乎照搬了兰弗鲁斯标准 IV 的说法，而且兰弗鲁斯标准 IV 仍旧是多边轧差系统普遍适用的最低标准，应当尽可能超过最低标准。这条原则不适合实时全额结算系统。如果其他类型的系统，例如混合系统，包含了多边轧差或者延迟结算，中央银行就需要考虑是否存在类似风险。如果存在，就应当遵从类似的方案，至少采取最低标准，最好采取较高的标准。

核心原则 6 用于结算的资产最好是对中央银行的债权；采用其他资产的，应当没有或者几乎没有信用风险和流动性风险。

（1）大多数支付系统涉及系统参与者之间的资产转移，旨在结清支付债务。这类资产最普遍的形式，也是最好的形式，是在中央银行账户上的存款余额，它代表了对中央银行的债权。可是，也存在其他形式的结算资产，代表了对受监督机构的债权。

（2）结算资产必须是支付系统中所有参与者认可的资产。如果使用的资产不是对中央银行的债权，系统的安全将部分取决于这些资产是否会给持有人带来重大的信用风险或者流动性风险。如果存在一种以上不予重视的风险，资产发行人可能会破产，就会产生这种形式的信用风险。如果资产不能迅速地转让，例如，转变成对中央银行的债权或者其他流动资产，就会产生流动性风险。无论哪种情形，系统都可能面临信用危机，并可能导致系统性风险。在中央银行的存款余额通常是最理想的结算资产，因为对持有人而言，没有信用风险或者流动性风险，而且该类资产通常都被用于重要支付系统中。如果结算是使用其他资产（例如对商业银行的债权）完成的。这些资产必须几乎没有或者完全没有金融风险。

（3）某些支付系统极少使用结算资产。例如，支付系统可以通过相互对冲债权完成结算。假如不存在与其他核心原则，特别是核心原则 1（它规定了稳健进行对冲处理的法律基础）不一致的情况，这种做法与核心原则 6 是一致的。

核心原则 7 支付系统应当确保高度的安全性和运行可靠性，并具有及时完成当日处理的应急安排。

（1）市场参与者依靠支付系统结算其在金融市场的交易。为了保证这些交易的准确性和完整性，系统应当采用在商业上合理并与交易价值相适应的安全标准。这些标准会随着技术进步而相应提高。为了保证日常处理能够完成，系统应当保持高度的运行恢复能力。这不只是拥有可靠的技术，对所有硬件、软件和网络设备进行足够备份的问题，也需要具备有效的业务规程，以及受过良好训练并且能够安全和高效地运行系统、严格遵守操作规程的合格人员。例如，结合合适的技术，将有助于保证支付得到正确、迅速的处理，以及确保遵守风险管理办法（例如限额管理）。

（2）为提供足够的安全和效率所必要的安全性和可靠性的程度，取决于系统的重要性及其他任何相关因素。例如，必要的可靠性程度可能取决于是否为紧急情况中的支付制定了其他安排。

核心原则 8 支付系统所提供的支付手段，对用户来讲应当是实用的，对经济来讲应当是高效的。

（1）系统的运行者、用户（即参与者，例如银行及其客户）和监督者都对系统的效率感兴趣。他们想避免资源浪费，而且在其他条件相同的情况下，希望使用较少的资源。通常情况下，在资源成本最小化与其他目标（例如安全最大化）之间不能兼顾。在满足这些其他目标要求的范围内，支付系统的设计，包括已做出的技术选择，应当在特定的系统环境中是实用的，并通过考虑它对整个经济的影响，努力节约相关的资源成本。

（2）提供支付服务的成本将取决于服务的质量和用户的要求，以及系统遵守核心原则限制风险的需要。如果一个支付系统提供的服务与市场需求保持一致，它可能会得到更多的使用；如果它也遵守核心原则，它将更加广泛地传递降低风险的好处以及分摊服务成本。

（3）支付系统的设计者与运行者要考虑如何按照功能性、安全性和有效性，以最低成本提供一定质量的服务。相应的成本不只是那些通过系统收费转嫁到用户身上的成本，还有那些由系统及其用户在提供支付服务时使用的总资源的成本。例如，他们需要考虑用户的所有间接成本，比如流动资金和抵押品的成本。

（4）支付系统中流动资金的可用性可能是系统稳定运行的重要因素。收款人希望收到的资金可以立即再度使用，并依此评价日间结算系统的优势。可是，付款人为了及早支付，就要应付筹集流动资金的成本。如果系统的流动性机制不充分，就可能面临周转缓慢的风险甚至出现死锁（每个参与者都在等待其他参与者首先支付）。为了效率，支付系统应当充分鼓励参与者及时付款。对于实时结算系统。日间的流动性供给显得尤为重要。与供给有关的要素包括银行间货币市场的深度以及所有相关抵押品的可用性。认识到平稳支付流量的好处，中央银行应当考虑是否以及如何提供日间流动性，以支撑支付系统的日常运作。

（5）用于提供支付服务的技术和操作办法应当与用户要求的服务类型相一致，反映支付服务市场的经济发展阶段。因此，支付系统的设计应当适合一国地理、人口分布及其基础设施（例如电信、交通和银行业结构）。适合于某个国家的特定设计或者技术解决方案可能不适合其他国家。

（6）支付系统的设计和运行应当能够适应国内外支付服务市场的发展。它们的技术、业务和治理安排应当足够灵活地应对变化的需求，例如在采用新技术和新办法方面。

核心原则9 支付系统应当制定客观的、公开披露的参与标准，允许公平、公开的系统准入。

（1）鼓励参与者之间开展竞争的准入标准会推动高效率、低成本的支付服务。但是，这种好处必须与保护系统及其参与者的需要相权衡，避免那些带给他们过多的法律风险、金融风险或者运行风险的机构参与系统。任何准入限制都应当客观，而且基于适当的风险标准。所有准入标准都应当清楚地规定，并且向有利害关系的各方披露。

（2）无论是参与者请求退出系统，还是遵照系统运行者的决定要求某个参与者退出系统，系统的制度都应当明确规定参与者从支付系统有序退出的办法。中央银行退出支付系统服务、或者退出结算账户服务的行为，同样会导致参与者退出支付系统，但中央银行可能无法事先明确说明其可能采取如此行动的所有情况。

核心原则10 支付系统的治理安排应当是有效的、负责任的和透明的。

（1）支付系统的管理安排包括支付系统的管理层与其主管团体（例如董事会）、所有者及其他利益相关者之间的一系列关系。这些安排对系统整体目标的设立、实现以及绩效如何监控规定了基本框架。由于重要支付系统可能影响更加广泛的经济金融社会，无论这个系统是由中央银行还是由私营部门拥有和运营，都特别需要有效的、负责任的和透明的管理安排。

（2）有效的管理为管理层实现符合系统、系统参与者及社会大众利益的目标提供了适当的激励机制。它也保证管理层拥有适当的工具及能力来实现系统目标。管理安排应当规定对所有者的责任（例如对私营部门的股东）以及对更加广泛的金融界的责任（由于系统的重要性），以便支付系统的服务对象能够影响其整体目标和效用。实现责任制的一个重要方面就是要保证管理安排是透明的，以便所有受影响的各方可以得到影响系统决定的信息，以及知道如何采纳这些信息。有效的、负责任的和透明的管理为全面遵守核心原则提供了基础。

二、中央银行在应用核心原则时的责任

中央银行应当明确其支付系统的目标，并应公开披露其职责，以及关于重要支付系统的主要政策。

（1）私营部门支付系统的设计者或运行者，所有支付系统的参与者和其他用户，以及其他存在利害关系的各方，都需要完全认识中央银行与支付系统有关的作用、职责及目标。它们也需要了解中央银行打算如何实现这些目标，是否借助法定的权力或者其他手段。这将使得那些当事人能够在可预见的环境中运行，而且行动方式符合中央银行的目标和政策。

（2）因此，中央银行应当具有明确的支付体系目标。中央银行同样应当明确并披露可能影响系统运行者和用户的主要政策，以保证人们充分认识和支持这些政策。

中央银行应确保其运行的支付系统符合核心原则。

中央银行经常是一个或者多个具有系统重要性的支付系统的运行者。因此，中央银行能够而且应该保证其支付系统符合核心原则。

中央银行应当监督不由其负责运行的支付系统符合核心原则的情况，并应具有实施这种监督的能力。

（1）如果重要支付系统不是由中央银行运行的，中央银行就应当监督其符合核心原则的情况。中央银行对这些系统的监督应当建立在健全的法律基础之上。这一点可以通过很多方法实现，取决于具体国家的法律框架和体制框架。有些国家具有基于成文法的监督体制，赋予中央银行有时也赋予其他机构特定的任务、职责和权力。其他国家则具有基于习惯和惯例的监督体制，依靠成文法以外的方法。两种方法在各自框架内都可以起作用——取决于具体国家的法律框架和体制框架，以及监督对象的接受情况。但是，基于成文法进行监督的潜在好处值得那些重新制定或大幅调整监督职责以及相关政策的国家认真考虑。

（2）中央银行应当确保它具有足够的专业知识和资源来有效地实现其监督职能。中央银行不应利用其监督角色致使私营部门支付系统相对于中央银行运营的支付系统处于不利地位，而要保证将公共部门和私营部门的系统结合起来实现公共政策目标。

中央银行应用核心原则提高支付系统的安全与效率时，应当与其他中央银行以及国内外其他所有相关管理部门进行合作。

（1）各类管理部门对支付系统安全、高效运行有利害关系。除了中央银行以外，具有支付系统运行者或者监督者身份的管理部门还包括立法机关、财政部、监管部门和竞争管理部门。特别是一国支付系统的监督、金融市场的监测以及金融机构的监管成为由不同机构完成的、互为补充的业务活动时尤为如此。合作性的方法可能有助于所有相关公共政策目标的实现。

（2）对支付系统的监督集中在整个支付系统的稳定性上，而对个别银行和其他金融机构的监管则集中在特定参与者的风险上。特别是在评估支付系统的风险时，监督者可能需要考虑个别参与者在支付系统中履行其职责的能力。在监控个别金融机构的风险时，监管者可能需要考虑参与者由于参与系统所面临的风险，这些风险可能影响该金融机构的生存能力。监管者与监督者之间定期交换观点和信息，包括有关的个别关键参与者的信息，可能有助于实现互为补充的目标。这些定期的信息交换常常得益于信息共享的协定。

（3）就那些具有跨境或者多币种特点的支付系统而言，合作尤为重要。兰弗鲁斯报告 D 部分确定的中央银行合作监督原则为这种合作提供了一个框架。

本章要点与思考题

1. 国家金融学体系的五个层面内涵是什么？

2. 简述国家金融学与公司金融学、国际金融学的联系与区别。

3. 国际清算银行、国际货币基金组织、世界银行的功能与作用是什么？

4. 亚洲基础设施投资银行、金砖国家新开发银行的功能与作用是什么？

5. 简述国际金融基础设施的分类与运作方式。

6. 如何看待"金融业标准"的现状与改革发展？

7. 简述国际金融监管协调组织的分类。

8. 如何看待国际金融监管的协调体系及其面对的挑战？

9. 如何看待货币战略和能源战略是美国对外经济战略最重要的两极？

10. 如何构建新的国际金融体系？

11. 如何建立统一的国际金融监管标准？

12. 如何推动罗伯特·蒙代尔的"货币稳定三岛"改革？

13. 各国央行如何创设加密的法定数字货币，最终推动"世界数字货币"的诞生？

14. 如何看待二十国集团金融稳定理事会的作用与前景？

阅读参考材料

1. BCBS. Core Principles for Effective Banking Supervision.

2. IOSCO. Objectives and Principles of Securities Regulation.

3. IAIS. Insurance Core Principles and Methodology.

4. IMF，WB. Financial Sector Assessment Program.

5. Basel III.

6. FSB Annual Report.

7. 中国人民银行等五部门：《金融业标准化体系建设发展规划（2016—2020 年）》

8. 中国金融部门评估规划部际工作小组办公室，2010. 金融业国际标准与准则摘编［M］. 北京：中国金融出版社.

第十章

结语：创设国家金融学，提升中国金融竞争力

本书提出了创设国家金融学的诸多设想，其中许多维度均源自中国改革开放的伟大实践，并在中国金融改革与开放的进程中被证实是有效的。作为总结，本章我们从国家金融学的角度，提出中国金融的改革与发展思路：中国应大力推进金融供给侧结构性改革，提升金融服务实体经济质效，打好防范、化解金融风险的攻坚战，进一步推动金融体系的改革开放。具体举措如下所述。

第一，应加强中国金融顶层布局中的政策协调。

这包括财政政策与货币政策的协调，货币政策与汇率政策、监管政策的协调，宏观审慎政策与微观审慎政策的协调，功能监管政策与行为监管政策的协调，金融政策与产业政策的协调，等等。大金融体系下，各方面政策的协调互动对金融供给侧作用的高质量发挥极为重要。

第二，应加强中国金融监管协调，稳增长，防风险。

美国金融走回了混业经营、混业管理模式，欧盟金融实施了分业经营、分业管理模式，英国金融选择了双峰监管模式，而中国金融应强化供给侧结构性作用的发挥：一是应完善金融监管立法；二是应构建宏观、微观审慎监管并重的监管协调机制；三是应强化对金融消费者权益的保护；四是应建立针对"影子银行"的金融监管技术"防火墙"；五是应对系统重要性大型金融机构实施"一对一"监管；六是应完善金融监管体系，寻求国际金融监管合作。

第三，应加强中央、地方协调，确保中国金融服务实体经济。

实体经济中，大量民资寻求金融投资，实体企业寻求金融配置，地方经济需要金融支撑，新经济发展要求新金融业态，因此，应加强中央、地方协调，促进金融发展，具体来说：一是应界定中央、地方金融监管和金融发展的权责；二是应落实地方防范金融风险、维护金融稳定的责任，同时赋予地方与之相匹配的金融监管和风险处置权限；三是应制定国家金融分层级监管体系的总体方案和实施意见；四是应细化《地方金融监管指导意见》和《地方金融监管条例》；五是应完善地方金融风险管理机制，即金融风险监测预警机制、金融风险应急处置机制、金融投资者和消费者保护机制。

第四，应加强离岸在岸协调，提高中国金融供给端服务能力。

其具体措施包括以下四点。一是要选择合适的离岸在岸对接模式。选择内外一体型、内外分离型还是渗透型？或者是先选择内外分离型，后转为渗透型？选择合适的离岸在岸对接模式至关重要。二是要搭建离岸在岸对接平台。从金融供给侧的角度，除了现有的沪港通、深港通、债券通、沪伦通等，还可以在银行、证券、保险等金融领域创建更广阔的对接平台。三是要开设并完善离岸在岸对接账号。目前国内的自贸账户（Free Trade Account）、离岸账户（Offshore Shore Account）、非居民账户（Non- Resident Account）等，都存在完善提升的空间。四是要建立与实体经济发展相配套的跨境人民币投融资服务体系，为国家产业转型升级和企业走出去提供全方位、多样化的金融服务。

第五，应探讨供给侧结构性改革路径，助力中国金融弯道超车。

比如中国是世界最大的碳排放国之一，碳排放量将在2025—2030年达到高峰。我们应研究如何利用这一碳商品资源，推动中国碳排放权现货交易和期货交易的标准化，用碳排放权交易捆绑人民币结算，沿着"一带一路"国家，逐步把碳商品、碳金融交易的市场覆盖至亚洲地区，再延伸至全球，逐步实现人民币国际化。

第六，应找准金融服务突破点，推动中国金融供给侧结构性改革。

金融服务可重点突破的领域包括金融科技、网络金融平台和法定数字货币等。目前已出现金融科技与金融业务融合发展、网络平台金融化发展、金融科技监管受到挑战等诸多趋势，面对这些客观现实，一方面，我们应加强金融科技监管体系的法制建设，另一方面，我们也要为金融科技的健康发展搭建平台，提高供给侧金融服务的数量和质量。

第七，防范和化解系统性、区域性金融风险是中国金融供给侧结构性改革的根本性任务。

中国要把金融发展建立在金融稳定的磐石上，在规则下促竞争，在稳定中求发展，具体包括：一要更加注重金融服务实体经济的本质要求；二要更加注重金融稳定的法制基础和监管机制；三要更加注重以市场手段处置金融风险的应对机制建设；四要更加注重保护中小投资者利益。最终目的是能够真正防范和化解系统性、区域性金融风险。

第八，中国应参与国际金融体系的构建，推动国际金融体系的改革与完善。

中国在推动国内金融供给侧结构性改革和参与国际金融体系改革的过程中，应推动国际金融理念、制度、组织和技术的创新，提出中国方案，传播中国声音，在国际金融体系改革与发展中赢得话语权。

附录一：战略思维与战略研究[①]（节选）

战略研究的含义和特点

现代战略研究是适应时代需要而发展起来的学科群。尽管战略概念、战略思想古已有之，但有组织的战略研究是20世纪中期才开始出现的。第二次世界大战结束，核时代来临，在多重战略需求的刺激下，战略研究异军突起，形成一个新研究领域，成为当代显学。1958年，"国际战略研究学会"在伦敦成立，这是战略研究这一名词的首次正式使用。此后，各类战

---

① 张耀波，2016. 战略思维与战略研究［M］. 昆明：云南大学出版社：270—277.

略研究机构与学术团体纷纷建立，战略研究不再仅仅是职业军人和军事统帅的独有领地，大批学者即所谓文人战略家也纷纷涉足其间。每年，世界各地出版的战略文献汗牛充栋，以战略研究为主题的学术期刊层出不穷。20 世纪 70 年代，战略研究逐渐获得学术界的认同，进入大学校园，各国大学纷纷开设有关战略研究的专门课程，一些以纯粹战略研究和人才培养为目的的院、所、科、系先后成立，开创了世界性的战略研究前所未有的繁荣景象。

战略研究是把战略作为知识体系、社会组织和社会活动，来做整体的全面的研究的一门综合性学科。作为一门学科，战略研究的对象是带全局性、长远性、根本性的重大战略问题，研究的目的主要是为战略决策的科学化、民主化服务，为其提供科学的智力支持。

根据战略研究的定义以及它研究的对象和目的，我们可以概括出以下几个战略研究的鲜明特征。

一是综合性和跨界性。战略的复杂性、多因素性决定了战略研究的跨学科性、交叉渗透性和综合性。战略思维是跨界思维。战略问题是人类社会实践中出现了大规模的整体活动时凸显出来的新课题，而这些问题的解决都需要把诸多学科的理论知识和方法综合起来，进行跨学科的系统研究。

二是实践性和操作性。战略本身虽然属于观念形态的东西，但它绝不是纯思辨性的科学，而是深深植根于人类战略实践的思想结晶。战略研究与基础学科的一个基本区别，就在于它是认识世界与改造世界的统一，研究它不仅是为了认识规律，更重要的是为了实践。战略研究，贵在知，重在行。所以，战略研究不是纯粹的理论科学，而是有理论基础的应用科学。战略研究具有很强的实践性和操作性。

三是政治性和政策性。战略研究的任务是为战略决策提供科学依据，为国家和社会的全局性、长远性的重大问题提供咨询服务，因此，它的研究成果具有相当鲜明的政治性、政策性和战略性，对于政策和战略的制定具有重要的参考价值。从本质上讲，战略是政治的选择。任何战略都有其深刻的政治背景，都反映一定国家与民族的根本利益，从来没有超国家利益和超政治目标的战略。

关于战略的性质，历来有不同的观点。有的学者认为，战略是艺术。西方国家的许多战略学者都持此种观点。比如约米尼认为："战略是在地图上进行战争的艺术，是研究整个战争区的艺术。"① 克劳塞维茨也把战略和战术视为军事艺术。"狭义的军事艺术就是在斗争中运用现成手段的艺术"；"广义的军事艺术当然还包括一切为战争而存在的活动，也就是包括建立军队的全部工作——征募兵员、装备军队和训练军队"。"于是就产生了两种完全不同的活动，那就是这些战斗本身的部署和实施，以及为了达到战争的目的对这些战斗的运用。前者是战术，后者是战略。"② 利德尔·哈特认为："战略是分配和运用军事工具，以来达到政策目的的艺术。"③ 博弗尔认为：依照军事战略的传统观念，战略的意义应该是"使用军事力量以达到政策所指定目标的艺术"。他又说：战略是"两个对立意志使用力量以解决其间争执的辩论艺术。"④ 也有的学者认为，战略是科学。比如 18 世纪德国军事学家海因里希·迪特里希·比洛认为："战略是关于在视界和大炮射程以外进行军事行动的科学，而战术是关于上述范围内进行军事行动的科学。"⑤ 马克思主义和社会主义国家的军事理论，一般都认为战略是一门有规律可循的科学。比如毛泽东认为："战略问题是研究战争全局的规律性的东西。"⑥ 苏联军方认为：战略是"关于为一定阶级的利益服务的战争即武装斗争规律的科学知识体系"⑦。还有的认为战略既是一门艺术，又是一门有规律可循的科学。如抗日战争中曾任盟军中国战区第二任参谋长及驻中国美军司令官的阿尔伯特·魏德迈，主张

---

① A. H. 若米尼，1988. 战争艺术概论［M］. 北京：解放军出版社：87.
② 克劳塞维茨，2004. 战争论［M］. 第 1 卷. 中国人民解放军军事科学院，译. 北京：解放军出版社：88～89.
③ 李德·哈特，2015. 战略论［M］. 钮先钟，译. 上海：上海人民出版社：277.
④ 钮先钟，2003. 战略研究［M］. 桂林：广西师范大学出版社：28～29.
⑤ 军事科学院战略研究部，2001. 战略学［M］. 北京：军事科学出版社：8.
⑥ 毛泽东，1991. 毛泽东选集［M］. 第 1 卷. 北京：人民出版社：75.
⑦ 瓦·达·索科洛夫斯基，1980. 军事战略［M］. 北京：战士出版社：25.

把大战略界定为"使用一切国家资源以达成国家政策所定目标的艺术和科学"①。美国参谋长联席会议批准的定义："军事战略是运用一国武装力量，通过使用武力或以武力相威胁，达成国家政策的各项目标的艺术和科学。"②《简明不列颠百科全书》对"战略"下的定义是："在战争中利用军事手段达到战争目的的科学和艺术。"至于科学和艺术的区别，克劳塞维茨说得很清楚："科学的目的为知识，艺术的目的为创造能力。……所谓创造能力即为智慧，也就是拿破仑所形容的'天才火花'。"③ 无论是科学还是艺术，都不可否认战略可以用科学方法来研究。钮先钟指出："战略本身是艺术而非科学，但以战略为研究主题的战略研究却可以算是广义的科学。""就其本质而言，战略是艺术，但用科学方法来研究艺术，又是常见的现象，不值得大惊小怪。我们可以举出很多的例证。绘画是艺术，但画家必须了解投影几何学的原理，而那却是科学。作曲是艺术，但即使是贝多芬也不能全凭天才，必须学习必要的基本音乐知识，否则他也写不出一首交响乐。依此同理，尽管战略的本质是艺术，但研究战略可以使用科学方法，又应该是毫无疑问。"④

作为具有多学科性、交叉渗透性和综合性的新兴学科群，战略研究大体上可以分为三个层次。

第一个层次是基本理论。战略理论是指人们对具有全局性、规律性的重大战略问题，按照已知的知识或者认知，经由一般化与演绎推理等方法，进行合乎逻辑的推论性总结。任何学术的研究都必须以理论为基础，都必须建立其本身的理论体系，战略研究也不例外。克劳塞维茨曾经指出："理论越是使人们深入地了解事物，就越能把客观的知识变成主观的能力，就越能在一切依靠才能来解决问题的场合发挥作用。"他又说："理论就成为通过书本学

① 钮先钟，2003. 西方战略思想史［M］. 桂林：广西师范大学出版社：533.
② 军事科学院战略研究部，2001. 战略学［M］. 北京：军事科学出版社：13.
③ 军事科学院战略研究部，2001. 战略学［M］. 北京：军事科学出版社：297.
④ 军事科学院战略研究部，2001. 战略学［M］. 北京：军事科学出版社：52～53.

习战争问题的人的指南，理论是一种指导，到处都能为他们指明道路，使他们顺利前进，并且能培养他们的判断能力，防止他们误入歧途。""建立理论的目的是让别人能够不必从头整理材料和从头开始研究，而可以利用已经整理好和研究好的成果。"① 按照钮先钟的说法，首先必须了解什么是理论，其次必须了解理论在战略研究领域中有何重要性，然后始能解释战略研究为何要以建构理论体系为其基本目的。"理论是什么？理论即为一种求知的工具。它组织知识，决定其导向，提出有意义的问题，并排列研究的优先顺序。理论使科学化的研究方法得以有秩序地应用。当理论变得日益具有综合性时，也就能够使不同领域中的知识得以整合，并且增强学者了解和解释现实的能力。"② 理论的功用不是教人怎样做，而是教人怎样想。理论只是提供概括的假设，但并不提供固定的结论。

战略理论来源于人类的战略实践。从军事方面来看，《孙子兵法》已形成了系统和完整的战略思想体系。但由于受当时的实践和人们认识条件的限制，古代战略研究尚无明晰的学科层次，战略研究的内容大都散见于各类兵书之中，独立的战略研究尚未建立起来。

近代以来，西方战略研究进入逐步繁荣发展时期。19 世纪，克劳塞维茨所写的《战争论》和约米尼的代表作《战争艺术概论》，是两部全面论述战争和战略理论、作战原则的影响较大的军事战略专著，对西方战略理论的发展起到了很大的促进作用。李零认为，克劳塞维茨和约米尼是欧洲的孙膑和吴起。西方战略文化不发达，他们是拿史书和战例当兵书，很长时间里，一直没有舍事言理的兵书。"克劳塞维茨，把拿破仑战争时代的战例加以总结，写了《战争论》，欧洲才有了具备战略水平的兵法。"③ 进入 20 世纪，美国的海军少将艾尔弗雷德·塞耶·马汉撰写的《海军战略》，提出了"海权论"的思

---

① 克劳塞维茨，2004. 战争论 [M]. 第 1 卷. 中国人民解放军军事科学院，译. 北京：解放军出版社：111～112.
② 钮先钟，2003. 战略研究 [M]. 桂林：广西师范大学出版社：47.
③ 李零，2006. 兵以诈立——我读《孙子》[M]. 北京：中华书局：42～43.

想，阐述了海军战略理论体系，认为"制海权，特别是在与国家利益和贸易有关的主要交通线上的制海权，是民族强盛和繁荣的纯物质因素中的主要因素"①。意大利 G. 杜黑的《制空权》，提出了空中战争论（又称空军制胜论）。他认为，飞机作为一种空中武器用于战争是战争发展史上的转折点，"为了保证国防，一个国家所做的一切都应为着一个目标，即在一旦发生战争时掌握最有效的手段夺取制空权"②。德国元帅阿·冯·施利芬提出"速决和歼灭战理论"。德国的 E. 鲁登道夫所著的《总体战》，提出了现代战争是"全民族战争"的总体战理论。英国的 J. 富勒所著的《装甲战》，创立了机械化战争理论。法国戴高乐将军的"职业军队论"、德国泽克特将军的"小型军队论"，主张用少量精锐的职业军队，依靠大量坦克、飞机等新式武器来取得战争的胜利。这些有代表性的战略理论的提出，标志着战略研究学科在西方的确立。

第二次世界大战以后，随着国际形势的不断变化和科学技术的飞速发展，战争观念、战争样式、战争手段和战略指导等均发生了深刻的变化，极大地推动了战略理论研究的深入发展，战略研究开始成为具有现代意义的一门独立的学科。许多国家都设立了专门的战略研究机构，战略理论著作层出不穷。其中比较有影响的有李德·哈特的《战略：间接路线》，V. D. 索科洛夫斯基的《军事战略》，A. 博弗尔的《战略入门》，J. M. 柯林斯的《大战略》，小山内宏的《现代战略论》等。同时，一些新的战略理论，如有限战争理论、核战争和核威慑理论、空间战略理论、局部战争理论、战争控制理论、高技术战争理论、信息安全战略理论等不断涌现，进一步丰富了战略学的理论宝库。

现代战略理论大体由战略基础理论和战略应用理论两大部分构成。战略基础理论是研究战略概念的内涵、影响和制约战略的相关因素、战略理论的发展演变规律、战略思维的本质和规律以及战略研究方法等最一般的

---

① 马汉，1998. 海权论 [M]. 欧阳瑾，译. 北京：解放军出版社.
② 朱里奥·杜黑，1991. 制空权 [M]. 北京：解放军出版社：22.

理论。它是战略研究的科学知识体系。战略应用理论是研究战略指导规律，包括战略制定和战略实施的指导规律的基本理论。它是战略研究的实践体系。

第二个层次是基本方法。战略研究是战略领域的认识活动，需要借助科学的认识论和方法论。马克思主义的哲学方法即辩证唯物主义和历史唯物主义，是战略研究必须遵循的科学指南，特别是马克思主义的战略思维方法，对于战略研究具有根本性的指导意义。科学研究的一般方法对战略研究也具有重要的实用价值。主要是逻辑推理方法、比较研究方法、统计分析方法、系统分析方法、系统集成方法、定性定量相结合的方法等。最初在战略研究领域中受到重视的科学方法是系统分析，除此之外，战略研究还有自身特有的研究方法。比如历史研究方法，通过对不同案例进行解剖和分析，探索战略指导的特殊规律和一般规律，吸取历史经验和教训，寻求正确的战略指导方法。实践模拟方法。借助某些可视性手段，如计算机模拟、兵棋推演、沙盘作业等，对战争与战略对抗进行形象化演示，对战略指导的可行性进行推断与检测。随着现代信息技术的发展，战略研究方法越来越丰富，从以定性分析为主，向逐步采用计算机和人工智能技术、运用数学模型和模拟方法及专家系统、采取定性分析与定量分析相结合的方向发展，使战略理论研究更加科学化。

第三个层次是基本内容。战略研究的基本内容是通过它的基本构成要素具体表现出来的。战略研究是一个系统工程，它的根本任务是要为战略决策提供多种可行的方案，供决策者选择和实施。一般来说，一个战略方案包括战略方针、战略目标、战略布局、战略重点、战略突破、战略步骤、战略措施、战略转变等基本要素，这些要素从战略方针开始，循序渐进到战略措施、战略转变，它们依次展开，使战略研究得以最终完成并保证其正确性。

附录二：系统工程①

定义

从系统观念出发，以最优化方法求得系统整体的最优的综合化的组织、管理、技术和方法的总称。钱学森教授在 1978 年指出："'系统工程'是组织管理'系统'的规划、研究、设计、制造、试验和使用的科学方法，是一种对所有'系统'都具有普遍意义的科学方法。"②

历史

它产生于第二次世界大战期间，在 20 世纪 50 年代，开始有了初步发展。20 世纪 60 年代，美国的阿波罗登月计划成功地运用了系统工程的科学方法，按预定目标第一次把人送到了月球。以此为转机，系统工程受到了世界各国的高度重视，获得迅速发展，被广泛应用到自然科学和社会科学的各个领域，开创了系统工程发展的新时期。系统工程是运用系统方法，对系统进行规划、研究、设计、制造、试验和使用的组织管理技术。1930 年，美籍奥地利生物学家 L. V. 贝塔朗菲的系统论思想，对系统工程的形成产生了直接的影响。作为一门横跨许多学科的高度综合性的新兴技术，系统工程的形成还与一系列基础科学有着十分密切的联系。这些基础学科主要有：运筹学、控制论、信息理论、基础数学和计算机科学。③

20 世纪 60 年代以来，系统工程发展的显著特点是开始突破自然科学和工程技术领域，向社会科学领域不断渗透。进入 20 世纪 70 年代后，"大系统理论"的兴起，使系统工程与社会科学的联系更加密切了。目前，系统工程已在经济、社会、人口、军事、行政、法制、科学、教育、

---

① 本附录内容整合自相关资料，具体出处见文内注释。
② 刘建明，1992. 宣传舆论学大辞典 [M]. 北京：经济日报出版社：885.
③ 荣颂安. 系统工程与社会科学研究 [C] // 中国国际贸易学会秘书处. 国际贸易系统工程学论文选 . 1985：97-98.

人才、情报和未来研究等社会科学领域得到越来越广泛的运用，充分显示了其无限广阔的生命力。[①] 20 世纪 80 年代，系统工程发展的显著趋势是巨大化、复杂化、社会化，它意味着系统工程将进一步向社会科学各领域广泛渗透，社会工程的开发与研究，将成为今后系统工程发展的主要方向之一。[②]

系统工程是在现代化的"大企业""大工程""大科学"出现后，产品构造复杂、换代周期短、生产社会化、管理系统化、科学技术高度分化又高度综合等历史背景下产生的。在 20 世纪 40 年代末，首先由美国贝尔电话公司在研制电话自动交换中提出"系统工程"这一名词。1957 年美国密执安大学高德和迈克两位教授共同编写了《系统工程——大系统导论》。1965 年美国学者编写了《系统工程手册》，至此初步形成了较完整的理论体系。[③]

步骤和方法

系统工程的步骤和方法因处理对象不同而异。对一般步骤和方法的研究比较有影响的是美国贝尔电话公司系统工程师 A. D. Hall 于 1969 年提出的三维空间法。(1) 时间维，表示工程活动从规划到更新阶段按时间顺序安排的 7 个阶段，即规划阶段；拟定计划方案阶段；研制阶段（并制订生产计划）；生产阶段（生产系统零件、提出安装计划）；安装阶段；运动阶段；更新阶段。(2) 逻辑维，指完成上述 7 个阶段工作的思维程序，包括：明确问题，即搜集本阶段资料，提供目标依据；系统指标设计，即提出目标的评价标准；系统综合，即设计出所有待选方案或对整个系统进行综合；系统分析，即运用模型比较方案，进行说明；实行优化，即从可行方案中选优；进行决策；实施计划。(3) 知识维，完成各步工作需要的各种知识、技能。[④]

---

① 荣颂安. 系统工程与社会科学研究 [C] //中国国际贸易学会秘书处. 国际贸易系统工程学论文选. 1985：100.
② 荣颂安. 系统工程与社会科学研究 [C] //中国国际贸易学会秘书处. 国际贸易系统工程学论文选. 1985：102.
③ 刘建明，1992，宣传舆论学大辞典 [M]. 北京：经济日报出版社：885-886.
④ 刘建明，1992，宣传舆论学大辞典 [M]. 北京：经济日报出版社：886.

这一方法，在逻辑上，把运用系统工程解决问题的整个过程分成问题阐述、目标选择、系统综合、系统分析、最优化、决策和实施计划七个环环紧扣的步骤；在时间上，把系统工程的全部进程分为规划、设计、研制、生产、安装、运行和更新七个依次循进的阶段；在专业知识上，运用系统工程除需要某些共性知识外，还需要使用各科专业知识，如工程、医药、建筑、商业、法律、管理、社会科学和艺术等。与此同时，在系统工程发展中还确立了一系列系统技术方法。主要有模拟技术、最优化技术、评价技术和计算机技术。[①]

主要特点

系统工程方法的主要特点是：（1）把研究对象作为一个整体来分析，分析总体中各个部分之间的相互联系和相互制约关系，使总体中的各个部分相互协调配合，服从整体优化要求；在分析局部问题时，是从整体协调的需要出发，选择优化方案，综合评价系统的效果；（2）综合运用各种科学管理的技术和方法，定性分析和定量分析相结合；（3）对系统的外部环境和变化规律进行分析，分析它们对系统的影响，使系统适应外部环境的变化。[②]

本章要点与思考题

中国金融如何实现弯道超车，在国际金融体系中提出中国方案、获得话语权？

阅读参考材料

1.《中共中央、国务院关于服务实体经济防控金融风险深化金融改革的若干意见》，2017 年。

2.《粤港澳大湾区发展规划纲要》，2019 年。

3. 中国人民银行：《金融科技（FinTech）发展规划（2019—2021 年）》，2019 年。

---

① 荣颂安，1992. 系统工程与社会科学研究［C］//中国国际贸易学会秘书处 . 国际贸易系统工程学论文选 .1985：98.

② 荣颂安，1992. 系统工程与社会科学研究［C］//中国国际贸易学会秘书处 . 国际贸易系统工程学论文选 .1985：772-773.

附件一

系统重要性金融项目开发案例："经营城市"是基础设施金融开发的重要载体

一、一国政府的三大经济职能

1. 产业发展
2. 城市建设
3. 社会民生

二、一国经济中的三类资源

1. 可经营性资源——产业资源
2. 非经营性资源——民生资源
3. 准经营性资源——城市资源

三、"经营城市"——把城市作为一种资源来管理

1. 对于"可经营性资源"——市场配置
2. 对于"非经营性资源"——政府托底
3. 对于"准经营性资源"——共同开发

（1）"经营城市"的载体
- a. 独资
- b. 合资
- c. 合作
- d. 股份制
- e. 国有民营
- ……

其中：

① 对于"存量资产"的产权改造
- a. 国有民营
- b. 股份制
- c. 合资
- d. 合作
- e. 拍卖
- ……

② 对于"增量资产"的股权设立
- a. 独资
- b. 合资
- c. 合作
- d. 股份制
- e. PPP 混合体
- ……

（2）"经营城市"的银行配套服务
- a. 贷款
  - 抵押贷款
  - 担保贷款
  - 信用贷款
- b. 短期借入款
  - 拆放
  - 回购
  - 贴现
  - 借款
  - 商业票据

（2）"经营城市"的银行配套服务
- c. 长期资本债券与信用债券
- d. 投资
- e. 集团服务
  - 担保
  - 托收
  - 开立信用证
  - 票据承兑
  - 进出口押汇
  - 打包放款
  - 卖方信贷
  - 买方信贷
  - 各种金融便利

（3）"经营城市"的资本运营
- a. 发行债券或可转换债券
- b. 发行股票
- c. 项目基金
- d. 买壳上市
- e. 资产证券化
- f. 并购组合、捆绑经营
- g. 租赁
- h. 抵押
- i. 置换
- j. 拍卖
- ……

其中：

① 通过收费权、定价权等手段，推行多种融资方式
- a. DBO——（设计—建设—经营）
- b. BOT——（建设—经营—移交）
- c. BOO——（建设—经营—拥有）
- d. BOOT——（建设—经营—拥有—转让）

$$\begin{cases} \text{e. BLT——（建设—租赁—转让）} \\ \text{f. BTO——（建设—转让—经营）} \\ \text{g. TOT——（转让—经营—移交）} \end{cases}$$

② 交叉运用不同资本运营方式 $\begin{cases} \text{a. PPP＋BOT} \\ \text{b. PPP＋TOT} \\ \text{c. 项目公司→股份公恒→股票、债券} \\ \text{d. 公共财政"四两拨千斤"} \\ …… \end{cases}$

四、"经营城市"促城市基础设施金融发展

1. "经营城市"本质是城市基础设施现代化
2. 基础设施投资扩大需求
3. 基础设施建设寻求金融配套
4. 基础设施现代化推动"一带一路"建设
5. "政府推动、市场参与、金融运作"构建国际金融新秩序

思考讨论题：

1. 亚当·斯密在《国富论》中是如何论述"基础设施建设"的？

2. 凯恩斯在《就业、利息和货币通论》中是如何运用"基础设施投资"扩大需求的？

3. 随着经济和社会发展，是否存在"城市资源的生成"？

4. 论述：以"基础设施建设"为先导的城市经济发展是政府促进经济的重要抓手。

5. "基础设施建设"需要哪些金融配套措施？

6. "城市经济"需要哪些金融配套措施？

7. 简述 PPP（政府和社会资本合作）革命。

8. 简述"粤港澳大湾区"的金融合作。

9. 简述"一带一路"建设中的金融互联互通。

10. 简述基础设施现代化与投资新引擎、创新新引擎、规则新引擎的关系。

11. 如何构建国际金融新体系？

12. 如何设立国际金融新标准？

阅读参考材料：

1. 亚当·斯密，2015. 国富论 [M]. 郭大力，王亚南，译. 北京：商务印书馆.

2. 凯恩斯，2008. 就业、利息和货币通论 [M]. 房树人，黄海明，译. 北京：北京出版社。

3. 陈云贤，顾文静，2015. 中观经济学—对经济学理论体系的创新与发展 [M]. 北京：北京大学出版社。

4. 陈云贤，顾文静，2017. 论区域政府竞争 [M]. 北京：北京大学出版社.

5. 陈云贤，2004. 经营城市—把城市作为一种资源来管理 [J]. 佛山科学技术学院学报（社会科学版），(3)：68-70.

6. 达霖·格里姆赛，2016，PPP 革命—公共服务中的政府和社会资本合作 [M]. 济邦咨询公司，译. 北京：中国人民大学出版社.

7. 厉以宁，林毅夫，郑永年，等，2015. 读懂"一带一路" [M]. 北京：中信出版集团.

8. 《习近平在"一带一路"国际合作高峰论坛开幕式上的演讲》，http：//www. xinhuanet. com/politics/2017－05/14/c_1120969677. htm，2017 年 5 月 14 日。

9. 《习近平在金砖国家领导人厦门会晤大范围会议上的讲话》，http：//www. xinhuanet. com/politics/2017－09/04/c_1121602495. htm，2017 年 9 月 4 日。

附件二

系统重要性金融机构管理案例——"风险收益对应论"是投资银行管理的轴心

一、商业银行论

(一) 商业银行负债业务

1. 商业银行是以经营工商业存、放款为主要业务，并以获取利润为主要经营目标的信用机构

2. 银行存款——商业银行负债业务之一

3. 短期借入款——商业银行负债业务之二

4. 附属债务——商业银行负债业务之三

5. 负债管理论

(二) 商业银行资产业务

1. 商业银行资产种类及其配置办法

2. 贷款资产种类设置与管理——商业银行主要资产业务之一

3. 证券投资与策略——商业银行主要资产业务之二

4. 资产负债管理论是商业银行管理的轴心

(三) 商业银行国际业务

1. 外汇买卖及汇兑——商业银行国际业务之一

2. 国际贷款与投资——商业银行国际业务之二

3. 国际贸易服务——商业银行国际业务之三

4. 跨国银行论

（四）商业银行其他业务

1. 应与银行分账管理的信托业务

2. 类似中期信贷的租赁业务

3. 有发展前景的代理融通业务

4. 能提高效率的结算业务

5. 包括银行卡在内的其他服务

（五）商业银行业务综合化趋势

1. 商业银行业务限制

2. 商业银行业务综合化趋势

二、投资银行论

（一）投资银行实质

1. 商业银行与投资银行分野

2. 投资银行实质上是证券推销商

（二）投资银行历史演变过程

1. 1929 年以前的投资银行

2. 经济大危机时期的投资银行

3. 1933 年以后的投资银行

4. 现代投资银行的特点

（三）狭义投资银行业务

1. 证券承销业务
- ① 债券发行与承销
- ② 股票发行与承销
- ③ 承销价格与承销费用

2. 证券经纪业务
　　① 委托债券买卖
　　② 委托股票买卖
　　③ 其他

（四）广义投资银行业务

1. 项目融资

2. 公司理财

3. 资金管理

4. 资产证券化

5. 金融工具创新

（五）投资银行业务国际化趋势

1. 投资银行业务国际化

2. 投资银行机构国际化

3. 投资银行业务国际化限制

三、商业银行与投资银行的主要区别

1. 从本源上讲
　　商业银行是存贷款银行
　　投资银行是证券承销商

2. 从业务上看
　　商业银行主要是资产负债业务
　　投资银行无明显资产负债管理特征

3. 从功能上看
　　商业银行行使间接融资职能
　　投资银行行使直接融资职能

4. 从利润构成上看
　　商业银行首先来自存贷差
　　投资银行来自佣金

5. 从管理方式上看
　　商业银行行使稳健方针
　　投资银行稳健与开拓并重

四、"风险收益对应论"是投资银行管理的轴心

（一）投资银行业务是一系列复杂而又充满风险的业务

（二）投资银行损益表中有明晰的风险收益对应特征

附表 1　美国三家著名投资银行资产负债表（%）

银　行	高　盛		美　林		摩根士丹利	
年　份	1998	1999	1998	1999	1998	1999
资产	—	—	—	—	—	—
现金	1	1	4	3	5	3
上缴储备金	4	4	2	2	3	3
证券存货	68	65	40	39	50	56
转售合同	17	15	29	30	25	19
其他应收款	—	—	—	—	—	—
客户净值	7	12	10	12	11	13
证券经纪商	2	2	3	3	1	1
利息和其他	0	0	3	2	1	1
其他投资	0	0	5	6	0	0
固定资产净值	0	0	1	1	1	1
其他资产	1	2	2	2	2	2
总资产	100	100	100	100	100	100
负债及股东权益	—	—	—	—	—	—
短期贷款	13	15	6	8	9	10
回购协议	17	16	22	22	29	28
应付未购回证券	26	26	21	21	19	17
其他应付款	—	—	—	—	—	—
客户净值	21	23	7	7	13	12
证券经纪商	0	1	3	3	2	0

续表

银　行	高　盛		美　林		摩根士丹利	
年份	1998	1999	1998	1999	1998	1999
利息和其他	0	0	6	6	0	1
其他负债	11	7	10	13	15	18
长期借款	9	8	19	16	9	8
总负债	97	96	96	95	95	95
股东权益	3	4	4	5	5	5
负债和股东权益合计	100	100	100	100	100	100

（三）"风险收益对应论"是投资银行业务管理的轴心

1. 投资银行业务风险分为三类 ⎧ ① 低风险　② 中风险　③ 高风险 ⎫

2. 风险收益四种对应 ⎧ ① 风险高收益低　② 风险低收益高　③ 风险高收益高　④ 风险低收益低 ⎫

3. 风险收益四大对应原则

① 资本结构优化与流动性最大化对应原则。

② 组合投资优化与风险分散化对应原则。

③ 经济周期波动与投资决策科学化对应原则。

④ 风险收益对应管理与投资银行组织体系合理化对应原则。

4. 投资银行营运资金分类与风险收益对应分析

（1）营运资金四档次

a. 稳定型资金，以库存现金、清算准备金、上缴储备金等形式存在

b. 运营型资金，指证券承销、股票自营等所需资金

c. 可调整型资金，包括国债投资，利差管理、互换交易，以及套利、

$$\begin{cases} 套期保值业务所需资金 \\ d. \ 高风险型资金，指金融期货套期、自营等资金 \end{cases}$$

（2）资金营运根本原则：应把握 $\begin{cases} ① \ 调剂重点 \\ ② \ 次重点 \\ ③ \ 非重点 \end{cases}$

（3）"资产汇集法" $\begin{cases} ① \ 安排营运资金 a 档次资产 \\ ② \ 安排营运资金 c 档次资产 \\ ③ \ 安排营运资金 b 档次资产 \\ ④ \ 安排固定资产等支出 \\ ⑤ \ 安排营运资金 d 档次资产 \end{cases}$

与

"资金配对法" $\begin{cases} ① \ 一部分客户交易保证金配对营运资金 a 档次 \\ ② \ 一部分客户交易保证金与短期融资配对营运资金 c 档次 \\ ③ \ 长期负债一部分资本金配对营运资金 b 档次 \\ ④ \ 一部分资本金配对固定资产投资上 \\ ⑤ \ 视资金规模考虑配对营运资金 d 档次 \end{cases}$

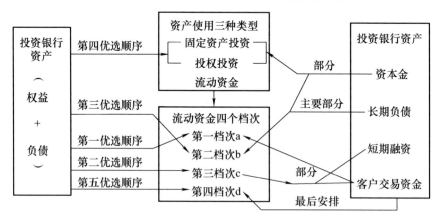

附图 1 "资产汇集法"和"资金配对法"示意图

（4）投资银行资产管理策略："风险收益对应论"是投资银行管理的

轴心。

① 营运资金 a 档次："最低限额"策略。

② 营运资金 c 档次："利差管理"和"缺口管理"策略。

③ 营运资金 b 档次："成本控制"策略。

④ 固定资产投资：按会计准则相关政策规定执行。

⑤ 营运资金 d 档次："最低止损点"策略。

⑥ 在险价值 VaR（Value at Risk）模式设计及其应用。

$$P(\Delta p \Delta t \leqslant \text{VaR}) = a$$

其中，P——Probability，表示资产价值损失小于可能损失上限的概率；

　　Δp——某一档次的金融资产在一定持有期 Δt 的价值损失额；

　　VaR——给定置信水平 a 下的在险价值，即可能的损失上限；

　　a——给定的置信水平（即置信区间的大小）。

⑦ 基于"风险收益对应论"对金融工程的选择与运用。

思考讨论题：

1. 简述商业银行负债业务。

2. 简述商业银行资产业务。

3. 简述商业银行国际业务。

4. 为什么说"资产负债管理论"是商业银行管理的轴心？

5. 如何防控"影子银行"金融风险？

6. 简述投资银行历史演变过程。

7. 简述投资银行与商业银行的主要区别。

8. 投资银行具有哪些风险收益对应关系？

9. 为什么说"风险收益对应论"是投资银行管理的轴心？

10. 简述投资银行资产管理策略及风险收益对应量化模型。

阅读参考材料：

1. 陈云贤，1992. 证券投资论［M］. 北京：北京大学出版社．

2. 陈云贤，1995. 投资银行论：兼谈证券业与银行业分业管理的模式选择［M］. 北京：北京大学出版社．

3. 陈云贤，1998. 风险收益对应论：《投资银行论》续 [M]．北京：北京大学出版社．

4. 陈云贤，1999. 财政金融理论与实践探索：陈云贤文集 [M]．北京：中国金融出版社．

5. 陈云贤，2001. 风险收益论：投资银行的管理轴心 [J]．证券市场导报，(4)：10-18.

6. 陈云贤，等，2011. 证券业资本监管研究 [M]．北京：中国金融出版社．

7. 陈云贤，等，2012. 投资银行风险收益对应运营论：雷曼兄弟经营失败案例分析 [M]．北京：中国金融出版社．

8. 陈云贤，等，2013. 证券公司风险管理与经济资本计量研究 [M]．北京：中国金融出版社．

本书主要概念

1. 国家金融学 是以现代金融体系下的国家金融的行为及其属性为研究对象的一门宏观金融（管理）学科。它从金融市场要素、组织、法制、监管、环境和基础设施等六方面来探讨国家金融行为、维护国家金融秩序、提升国家金融竞争力。

2. 公司金融学 是以现代企业治理体系下的公司的金融行为及其属性为研究对象的一门微观金融（管理）学科。它从企业管理、财税管理、投融资、风险管理、战略管理、金融工程和法律责任等角度，探讨公司金融行为，提升公司金融竞争力，推动企业可持续发展。

3. 国际金融学 是以现代金融体系下的世界各国国际金融行为及其属性为研究对象的一门世界金融（管理）学科。它以国际货币体系、国际收支均衡、国际汇率制度、国际资本流动、国际金融市场和国际金融危机等为研究重点，强调世界各国在国际金融法制、监管、信用和基础设施建设中协调、合作、达成共识的重要性，以促进国际金融体系改革、发展，推动国际经济稳健运行。目前，对这门学科的定义尚存在争议。

4. 现代金融体系 其重点在于功能结构的系统性，包括六个方面：一是金融市场要素体系，二是金融市场组织体系，三是金融市场法制体系，四是金融市场监管体系，五是金融市场环境体系，六是金融市场基础设施。这六个方面是统一、有序的，但又是脆弱的，其完善是一个渐进的历史过程。国内外理论界对现代金融体系有"三体系""四要素""五构成"之争议。

5. 金融中心 是在区域经济不断发展和现代金融体系不断完善的背景下，依托广阔的经济腹地和资金市场网络、集聚足够数量的机构、具备健全的金融基础设施和法制监管环境的金融运行综合体。它分为三类：一是世界金融中心，如纽约、伦敦；二是国际区域金融中心，如香港、新加坡；三是国家金融中心，如上海、首尔等。

6. 国际金融枢纽 在国际金融区域发挥引领带动作用的中心平台。它的特点是：其中国际金融机构集聚，法制规则健全，基础设施（包括金融业标准）完善，金融服务于实体经济的创新发展，金融消费者权益受到有效保护，既存在与国际金融市场互联互通的投融资中心，又存在国际金融监管合作中心，能够预警、防范、化解金融风险并反逃税、反洗钱、反恐怖融资等。它为国际金融发展和国际金融体系建设起到示范的作用。

7. 银行主导型金融体系 间接融资方式（由银行等金融中介机构主导融资）是企业主要外部资金来源的金融体系，德国、法国等是典型代表。

8. 资本市场主导型金融体系 直接融资方式（企业通过发行股票、债券等直接从资本市场获得资金）是企业主要外部资金来源的金融体系，美国、英国等是典型代表。

9. 财政政策 是国家通过调节税收和政府支出以影响企业和项目等，进而影响社会总需求和国民收入的政策。调节税收是指改变税率和税收结构。调节政府支出是指改变政府对产品和劳务购买支出与转移支出。其表现形式包括扩张性财政政策和紧缩性财政政策。政策的主要效应包括：第一，直接影响企业的投资力度与项目的数量和进度，这些决定着企业的生产状况和吸纳就业的能力；第二，进而影响社会总需求和国民收入增长状况。

10. 货币政策 是国家货币当局（即中央银行）通过银行体系增减货币供给量，来调节社会总需求，以刺激或抑制经济增长的政策。它包括货币政策目标、货币政策工具、货币供应量以及货币政策效应等内容。其表现形式包括扩张性货币政策和紧缩性货币政策。货币政策效应包括：第一，直接影响货币供应量和市场利率；第二，进而影响企业和项目的投资或消费状况。

11. 汇率政策 一国政府运用本国货币汇率的升降来控制进出口及资本流动，以达到国际收支均衡的宏观政策。汇率政策的目标包括：第一，保持出口竞争力，实现国际收支均衡与经济增长；第二，稳定物价，控制通货膨胀；第三，防止汇率过度波动，稳定国家金融体系。汇率政策工具主要有三个：

一是汇率制度的选择，二是汇率水平的确定，三是汇率水平的调整。

12. 金融监管政策　国家金融主管单位依据国家法律法规的授权，对金融业实施监督、约束、管制的相关规范章程。金融监管政策措施涉及银行、非银行金融机构、短期货币市场、资本市场、外汇市场、衍生金融工具市场和保险市场等。

13. 货币稳定三岛　是由诺贝尔经济学奖得主、美国著名国际金融专家罗伯特·蒙代尔教授就现代金融体系发展、国际货币体系改革提出的"创建美元、欧元、人民币三位一体'货币区'"的著名设想。其内容包括：维持欧元兑美元汇率的稳定，将其固定在一定区间内，比如 1 欧元兑 1.2 美元至 1.4 美元；随着人民币逐步可兑换，将人民币纳入美元、欧元的固定汇率机制中，创建美元、欧元、人民币三位一体的"货币区"；其他各国货币与此货币区形成浮动汇率。

14. 三元悖论　美国经济学家保罗·克鲁格曼就开放型经济条件下的一国汇率政策选择问题提出的三难选择。他认为，一国货币政策的独立性、汇率的稳定性和资本的完全流动性不可能同时实现，最多只能同时满足两个目标，而放弃另外一个目标。因此，世界各国在汇率政策上就面临一个如何选择政策组合的问题。

15. 强势人民币国策　一国货币的强势表现在该国能够维持本国货币不贬值，且稳中有升，汇率表现强势。其主要特点有两个：一是持续吸引外资流入，这不仅体现出国内的低成本带来了筹资便利，而且有利于繁荣金融业，支持实体经济发展。二是增加外国投资者对该国货币的持有量，这将实质性推动该国货币向国际主要货币币种演进。当然，强势本币也会带来出口困难、贸易逆差等问题，但"两利相权取其重，两害相权取其轻"，比较强势币种政策的利弊，国家的收益应该远远大于成本。随着中国经济的不断强大和经济全球化的不断发展，中国应该加快人民币国际化进程，或在资本项目开放之后，采取一种"稳中求强"的人民币汇率政策，探寻强势人民币国策的可行路径。

16. 《格拉斯-斯蒂格尔法案》(Glass-Steagall Act)　1933 年，美国颁布该法案，确定金融监管四大原则：第一，实行商业银行与投资银行分业经营、分业管理；第二，禁止银行直接从事证券和国债的承销与自营交易业务；第三，禁止投资银行开展吸收存款业务；第四，禁止美联储的附属机构及其关联银行开展证券业务。与此同时，美国还成立了联邦存款保险公司等相关金融监管辅助机构。

17.《格雷姆-里奇-比利雷法案》（Gramm-Leach-Bliley Act） 1999 年，美国颁布该法案，正式以法律形式废除了《格拉斯-斯蒂格尔法案》这一严格限制了金融业几十年，当然也引发了几十年争议的银行业与证券业分业经营、分业管理的法案。新法案允许建立金融控股公司，此类公司可全方位参与银行业务、证券承销与自营业务以及保险业务。

18.《多德-弗兰克华尔街改革和消费者保护法案》（Dodd-Frank Wall street Reform and Consumer Protection Act） 2010 年，美国颁布该法案，从政府监管机构设置、系统性风险防范、金融业及其产品细分、消费者保护、危机处置等方面全面加强金融监管。这是美国在 1929—1933 年大萧条之后通过的最大程度兼容各类监管变革的法案。其主要内容包括设立新的联邦监管机构——金融稳定监督委员会和实施"沃尔克法则"。

19. 美国资产重组托管公司（Resolution Trust Corporation） 是美国政府为解决 20 世纪 80 年代发生的储贷机构危机而专门成立的资产处置机构。1989 年 8 月，美国国会通过《金融机构改革、复兴与实施法案》，创立美国资产重组托管公司对国内出现问题的储贷机构进行重组处置。1995 年 12 月底，该公司关闭解散，未尽事项移交美国联邦存款保险公司继续处置。

20. 沃尔克法则（Volcker Rule） 核心是禁止银行从事自营性质的投资业务，同时禁止银行拥有、投资或发起对冲基金和私募基金。其具体措施包括：其一，限制银行的规模，规定单一金融机构在储蓄存款市场上所占份额不得超过 10%，从而限制银行过度举债进行投资的能力；其二，限制银行利用自身资本进行自营交易，规定银行只能在一级资本的 3% 以内进行自营投资；其三，限制银行拥有或资助对私募基金和对冲基金的投资，规定银行在每只基金中的投资比例不得超过该基金募集资本的 3%；其四，控制资产证券化风险，规定银行销售抵押贷款支持证券等产品至少留存 5% 的信用风险，等等。

该法则的意义在于将金融行业的风险进行隔离，简化风险管理的复杂度，提高风险管理和审慎监管的效率。

21. 美国金融稳定监督委员会（Financial Stability Oversight Council）
2010 年，美国颁布《多德-弗兰克华尔街改革和消费者保护法案》，设立金融稳定监督委员会。围绕促进金融稳定的三个核心要素——防范系统性风险、消费者保护、改善问责制和提高透明度，该委员会被赋予三项职能：第一，识别危及美国金融稳定的各类风险；第二，促进金融市场的自我约束，降低对政府救助的期待和道德风险；第三，有效应对危及美国金融体系稳定的各类新风险。

22. 国务院金融稳定发展委员会 2017 年，中国成立"国务院金融稳定发展委员会"（简称"金稳委"），以遵循金融发展规律为原则，紧紧围绕服务实体经济、防控金融风险、深化金融改革三项任务，推进构建现代金融监管框架，促进国家金融稳定健康发展。"金稳委"需要重视并加强五个方面的监管协调工作：一是完善组织监管协调，二是强化政策监管协调，三是健全中央与地方监管协调，四是对接离岸、在岸监管协调，五是推进系统重要性项目监管协调等。

23. 单一监管体制（Single Regulatory Regime） 由一家金融监管机构对金融业实施高度集中监管。

24. 多元监管体制（Multiple Regulatory Regime） 不同机构主体监管不同金融业务。

25. 双峰监管体制（Twin Peak Regulatory Regime） 把审慎监管与行为监管区分开来，前者主要监管银行业与保险业市场，后者主要监管证券业市场。

26. 宏观审慎监管 监管对象主要是整体金融体系，监管目标是防范和处置系统性金融风险，监管机理是聚焦于市场的资产价格、信贷总量、机构杠杆率等宏观指标。

27. 微观审慎监管 监管对象主要是单一金融机构，监管目标是防范和处置个体风险，监管机理是聚焦于金融企业的资本充足率、流动性、不良贷款率等，以资本留存缓冲、逆周期资本缓冲等方法控制风险。

28. 功能监管 重点是对银行业和保险业审慎政策（或标准）的实施情况

进行监督管理，判断其是否健康运行，评估其现在和未来可能存在的风险，尤其对涉及金融系统性稳定、对客户可能造成较大风险的银行、保险机构或事项采取防范措施。

29. 行为监管 主要监管资本市场及各类金融机构（包括咨询公司）的经营行为。其工作重点是：有效监管资本市场活动；调节利益冲突；有序处置客户资产；维护市场信用，反对市场欺诈，防范系统风险和金融犯罪；客户利益至上；防止倾销，保护零售消费者利益；促进有效竞争。

30. 沙盒监管 是一个"安全空间"，其中，金融科技企业等能够测试新的产品、服务、商业模式及营销机制，而不会立即招致相关监管规则的约束。也就是说，监管当局在保护消费者和投资者权益、防范风险外溢的前提下，运用沙盒监管，能支持不同类型企业的项目创新，开发真正满足消费者需求的产品和服务，在推动金融服务竞争、经济增长的同时，有效管控风险，实现双赢。

31. 金融自由化 其关键词是"放松"，即对于金融发展涉及的利率、汇率、货币市场、资本市场、机构、工具、衍生产品、制度规则等，在国家金融层面，金融当局以"放松"管制、"放松"限制、"放松"审批、"放松"惩罚、放任自由为行为导向。这类政策、举措将在一定时间内产生储蓄效应、投资效应、就业效应和发展效应等，但从长远看更可能导致通货膨胀、金融危机、经济衰退。

32. 金融压抑 主要表现为金融资产单一、金融机构形式单一、金融环境条件不配套、存在过多管制、金融基础设施落后、金融效率低下等，这也将抑制创新和经济发展。

33. 规则下促竞争、稳定中求发展 一国围绕市场在金融资源配置中起决定性作用这一核心，通过科学划分、合理界定国家与地方金融监管的职责、权限，构建符合多层次实体经济和金融体系发展需要的、"有效协调、责权明确、高效运行"的分层次金融监管体制，更好地推动国家金融体系现代化和金融治理能力现代化，提升金融资源配置效率和水平，增强一国金融体系的活力和竞争力。其基本原则是：一是坚持市场导向，二是坚持有效协调，三是坚持平衡发展，四是坚持权责对等，五是坚持依法监管，六是坚持分类指导、分步推进。

34. 离岸金融市场　存在于某国，却独立于该国的货币与金融制度，且不受该国金融法规管制的金融活动场所。其特点包括：境外货币；境外银行；境外市场；法规管制少，简便；低税或免税，效率高。从另一个角度而言，它是一种在境外提供本币金融交易和业务的国际金融市场。

35. 美国国际银行设施（International Banking Facilities）　美国联邦储备委员会 1981 年 12 月 3 日批准在美国本土设立的离岸金融特殊账号。根据相关法规，该账号业务与国内业务分开，分属不同账目，专门供美国境内的国内外银行使用，这些银行通过该离岸金融账号向美国非居民客户提供存款和放款等金融服务。

36. 日本离岸金融市场（Japan Offshore Market）　是 1986 年 12 月日本模仿美国国际银行设施在东京设立的离岸金融特殊账号。该市场无法定准备金要求和存款保险金要求，没有利息预扣税，不受利率管制，但仍需缴纳地方税和增值税。在该市场上，不能进行债券业务和期货交易。它是日本金融市场国际化的一个重要象征。

37. 内外混合型离岸金融市场　该市场的业务与国内金融市场的业务不分离，目的在于使两个市场的资金和业务相互补充、相互促进。伦敦是目前世界上最著名的内外混合型离岸金融市场。

38. 内外分离型离岸金融市场　境内金融市场业务与境外业务严格分离，限制外资银行、金融机构与本国居民之间的金融业务活动，只准许非居民参与离岸金融业务，其目的在于防止离岸金融交易活动影响或冲击本国货币政策的实施。美国国际银行设施与日本离岸金融市场就是其中典型。

39. 渗透型离岸金融市场　离岸业务与在岸业务分立，居民的存款业务与非居民的分开，但离岸账户上的资金可以贷给居民。这种类型的离岸金融市场兼有内外分离型和内外混合型市场的特点，最突出的特征是离岸资金可贷放给居民，即国内企业可以直接在离岸金融市场上融资。新加坡等属于此类型。

40. 避税港型离岸金融市场　没有实际的离岸资金交易，只是办理其他市场交易的记账业务而形成的一种离岸金融市场。这种离岸市场的特点是：市场所在地政局稳定，税赋低，没有金融管理制度，可以使国际金融机构达到逃避资金监管和减免租税的目的。典型的避税港型离岸金融市场有美洲的开曼群岛、巴哈马、百慕大和欧洲的海峡群岛等。

41. 布雷顿森林体系　布雷顿森林会议构建的国际金融体系。该体系占据主导的时间是 1945—1971 年。其基本内容是：美国政府宣布 1 盎司黄金兑换35 美元；其他国家的货币以固定汇率钉住美元；仅允许别国政府用美元向美联储兑换黄金。在该体系下，储备和锚货币是美元。汇率制度为可调整的钉住汇率制度。国际收支的调整机制是，当成员国之间的固定汇率存在根本性"失衡"时，中心国与外围国之间的国际收支失衡由固定汇率的调整来实现再平衡。

42. 马歇尔计划　该计划由美国于 1948 年 4 月启动，1951 年终止，是美国对西欧国家的战后复兴重建援助，包括资金、技术、人员等方面。其中资金援助的流向是：美国援助美元给欧洲各国，欧洲各国将美元作为外汇，购买美国的物资；除德国外，欧洲国家基本上不偿还援助资金；除德国将援助资金用于私有企业再投资，欧洲各国多数将其用于填补财政亏空。在这个体系中，美元滞留欧洲，形成"欧洲美元"。通过在欧洲建立多边支付体系、将汇兑结算与马歇尔计划的"有条件援助"相结合的政策，美元得以全面介入欧洲的国际结算环节。可以说，美元对欧洲国家的输出，形成了规模庞大的"欧洲美元"，增强了美元在国际结算、外汇储备等方面的国际地位。

43. 牙买加体系　该体系占据主导的时间是 1976 年至今。其基本内容是：黄金逐步退出国际货币，黄金不再在体系内扮演重要角色；美元依然扮演全球储备货币的角色。在该体系下，储备和锚货币是美元、欧元；发达国家通常实施浮动汇率制度，新兴市场国家则大多以各种形式钉住美元汇率，以维持出口导向的发展战略；国际收支通过灵活的汇率变动来调节。

44. "煤炭—英镑"　主要指煤炭贸易绑定英镑支付结算，这在英镑成为国际贸易中的关键货币的进程中起到了重要作用。但英镑的国际化崛起，并不仅仅与煤炭能源交易有关，它至少经历过"贸易—英镑"（工业革命时期，煤炭作为主要"食粮"扮演了重要角色）、"政府信用和国债的发行与管理"、"英格兰银行诞生"、"黄金—英镑"本位制和"海域强权的支撑"等几个重要节点。可以说，英镑国际地位的确立是英国政治、经济、文化等影响力发展的结果。

45. "石油—美元"　主要是指石油绑定美元作为交易结算货币，这是美元成为国际化货币的重要因素之一，但并不是唯一因素。美元的国际化历程，至少经历了实体经济的牢固支撑、布雷顿森林体系、马歇尔计划、牙买加体系以及石油贸易与美元绑定等几个关键节点。美元国际化的进程也是美国政治、经济、文化等影响力发展的结果。

46. "碳排放权交易—人民币结算"　中国属全球第一大温室气体排放国，是最具潜力的减排市场；中国正处于碳交易市场的建设阶段，除了已启动碳现货交易外，碳远期、碳期货等市场也正在开发之中。此时，加快碳交易标准化，制定碳资产相关的财产权保护法，探索碳排放权交易捆绑人民币结算的机制，并通过"一带一路"倡议等途径推动中国与周边国家和地区的低碳经济发展，应该是中国加快人民币国际化的一条可行路径。

47. 碳排放权交易　由美国经济学家戴尔斯于 1968 年提出，即政府根据国际协议对排放污染物（主要是温室气体）进行总量控制，颁发排放许可证或分配许可配额，使环境资源可以像商品一样买卖，并形成国际贸易中的系列碳商品。碳排放权交易服务于全球温室气体减排的市场机制。

48. 碳远期交易　双方约定在将来某个确定的时间以某个确定的价格购买或者出售一定数量的碳额度或碳单位。它是为规避现货交易风险而产生的。

49. 碳期货　与碳现货相对应，在未来进行交收或交割，标的物为二氧化碳排放量。它实际上综合反映了供求双方对未来某个时间的供求关系和价格的预期。

50. 碳期权　交易双方在未来某特定时间以特定价格买入或卖出一定数量的碳标的的权利，其本质是一种选择权。它主要包括看涨碳期权和看跌碳期权。

51. 碳基金　各国采取私募、公募或众筹等方式专项筹措的，用于投资、控制或干预碳交易以支持节能减排项目的资金。

52. 碳市场　由人为规定而形成的国际碳交易市场。碳市场的供给方包括项目开发商、减排成本较低的排放实体、国际金融组织、碳基金、各大银行等金融机构、咨询机构、技术开发转让商等。需求方有履约买家（包括减排成本较高的排放实体）和自愿买家（包括出于企业社会责任或准备履约进行碳交易的企业、政府、非政府组织、个人）。金融机构进入碳市场后，也担当了中介的角色，其中包括经纪商、交易所和交易平台、银行、保险公司、对冲基金等。

53. 网络金融　又称电子金融，指基于金融电子化建设成果在互联网上实现的金融活动。狭义上的网络金融，指在互联网上开展的金融业务，包括网络银行、网络证券、网络保险等金融服务及相关内容；广义上的网络金融，指在互联网上开展的所有金融活动，包括以网络技术为支撑的网络金融机构、网络金融交易、网络金融市场、网络金融监管和网络金融安全等诸多方面。它是信息技术特别是互联网技术飞速发展的产物，是适应网络时代发展需要而产生的金融运行模式。

54. 网络银行　世界各国、地区及国际机构对网络银行的定义均有所不同，比较有代表性的有两个：一是巴塞尔银行监管委员会的定义——网络银行是利用电子手段为消费者提供金融服务的银行，这种服务既包括零售业务，也包括批发和大额业务；二是美联储的定义——网络银行是指利用互联网作为其产品、服务和信息的业务渠道，向其零售和公司客户提供服务的银行。从中可以归纳出网络银行范畴的两条主要骨架，即"网络"与"银行业务"。

55. 网络证券　亦称网上证券，是证券业以互联网等信息网络为媒介，为客户提供的一种网上商业服务。其包括有偿证券投资资讯，网上证券投资顾问、股票网上发行、买卖与推广等多种投资理财服务。

56. 电子货币　广义的电子货币是指依靠电子设备网络实现储存和支付功能的货币，虚拟货币和数字货币也包含在其中。而我们现在经常提及的电子货币，实质上是狭义的电子货币，也就是国家银行系统支持的法定货币的电子化形式。这种狭义的电子货币是以数据或电子形式存在，通过计算机网络进行传输、实现流通和支付功能的货币，可以广泛应用于生产、交换、分配和消费领域，集金融储蓄、信贷和非现金结算等多种功能于一体。其特点是具有匿名性、节省交易费用、节省传输费用、持有风险小、支付灵活方便、防伪造及防重复性、不可跟踪。它完全具备了货币的五大属性：价值尺度、流通手段、支付手段、贮藏手段和世界货币。

57. 数字货币　是电子货币的一种深化表现形式。现阶段的数字货币分为"法定数字货币"和"私人数字货币"两大类型。

58. 虚拟货币　基于网络系统软件产生或由网络单位发行的电子信息价值单位，它不是国家发行的，不采用"法定数字货币"的名称与单位，即虚拟货币实质就是数字货币，但其通常指的是"私人数字货币"。虚拟货币以比特币、以太币等为代表。

59. 法定数字货币　本质上是中央银行对公众发行的债务，是具有法定地位、由国家主权发行责任主体发行的数字化货币，也称"央行数字货币"。它不仅可以取代纸币流通，保持货币主权的控制力，更好地服务于货币发行和货币政策，而且具有四大作用：第一，可以完善货币政策的利率传导；第二，可以提高货币指标的准确性；第三，有助于监管当局在必要时追踪资金流向；第四，可更精准地提升监测和金融风险评估水平。

60. 私人数字货币　主要指基于网络系统软件产生或由网络单位发行的电子信息价值单位，它不是国家发行的，不采用"法定数字货币"的名称与单位。其具有四大特征：去中心化、通缩性、普世性、匿名性。私人数字货币有两类典型代表：以Q币为代表的网络服务流通手段和以比特币为代表的各种虚拟货币。

61. 金融科技（FinTech）　主要是一种通过大数据、云计算、人工智能、区块链及移动互联等技术，重塑货币世界和金融服务的发展创新。金融科技引领着现代金融体系和现代货币体系的重大变革，它既涵盖了世界各国金融市场要素、组织机构、监管体系、法律制度、信用健全、基础设施领域的变革创新，又包括了世界各国货币发行、结算、运行及监管体系的变革发展。

62. 大数据金融　重点关注金融大数据的获取、储存、处理分析与可视化。一般而言，大数据金融的核心技术包括基础底层、数据存储与管理层、计算处理层、数据分析与可视化层。同时，大数据金融还致力于利用互联网技术和信息通信技术，研发资金融通、支付、投资和信息中介等新型金融业务模式。

63. 人工智能金融　主要借用人工智能技术处理金融领域的问题，包括预测股票价格、评估消费者行为和支付意愿、进行信用评分、充当智能投资顾问与聊天机器人、负责保险业的承保与理赔、进行风险管理与压力测试、负责金融监管与识别监测等。人工智能技术主要基于算法，包括了机器学习理论等前沿计算机科学知识，机器学习理论又主要覆盖了监督学习、无监督学习和强化学习三大理论。

64. 区块链金融　一种去中心化的大数据系统，是数字世界里一切有价物的公共总账本，是分布式云计算网络的一种具体应用。当它成为互联网的底层组织结构之时，互联网的治理机制将被改变，现有底层协议最终会被彻底颠覆，互联网金融将完全智能化、去中心化，并产生基于算法驱动的金融新业态。一旦成熟的区块链技术在金融行业落地，形成生态业务闭环，就有望出现接近零成本的金融交易环境。

65. 量化金融　以金融工程、金融数学、金融计量和金融统计为抓手开展金融业务。它和传统金融的最大区别在于，量化金融始终强调利用数理手段和计量统计知识，定量而非定性地开展工作，其主要发挥作用的金融场景有高频交易、算法交易、金融衍生品定价以及基于数理视角的金融风险管理等。

66. 场景金融　也称"嵌入式金融"，即利用以移动互联等为引领的新型金融科技，将金融活动有机嵌入已有场景服务中，实现金融服务的爆发性应用，使商家和用户受益，使经济行为能够高效地完成。它包括两个方面：一是互联网企业走向"场景金融"，例如微信红包、优步和滴滴打车等 O2O（online to offline，线上线下）应用；二是金融机构走向"场景金融"。例如，世界各国的保险业结合旅行场景，形成了航空险、人身险、财产险等。金融与场景的嵌入方式，成为网络金融的革命性变革点。

67. 供应链金融　是金融机构既向核心客户企业提供融资、结算和理财服务等，又向这一客户的上下游企业（如供应商和分销商等）提供灵活多样的金融产品和金融服务的一种融资方式。供应链金融服务主要包括应收账款融资和基于贷款或放款的融资两种类型。其中，应收账款融资又包含应收账款贴现、福费廷、保理、应付账款融资等。不同实体企业供应链条的运作流程，有不同的量身定制的供应链金融服务方案，它衍生出多样化的供应链金融产品和金融服务。

68. 金融脆弱性　有狭义与广义之分：在狭义上主要指高负债经营的行业特点决定了金融业具有容易失败的特性；在广义上则泛指一切融资领域（包括金融机构融资和金融市场融资）中的风险积聚，进一步说，指一种风险积聚所形成的"状态"，与稳定、坚固、不易受到破坏和摧毁相对应的状态。

69. 金融危机　《新帕尔格雷夫经济学大辞典》（2008 年版）将其定义为"全部或大部分金融指标——短期利率、资产（证券、房地产、土地）价格、商业破产数和金融机构倒闭数——的急剧、短暂和超周期的恶化"，即金融体系出现严重困难乃至崩溃，表现为绝大部分金融指标急剧恶化，各种金融资产价格暴跌，金融机构陷入困境并破产，同时对实物经济的运行产生极其不利的影响。《疯狂、惊恐和崩溃：金融危机史》（2007 年版）则将金融危机定义为所有金融指标或某一组金融指标（短期利率、股票、不动产等）都产生了不同寻常的、急剧的变化，以及金融机构倒闭。

70. 货币危机　狭义的货币危机与特定的汇率制度（通常是固定汇率制）相对应，其含义是：实行固定汇率制的国家，在非常被动的情况下（如在经济基本面恶化的情况下，或者在遭遇强大的投机攻击的情况下），对本国的汇率制度进行调整，转而实行浮动汇率制，而由市场决定的汇率水平远远高于原先所刻意维护的水平（即官方汇率），这种汇率变动的影响难以控制、难以容忍，这一现象就是货币危机。广义的货币危机则泛指汇率的变动幅度超出了一国可承受的范围这一现象。

71. 银行危机　是银行过度涉足（或贷款给企业而间接涉足）高风险行业（如房地产、股票），导致资产负债严重失衡、呆账负担过重，进而使资本运营呆滞，最终自身破产倒闭的危机。根据不同的判断标准，银行危机可以分为如下类型：第一，按危机的性质，可分为银行体系危机和单个银行危机；第二，按危机的起因，可分为内生性银行危机和外生性银行危机；第三，按危机的程度，可分为以流动性紧张为特征的银行危机和以丧失清偿力为特征的银行危机。

72. 债务危机　是在国际借贷领域中，大量负债超过了借款者自身的清偿能力，借款者无力还债或必须延期还债的现象。衡量一个国家的外债清偿能力有多个指标，其中最主要的是外债清偿率指标，即一个国家在一年中外债的还本付息额占当年或上一年出口收汇额的比率。一般情况下，这一指标应保持在 20% 以下，超过 20% 就说明外债负担过高。

73. 股市危机　又称证券市场危机，主要表现为资本二级市场上金融资产价格剧烈波动，如股票市场、债券市场、基金市场及与之相关的衍生金融产品市场的价格发生急剧、短暂的暴跌。

74. 系统性金融危机　又称"全面金融危机"，是指主要的金融领域都出现严重混乱，如货币危机、银行业危机、外债危机、股市危机同时或相继发生。它往往发生在金融经济、金融系统、金融资产比较繁荣的市场化国家和地区，以及赤字和外债较为严重的国家，对世界经济的发展具有巨大的破坏作用。

75. 国际清算银行（Bank for International Settlements）　是英国、法国、德国、意大利、比利时、日本等国的中央银行与代表美国银行界利益的摩根银行、纽约和芝加哥的花旗银行组成的银团，根据海牙国际协定于 1930 年 5 月共同组建的，总部设在瑞士巴塞尔。其最初创办的目的是处理第一次世界大战后德国的赔偿支付及与其有关的清算等业务问题。第二次世界大战后，它成为经济合作与发展组织成员国之间的结算机构，该银行的宗旨也逐渐转变为促进各国中央银行之间的合作，为国际金融业务提供便利，并接受委托或作为代理人办理国际清算业务等。国际清算银行不是政府之间的金融决策机构，亦非发展援助机构，它实际上是各国中央银行的银行。

76. 国际货币基金组织（International Monetary Fund）　是根据 1944 年 7 月在布雷顿森林会议签订的《国际货币基金协定》，于 1945 年 12 月 27 日在华盛顿成立的。其职责是监察货币汇率和各国的贸易情况，提供技术和资金协助，确保全球金融制度正常运作。其总部设在华盛顿。

77. 世界银行（World Bank） 是世界银行集团的简称，由国际复兴开发银行、国际开发协会、国际金融公司、多边投资担保机构和国际投资争端解决中心五个成员机构组成。世界银行集团成立于 1945 年，1946 年 6 月开始营业，总部设在美国首都华盛顿，在世界各地还有 120 多个办事处。按惯例，世界银行集团最高领导人由美国人担任，每届任期五年。

78. 亚洲基础设施投资银行（Asian Infrastructure Investment Bank） 简称亚投行，是一个政府间的亚洲区域多边开发机构，其宗旨是通过重点支持基础设施建设，促进亚洲区域建设互联互通和经济一体化进程，并且加强中国与其他亚洲国家和地区的合作。这是首个由中国倡议设立的多边金融机构，总部设在北京，法定资本 1000 亿美元。2015 年 12 月 25 日，亚投行正式成立。2016 年 1 月 16 日至 18 日，亚投行开业仪式暨理事会和董事会成立大会在北京举行。

79. 金砖国家新开发银行（New Development Bank） 简称金砖银行，成立于 2015 年 7 月 21 日，总部设在中国上海。2008 年国际金融危机以来，美国金融政策变动导致国际金融市场资金波动，对新兴市场国家的币值稳定造成很大影响。中国货币波动较小，但是印度、俄罗斯、巴西等国都遭遇了货币巨幅贬值和由此引起的通货膨胀。国际货币基金组织又存在救助不及时、力度不够的问题。为了避免在下一轮金融危机中遭遇同样的困境，金砖国家（中国、巴西、俄罗斯、印度、南非）计划构筑一个共同的金融安全网，一旦出现货币不稳定，可以借助这个资金池兑换一部分外汇来应急，具体举措包括建立金砖国家新开发银行和应急储备基金等。

80. 资金电划系统（Fedwire） 归美联储所有，是美国境内的美元收付系统，既包括一个实时的、全额的、贷记的资金转账系统，还包括 个独立的、电子化簿记式的政府证券转账系统。

81. 清算所银行间支付系统（Clearing House Interbank Payment System） 于 1970 年建立，是一个由纽约清算所协会（NYCHA）拥有并运行的全球最大的私营支付清算系统之一。它主要负责跨国美元交易的清算，全球95%左右的国际美元交易均由其处理。该系统每天平均交易量超过34万笔，金额约为1.9万亿美元。

82. 中国人民币跨境支付系统（Cross-border Interbank Payment System） 于2015年10月8日正式启用。它整合了现有人民币跨境支付结算渠道和资源，提高了跨境清算效率和交易的安全性，满足了各主要时区的人民币业务发展需要。

83. 中国香港的自动支付清算系统（Clearing House Automated Transfer System） 会员包括中银集团等13家银行，该系统主要用于快捷方便地调拨港币。

84. 环球银行金融电信协会（Society for Worldwide Interbank Financial Telecommunications） 是一个国际银行间的非营利合作组织，1973年成立。其总部设在比利时布鲁塞尔，还先后在荷兰阿姆斯特丹、美国纽约和中国香港分别设立交换中心（Swifting Center），并为各参加国开设集线中心（National Concentration）。该系统给银行的结算提供了安全、可靠、快捷、标准化、自动化的通信服务，大大提高了银行的结算速度。

85. 国际支付和市场基础设施委员会（Committee on Payments and Market Infrastructures） 是2014年9月由国际支付结算体系委员会（Committee on Payment and Settlement Systems）更名而来，秘书处设在国际清算银行。该委员会为成员中央银行提供交流的平台，使各中央银行能够共同研究和探讨其国内的支付、清算、结算系统及跨境多币种结算机制的发展问题。该委员会还致力于支付结算体系的发展与改革工作，推动建立稳健、高效的支付结算系统，以完善全球金融市场基础设施。

86. 惠誉国际（Fitch） 是唯一的欧资国际评级机构，总部设在美国纽约和英国伦敦，在全球拥有50多家分支机构和合资公司，拥有2000多名专业评级人员，为超过80个国家和地区的客户提供服务。惠誉国际业务范围包括金融机构、实业公司、国家、地方政府评级和结构融资评级。

87. 标准普尔（Standard & Poor's） 总部位于美国纽约，在100多个国家为大约 32 万亿美元的债务证券提供评级，在世界范围内提供 79 个主要的指数系列服务。标准普尔全球 1200 指数涉及 31 个市场的证券，约涵盖了全球资本市场份额的 70%。目前，标准普尔在 23 个国家拥有大约 8500 名雇员，主营业务包括提供信用评级、指数服务、投资研究、风险评估和数据服务等。

88. 穆迪（Moody's） 总部位于美国纽约曼哈顿，在全球有 800 名分析专家、1700 多名助理分析员，在 26 个国家和地区设有分支机构，员工约 4500 人。穆迪的业务范围主要涉及国家主权信用、美国公共金融信用、银行业信用、公司金融信用、保险业信用、基金及结构性金融工具信用评级等。

89. 普华永道（PwC） 总部位于英国伦敦，业务范围主要包括企业咨询、商业程序外包、财务咨询、人力资源咨询、管理咨询等。

90. 毕马威（KPMG） 总部位于荷兰阿姆斯特丹，业务范围主要包括审计、税务和咨询等，主要国际客户有美国通用电气公司、辉瑞制药公司等。

91. 德勤（DTT） 总部位于美国纽约，主要业务集中在审计、税务规划、咨询和财务顾问四个领域，主要国际客户有微软公司、美国通用汽车公司、沃达丰公司、克莱斯勒公司等。

92. 安永（EY） 总部位于伦敦，主要业务包括审计（包含财务审计）、税务、交易以及咨询服务等，主要国际客户有 3i 集团、英华杰、怡安、荷兰国际集团等。

93. 金融业标准 是国际金融行业必须共同遵守的统一规范和通用语言，能对金融业务活动作出明确界定，是衡量相关金融行为的参照系，包括会计准则、《巴塞尔协议 3》、风险管理标准、统计标准等。

94. 巴塞尔银行监管委员会（Basel Committee on Banking Supervision） 简称巴塞尔委员会。该委员会原名为银行法规与监管事务委员会，是由美国、英国、法国、德国、意大利、日本、荷兰、加拿大、比利时、瑞典十大工业国的中央银行于 1974 年年底共同成立的，作为国际清算银行的一个正式机构，委员会成员包括各国中央银行官员和银行监管机构的代表，总部设在瑞士的巴塞尔。该委员会每年召开三至四次会议，其下设的近 30 个技术机构负责执行会议所订目标或计划。

95. 国际证监会组织（International Organization of Securities Commissions） 又称证券委员会国际组织。它是国际上各证券暨期货管理机构所组成的国际合作组织，总部设在西班牙马德里，正式成立于 1983 年，其前身是成立于 1974 年的美洲国家证券交易委员会联盟。现有 226 个会员机构，其中包括 129 个正式会员（Ordinary Member）、30 个联系会员（Associate Member）和 67 个附属会员（Affiliate Member）。

96. 国际保险监管官联合会（International Association of Insurance Supervisors） 作为保险业监管的重要国际组织，成立于 1994 年，其秘书处原设在华盛顿，1998 年迁往国际清算银行所在的巴塞尔，现有成员包括 200 多个保险监管组织。

97. 金融稳定理事会（Financial Stability Board） 前身为金融稳定论坛（Financial Stability Forum），是七国集团为促进金融体系稳定而成立的合作组织。在全球经济增长与金融稳定发展日益重要的背景下，2009 年 4 月 2 日，在伦敦举行的二十国集团金融峰会决定，将金融稳定论坛成员扩展至包括中国在内的所有二十国集团成员国，并将其更名为金融稳定理事会。到目前为止，其成员包括二十国集团所有成员国和西班牙、欧盟委员会、国际清算银行、欧盟中央银行、国际货币基金组织、经济合作与发展组织、世界银行、巴塞尔银行监管委员会、国际会计准则理事会、国际证监会组织、国际保险监管官联合会、全球金融系统委员会、国际支付和市场基础设施委员会和欧盟单一银行监管机制等。秘书处设在国际清算银行所在的巴塞尔。

再版后记

《国家金融学》于 2018 年出版后，我以此为教材，在北京大学、复旦大学、中山大学等 10 所高校开设了相关课程。在教与学的过程中，我获得了很多积极的反馈。许多老师和同学认为，《国家金融学》一书主题新颖，视野开阔，知识广博，可谓"国家金融领域全方位的知识盛宴"，同时大家也提出许多对未来课程的设想，希望能有更多参考材料、案例剖析和课后研讨的题目等。

鉴于此，我开始了《国家金融学》第 2 版的撰写。首先，在结构上，第 2 版增加了第一章概论和第十章结语，在开篇明确了国家金融学的概念、学科建设的意义和培养相关人才的重要性，在结语中提出创设国家金融学、提升中国金融竞争力的几点构想；同时，在每章的后面，增加了与该章内容相关的阅读参考材料作为附录。其次，在内容上，第 2 版的鲜明特点是：每章的最终落脚点都回到了对中国国家金融改革与发展的思考上；同时，我结合世界各国国家金融领域的最新进展，对相关内容作了更新或补充。最后，在叙述上，第 2 版更加注重概念、范畴和理论内涵的精准表述；同时还完善了各章节的内在脉络，突出了核心与重点，强调了技术难点和解决问题的突破点。总之，作为一本面向高年级本科生和硕博研究生的 21 世纪金融学科重点教材，本书力求在现代金融体系内，探讨世界各国国家金融的行为及其属性，针对国家金融顶层布局、大金融体系下的政策组合、国家与地方金融发展、离岸与在岸金融联动、金融科技创新、金融风险防范、金融监管协调、国家金融的弯道超车与国际参与等重要领域，推动本专业研究者、从业者深化研学，以培育人才、开创未来。

北京大学出版社李虎、于昆超为本书的出版付出了辛劳，北京大学校友赵雅茹女士为本书的编辑付出了倾心的努力，特此表示衷心感谢！愿《国家金融学》（第 2 版）的出版，能够为国家金融乃至国际金融的改革、创新、发展，贡献一份力量。

陈云贤

2021 年元月于广州

第 1 版后记

我研究国家金融学这一课题至少有六七年了。

2011 年，作为广东省政府副省长，我开始分抓广东金融工作，广东省毗邻港澳，金融资产占全国十分之一左右，领先于北京、上海等地，后又陆续超越香港、台湾甚至新加坡。因为身处这一改革开放前沿，我有时会结合广东的金融实践，向国家提出某些建议，从而对国家金融学有了一些思考。2012 年和 2014 年，我又有幸受国家委派，分别到美国耶鲁大学和加拿大多伦多大学参加国际金融培训，一方面进一步探讨了国际金融领域的相关课题，另一方面也发现了各国（包括中国）金融学存在的不足：现有的金融学囊括了金融领域的方方面面，庞大而繁杂；世界各国金融从业者的精力大多聚焦在微观金融的某一技术枝节、计算公式或时间片段上，而对作为整体的国家金融非常陌生；他们面对跨国的金融布局、跨行业的金融改革和促增长的金融举措，往往很茫然，因找不到或找不准切入点而踌躇不前。带着对这一问题的思考，2016 年，我在为中山大学的博士研究生授课时，开创了一门新学科——国家金融学，探讨各类国家金融层面迫切需要解决的问题。

感谢伟大的国家，感谢伟大的新时代！愿中华民族实现伟大复兴，国家更加繁荣，人民更加富强！愿借此新学，在其中发出一点热和光。

陈云贤

2018 年 3 月 28 日于广州